CAUSERIES

DU LUNDI

PARIS. — IMPRIMERIE E. CAPIOMONT ET Cie
6, RUE DES POITEVINS, 6

CAUSERIES

DU LUNDI

PAR

C.-A. SAINTE-BEUVE

DE L'ACADÉMIE FRANÇAISE

TROISIÈME ÉDITION

TOME TROISIÈME

PARIS

GARNIER FRÈRES, LIBRAIRES-ÉDITEURS

6, RUE DES SAINTS-PÈRES, 6

Lundi 7 octobre 1850.

LÉGENDES FRANÇAISES.

RABELAIS,

PAR M. EUGÈNE NOËL.

(1850.)

Sous ce titre, un écrivain peu connu encore, et que je crois jeune d'après la nature de quelques-unes de ses idées, vient de publier un petit travail assez agréable sur Rabelais, qu'il range dans une espèce de galerie de *Légendes françaises*. Le titre de légende indique assez que le jeune écrivain n'a pas prétendu tracer de Rabelais une biographie exacte, rigoureuse et critique, et qu'il ne s'est pas fait faute d'accueillir le Rabelais de la tradition, tel que l'a transformé à plaisir l'imagination populaire. Je dirai tout à l'heure un mot de l'esprit dans lequel a été composée cette petite brochure, quand j'aurai moi-même causé un moment avec le maître, et essayé de m'en rafraîchir l'idée.

Causer avec Rabelais, si on le pouvait en effet, s'il était donné de le saisir un instant tel qu'il fut en réalité, et de l'entendre, que ne donnerait-on point pour cela?

Chacun a son idéal dans le passé, et la nature, la vocation de chaque esprit ne se déclarerait jamais mieux, j'imagine, que par le choix du personnage qu'on irait d'abord chercher si l'on revenait dans un temps antérieur. J'en sais pourtant qui n'auraient aucun choix de préférence et qui iraient indifféremment à l'un ou l'autre, ou même qui n'iraient pas du tout. Laissons ces esprits sans amour et sans flamme, sans désir; ce sont les tièdes : ils manquent du feu sacré dans les Lettres. J'en sais d'autres qui voudraient courir à plus d'un à la fois, et qui embrasseraient dans leur curiosité et leur tendresse quantité d'auteurs favoris sans trop savoir par lequel commencer. Ces esprits-là ne sont pas indifférents comme les autres; ils ne sont pas tièdes, mais un peu volages et libertins : je crains que, nous autres critiques, nous n'en tenions. Mais les bons et louables esprits sont ceux qui ont dans le passé un goût bien net, une préférence bien déclarée, et qui s'en iraient tout droit par exemple à Molière, même sans s'arrêter devant Bossuet; ce sont ceux enfin qui osent avoir une passion, une admiration hautement placée, et qui la suivent. A ce prix-là, si l'on pouvait aller passer une journée tout entière au XVIe siècle, et s'en aller causer chacun avec son auteur, avec son philosophe, où iriez-vous?

Calvin, Rabelais, Amyot, Montaigne, sont les quatre grands prosateurs du XVIe siècle, desquels Montaigne et Rabelais peuvent être dits plutôt deux poëtes. Je ne compte pas ici une foule d'écrivains secondaires, dignes, à côté d'eux, d'être mentionnés et salués. Or, dans cette journée que je suppose qu'on puisse aller passer au XVIe siècle avec son auteur préféré, je doute que Calvin, de nos jours, eût beaucoup de chalands. Le bon Amyot nous attirerait assez par son sourire de vieillard aimable et par ses grâces un peu traînantes. Mais Montaigne, tout le monde voudrait aller à lui, — tout le monde, excepté un groupe assez nombreux et déterminé, qui, même en regrettant, entre les deux, d'être obligé de choisir, s'en irait faire ses dévotions à Rabelais.

Il y a dans le goût et le culte qu'ont certaines personnes pour Rabelais plus que de l'admiration encore, il y a de cette curiosité excitée qui tient à un coin d'inconnu et de mystère. Nous savons presque à l'avance comment serait Montaigne; nous nous le figurons assez bien tel qu'il nous paraîtrait au premier abord; mais Rabelais, qui le sait? On a fort discuté sur la vie et sur le caractère réel de Rabelais. Je crois, et tout lecteur réfléchi croira de même, que ceux qui se seraient attendus à trouver exactement en lui l'homme de son livre, une espèce de curé-médecin, jovial, bouffon, toujours en ripaille et à moitié ivre, auraient été fort désappointés. La débauche de Rabelais se passait surtout dans son imagination et dans son humeur; c'était une débauche de cabinet, débauche d'un grand savant, plein de sens, et qui s'en donnait, plume en main, à gorge déployée. Toutefois, je ne suis pas moins persuadé qu'après très-peu de temps passé dans son commerce, en pratiquant l'homme de science, d'étude, et sans doute aussi de très-bonne compagnie pour son siècle, on devait retrouver au fond et bien vite le railleur incomparable. Il était impossible que le jet naturel d'une telle veine se contînt et ne sortît pas. La personne de l'homme, si noble de prestance et si vénérable qu'elle pût être au premier aspect, devait par instants s'animer et se réjouir aux mille saillies de ce génie intérieur, de cette belle humeur irrésistible qui s'était jouée dans son roman, ou plutôt dans son théâtre. Je dirai cela de Rabelais comme de Molière. Ce dernier n'était pas toujours gai et plaisant, tant s'en faut; on l'appelait *le*

Contemplatif; il avait même de la tristesse, de la mélancolie, quand il était seul. Mais il est immanquable qu'excité et une fois poussé dans l'entretien, il devait redevenir le Molière que nous savons. Ainsi sans doute de Rabelais.

On a d'Étienne Dolet, le même qui fut brûlé vif pour crime d'hérésie, une jolie pièce de vers latins sur Rabelais, médecin et anatomiste. Dolet y fait parler un *pendu* qui avait eu l'honneur, après son exécution, d'être disséqué dans l'amphithéâtre public de Lyon par Rabelais en personne, ou qui du moins lui avait fourni le sujet d'une belle leçon d'anatomie : « En vain la Fortune ennemie a voulu me couvrir d'outrages et d'opprobre, disait le pendu dans les vers de Dolet; il était écrit qu'il en serait autrement. Si j'ai péri d'une manière infamante, voilà qu'en un instant j'obtiens plus que personne n'eût osé espérer de la faveur du grand Jupiter. Exposé dans un théâtre public, on me dissèque : un savant médecin explique devant tous, à mon sujet, comment la Nature a fabriqué le corps de l'homme avec beauté, avec art, avec une parfaite harmonie. Un cercle nombreux m'environne et contemple de toutes parts en moi, et admire, en l'écoutant, les merveilles de l'organisation humaine.» Certes, le jour où Rabelais faisait dans l'amphithéâtre de Lyon cette leçon publique d'anatomie, il devait avoir, comme Vésale, cet air vénérable de docteur et de maître dont quelques-uns de ses biographes ont parlé, et il représentait dignement en lui la majesté de la science.

Fils d'un cabaretier ou d'un apothicaire de Chinon, on sait qu'il avait commencé par être moine et moine Cordelier. Le sérieux et l'élévation de ses goûts, la liberté naturelle et généreuse de ses inclinations, le rendirent bientôt un objet déplacé dans un couvent de cet Ordre, en cet âge de décadence. Il en sortit, essaya d'un autre Ordre moins méprisable, de celui des Bénédictins, mais ne put s'en accommoder davantage; c'est alors qu'il quitta l'habit régulier, c'est-à-dire monacal, pour prendre l'habit de prêtre séculier; il jeta, comme on dit, le froc aux orties, et alla à Montpellier pour y étudier la médecine. Le peu qu'on sait avec certitude de sa biographie positive et non légendaire a été très-bien recueilli et exposé au tome XXXIIe des Mémoires de Niceron : si l'honnête biographe nous y représente Rabelais sous des traits un peu austères ou du moins très-sérieux, et en toute sobriété, il a du moins cet avantage de ne rien dire de hasardé et d'être sans système. On y peut voir au long les bulles que Rabelais eut l'habileté d'obtenir du Saint-Siége pendant un de ses voyages de Rome à la suite du cardinal du Bellay, et par lesquelles il se mit prudemment en règle du côté de ses ennemis de France. Il est dit, dans une bulle datée du 17 janvier 1536, qu'il lui est permis d'exercer en tous lieux l'art de la médecine, à titre gratuit toutefois, et jusqu'à l'application du fer et du feu *exclusivement*; ces sortes d'opérations étaient interdites aux prêtres. Mais on n'y dit rien des livres pantagruéliques qu'il avait déjà composés et qu'il devait composer encore; et Rabelais ne se crut en aucun temps obligé de se les interdire.

Rien n'est moins commode que de venir parler convenablement de ces livres, car Rabelais a de ces licences qui ne sont qu'à lui, et que la critique la plus enthousiaste ne saurait prendre sur son compte. Quand on veut lire tout haut du Rabelais, même devant des hommes (car devant les femmes cela ne se peut), on est toujours comme quelqu'un qui veut traverser une vaste place pleine de boues et d'ordures : il s'agit d'enjamber à chaque moment et de traverser sans trop se crotter; c'est difficile. Une dame faisait un jour reproche à Sterne des nudités qui se trouvent dans son *Tristram Shandy;* au même moment, un enfant de trois ans jouait à terre et se montrait en toute innocence : « Voyez ! dit Sterne, mon livre, c'est cet enfant de trois ans qui se roule sur le tapis. » Mais, avec Rabelais, l'enfant a grandi; c'est un homme, c'est un moine, c'est un géant, c'est Gargantua, Pantagruel ou pour le moins Panurge, et il continue de ne rien cacher. Ici il n'y a aucun moyen de dire aux dames : *Voyez !* et, même quand on ne parle que devant des hommes et qu'on est de sang-froid, il faut choisir.

Je choisirai. Dans le premier livre de Rabelais, dans ce livre de *Gargantua,* qui ne fut pas composé le premier en date peut-être, mais qui est le plus suivi, le plus complet en lui-même, ayant un commencement, un milieu et une fin, on trouve quelques admirables chapitres, pas trop sérieux, pas trop bouffons, et où les grandes parties sensées de Rabelais se déclarent. Je veux parler des chapitres qui traitent de l'éducation de Gargantua. Après toutes les folies du début, la naissance de Gargantua par l'oreille gauche, la description mirifique de sa layette, les premiers signes qu'il donne de son intelligence et certaine réponse très-coquecigrue qu'il fait à son père, et à laquelle celui-ci reconnaît avec admiration le merveilleux entendement de son fils, on lui donne un maître, un sophiste en Lettres latines; et c'est alors que commence la satire la plus ingénieuse et la plus frappante de la mauvaise éducation de ce temps-là. Gargantua était censé né dans la dernière moitié du xve siècle, et on le soumet d'abord à cette éducation scolastique, pédantesque, pleine de puérilités laborieuses et compliquées qui semblaient faites exprès pour abâtardir les bons et nobles esprits. Cependant son père Grandgousier voyait que son fils étudiait très-bien, et qu'il n'en devenait que plus sot chaque jour; il est fort étonné d'apprendre d'un de ses confrères, vice-roi de je ne sais quel pays voisin, que tel jeune homme qui n'a étudié que deux ans sous un bon maître, et par telle nouvelle méthode qui vient de se trouver, en sait plus que tous ces petits prodiges du vieux temps, livrés à des maîtres *dont le savoir n'est que bêterie*. On met Gargantua en présence du jeune Eudémon, enfant de douze ans, qui s'adresse à lui avec bonne grâce, avec politesse, avec une noble pudeur qui ne nuit pas à l'aisance. A tout ce que ce jeune page lui dit d'aimable et d'encourageant, Gargantua ne trouve rien à répondre, « mais toute sa contenance fut qu'il se prit à plorer comme une vache, et se cachoit le visage de son bonnet.» Le père est furieux; il veut occire de colère maître Jobelin, le pédant, qui a fait une si triste éducation; mais on se contente de le mettre à la porte, et de confier Gargantua au même précepteur qui élève si bien Eudémon, et qui a nom Ponocrates.

Nous touchons ici à l'une des parties du livre de Rabelais qui renferment un grand sens et, jusqu'à un certain point, un sens sérieux. Je ne parle qu'avec quelque réserve; car, en reconnaissant les parties sérieuses, il faut prendre garde de les supposer et de les créer comme l'ont fait tant de commentateurs, ce qui doit bien prêter à rire à Rabelais, s'il se soucie de nous chez les Ombres. Mais, dans le cas présent, l'intention n'est pas douteuse. On vient de voir le jeune Gargantua livré aux pédagogues de la vieille école, et les tristes résultats de cette éducation crasseuse, routinière, pédantesque et tout à fait abrutissante, dernier legs du moyen âge expirant. Ponocrates, au contraire, est un novateur, un homme moderne, selon la vraie Renaissance. Il prend l'élève; il l'emmène avec lui à Paris, et va s'appliquer à le morigéner.

Que d'espiègleries pourtant chemin faisant! que d'aventures sur la route et en entrant à Paris! Quel accueil Gargantua y reçoit des trop curieux et toujours badauds Parisiens! et quelle bienvenue il leur paie en retour! Lisez toutes ces choses, ces gigantesques polissonneries d'écolier qui sont devenues des scènes de comédie excellentes : je me réfugie dans les parties à demi sérieuses.

Ponocrates commence par essayer son écolier; il emploie à l'avance la méthode de Montaigne, qui veut qu'*on fasse d'abord trotter* le jeune esprit devant soi pour juger de son train. Ponocrates laisse donc le jeune Gargantua suivre quelque temps son train accoutumé, et Rabelais nous décrit cette routine de paresse, de gloutonnerie, de fainéantise, résultat d'une première éducation mal dirigée. Je résumerai cette éducation en un seul mot : le jeune Gargantua se conduit déjà comme le plus cancre et le plus glouton des moines de ce temps-là, commençant sa journée tard, dormant la grasse matinée, débutant par un déjeuner copieux, entendant nombre de messes qui ne le fatiguent guère, et en tout adonné au ventre, au sommeil et à la paresse. En lisant ces descriptions, comme on sent bien le dégoût que Rabelais dut éprouver de cette ignoble vie quand il était Cordelier!

Il est grand temps de réformer cette éducation vicieuse; mais Ponocrates, en homme sage, ne fait point la transition trop brusque, « considérant que Nature n'endure mutations soudaines sans grande violence. » Ces chapitres XXIIIe et XXIVe du premier livre sont vraiment admirables, et nous offrent le plus sain et le plus vaste système d'éducation qui se puisse imaginer, un système mieux ménagé que celui de l'*Émile,* à la

Montaigne, tout pratique, tourné à l'utilité, au développement de tout l'homme, tant des facultés du corps que de celles de l'esprit. On y reconnaît à chaque pas le médecin éclairé, le physiologiste, le philosophe.

Gargantua s'éveille à quatre heures du matin environ . pendant sa première toilette, on lui lit quelques pages de la sainte Écriture, hautement et clairement, de manière à élever dès le matin son esprit vers les œuvres et les jugements de Dieu. Suivent quelques détails d'hygiène, car le médecin en Rabelais n'oublie rien. Après quoi le précepteur emmène son élève, et lui montre l'état du ciel qu'ils avaient également observé la veille au soir avant de se coucher ; il lui fait remarquer les différences de position, les changements des constellations et des astres, car chez Rabelais, l'astronome, celui qui avait publié des Almanachs, n'est pas moins habile que le médecin, et il ne veut considérer comme étrangère aucune science, aucune connaissance humaine et naturelle.

Sur ce point de la connaissance physique du ciel, nous avons bien peu profité en éducation depuis Rabelais. Quoique Newton soit venu, et quoique M. Arago ait donné le signal dans ses Leçons de l'Observatoire, l'enseignement journalier n'y a rien gagné. Nous, qui rougirions d'ignorer la géographie et ses divisions principales, nous n'avons qu'à lever les yeux vers le ciel pour voir que nous ignorons à peu près tout de cette cosmographie sublime qu'il suffirait cependant de quelques soirées et d'un démonstrateur pour nous apprendre. Ponocrates aurait rougi que son élève restât dans une telle ignorance d'un spectacle si majestueux et si habituel.

Après cette petite leçon en plein air, viennent les leçons du dedans, *trois bonnes heures* de lecture ; puis les jeux, la balle, la paume, tout ce qui peut servir « à galamment exercer les corps, comme ils avoient auparavant exercé les âmes. » C'est ce mélange et ce juste équilibre qui caractérise la véritable et complète éducation selon Rabelais : le médecin, l'homme qui sait les rapports du physique au moral et qui consulte en tout la nature, se retrouve en lui à chaque prescription.

A table, à ce qu'on appelait alors le dîner (et que nous appellerions le déjeuner), il ne fait manger à son élève que ce qu'il faut pour apaiser *les abois de l'estomac;* il veut que ce dîner, ce premier repas, soit *sobre et frugal,* lui réservant un souper plus large et copieux. Pendant ce repas du matin, à propos de chaque mets, l'entretien roule sur la vertu, propriété et nature des objets, des viandes, poissons, herbes ou racines. On rappelle les passages des anciens qui en ont parlé; au besoin on se fait apporter les livres; sans s'en apercevoir, l'élève devient aussi savant qu'un Pline, « et n'étoit médecin alors qui en sût la moitié autant qu'il faisoit. »

Après le repas viennent les cartes, mais c'est encore pour apprendre sous ce prétexte mille petites gentillesses et inventions nouvelles, qui toutes dépendent de l'arithmétique et des nombres. Le jeune Gargantua fait de la sorte ses *récréations mathématiques* en se jouant.

La digestion faite, et après quelques soins d'hygiène encore, que je passe sous silence, mais que Rabelais ne sous-entend jamais, on se remet à l'étude pour la seconde fois et sérieusement, *par trois heures ou davantage.* Après quoi, vers l'heure de deux ou trois heures après midi environ, on sort de l'hôtel, et l'on va en compagnie de l'écuyer *Gymnaste* s'essayer à l'art de la chevalerie et à la gymnastique. Gargantua, sous un si habile maître, profite hardiment et utilement. Il ne s'amuse pas à rompre des lances, « car c'est la plus grande rêverie du monde, remarque Rabelais, de dire : *J'ai rompu dix lances en tournoi ou en bataille;* un charpentier en feroit bien autant; mais une louable gloire, c'est d'une lance d'avoir rompu dix de ses ennemis.» Ne sentez-vous pas déjà comme le bon sens se substitue au faux point d'honneur, et comme ce Rabelais, qui ne fait rien par gloriole et par crânerie, va corriger désormais les derniers des Bayards? Ils ne se corrigeront que trop.

Ici, dans la description des divers exercices, manége, chasse, lutte, natation, Rabelais s'amuse : ces tours de force de maître Gymnaste deviennent, sous sa plume, des tours de force de la langue. La prose française fait là aussi sa gymnastique, et le style s'y montre prodigieux pour l'abondance, la liberté, la souplesse, la propriété à la fois et la verve. Jamais la langue, jusque-là, ne s'était trouvée à pareille fête.

C'est vraiment un admirable tableau idéal d'éducation, où presque tout devient sérieux, si on le réduit, du géant Gargantua, à des proportions un peu moindres. Il y a de l'excès, de la charge assurément dans tout l'ensemble; mais c'est une charge qu'il est facile de ramener au vrai, et dans le sens juste de l'humaine nature. Le caractère tout nouveau de cette éducation est dans le mélange du jeu et de l'étude, dans ce soin de s'instruire de chaque matière en s'en servant, de faire aller de pair les livres et les choses de la vie, la théorie et la pratique, le corps et l'esprit, la gymnastique et la musique, comme chez les Grecs, mais sans se modeler avec idolâtrie sur le passé, et en ayant égard sans cesse au temps présent et à l'avenir.

Quand la journée est pluvieuse, l'emploi des heures est différent, et la diète aussi diffère. Faisant moins d'exercice en plein air, on se nourrit ces jours-là avec plus de sobriété. Ces jours-là aussi, on visite plus particulièrement les boutiques et ateliers des divers ouvriers, lapidaires, orfévres, alchimistes, monnayeurs, horlogers, imprimeurs, sans oublier l'artillerie alors toute nouvelle, et partout, « donnant le vin aux gens, » on s'instruit dans les industries diverses. Il est remarquable comme Rabelais veut que son royal élève soit en quête et curieux de toutes choses utiles, de toute invention moderne, afin qu'il ne se trouve empêché ni étonné nulle part comme tant de petits savants qui ne savent que les livres. Une telle éducation à la Ponocrates concilie à la fois les anciens et les modernes. Perrault, le novateur, ce digne commis de Colbert, n'y trouverait rien à désirer, et Mme Dacier, l'adoratrice d'Homère, y trouverait son compte.

Nous avons dans ce Cours d'éducation et d'étude à l'usage du jeune Gargantua le premier modèle de ce qu'ont représenté depuis plus au sérieux, mais non plus sensément, Montaigne, Charron, l'école de Port-Royal par endroits et parties, cette école chrétienne qui ne se savait pas si fort à cet égard dans la même voie que Rabelais, l'étrange précurseur! Nous avons d'avance dans une vue et une gaieté de génie ce que plus tard Jean-Jacques étendra dans l'*Émile* en le systématisant, et Bernardin de Saint-Pierre dans ses *Études de la Nature* en l'affadissant.

Ce dernier, Bernardin de Saint-Pierre, dont le talent chaste, idéal, volontiers rêveur et mélancolique, semble le moins d'accord avec l'esprit de Rabelais, l'a pourtant saisi à merveille par le côté sérieux que nous indiquons, et il a dit de lui dans une page mémorable et qui n'est pas toute chimérique, bien que trop simple de couleur et trop embellie :

« C'en était fait du bonheur des peuples, et même de la religion, lorsque deux hommes de Lettres, Rabelais et Michel Cervantes, s'élevèrent, l'un en France, et l'autre en Espagne, et ébranlèrent à la fois le pouvoir monacal et celui de la chevalerie. Pour renverser ces deux colosses, ils n'employèrent d'autres armes que le ridicule, ce contraste naturel de la terreur humaine (*Quelle plus juste et plus heureuse définition!*). Semblables aux enfants, les peuples rirent et se rassurèrent. Ils n'avaient plus d'autres impulsions vers le bonheur que celles que leurs Princes voulaient leur donner, si leurs Princes alors avaient été capables d'en avoir. Le *Télémaque* parut, et ce livre rappela l'Europe aux harmonies de la nature. Il produisit une grande révolution dans la politique... »

Je n'oserai accepter tout à fait cette manière d'expliquer l'histoire moderne et d'en rapporter le principal résultat à deux ou trois noms, à deux ou trois livres. Il s'est passé dans les intervalles du *Gargantua*, du *Don Quichotte* et du *Télémaque*, plus de choses que Bernardin de Saint-Pierre ne paraît en soupçonner. Il y a pourtant du vrai dans cette manière d'envisager Rabelais le franc rieur, au sortir des terreurs du moyen âge et du labyrinthe de la scolastique, comme ayant consolé et rassuré le genre humain.

Ce plan d'éducation que j'admire chez Rabelais, chez Montaigne, chez Charron et chez quelques-uns de leurs successeurs, avait une grande opportunité quand il s'agissait d'émanciper la jeunesse, de l'affranchir des méthodes serviles et accablantes, et de ramener les esprits aux voies naturelles. On a, pour réaliser ce programme, même après trois siècles, bien des progrès à faire encore. Toutefois, rappelons-nous bien que ces méthodes nouvelles, et, avant tout, agréables, d'apprendre les sciences aux enfants, moyennant un précepteur ou gouverneur pour chacun, ne tiennent nul compte des difficultés inhérentes à l'éducation publique et de celles qui dépendent de l'ordre de la société même. Dans celle-ci en effet, et à mesure qu'on avance dans la vie, que de fatigues, que de luttes et de peines n'a-t-on pas à supporter ! Il n'est pas mal de s'y être accoutumé de longue main par l'éducation, et qu'on ait eu à y sentir de bonne heure le poids des choses. Un philosophe du XVIIIe siècle, plus sensé que Jean-Jacques (Galiani), recommande deux points avant tout dans l'éducation : apprendre aux enfants à supporter l'injustice; leur apprendre à supporter l'ennui.

Mais Rabelais ne voulait que jeter à l'avance quelques idées de grand sens et d'à-propos dans un rire immense : ne lui en demandez pas davantage. Il y a de tout dans son livre, et chaque admirateur peut se flatter d'y découvrir ce qui est le plus analogue à son propre esprit. Mais aussi il s'y voit assez de parties tout à fait comiques et franchement réjouissantes pour justifier son renom et sa gloire devant tous. Le reste est contestable, équivoque, sujet à controverse et à commentaire. Les lecteurs qui sont de bonne foi avoueront qu'ils ont peine à mordre à ces endroits-là, et même à les entendre. Ce qui est incontestablement admirable, c'est la forme du langage, l'ampleur et la richesse des tours, le jet abondant et intarissable de la parole. Son français sans doute, malgré les moqueries qu'il fait des *latinisants* et des *grécisants* d'alors, est encore bien rempli et comme farci des langues anciennes; mais il l'est par une sorte de nourriture intérieure, sans que cela lui semble étranger, et tout, dans sa bouche, prend l'aisance du naturel, de la familiarité et du génie. Chez lui comme chez Aristophane, bien que plus rarement, on distinguerait des parties pures, charmantes, lucides et véritablement poétiques. Voici l'un de ces passages par exemple, qui est plein de grâce et de beauté; il s'agit des études et des Muses qui détournent de l'amour. Lucien, dans un dialogue entre Vénus et Cupidon, avait fait demander par la déesse à son fils pourquoi il respectait tant les Muses, et l'enfant avait répondu quelque chose de ce que Rabelais va reprendre, amplifier en ces termes et embellir

« Et me souvient avoir lu que Cupido, quelquefois interrogé de sa mère Vénus pourquoi il n'assailloit les Muses, répondit que il les trouvoit tant belles, tant nettes, tant honnêtes, tant pudiques et continuellement occupées, l'une à contemplation des astres, l'autre à supputation des nombres, l'autre à dimension des corps géométriques, l'autre à invention rhétorique, l'autre à composition poétique, l'autre à disposition de musique, que, approchant d'elles, il débandoit son arc, fermoit sa trousse et éteignoit son flambeau, de honte et crainte de leur nuire. Puis ôtoit le bandeau de ses yeux pour plus apertement les voir en face, et ouïr leurs plaisants chants et odes poétiques. Là prenoit le plus grand plaisir du monde. Tellement que souvent il se sentoit tout ravi en leurs beautés et bonnes grâces, et s'endormoit à l'harmonie... »

Voilà le Rabelais, les jours où il se souvient de Lucien, ou mieux encore de Platon.

Nul auteur n'a été plus admiré que Rabelais, mais il l'a été de deux manières et comme par deux races, très-distinctes d'esprit et de procédé. Les uns l'admirent encore moins qu'ils ne le goûtent; ils le lisent, le comprennent là où ils peuvent, et se consolent de ce qu'ils n'entendent pas, avec les portions exquises qu'ils en tirent comme la moelle de l'os, et qu'ils savourent. Cette manière d'admirer Rabelais est celle de Montaigne, qui le range parmi les livres *simplement plaisants*; c'est celle du XVIIe siècle tout entier, de Racine et de La Fontaine, lequel demandait naïvement à un docteur qui lui parlait de saint Augustin, si ce grand saint avait bien autant d'esprit que Rabelais. Il y a une autre manière d'admirer Rabelais, c'est de vouloir en faire un homme de son parti, de son bord, de le tirer à soi, de le montrer, comme Ginguené l'a fait dans une brochure, un des précurseurs et des apôtres de la Révolution de 89 et de celles qui suivront. Cette dernière manière, qui se pique d'être beaucoup plus philosophique et plus logique, me semble beaucoup moins rabelaisienne (1).

(1) On a fait ainsi pour Molière, et Camille Desmoulins, dans *le*

Le jeune auteur de la brochure dont j'ai parlé en commençant, M. Eugène Noël, suit un peu cette dernière méthode, en l'appliquant selon les idées et les données de notre temps, c'est-à-dire en l'exagérant encore. Il a trouvé ainsi moyen de gâter par du système une Étude d'ailleurs estimable, qui suppose beaucoup de lecture et une connaissance assez intime de son sujet. M. Michelet poursuivant, après trois siècles, cette guerre contre le moyen âge qu'il croit retrouver encore menaçant, commença un jour une de ses leçons au Collége de France, en ces mots: « Dieu est comme une mère qui aime que son enfant soit fort et fier, et qu'il lui résiste; aussi ses favoris sont ces natures robustes, indomptables, qui luttent avec lui comme Jacob, le plus fort et le plus rusé des pasteurs. Voltaire et Rabelais sont ses élus préférés. » Ce Rabelais de M. Michelet, qui lutte contre Dieu pour lui faire plaisir, est un peu celui de M. Eugène Noël: « Il arracha, dit ce biographe, les hommes de son temps aux ténèbres, aux jeûnes formidables du vieux monde... Son livre, tout paternel, répondit à ce cri de soif universelle du XVIe siècle: *A boire au peuple!...* Ce grand fleuve de l'Église papale, où le moyen âge avait bu si longtemps, était desséché. *A boire! à boire!* était le cri universel; aussi sera-ce le premier mot de Gargantua. » Voilà une soif allégorique d'une explication nouvelle et à laquelle les commentateurs n'avaient pas encore songé.

Chaque siècle a sa marotte; le nôtre, qui ne plaisante pas, a la marotte humanitaire, et il croit faire grand honneur à Rabelais en la lui prêtant.

Je m'imagine que, quand on essaie de le tirer ainsi à soi, Rabelais se laisse faire et qu'il y va, mais pour en rire.

Vieux Cordelier, a dit: « Molière, dans *le Misanthrope*, a peint en traits sublimes les caractères du *républicain* et du *royaliste*: Alceste est un *Jacobin*, Philinte un *Feuillant* achevé. »

Il doit s'étonner cette fois d'être devenu, sous forme de légende, un apôtre, un saint, que dis-je? un Christ d'Évangile futur. Parlant de la manière dont il s'acquittait de ses devoirs de curé à Meudon, et persistant dans ce mode d'explication symbolique, le nouveau biographe s'écrie :

« Que j'aurais voulu l'entendre! que j'aurais voulu, par un beau jour de Pâques, assister à sa messe, contempler sa majestueuse et sereine figure, lorsque, entendant chanter autour de lui : *Quemadmodum desiderat cervus ad fontes aquarum*, il repensait, avec un divin sourire de satisfaction, à cette *soif* infinie de son Pantagruel! »

Revenons au bon sens et à la mesure en finissant; Voltaire nous y aidera. Il avait commencé, jeune, par mordre très-peu à Rabelais. Il raconte qu'un jour le duc d'Orléans, régent, au sortir de l'Opéra, causant avec lui, s'était mis à lui faire un grand éloge de Rabelais : « Je le pris pour un prince de mauvaise compagnie, dit-il, qui avait le goût gâté. J'avais alors un souverain mépris pour Rabelais. » Dans ses *Lettres philosophiques*, il a parlé de lui très-légèrement en effet, en le mettant au-dessous de Swift, ce qui n'est pas juste : « C'est un philosophe ivre, concluait-il, qui n'a écrit que dans le temps de son ivresse. » Mais, vingt-cinq ans plus tard, il lui a fait réparation en écrivant à Mme Du Deffand:

« J'ai relu, après *Clarisse*, quelques chapitres de Rabelais, comme le combat de frère Jean des Entomeures et la tenue du Conseil de Picrochole; je les sais pourtant presque par cœur, mais je les ai relus avec un très-grand plaisir, parce que c'est la peinture du monde la plus vive. Ce n'est pas que je mette Rabelais à côté d'Horace... Rabelais, quand il est bon, est le premier des bons bouffons : il ne faut pas qu'il y ait deux hommes de ce métier dans une nation, mais il faut qu'il y en ait un. Je me repens d'avoir dit autrefois trop de mal de lui. »

Oui, Rabelais est un bouffon, mais un bouffon unique,

un bouffon homérique! Ce dernier jugement de Voltaire restera celui de tous les gens de sens et de goût, de ceux qui n'ont point d'ailleurs pour Rabelais une vocation décidée et une prédilection particulière. Mais, pour les autres, pour les vrais amateurs, pour les vrais dévots pantagruéliques, Rabelais est bien autre chose, et il y a au fond du tonneau de maître François, et jusque dans sa lie, je ne sais quelle saveur qu'ils préfèrent à tout. Pour nous, s'il nous est permis d'avoir un avis dans une question si solennelle, il nous semble que ce qu'on va ainsi goûter chez lui aux bons endroits et avec le plaisir d'un certain mystère de débauche, on le trouve de même qualité et tout ouvertement chez Molière.

Je me suis demandé quelquefois ce qu'aurait pu être Molière érudit, docteur, affublé de grec et de latin, Molière médecin (figurez-vous donc le miracle!), et curé après avoir été moine, Molière venu dans un siècle où tout esprit libre avait à se garder des bûchers de Genève comme de ceux de la Sorbonne, Molière enfin sans théâtre et forcé d'envelopper, de noyer dans des torrents de *non-sens*, de coq-à-l'âne et de propos d'ivrogne son plus excellent comique, de sauver à tout instant le rire qui attaque la société au vif par le rire sans cause, et il m'a semblé qu'on aurait alors quelque chose de très-approchant de Rabelais. Cependant il restera toujours en propre à celui-ci l'attrait singulier qui tient à une certaine difficulté vaincue, à une certaine franc-maçonnerie, bachique à la fois et savante, dont on se sent faire partie en l'aimant. Dans le pur pantagruélisme en un mot, il y a un air d'initiation, et cela flatte toujours.

Lundi 14 octobre 1850.

ŒUVRES

DE

MADAME DE GENLIS.

(Collection Didier.)

Mme de Genlis, parmi les noms vieillis, est un des noms les plus cités, les plus familiers à l'oreille, et l'un de ceux qui laissent, ce me semble, l'idée la moins nette dans l'esprit des générations nouvelles. Sa réputation a gardé quelque chose d'équivoque et de mal défini. La diversité de ses ouvrages et de sa conduite, la politique où elle a trempé, les satires, les accusations perfides qui l'ont poursuivie et qu'elle s'est peut-être plus d'une fois permises à son tour, n'ont pas contribué, même de son vivant, à lui donner une physionomie bien distincte pour ceux qui ne la voyaient pas de très-près. Aujourd'hui qu'à distance il est permis de dégager, d'accuser les traits plus vivement et même crûment, j'essaierai de rendre l'impression que j'ai reçue en repassant les principaux écrits de cette femme-auteur, car il faudrait être bien osé pour prétendre les avoir tous lus.

Une femme-auteur, c'est en effet ce que Mme de Genlis était avant toute chose, et la nature semblait l'avoir créée telle, comme si c'était là désormais une des fonctions essentielles de la civilisation et de la vie : Mme de Genlis aurait certainement inventé l'écritoire, si l'invention n'avait pas eu lieu auparavant. Mais, en étant femme-auteur comme tant d'autres et plus que toute autre, elle eut sa manière de l'être, qui la caractérise. Agréable et brillante dans sa jeunesse, elle ne se bornait pas à un seul goût, à un seul talent; elle les briguait tous et en possédait réellement quelques-uns. Tous ces goûts, tous ces talents divers, tous ces arts d'agrément, tous ces métiers (car elle n'omettait pas même les métiers), faisaient d'elle une Encyclopédie vivante qui se piquait d'être la rivale et l'antagoniste de l'autre Encyclopédie; mais ce qui donnait l'âme et le mouvement à cette multitude d'emplois, c'était une vocation qui les embrassait, les ordonnait et les appliquait dans un certain sens déterminé. Mme de Genlis était quelque chose de plus encore qu'une femme-auteur, elle était une femme *enseignante;* elle était née avec le signe au front. Le bon Dieu a dit aux uns : *Chante*; aux autres : *Prêche*. A elle, il lui avait dit : « Professe et enseigne. » Jamais le mot de l'Apôtre ne reçut un démenti plus formel : « *Docere autem mulieri non permitto.* — Je ne permets point à la femme d'enseigner, » disait saint Paul à Timothée. Mme de Genlis n'était point libre d'obéir à ce précepte quand elle l'aurait voulu, tant sa vocation de bonne heure fut puissante et irrésistible. Elle manifesta dès l'enfance l'instinct et l'enthousiasme de la *pédagogie*, à prendre ce mot dans le meilleur sens. Il lui avait été ordonné, en naissant, d'être le plus gracieux et le plus galant des pédagogues.

On en a la preuve en parcourant ses volumineux *Mémoires*, dans lesquels, en voulant dissimuler sans doute et atténuer bien des choses, elle en a montré beaucoup d'autres. Que nous importe après tout telle ou telle circonstance de sa vie, si les traits du caractère se dénoncent? — Mme de Genlis (Mlle Félicité Du Crest de Saint-Aubin), née le 25 janvier 1746, d'une famille noble de Bourgogne, passa ses premières années un peu à Paris, le plus souvent en province. Reçue à six ans chanoinesse au Chapitre noble d'Alix près de Lyon, on l'appelait Mme la comtesse de Lancy, du nom de la ville de Bourbon-Lancy dont son père était seigneur. Élevée au château de Saint-Aubin, sous l'aile de sa mère, avec une gouvernante bonne musicienne, elle commença par lire *Clélie* et des pièces de théâtre. Dès qu'elle sut quelque chose, son premier besoin fut de l'enseigner et de se faire maîtresse d'école; elle prenait ses écoliers où elle pouvait. Dès l'âge de sept ans, ayant avisé, d'une terrasse voisine de sa chambre, de petits paysans qui venaient couper des joncs près d'un étang, elle imagina de leur donner des leçons et de leur enseigner ce qu'elle savait, le Catéchisme, quelques vers des mauvaises tragédies d'une Mlle Barbier, et de la musique. Du haut de sa terrasse comme d'un balcon, elle leur donnait ses leçons le plus gravement du monde. Telle elle sera jusqu'à la fin de ses jours, ayant sans cesse le besoin d'avoir quelqu'un à régenter, à *documenter* près d'elle, — de petits paysans, faute de mieux, ou bien encore la fille d'une laitière. A celle-ci, une enfant de dix ans, elle voudra un jour apprendre la harpe; mais la harpe est trop lourde, et, au bout de six mois, la maîtresse s'aperçoit que l'enfant devient bossue; ce que voyant, elle lui redresse la taille moyennant un corps baleiné et une plaque de plomb qu'on fait venir de Paris. Ainsi, à défaut de la harpe, Mme de Genlis, en ce cas, fait de l'orthopédie : que lui importe, pourvu qu'elle morigène et qu'elle redresse, qu'elle fasse acte d'enseignement? Elle tire parti de tout à cette fin. Ainsi plus tard, en écrivant, elle ne perdra aucune occasion de placer un précepte, une recette, soit de morale, soit de médecine.

Une telle vocation semblerait indiquer des goûts austères; mais ici cette vocation sait très-bien se combiner avec des goûts romanesques, et c'est un trait encore et des plus essentiels dans le caractère de Mme de Genlis. Cette enfant, qui a commencé par lire *Clélie,* et qui s'en souviendra toujours, joue la comédie dès ses premières années, et tout désormais dans son imagination, même l'enseignement, prendra volontiers cette forme de comédie et de théâtre. La mère de Mme de Genlis, qui faisait tant bien que mal des vers (toute cette famille avait pour premier don la *facilité*), avait composé un opéra-comique qu'on joua à Saint-Aubin, et dans lequel la jeune comtesse de Lancy (la future Genlis) eut le rôle de l'Amour :

« Je n'oublierai jamais, dit-elle, que dans le Prologue mon habit d'*Amour* était couleur de rose, recouvert de dentelle de point parsemée de petites fleurs artificielles de toutes couleurs; il ne me venait que jusqu'aux genoux; j'avais des petites bottines couleur de paille et argent, mes longs cheveux abattus et des ailes bleues. »

Elle joua si bien, elle réussit tant, qu'on lui laissa pendant des mois ce costume d'*Amour*. C'est dans cet attirail (arc, carquois, ailes) qu'elle allait se promener dans la campagne. Le dimanche seulement, pour aller à l'église, on lui retirait les ailes. Ainsi elle était dans le factice et le faux les jours ouvrables comme les dimanches. Elle s'y accoutuma dès lors à *romancer* toute chose et à n'aller au vrai de rien. Plus tard, ayant joué un rôle d'homme dans un drame de La Chaussée, elle quitta l'habit d'*Amour,* mais parce qu'on lui fit faire un charmant habit d'homme qu'elle ne quitta plus qu'à son départ de la Bourgogne. On voit qu'elle ne sortait d'un *déguisement* que pour entrer dans un autre, et que la nature en elle était toujours masquée et travestie. Ces impressions premières laissèrent de longues traces dans une imagination qui n'avait pas assez d'originalité et de vigueur propre pour les repousser et s'en guérir; elles passèrent jusqu'à un certain point dans ses systèmes d'éducation, qui se présentèrent toujours le plus volontiers avec un mélange de travestissement et de théâtre. Dans sa vieillesse, la complaisance même avec laquelle elle se mit à raconter et à décrire toutes ces puérilités romanesques, en ayant l'air d'en sourire, prouve au contraire qu'elle n'en fut jamais corrigée.

Grâce à Dieu, nous n'écrivons point sa vie; ce serait une tâche trop délicate, trop périlleuse. Venue à Paris pour s'y fixer, vers l'âge de douze ou treize ans (1758), à la suite d'un revers de fortune, elle y débuta sur le pied d'un petit prodige et d'une rare virtuose : musette, clavecin, viole, mandoline, guitare, elle jouait de tout à merveille, mais la harpe était de préférence son instrument. La méthode d'en jouer était encore dans l'enfance : Mme de Genlis, avec sa facilité et son adresse naturelle, en réforma et en perfectionna le doigté. On la voit dès lors douée de cette activité méthodique qui ne laisse échapper aucune parcelle du temps sans lui demander tribut, et qui met tout à profit pour l'étude, pour l'acquisition et la superficie d'étendue des connaissances. Ouvrages de main, ouvrages d'esprit, récitation par cœur de vers et de prose, enregistrement de chaque anecdote, de chaque aventure de société, dont elle fera bientôt quelque comédie ou quelque nouvelle, et avec cela sept ou huit heures de harpe par jour, elle suffit à tout, et encore à plaire, à charmer les sociétés qui l'admirent. Quelque opinion qu'on puisse garder d'elle en définitive, on conviendra qu'à cet âge elle dut être une enfant séduisante : les défauts ne se marquent comme tels que plus tard, la jeunesse couvre tout, et, puisque avec Mme de Genlis nous sommes à moitié dans la mythologie, je dirai : La jeunesse prête à nos défauts des ailes qui les empêchent de se faire trop sentir et de peser.

Elle épouse le comte de Genlis, qui fut depuis le Sillery mort avec les Girondins sur l'échafaud, et qui paraît avoir été un homme d'esprit et aimable. Le mariage n'interrompt point les études de Mme de Genlis; il ne fait que les étendre et les varier. Au château de Genlis, où elle passe une saison, elle trouve le temps de jouer la comédie toujours, de faire de la musique, d'écrire un *Journal* de tout ce qui se voit ou se dit au château, de lire Pascal, Corneille et Mme de Sévigné, de repasser avec un chirurgien de l'endroit son ostéologie (elle savait déjà l'ostéologie), d'apprendre de plus à saigner. Elle pratique dans le village la médecine du peuple, le livre de Tissot à la main, et elle a dans l'autre main une lancette pour saigner tout paysan qui se présente : comme elle leur donnait trente sous après chaque saignée, il s'en présentait beaucoup. Tant de soins multipliés sont loin de l'absorber tout entière : elle monte encore à cheval avec un officier de fortune qui se trouve dans le voisinage, et devient très-habile en équitation; elle fait de longues chasses au sanglier et court plus d'un hasard. On croira que je me moque, mais laissons-la parler elle-même; on n'est jamais mieux peint que par soi, du moment qu'on parle et qu'on écrit beaucoup :

« Cette nouvelle passion, dit-elle de son goût pour les exercices de cheval, ne me fit négliger ni la musique, ni l'étude. M. de Sauvigny (*littérateur d'alors spirituel et pas trop médiocre*) me guidait dans mes lectures : je faisais des extraits; j'avais trouvé dans les offices un grand in-folio destiné à écrire les comptes de la cuisine ; je m'en étais emparée, et j'écrivis dans ce livre un *journal* très-détaillé de mes occupations et de mes réflexions, avec l'intention de le donner à ma mère quand il serait rempli. J'y écrivais tous les jours quelques lignes, et quelquefois des pages entières. Ne négligeant aucun genre d'instruction, je tâchais de me mettre au fait des travaux champêtres et de ceux du jardinage; j'allais voir faire le cidre; j'allais aussi visiter tous les ouvriers du village lorsqu'ils travaillaient, le menuisier, le tisserand, le vannier, etc. J'apprenais à jouer au billard et quelques jeux de cartes, le piquet, le reversi, etc. M. de Genlis dessinait parfaitement à la plume la figure et le paysage; je commençai à dessiner et à peindre des fleurs. J'écrivais beaucoup de lettres : tous les jours à ma mère, trois fois la semaine à Mme de Montesson, quelquefois à Mme de Bellevau, et assez souvent à Mme de Balincour. En outre, j'avais un commerce de lettres très-suivi avec une dame que j'avais vue à..., etc., etc. »

Ouf! je m'arrête; on voit que je n'exagère rien : on n'a jamais été plus décidément *écriveuse* que Mme de Genlis; elle offre le type de la race, mais sans rien d'exclusif; l'écritoire n'est qu'un de ses instruments. Elle sait tout faire et comment tout se fait, elle s'entend au cidre comme à la harpe. Elle veut être propre à tout et qu'on puisse dire d'elle comme de Gil Blas : « Vous avez l'outil universel. » Jamais on n'a eu à un moindre degré cette *pudeur sur la science* que Fénelon recommande aux femmes et qu'il leur voudrait vive et délicate, presque à l'égal des autres pudeurs. Mais tout ce qu'elle apprenait là en ce moment, remarquez-le bien, elle le rendra tout à l'heure à d'autres; car, si elle a la passion d'apprendre, elle a surtout la verve d'enseigner.

A propos de cette manie encyclopédique qui la posséda de tout temps et qui ne fit que s'accroître avec les années, un de ses spirituels amis disait : « Elle se réserve de refaire l'*Encyclopédie* dans sa vieillesse. »

En attendant, jeune mariée et à peine enceinte, vite elle écrivait un livre intitulé *Réflexions d'une Mère de vingt ans*, quoiqu'elle n'en eût que dix-neuf. Le manuscrit s'est perdu; mais ce qu'elle ne perdit jamais, c'est l'habitude de traduire en livre, en roman, en leçon, tout ce qui s'offrait à elle. Tout lui était matière à écrire et à faire un traité.

De la grâce, de l'élégance dans la forme, une grande affabilité sociale, le discernement mondain des caractères et le talent de s'y insinuer, une teinte universelle de *sentiment* qui colorait et dissimulait la pédanterie, c'étaient là ses charmes dans la jeunesse. Quand elle fut entrée au Palais-Royal comme l'une des dames de la duchesse de Chartres (mère de Louis-Philippe), elle y réussit beaucoup, y excita de l'admiration et de l'envie, et y devint une manière de centre. Elle se trouva bientôt liée avec la jeune et facile princesse par une véritable amitié, et il fut décidé entre elles qu'elle deviendrait la gouvernante de ses filles, et (contre l'usage) *leur gouvernante* dès le berceau. Après quelques années passées au Palais-Royal, Mme de Genlis, âgée de trente et un ans (1777), fit donc sa retraite avec une sorte d'éclat; elle *quitta solennellement le rouge* (*ce qui était un grand* signe alors), et elle alla habiter au couvent de Belle-Chasse un petit pavillon qu'elle s'était fait bâtir et où elle s'installa avec ses élèves. Mais sa condition ne fut tout à fait complète que lorsque quelque temps après (1781) le duc de Chartres, qui n'était pas moins sous le charme, lui eut conféré les fonctions et le titre de *gouverneur* de ses fils. Ce fut un grand moment dans la vie de Mme de Genlis : « Je vis, dit-elle, la possibilité d'une chose extraordinaire et glorieuse, et je désirai qu'elle pût avoir lieu. » On reconnaît à cette exclamation la *romancière* jusque dans la joie du gouverneur. Mme de Genlis avait trouvé son idéal. Elle était enfin arrivée au comble de ses vœux, et elle allait nager dans la plénitude de sa vocation. Elle allait pouvoir élever comme elle l'entendait, non-seulement de jeunes filles, mais de jeunes hommes et des princes, dont l'un est devenu roi. C'est ici qu'il est véritablement curieux de l'observer, et qu'il convient de lui rendre la justice qui lui est due.

On serait pourtant trop incomplet à ce sujet, si l'on ne disait quelque chose des épigrammes qui commencèrent dès lors à l'assaillir. La plupart sont de nature à ne pouvoir être reproduites, mais il en est qu'il n'est pas interdit de rappeler. Imaginez qu'à cette époque, et par une sorte d'attrait qui rapprochait la fleur des pédants de la fleur des pédantes, La Harpe devint amoureux d'elle : c'est à croire à l'influence des étoiles. Mme de Genlis nous assure que le petit homme voulut être entreprenant, mais qu'elle sut le remettre à sa place : ce sont de ces choses qu'il faut toujours croire des femmes, même quand elles ne le disent pas, à plus forte raison quand elles le disent. Pourtant La Harpe le critique était bel et bien amoureux. Dans sa *Correspondance* d'alors il parle de Mme de Genlis comme de « la femme de Paris qui a peut-être le plus d'esprit. » Il n'a pas assez de louanges pour célébrer les petites pièces du Théâtre de Société ou d'Éducation que Mme de Genlis composait à cette époque et faisait jouer à ses propres filles : c'étaient de petites comédies morales où il n'entrait jamais ni rôle d'homme, ni intrigue d'amour. La Harpe, à qui la prose ne suffisait plus pour exhaler son enthousiasme, s'écriait en vers :

Ton art, belle Genlis, l'emportant sur le nôtre,
Ne fait parler qu'un sexe et charme l'un et l'autre.
. . . .
Quel ensemble enchanteur ! quel spectacle charmant !
Mon cœur est encor plein du plus pur sentiment.
. . . .
Digne mère, jouis, jouis de ces délices.

Ton âme et tes talents, voilà tes justes droits!
Dans toi seule aujourd'hui l'on adore à la fois
L'auteur, l'ouvrage et les actrices!

Voilà pourtant jusqu'où la passion entraînait le critique en titre, l'homme de goût de ce temps-là. Les railleurs, les ennemis du critique (et il n'en manquait pas), les envieux du bel-esprit *gouverneur*, s'égayaient là-dessus, comme bien l'on pense; les couplets ne tarissaient pas, et ce nom de La Harpe, qui faisait un singulier à-propos au talent célèbre de Mme de Genlis sur la harpe, prêtait à toutes sortes de calembours.

La Harpe, au reste, paya cher cette courte faveur; il se brouilla avec Mme de Genlis, qui le mit, sous le nom de *Damoville*, dans un conte satirique où elle s'attaquait à tous les littérateurs philosophes du temps, et où elle se vengeait de l'Académie qui n'avait pas couronné l'un de ses ouvrages : c'était assez son habitude de traduire ainsi les gens dans ses livres quand elle se brouillait avec eux.

Un jour Mme de Genlis assistait avec ses élèves, au Théâtre-Français, à une représentation des *Femmes savantes*. En entendant ces deux vers :

Elles veulent écrire et devenir auteurs...,
Et céans, beaucoup plus qu'en aucun lieu du monde,

tout le public, dit-on, se prit à applaudir en la regardant.

Revenons au sérieux, et en présence de cette multitude d'œuvres, de traités, de romans, qui ne feraient pas moins de cent volumes, tâchons de dégager notre point de vue et de le simplifier. On peut distinguer en Mme de Genlis écrivain *quatre* époques, car elle vécut quatre-vingt-quatre ans, et ne mourut qu'à la fin d'octoire 1830, assez tard pour avoir vu son élève Louis-Philippe devenu roi.

1° Sa première littérature, ses ouvrages publiés sous Louis XVI, avant 89, ont tous un rapport direct à l'éducation : le *Théâtre d'Éducation* proprement dit (1779); *Adèle et Théodore* (1782); *les Veillées du Château* (1784), etc., etc. Ces ouvrages, remarquables par un intérêt facile, de fines observations et des portraits de société, un style coulant et clair, et de justes prescriptions de détail, sont tous plus ou moins gâtés par du romanesque, de la sensiblerie factice, de l'appareil théâtral; et, sous leur première forme, ils ont fait leur temps. On ne peut désormais les réintroduire dans l'enseignement que moyennant révision et correction.

2° Mme de Genlis, quand la Révolution de 89 eut éclaté, ne s'y montra point d'abord contraire; elle suivit ou peut-être même excita alors les ambitions du duc d'Orléans, et se brouilla ouvertement avec la duchesse. Elle publia dans le sens constitutionnel des *Conseils sur l'éducation du Dauphin*, et ne craignit pas de livrer à l'impression, sous le titre de *Leçons d'une Gouvernante* (1791), une partie des Journaux confidentiels qui se rapportaient à l'éducation des enfants d'Orléans, en assaisonnant le tout de réflexions patriotiques à l'ordre du jour. Je reviendrai tout à l'heure sur ces *Leçons*, où se trouve consignée au naturel toute l'enfance et l'adolescence du roi Louis-Philippe et de sa sœur.

3° Après sa sortie de France et ses voyages à l'étranger, Mme de Genlis, rentrée à l'époque du Consulat, publia, de 1802 à 1813, quelques ouvrages qui tiennent à sa veine sentimentale et romanesque plus qu'à sa veine pédagogique, et dont quelques-uns ont obtenu un vrai succès : les *Souvenirs de Félicie*, première esquisse agréable, qu'elle a délayée depuis dans ses intarissables

Mémoires; une nouvelle qui passe pour son chef-d'œuvre, *Mademoiselle de Clermont*, et quelques romans historiques, *la Duchesse de La Vallière, Madame de Maintenon, Mademoiselle de La Fayette :* ce fut son meilleur moment.

4° Enfin, sous la Restauration, Mme de Genlis ne discontinua pas d'écrire; mais ses écrits d'alors, productions trop faciles d'une plume qui ne s'était jamais contenue, et qui s'abandonnait plus que jamais à ses redites, reproduisent, en les exagérant, tous les défauts de son esprit et de sa manière. L'élégance commune de la forme n'y dérobe plus l'insipidité du fond, et quelques observations fines y surnagent à peine dans des flots de paroles. Ajoutez qu'elle y devient de plus en plus une *Mère de l'Église*, et qu'elle s'y pose en adversaire à mort de Voltaire.

Pour rester juste envers Mme de Genlis, il convient de se borner et de ne la prendre que sur ses œuvres principales. Je dirai donc quelque chose de l'éducation de Louis-Philippe et de la nouvelle de *Mademoiselle de Clermont*, c'est-à-dire de ce que Mme de Genlis a fait de mieux comme page d'histoire et comme page de roman.

La manière dont elle conçut et dirigea, dès le premier jour, l'éducation des enfants d'Orléans, est extrêmement remarquable, et dénote chez l'institutrice un sens de la réalité plus pratique que ses livres seuls ne sembleraient l'indiquer. Elle les mit sans tarder aux langues vivantes, aux connaissances usuelles, aux choses du corps et de l'esprit, menant le tout concurremment. Par exemple, l'été à Saint-Leu, chacun de ses élèves avait un petit jardin, qu'ils cultivaient eux-mêmes, et le jardinier qui les dirigeait ne leur parlait qu'allemand. Mais si l'on jardinait *en allemand*, on dînait *en anglais*, on soupait *en italien;* le français se parlait bien assez dans les intervalles. A la promenade, un pharmacien botaniste suivait les jeunes princes pour leur apprendre les plantes. Un Polonais, dessinateur habile, avait peint pour eux l'Histoire sainte, l'Histoire ancienne, celle de la Chine et du Japon : tous ces tableaux d'histoire composaient une *lanterne magique* amusante autant qu'instructive. Ne pouvant se priver de son goût pour le théâtre, elle imagina de mettre en action et de leur faire jouer dans le jardin, où les décorations artificielles se combinaient avec la nature, les principales scènes de l'Histoire des Voyages de l'abbé Prévost, abrégée par La Harpe, et en général toutes sortes de sujets historiques ou mythologiques. Elle inventa également pour eux toute une série d'exercices gymnastiques alors inconnus : les exercices des *poulies*, des *hottes*, les *lits de bois*, les *souliers de plomb*; elle put se féliciter plus tard à bon droit d'avoir appris à son principal élève « à se servir seul, à mépriser toute espèce de mollesse, à coucher habituellement sur un lit de bois, recouvert d'une simple natte de sparterie; à braver le soleil, la pluie et le froid; à s'accoutumer à la fatigue, en faisant journellement de violents exercices et quatre ou cinq lieues avec des semelles de plomb. » En un mot, dans toute cette partie de sa carrière, elle se montra ingénieuse, inventive, pleine de verve et d'à-propos : elle avait rencontré vraiment la plénitude de son emploi et de son génie.

Elle menait de front plusieurs élèves, M. de Valois (Louis-Philippe), ses frères, M. de Montpensier, M. de Beaujolais, et leur sœur (Madame Adélaïde); elle leur avait adjoint un neveu à elle, une nièce, sans compter cette fille adoptive, la célèbre et intéressante *Paméla* (ce nom romanesque était du choix de Mme de Genlis). Il est curieux de voir le jugement qu'elle porte de l'esprit du roi futur, alors âgé de huit ans, et qui resta entre ses mains jusqu'à dix-sept : « Il avait un bon sens naturel qui, dès les premiers jours, me frappa ; il aimait la raison comme tous les autres enfants aiment les contes frivoles. » Joignez à cela l'esprit d'ordre et une mémoire étonnante. Il ressort pourtant de ces notes du Journal d'éducation que M. de Montpensier avait plus de distinction naturelle, quelque chose de plus fin, et qu'il trouvait que son frère aîné prenait un peu trop rondement les choses ; il le lui exprima même plus d'une fois avec la familiarité d'un camarade et d'un frère. Pour faire un vrai portrait de Louis-Philippe, il faudrait le surprendre dès cette première éducation et dans l'extrait de Journal qu'on a publié de lui (1790-1791), et qui en est la suite naturelle. On l'y verrait déjà se dessiner tel qu'il se montra sur le trône. M. de Valois (comme on l'appelait alors) n'annonçait en rien la fleur des anciens Valois, cette distinction suprême dans le goût, qui n'est pas toujours en accord avec le bon sens et avec la science pratique de la vie. Il apprend tout, il retient tout, il raisonnera bien de tout ; mais il n'est pas de ceux qui sentiraient naturellement ni la musique, ni la poésie, ni les beaux-arts fins, ni la fine littérature ; ce qui n'empêchera pas qu'il n'en ait assez vu, assez manié et assez pratiqué de bonne heure, par les soins de son gouverneur infatigable, pour avoir la certitude de s'y connaître. *J'en ferais bien autant*, aurait-il pu dire de presque chaque production de ce genre qu'on lui aurait offert à considérer. Elle lui avait fait apprendre, en effet, et manipuler dès l'enfance tant de choses diverses, qu'il n'était presque aucune branche des connaissances ni des arts sur laquelle il ne pût se croire du métier, de manière à en remontrer à chacun dans l'occasion : il le laissait peut-être trop voir étant roi.

Je n'ai le droit d'exprimer aucun jugement personnel

sur un prince que la versatilité française est en train d'exalter et d'amplifier pour le moment, après l'avoir précipité; seulement je sais qu'un jour, pendant cinq courtes minutes, trois académiciens étaient admis en sa présence, et qu'il trouva moyen de leur dire la date de la fondation de l'Académie de la Crusca, ce qu'aucun des trois ne savait; et il n'était pas fâché de le dire. L'ancien élève de Mme de Genlis se retrouvait là.

Je touche ici à l'un des légers inconvénients de ce système d'éducation trop fournie et trop touffue. Un autre inconvénient encore, c'est de ne pas laisser aux jeunes esprits qui en sont le sujet un seul quart d'heure pour rêver, pour se développer en liberté, pour donner jour à une idée originale ou à une fleur naturelle qui voudrait naître.

Ajoutez un dernier inconvénient qui affecte l'ensemble de cette éducation tout à la moderne et sans contre-poids : le sentiment de l'antiquité, le génie moral et littéraire qui en fait l'honneur, l'idéal élevé qu'il suppose, y est tout à fait absent, et n'y semble même pas soupçonné. Oh ! qu'il n'en était pas ainsi de l'éducation à la Ponocrates, de l'éducation à la Rabelais (n'en déplaise à ceux qui s'en fâchent !) dont je parlais l'autre jour, et qui embrassait les deux termes de l'art et de l'admiration humaine !

Mais les avantages furent positifs et réels, et l'adversité ne tarda pas à les produire. On a pu faire bien des reproches à Mme de Genlis pour sa conduite dans la Révolution, pour les intrigues où elle trempa et qu'elle a vainement essayé de pallier dans des apologies infidèles; mais ce qu'on ne saurait lui contester, c'est son amitié vive et, en quelque sorte, sa maternité pour ses élèves, pour Mademoiselle d'Orléans en particulier (Madame Adélaïde), qu'elle emmena avec elle en Suisse en

93, et dont elle ne se sépara qu'à la dernière extrémité. A cette époque, le jeune duc d'Orléans commençait à revenir de sa soumission absolue aux idées de son *gouverneur*. Son esprit sensé, livré à lui-même, s'émancipait aux lumières de l'expérience; il jugea la femme habile et artificieuse qui avait été mêlée si avant aux malheurs de sa maison. De curieuses lettres de Mme de Flahaut, écrites de Bremgarten en Suisse (janvier et février 1795), nous attestent le vrai des sentiments du prince à cette époque et la vivacité soudaine de sa première réaction contre Mme de Genlis (1). Ces irritations s'amortirent depuis. Pourtant l'empreinte d'une telle éducation survécut à tout; et, en résumé, pour bien connaître Louis-Philippe homme dans les qualités constitutives de son esprit et de sa nature, il faut encore, je le répète, se reporter à l'origine et le prendre sous la tutelle prolongée de Mme de Genlis. Elle l'a nourri et formé à la lettre; elle l'a bien jugé de bonne heure, et on retrouve dans ce premier jugement, on y devine toutes les qualités et les *limites* que la vie de ce prince a manifestées depuis. Il fut bien l'homme et le roi que nous annonçaient sa nature d'alors et cette éducation si particulière pour un prince.

En repassant les œuvres de Mme de Genlis, il me semble que Louis-Philippe est de son côté véritablement historique, le seul par lequel elle continuera de mériter quelque attention sérieuse. Quant à ses œuvres littéraires, j'en dirai quelques mots, bien qu'on ne sache trop aujourd'hui à quoi s'arrêter. Arrêtons-nous, pour abréger, sur son chef-d'œuvre.

Mademoiselle de Clermont, une très-courte nouvelle publiée en 1802, passe pour son chef-d'œuvre en effet:

(1) Voir le *Mémorial de Gouverneur Morris*, traduit par M. Augustin Gandais (1842), au tome Ier, pages 449-456.

moi-même j'ai longtemps aimé à croire que c'en était un, mais je viens de la relire, et il m'est impossible de ne pas reconnaître que ce qu'il y a eu là-dedans d'agréable, de touchant et d'*à demi bien*, est désormais tout à fait passé. J'invite à regret ceux qui douteraient de la justesse de mon impression, à s'en assurer par eux-mêmes. La première page est heureuse; elle débute par un mouvement vif, mais qui ne se soutient pas et qui tourne vite au commun, au faux sensible et au faux élégant. L'auteur se pique d'être vrai avant tout; cette vérité n'est ici qu'une phrase sentimentale de plus. Mademoiselle de Clermont, une petite-fille du grand Condé, distingue et aime un simple gentilhomme, le duc de Melun, qu'elle finit par épouser secrètement; comme princesse, elle doit faire les avances, et cette situation est assez bien dessinée. Pourtant, tout avertit qu'on est dans un monde imaginaire: ces personnages s'attendrissent pour rien; leurs genoux fléchissent, ils soupirent, ils chancellent sans qu'il y ait de quoi; l'émotion prodiguée n'est que dans les mots. Les termes de *sentiment*, de *sensibilité*, d'*attendrissement*, qui reviennent à chaque page, ne ressortent au fond ni des situations ni des cœurs. L'affaire du *placet* que Mademoiselle de Clermont oublie pour un bal et dont M. de Melun tire un si grand parti à titre de leçon, cette grosse affaire qui est comme le nœud de l'action, rentre tout à fait dans le genre de Bouilly ou de Berquin. La dernière scène qui s'annonçait bien, quand Mademoiselle de Clermont déclarait vouloir à tout prix pénétrer jusqu'à M. de Melun blessé et mourant, cette scène est manquée finalement, puisque la princesse se laisse détourner de sa pensée, et qu'elle ne revoit point celui qu'elle aime. Dans ce petit roman, comme dans tous ceux de l'auteur, le récit, qui coule partout avec facilité, ne se relève nulle part d'aucune vivacité d'expression. Les expressions qui ont quelque nouveauté et quelque fraîcheur sont très-rares chez Mme de Genlis, et on ne les rencontrerait guère que dans quelques-uns de ses portraits de société, où elle est soutenue par la présence et la fidélité de ses souvenirs. On a dit très-justement de son style, comme on le disait d'une actrice qui jouait avec plus de sagesse que de mouvement: *Elle est toujours bien, jamais mieux.*

Il serait inutile d'appuyer sur un jugement qui est devenu peu à peu celui de tout le monde. Mme de Genlis tout à fait vieille, et telle qu'elle parut dans la société depuis sa rentrée en France, déployait de l'agrément et de l'amabilité, mais dans un cercle restreint. Son mouvement d'esprit n'avait pas faibli. Sa journée, invariablement réglée et remplie à tous les instants, commençait encore par quelques gammes sur la harpe, comme dans la jeunesse, et de là se distribuait en mille emplois avec une activité persistante. Elle avait conservé le besoin d'avoir des élèves, des protégés autour d'elle, des personnes dont elle s'engouait extrêmement: sa prévention en tout l'emportait sur son jugement et lui dictait sa façon de penser et de dire. Elle n'avait d'autre horizon qu'un horizon de société et de coterie. Très-avenante, très-séduisante quand elle le voulait, connaissant le fort et le faible d'un chacun, et habile à jeter ses filets sur vous, elle devenait froide et indifférente dès que vous ne répondiez pas sur le même ton à sa démonstration expansive. D'une grâce infinie quand elle goûtait les gens, elle allait jusqu'à être dure quand elle n'aimait pas. Sa conversation habituelle était des plus agréables, dit-on, sans grands traits et sans vifs éclairs, mais semée d'anecdotes amusantes, et d'un courant très-animé. En tout, ce qui lui manquait, c'était l'élévation dans l'âme et dans le talent, c'était la vérité et la nature; d'ailleurs elle avait les finesses, les adresses et les grâces de la société.

On voit d'après cet ensemble qu'avec beaucoup d'esprit et de talent, elle n'était nullement une femme supérieure. Son originalité la plus réelle consistait en cette vocation et cette verve de pédagogie poussée jusqu'à la manie, qui lui valut tant d'épigrammes, mais qui du moins faisait qu'elle ne ressemblait à nulle autre. Chénier, dans sa jolie satire *les Nouveaux Saints*, a pu la railler sur cette disposition de maîtresse d'école, et la cribler de ses traits les plus perçants et les plus acérés :

J'arrive d'Altona pour vous apprendre à lire;

et tout ce qui suit. C'est toutefois par ce côté uniquement que Mme de Genlis a chance de vivre. Le désaccord qu'on s'est plu à noter entre sa conduite et les principes affichés dans ses écrits ne fait que mieux ressortir peut-être ce que ce talent d'instituteur avait en elle de naturel, de primitif et, si j'ose dire, de sincère. Il y avait comme plusieurs personnes en Mme de Genlis; mais, dès qu'elle tenait la plume, le ton de la personne intérieure et qui dominait toutes les autres, le ton du rôle principal prenait le dessus, et elle ne pouvait s'empêcher d'écrire ce qu'il faut toujours répéter de la religion, des principes et des mœurs quand on enseigne. Il en résulte que la pruderie, sous sa plume, était moins hypocrite qu'on ne le croirait. C'est ainsi que je l'explique. Le goût d'enseigner ne doit point se considérer chez elle comme un travers, c'était le fond même et la direction de sa nature. Il est dommage seulement que, femme d'esprit comme elle était, et femme à principes comme elle voulait être, elle n'ait pas su concilier cette vocation déclarée avec le tact des convenances, le sentiment du ridicule, et de plus avec la droiture et la simplicité des pensées. Vous voyez bien qu'en parlant d'elle je l'imite, et que je lui fais ma petite morale aussi, en finissant.

Lundi 21 octobre 1850.

QU'EST-CE QU'UN CLASSIQUE?

Question délicate et dont, selon les âges et les saisons, on aurait pu donner des solutions assez diverses. Un homme d'esprit me la propose aujourd'hui, et je veux essayer sinon de la résoudre, du moins de l'examiner et de l'agiter devant nos lecteurs, ne fût-ce que pour les engager eux-mêmes à y répondre et pour éclaircir là-dessus, si je puis, leur idée et la mienne. Et pourquoi ne se hasarderait-on pas de temps en temps dans la critique à traiter quelques-uns de ces sujets qui ne sont pas personnels, où l'on parle non plus de quelqu'un, mais de quelque chose, et dont nos voisins, les Anglais, ont si bien réussi à faire tout un genre sous le titre modeste d'*Essais?* Il est vrai que, pour traiter de tels sujets qui sont toujours un peu abstraits et moraux, il convient de parler dans le calme, d'être sûr de son attention et de celle des autres, et de saisir un de ces quarts d'heure de silence, de modération et de loisir, qui sont rarement accordés à notre aimable France, et que son brillant génie est impatient à supporter, même quand elle veut être sage et qu'elle ne fait plus de révolutions.

Un classique, d'après la définition ordinaire, c'est un auteur ancien, déjà consacré dans l'admiration, et qui fait autorité en son genre. Le mot *classique,* pris en ce sens, commence à paraître chez les Romains. Chez eux on appelait proprement *classici*, non tous les citoyens des diverses classes, mais ceux de la première seulement, et qui possédaient au moins un revenu d'un certain chiffre déterminé. Tous ceux qui possédaient un revenu inférieur étaient désignés par la dénomination *infra classem*, au-dessous de la classe par excellence. Au figuré, le mot *classicus* se trouve employé dans Aulu-Gelle, et appliqué aux écrivains : un écrivain de valeur et de marque, *classicus assiduusque scriptor*, un écrivain qui compte, qui a du bien au soleil, et qui n'est pas confondu dans la foule des prolétaires. Une telle expression suppose un âge assez avancé pour qu'il y ait eu déjà comme un recensement et un classement dans la littérature.

Pour les modernes, à l'origine, les vrais, les seuls classiques furent naturellement les anciens. Les Grecs qui, par un singulier bonheur et un allégement facile de l'esprit, n'eurent d'autres classiques qu'eux-mêmes, étaient d'abord les seuls classiques des Romains qui prirent peine et s'ingénièrent à les imiter. Ceux-ci, après les beaux âges de leur littérature, après Cicéron et Virgile, eurent leurs classiques à leur tour, et ils devinrent presque exclusivement ceux des siècles qui succédèrent. Le moyen âge, qui n'était pas aussi ignorant de l'antiquité latine qu'on le croirait, mais qui manquait de mesure et de goût, confondit les rangs et les ordres : Ovide y fut traité sur un meilleur pied qu'Homère, et Boëce parut un classique pour le moins égal à Platon. La renaissance des Lettres, au XVe et au XVIe siècle, vint éclaircir cette longue confusion, et alors seulement les admirations se graduèrent. Les vrais et classiques auteurs de la double antiquité se détachèrent désormais dans un fond lumineux, et se groupèrent harmonieusement sur leurs deux collines.

Cependant les littératures modernes étaient nées, et quelques-unes des plus précoces, comme l'italienne, avaient leur *manière* d'antiquité déjà. Dante avait paru, et de bonne heure sa postérité l'avait salué classique. La poésie italienne a pu se bien rétrécir depuis, mais, quand elle l'a voulu, elle a retrouvé toujours, elle a conservé de l'impulsion et du retentissement de cette haute origine. Il n'est pas indifférent pour une poésie de prendre ainsi son point de départ, sa source classique en haut lieu, et, par exemple, de descendre de Dante plutôt que de sortir péniblement d'un Malherbe.

L'Italie moderne avait ses classiques, et l'Espagne avait tout droit de croire qu'elle aussi possédait les siens, quand la France se cherchait encore. Quelques écrivains de talent, en effet, doués d'originalité et d'une verve d'exception, quelques efforts brillants, isolés, mais sans suite, aussitôt brisés et qu'il faut recommencer toujours, ne suffisent pas pour doter une nation de ce fonds solide et imposant de richesse littéraire. L'idée de *classique* implique en soi quelque chose qui a suite et consistance, qui fait ensemble et tradition, qui se compose, se transmet et qui dure. Ce ne fut qu'après les belles années de Louis XIV que la nation sentit avec tressaillement et orgueil qu'un tel bonheur venait de lui arriver. Toutes les voix alors le dirent à Louis XIV avec flatterie, avec exagération et emphase, et cependant avec un certain sentiment de vérité. Il se vit alors une contradiction singulière et piquante : les hommes les plus épris des merveilles de ce siècle de *Louis le Grand* et qui allaient jusqu'à sacrifier tous les anciens aux modernes, ces hommes dont Perrault était le chef, tendaient à exalter et à consacrer ceux-là mêmes qu'ils rencontraient pour contradicteurs les plus ardents et pour adversaires. Boileau vengeait et soutenait avec colère les anciens contre Perrault qui préconisait les modernes, c'est-à-dire Corneille, Molière, Pascal, et les hommes éminents de son siècle, y compris Boileau l'un des premiers. Le bon La Fontaine, en prenant parti dans la querelle pour le docte Huet, ne s'apercevait pas que lui-même, malgré ses oublis, était à la veille de se réveiller classique à son tour.

La meilleure définition est l'exemple : depuis que la France posséda son siècle de Louis XIV et qu'elle put le considérer un peu à distance, elle sut ce que c'était qu'être classique, mieux que par tous les raisonnements. Le XVIIIe siècle jusque dans son mélange, par quelques beaux ouvrages dus à ses quatre grands hommes, ajouta à cette idée. Lisez le *Siècle de Louis XIV* par Voltaire, *la Grandeur et la Décadence des Romains* de Montesquieu, les *Époques de la Nature* de Buffon, le *Vicaire savoyard* et les belles pages de rêverie et de description de nature par Jean-Jacques, et dites si le XVIIIe siècle n'a pas su, dans ces parties mémorables, concilier la tradition avec la liberté du développement et l'indépendance. Mais au commencement de ce siècle-ci et sous l'Empire, en présence des premiers essais d'une littérature décidément nouvelle et quelque peu aventureuse, l'idée de classique, chez quelques esprits résistants et encore plus chagrins que sévères, se resserra et se rétrécit étrangement. Le premier Dictionnaire de l'Académie (1694) définissait simplement un auteur classique, « un auteur ancien fort approuvé, et qui fait autorité dans la matière qu'il traite. » Le Dictionnaire de l'Académie de 1835 presse beaucoup plus cette définition, et d'un peu vague qu'elle était, il la fait précise et même étroite. Il définit auteurs classiques ceux « qui sont devenus *modèles* dans une langue quelconque; » et, dans tous les articles qui suivent, ces expressions de *modèles*, de *règles* établies pour la composition et le style, de *règles strictes* de l'art auxquelles on doit *se conformer*, reviennent continuellement. Cette définition du *classique* a été faite évidemment par les respectables académiciens nos devanciers en présence et en vue de ce qu'on appelait alors le *romantique*, c'est-à-dire en vue de l'ennemi. Il serait temps, ce me semble, de renoncer à ces définitions restrictives et craintives, et d'en élargir l'esprit.

Un vrai classique, comme j'aimerais à l'entendre définir, c'est un auteur qui a enrichi l'esprit humain, qui en a réellement augmenté le trésor, qui lui a fait faire un pas de plus, qui a découvert quelque vérité morale non équivoque, ou ressaisi quelque passion éternelle dans ce cœur où tout semblait connu et exploré; qui a rendu sa pensée, son observation ou son invention, sous une forme n'importe laquelle, mais large et grande, fine et sensée, saine et belle en soi; qui a parlé à tous dans un style à lui et qui se trouve aussi celui de tout le monde, dans un style nouveau sans néologisme, nouveau et antique, aisément contemporain de tous les âges.

Un tel classique a pu être un moment révolutionnaire, il a pu le paraître du moins, mais il ne l'est pas; il n'a fait main basse d'abord autour de lui, il n'a renversé ce qui le gênait que pour rétablir bien vite l'équilibre au profit de l'ordre et du beau.

On peut mettre, si l'on veut, des noms sous cette définition, que je voudrais faire exprès grandiose et flottante, ou, pour tout dire, généreuse. J'y mettrais d'abord le Corneille de *Polyeucte*, de *Cinna*, et d'*Horace*. J'y mettrais Molière, le génie poétique le plus complet et le plus plein que nous ayons eu en français :

« Molière est si grand, disait Goethe (ce roi de la critique), qu'il nous étonne de nouveau chaque fois que nous le lisons. C'est un homme à part; ses pièces touchent au tragique, et personne n'a le courage de chercher à les imiter. Son *Avare*, où le vice détruit toute affection entre le père et le fils, est une œuvre des plus sublimes, et dramatique au plus haut degré... Dans une pièce de théâtre, chacune des actions doit être importante en elle-même, et tendre vers une action plus grande encore. Le *Tartufe* est, sous ce rapport, un modèle. Quelle exposition que la première scène! Dès le commencement tout a une haute signification, et fait pressentir quelque chose de bien plus important. L'exposition dans telle pièce de Lessing qu'on pourrait citer est fort belle : mais celle du *Tartufe* n'est qu'une fois dans le monde. C'est en ce genre ce qu'il y a de plus grand... Chaque année je lis une pièce de Molière, comme de temps en temps je contemple quelque gravure d'après les grands maîtres italiens. »

Je ne me dissimule pas que cette définition que je viens de donner du classique excède un peu l'idée qu'on est accoutumé de se faire sous ce nom. On y fait entrer surtout des conditions de régularité, de sagesse, de modération et de raison, qui dominent et contiennent toutes les autres. Ayant à louer M. Royer-Collard, M. de Rémusat disait : « S'il tient de nos classiques la *pureté du goût*, la *propriété des termes*, la *variété des tours*, le soin attentif d'*assortir l'expression et la pensée*, il ne doit qu'à lui-même le caractère qu'il donne à tout cela. » On voit qu'ici la part faite aux qualités classiques semble plutôt tenir à l'assortiment et à la nuance, au genre orné et tempéré : c'est là aussi l'opinion la plus générale. En ce sens, les classiques par excellence, ce seraient les écrivains d'un ordre moyen, justes, sensés, élégants, toujours nets, d'une passion noble encore, et d'une force légèrement voilée. Marie-Joseph Chénier a tracé la poétique de ces écrivains modérés et accomplis dans ces vers où il se montre leur heureux disciple :

C'est le bon sens, la raison qui fait tout,
Vertu, génie, esprit, talent et goût.
Qu'est-ce vertu? raison mise en pratique;
Talent? raison produite avec éclat;

Esprit? raison qui finement s'exprime ;
Le goût n'est rien qu'un bon sens délicat;
Et le génie est la raison sublime.

En faisant ces vers, il pensait manifestement à Pope, à Despréaux, à Horace, leur maître à tous. Le propre de cette théorie, qui subordonne l'imagination et la sensibilité elle-même à la raison, et dont Scaliger peut-être a donné le premier signal chez les modernes, est la théorie *latine* à proprement parler, et elle a été aussi de préférence pendant longtemps la théorie *française*. Elle a du vrai, si l'on n'use qu'avec à-propos, si l'on n'abuse pas de ce mot *raison*; mais il est évident qu'on en abuse, et que si la raison, par exemple, peut se confondre avec le génie poétique et ne faire qu'un avec lui dans une Épître morale, elle ne saurait être la même chose que ce génie si varié et si diversement créateur dans l'expression des passions du drame ou de l'épopée. Où trouverez-vous la raison dans le IVe livre de l'*Énéide* et dans les transports de Didon? Où la trouverez-vous dans les fureurs de Phèdre? Quoi qu'il en soit, l'esprit qui a dicté cette théorie conduit à mettre au premier rang des classiques les écrivains qui ont gouverné leur inspiration plutôt que ceux qui s'y sont abandonnés davantage, à y mettre Virgile encore plus sûrement qu'Homère, Racine encore plus que Corneille. Le chef-d'œuvre que cette théorie aime à citer, et qui réunit en effet toutes les conditions de prudence, de force, d'audace graduelle, d'élévation morale et de grandeur, c'est *Athalie*. Turenne dans ses deux dernières campagnes, et Racine dans *Athalie*, voilà les grands exemples de ce que peuvent les prudents et les sages quand ils prennent possession de toute la maturité de leur génie et qu'ils entrent dans leur hardiesse suprême.

Buffon, dans son Discours sur le style, insistant sur

cette unité de dessein, d'ordonnance et d'exécution, qui est le cachet des ouvrages proprement classiques, a dit: «Tout sujet est un; et, *quelque vaste qu'il soit, il peut être renfermé dans un seul discours.* Les interruptions, les repos, les sections, ne devraient être d'usage que quand on traite des sujets différents, ou lorsque, ayant à parler de choses grandes, épineuses et disparates, la marche du génie se trouve interrompue par la multiplicité des obstacles, et contrainte par la nécessité des circonstances: autrement le grand nombre de divisions, loin de rendre un ouvrage plus solide, en détruit l'assemblage; le livre paraît plus clair aux yeux, mais le dessein de l'auteur demeure obscur...» Et il continue sa critique, ayant en vue *l'Esprit des Lois* de Montesquieu, ce livre excellent par le fond, mais tout morcelé, où l'illustre auteur, fatigué avant le terme, ne put inspirer tout son souffle et organiser en quelque sorte toute sa matière. Pourtant, j'ai peine à croire que Buffon n'ait pas aussi songé par contraste, dans ce même endroit, au *Discours sur l'Histoire universelle* de Bossuet, ce sujet en effet si vaste et si *un*, et que le grand orateur a su tout entier *renfermer dans un seul discours.* Qu'on en ouvre la première édition, celle de 1681, avant la division par chapitres qui a été introduite depuis, et qui a passé de la marge dans le texte en le coupant: tout s'y déroule d'une seule suite et presque d'une haleine, et l'on dirait que l'orateur a fait ici comme la nature dont parle Buffon, qu'*il a travaillé sur un plan éternel, dont il ne s'est nulle part écarté,* tant il semble être entré avant dans les familiarités et dans les conseils de la Providence.

Athalie et le *Discours sur l'Histoire universelle,* tels sont les chefs-d'œuvre les plus élevés que la théorie classique rigoureuse puisse offrir à ses amis comme à ses ennemis. Et cependant, malgré ce qu'il y a d'admirablement simple et de majestueux dans l'accomplissement de telles productions uniques, nous voudrions, dans l'habitude de l'art, détendre un peu cette théorie et montrer qu'il y a lieu de l'élargir sans aller jusqu'au relâchement. Goethe, que j'aime à citer en pareille matière, a dit :

« J'appelle le classique *le sain*, et le romantique *le malade*. Pour moi le poëme des *Niebelungen* est classique comme Homère; tous deux sont bien portants et vigoureux. Les ouvrages du jour ne sont pas romantiques parce qu'ils sont nouveaux, mais parce qu'ils sont faibles, maladifs ou malades. Les ouvrages anciens ne sont pas classiques parce qu'ils sont vieux, mais parce qu'ils sont énergiques, frais et dispos. Si nous considérions le romantique et le classique sous ces deux points de vue, nous serions bientôt tous d'accord. »

Et en effet, avant de fixer et d'arrêter ses idées à cet égard, j'aimerais à ce que tout libre esprit fît auparavant son tour du monde, et se donnât le spectacle des diverses littératures dans leur vigueur primitive et leur infinie variété. Qu'y verrait-il? un Homère avant tout, le père du monde classique, mais qui lui-même est encore moins certainement un individu simple et bien distinct que l'expression vaste et vivante d'une époque tout entière et d'une civilisation à demi barbare. Pour en faire un classique proprement dit, il a fallu lui prêter après coup un dessein, un plan, des intentions littéraires, des qualités d'atticisme et d'urbanité, auxquelles il n'avait certes jamais songé dans le développement abondant de ses inspirations naturelles. Et à côté de lui, que voit-on? des anciens augustes, vénérables, des Eschyle, des Sophocle, mais tout mutilés, et qui ne sont là debout que pour nous représenter un débris d'eux-mêmes, le reste de tant d'autres aussi dignes qu'eux sans doute de survivre, et qui ont succombé à jamais sous l'injure des âges. Cette seule pensée apprendrait à un esprit juste à ne pas envisager l'ensemble des littératures, même classiques, d'une vue trop simple et trop restreinte, et il saurait que cet ordre si exact et si mesuré, qui a tant prévalu depuis, n'a été introduit qu'artificiellement dans nos admirations du passé.

Et en arrivant au monde moderne, que serait-ce donc? Les plus grands noms qu'on aperçoit au début des littératures sont ceux qui dérangent et choquent le plus certaines des idées restreintes qu'on a voulu donner du beau et du convenable en poésie. Shakspeare est-il un classique, par exemple? Oui, il l'est aujourd'hui pour l'Angleterre et pour le monde; mais, du temps de Pope, il ne l'était pas. Pope et ses amis étaient les seuls classiques par excellence; ils semblaient tels définitivement le lendemain de leur mort. Aujourd'hui ils sont classiques encore, et ils méritent de l'être, mais ils ne le sont que du second ordre, et les voilà à jamais dominés et remis à leur place par celui qui a repris la sienne sur les hauteurs de l'horizon.

Ce n'est certes pas moi qui médirai de Pope ni de ses excellents disciples, surtout quand ils ont douceur et naturel comme Goldsmith; après les plus grands, ce sont les plus agréables peut-être entre les écrivains et les poëtes, et les plus faits pour donner du charme à la vie. Un jour que lord Bolingbroke écrivait au docteur Swift, Pope mit à cette lettre un post-scriptum où il disait : « Je m'imagine que si nous passions tous trois seulement trois années ensemble, il pourrait en résulter quelque avantage pour notre siècle. » Non, il ne faut jamais légèrement parler de ceux qui ont eu le droit de dire de telles choses d'eux-mêmes sans jactance, et il faut bien plutôt envier les âges heureux et favorisés où les hommes de talent pouvaient se proposer de telles unions, qui n'étaient pas alors une chimère. Ces âges, qu'on les appelle du nom de Louis XIV ou de celui de la reine Anne, sont les seuls âges véritablement classiques dans le sens modéré du mot, les seuls qui offrent au talent perfectionné le climat propice et l'abri. Nous le savons trop, nous autres, en nos époques sans lien où des talents, égaux peut-être à ceux-là, se sont perdus et dissipés par les incertitudes et les inclémences du temps. Toutefois, réservons sa part et sa supériorité à toute grandeur. Les vrais et souverains génies triomphent de ces difficultés où d'autres échouent; Dante, Shakspeare et Milton ont su atteindre à toute leur hauteur et produire leurs œuvres impérissables, en dépit des obstacles, des oppressions et des orages. On a fort discuté au sujet des opinions de Byron sur Pope, et on a cherché à expliquer cette espèce de contradiction par laquelle le chantre de *Don Juan* et de *Childe-Harold* exaltait l'école purement classique et la déclarait la seule bonne, tout en procédant lui-même si différemment. Goethe a encore dit là-dessus le vrai mot quand il a remarqué que Byron, si grand par le jet et la source de la poésie, craignait Shakspeare, plus puissant que lui dans la création et la mise en action des personnages : « Il eût bien voulu le renier; cette élévation si exempte d'égoïsme le gênait; il sentait qu'il ne pourrait se déployer à l'aise tout auprès. Il n'a jamais renié Pope, parce qu'il ne le craignait pas; il savait bien que Pope était *une muraille* à côté de lui. »

Si l'école de Pope avait conservé, comme Byron le désirait, la suprématie et une sorte d'empire honoraire dans le passé, Byron aurait été l'unique et le premier de son genre; l'élévation de la *muraille* de Pope masquait aux yeux la grande figure de Shakspeare, tandis que, Shakspeare régnant et dominant de toute sa hauteur, Byron n'est que le second.

En France, nous n'avons pas eu de grand classique antérieur au siècle de Louis XIV; les Dante et les Shakspeare, ces autorités primitives, auxquelles on revient tôt ou tard dans les jours d'émancipation, nous ont manqué. Nous n'avons eu que des ébauches de grands poëtes, comme Mathurin Regnier, comme Rabelais, et sans idéal aucun, sans la passion et le sérieux qui consacrent. Montaigne a été une espèce de classique anticipé, de la famille d'Horace, mais qui se livrait en enfant perdu, et faute de dignes alentours, à toutes les fantaisies libertines de sa plume et de son humeur. Il en résulte que nous avons, moins que tout autre peuple, trouvé dans nos ancêtres-auteurs de quoi réclamer hautement à certains jours nos libertés littéraires et nos franchises, et qu'il nous a été plus difficile de rester classiques encore en nous affranchissant. Toutefois, avec Molière et La Fontaine parmi nos classiques du grand siècle, c'est assez pour que rien de légitime ne puisse être refusé à ceux qui oseront et qui sauront.

L'important aujourd'hui me paraît être de maintenir l'idée et le culte, tout en l'élargissant. Il n'y a pas de recette pour faire des classiques; ce point doit être enfin reconnu évident. Croire qu'en imitant certaines qualités de pureté, de sobriété, de correction et d'élégance, indépendamment du caractère même et de la flamme, on deviendra classique, c'est croire qu'après Racine père il y a lieu à des Racine fils; rôle estimable et triste, ce qui est le pire en poésie. Il y a plus: il n'est pas bon de paraître trop vite et d'emblée classique à ses contemporains; on a grande chance alors de ne pas rester tel pour la postérité. Fontanes, en son temps, paraissait un classique pur à ses amis; voyez quelle pâle couleur cela fait à vingt-cinq ans de distance. Combien de ces classiques précoces qui ne tiennent pas et qui ne le sont que pour un temps! On se retourne un matin, et l'on est tout étonné de ne plus les retrouver debout derrière soi. Il n'y en a eu, dirait gaiement Mme de Sévigné, que pour un *déjeuné de soleil*. En fait de classiques, les plus imprévus sont encore les meilleurs et les plus grands : demandez-le plutôt à ces mâles génies vraiment nés immortels et perpétuellement florissants. Le moins classique, en apparence, des quatre grands poëtes de Louis XIV, était Molière; on l'applaudissait alors bien plus qu'on ne l'estimait; on le goûtait sans savoir son prix. Le moins classique après lui semblait La Fontaine : et voyez après deux siècles ce qui, pour tous deux, en est advenu. Bien avant Boileau, même avant Racine, ne sont-ils pas aujourd'hui unanimement reconnus les plus féconds et les plus riches pour les traits d'une morale universelle?

Au reste, il ne s'agit véritablement de rien sacrifier, de rien déprécier. Le Temple du goût, je le crois, est à refaire; mais, en le rebâtissant, il s'agit simplement de l'agrandir, et qu'il devienne le Panthéon de tous les nobles humains, de tous ceux qui ont accru pour une part notable et durable la somme des jouissances et des titres de l'esprit. Pour moi, qui ne saurais à aucun degré prétendre (c'est trop évident) à être architecte ou ordonnateur d'un tel Temple, je me bornerai à exprimer quelques vœux, à concourir en quelque sorte pour le devis. Avant tout je voudrais n'exclure personne entre les dignes, et que chacun y fût à sa place, depuis le plus libre des génies créateurs et le plus grand des classiques sans le savoir, Shakspeare, jusqu'au tout dernier des classiques en diminutif, Andrieux. « Il y a plus d'une demeure dans la maison de mon père (1); » que cela soit

(1) Goethe, qui est si favorable à la libre diversité des génies et qui croit tout développement légitime pourvu qu'on atteigne à la

vrai du royaume du beau ici-bas non moins que du royaume des cieux. Homère, comme toujours et partout, y serait le premier, le plus semblable à un dieu; mais derrière lui, et tel que le cortége des trois rois mages d'Orient, se verraient ces trois poëtes magnifiques, ces trois Homères longtemps ignorés de nous, et qui ont fait, eux aussi, à l'usage des vieux peuples d'Asie, des épopées immenses et vénérées, les poëtes Valmiki et Vyasa des Indous, et le Firdousi des Persans : il est bon, dans le domaine du goût, de savoir du moins que de tels hommes existent et de ne pas scinder le genre humain. Cet hommage rendu à ce qu'il suffit d'apercevoir et de reconnaître, nous ne sortirions plus de nos horizons, et l'œil s'y complairait en mille spectacles agréables ou augustes, s'y réjouirait en mille rencontres variées et pleines de surprise, mais dont la confusion apparente ne serait jamais sans accord et sans harmonie. Les plus antiques des sages et des poëtes, ceux qui ont mis la morale humaine en maximes et qui l'ont chantée sur un mode simple converseraient entre eux avec des paroles *rares et suaves*, et ne seraient pas étonnés, dès le premier mot, de s'entendre. Les Solon, les Hésiode, les Théognis, les Job, les Salomon, et pourquoi pas Confucius lui-même? accueilleraient les plus ingénieux modernes, les La Rochefoucauld et les La Bruyère, lesquels se diraient en les écoutant : « Ils savaient tout ce que nous savons, et, en rajeunissant l'expérience, nous n'avons rien trouvé. » Sur la colline la plus en vue et de la pente

fin de l'art, a comparé ingénieusement le Parnasse au mont Serrat en Catalogne, lequel est ou était tout peuplé d'ermites et dont chaque dentelure recélait son pieux anachorète : « Le Parnasse, dit-il, est un mont Serrat qui admet quantité d'établissements à ses divers étages : laissez chacun aller et regarder autour de lui, et il trouvera quelque place à sa convenance, que ce soit un sommet ou un coin de rocher. »

la plus accessible, Virgile entouré de Ménandre, de Tibulle, de Térence, de Fénelon, se livrerait avec eux à des entretiens d'un grand charme et d'un enchantement sacré : son doux visage serait éclairé du rayon et coloré de pudeur, comme ce jour où, entrant au théâtre de Rome dans le moment qu'on venait d'y réciter ses vers, il vit le peuple se lever tout entier devant lui par un mouvement unanime, et lui rendre les mêmes hommages qu'à Auguste lui-même. Non loin de lui, et avec le regret d'être séparé d'un ami si cher, Horace présiderait à son tour (autant qu'un poëte et qu'un sage si fin peut présider) le groupe des poëtes de la vie civile et de ceux qui ont su causer quoiqu'ils aient chanté, — Pope, Despréaux, l'un devenu moins irritable, l'autre moins grondeur : Montaigne, ce vrai poëte, en serait, et il achèverait d'ôter à ce coin charmant tout air d'école littéraire. La Fontaine s'y oublierait, et, désormais moins volage, n'en sortirait plus. Voltaire y passerait, mais, tout en s'y plaisant, il n'aurait pas la patience de s'y tenir. Sur la même colline que Virgile, et un peu plus bas, on verrait Xénophon, d'un air simple qui ne sent en rien le capitaine, et qui le fait ressembler plutôt à un prêtre des Muses, réunir autour de lui les attiques de toute langue et de tout pays, les Addison, les Pellisson, les Vauvenargues, tous ceux qui sentent le prix d'une persuasion aisée, d'une simplicité exquise et d'une douce négligence mêlée d'ornement. Au centre du lieu, trois grands hommes aimeraient souvent à se rencontrer devant le portique du principal temple (car il y en aurait plusieurs dans l'enceinte), et, quand ils seraient ensemble, pas un quatrième, si grand qu'il fût, n'aurait l'idée de venir se mêler à leur entretien ou à leur silence, tant il paraîtrait en eux de beauté, de mesure dans la grandeur, et de cette perfection d'harmonie qui ne se présente qu'un jour dans la pleine jeunesse du monde. Leurs trois noms sont devenus l'idéal de l'art : Platon, Sophocle et Démosthène. Et, malgré tout, ces demi-dieux une fois honorés, ne voyez-vous point là-bas une foule nombreuse et familière d'esprits excellents qui va suivre de préférence les Cervantes, les Molière toujours, les peintres pratiques de la vie, ces amis indulgents et qui sont encore les premiers des bienfaiteurs, qui prennent l'homme entier avec le rire, lui versent l'expérience dans la gaieté, et savent les moyens puissants d'une joie sensée, cordiale et légitime? Je ne veux pas continuer ici plus longtemps cette description qui, si elle était complète, tiendrait tout un livre. Le moyen âge, croyez-le bien, et Dante occuperaient des hauteurs consacrées : aux pieds du chantre du Paradis, l'Italie se déroulerait presque tout entière comme un jardin; Boccace et l'Arioste s'y joueraient, et le Tasse retrouverait la plaine d'orangers de Sorrente. En général, les nations diverses y auraient chacune un coin réservé, mais les auteurs se plairaient à en sortir, et ils iraient en se promenant reconnaître, là où l'on s'y attendrait le moins, des frères ou des maîtres. Lucrèce, par exemple, aimerait à discuter l'origine du monde et le débrouillement du chaos avec Milton; mais, en raisonnant tous deux dans leur sens, ils ne seraient d'accord que sur les tableaux divins de la poésie et de la nature.

Voilà nos classiques; l'imagination de chacun peut achever le dessin et même choisir son groupe préféré. Car il faut choisir, et la première condition du goût, après avoir tout compris, est de ne pas voyager sans cesse, mais de s'asseoir une fois et de se fixer. Rien ne blase et n'éteint plus le goût que les voyages sans fin; l'esprit poétique n'est pas le *Juif errant*. Ma conclusion pourtant, quand je parle de se fixer et de choisir, ce n'est pas d'imiter ceux même qui nous agréent le plus entre nos maîtres dans le passé. Contentons-nous de les sentir, de les pénétrer, de les admirer, et nous, venus si tard, tâchons du moins d'être nous-mêmes. Faisons notre choix dans nos propres instincts. Ayons la sincérité et le naturel de nos propres pensées, de nos sentiments, cela se peut toujours; joignons-y, ce qui est plus difficile, l'élévation, la direction, s'il se peut, vers quelque but haut placé; et tout en parlant notre langue, en subissant les conditions des âges où nous sommes jetés et où nous puisons notre force comme nos défauts, demandons-nous de temps en temps, le front levé vers les collines et les yeux attachés aux groupes des mortels révérés: *Que diraient-ils de nous?*

Mais pourquoi parler toujours d'être auteur et d'écrire? il vient un âge, peut-être, où l'on n'écrit plus. Heureux ceux qui lisent, qui relisent, ceux qui peuvent obéir à leur libre inclination dans leurs lectures! Il vient une saison dans la vie, où, tous les voyages étant faits, toutes les expériences achevées, on n'a pas de plus vives joüissances que d'étudier et d'approfondir les choses qu'on sait, de savourer ce qu'on sent, comme de voir et de revoir les gens qu'on aime: pures délices du cœur et du goût dans la maturité. C'est alors que ce mot de *classique* prend son vrai sens, et qu'il se définit pour tout homme de goût par un choix de prédilection et irrésistible. Le goût est fait alors, il est formé et définitif; le bon sens chez nous, s'il doit venir, est consommé. On n'a plus le temps d'essayer ni l'envie de sortir à la découverte. On s'en tient à ses amis, à ceux qu'un long commerce a éprouvés. Vieux vin, vieux livres, vieux amis. On se dit comme Voltaire dans ces vers délicieux:

Jouissons, écrivons, vivons, mon cher Horace!

. . . .

J'ai vécu plus que toi : mes vers dureront moins ;
Mais, au bord du tombeau, je mettrai tous mes soins
A suivre les leçons de ta philosophie,
A mépriser la mort en savourant la vie,
A lire tes écrits pleins de grâce et de sens,
Comme on boit d'un vin vieux qui rajeunit les sens.

Enfin, que ce soit Horace ou tout autre, quel que soit l'auteur qu'on préfère et qui nous rende nos propres pensées en toute richesse et maturité, on va demander alors à quelqu'un de ces bons et antiques esprits un entretien de tous les instants, une amitié qui ne trompe pas, qui ne saurait nous manquer, et cette impression habituelle de sérénité et d'aménité qui nous réconcilie, nous en avons souvent besoin, avec les hommes et avec nous-même.

Lundi 28 octobre 1850.

MADAME DE CAYLUS

ET DE CE QU'ON APPELLE

URBANITÉ.

Il m'est souvent arrivé de parler de cet âge heureux de la langue et du goût qui, chez nous, correspond à la fin du XVIIe siècle et au commencement du XVIIIe, quand, après l'apparition des plus grandes œuvres et dans le voisinage des meilleurs esprits comme des plus aimables, la délicatesse était extrême, et que la corruption (j'appelle ainsi la prétention) n'était pas encore venue. Aujourd'hui, je voudrais montrer ce moment parfait dans une personne agréable et distincte qui nous le peignît avec vivacité et avec grâce, et qui ne peignît que cela. Il serait facile de trouver de plus grands exemples que Mme de Caylus, qui n'a écrit qu'à peine et par rencontre; mais ces exemples prouveraient autre chose, quelque chose de plus que ce que j'ai en vue, et la délicatesse dont je voudrais donner l'idée s'y compliquerait en quelque sorte du talent même de l'écrivain. Ici, au contraire, en nous arrêtant un instant avec cette personne d'une plume si fine et si légère, nous ne serons en rien distraits du point que je tiens à indiquer avant tout, et que ceux qui la connaissaient le mieux désignaient, en la montrant, sous le nom d'*urbanité pure*.

Mme de Caylus était nièce de Mme de Maintenon, nièce à la mode de Bretagne. Le grand d'Aubigné du XVIe siècle, l'écrivain guerrier, le calviniste frondeur, ce compagnon hardi et caustique de Henri IV, avait eu un fils et deux filles : Mme de Maintenon était la fille du fils; Mme de Caylus était la petite-fille d'une des filles. Le père de Mme de Caylus, le marquis de Villette, officier de mer distingué, et qui a laissé des *Mémoires*, paraît avoir tenu en quelque chose de son aïeul et pour le courage et pour l'esprit. Mme de Caylus elle-même ne fut pas sans tenir de ce grand aïeul : sous sa grâce de femme et sous son air d'ange, elle a l'esprit acéré, vif et mordant. C'est un Hamilton en femme. Elle ne paraît occupée d'abord que des plaisirs, des amusements et des bagatelles de la société; mais n'allez pas croire avoir affaire en elle à une femmelette. Son esprit est net et ferme, observateur et sensé; il est, comme celui de Mme de Maintenon, solide : mais ici la solidité se dérobe sous la fleur. Le fond pourtant s'y fait sentir à qui le cherche; et, après avoir vécu quelque temps auprès d'elle, on se dit qu'il n'est rien de tel encore qu'une race forte quand la grâce s'y mêle pour la couronner.

Née en 1673, dans le Poitou, Mlle Marguerite de Villette-Murçay fut *enlevée* à l'âge de sept ans par Mme de Maintenon. Le roi convertissait alors, bon gré, mal gré, les Huguenots de son royaume, et Mme de Maintenon, à son exemple, s'était mise en devoir de convertir sa propre famille. On enleva donc la jeune de Murçay tandis que son père était en mer. Une tante, sœur de son père, prêta la main à cet enlèvement qui était à si bonne fin. Il faut entendre Mme de Caylus raconter cette première aventure : « A peine ma mère fut-elle partie de Niort, que ma tante, accoutumée à changer de religion, et qui venait de se convertir pour la seconde ou la troisième fois, partit de son côté et m'emmena à Paris.» Sur la route on rencontre d'autres jeunes filles d'un âge plus fait, et que Mme de Maintenon réclamait aussi pour les convertir. Ces jeunes personnes, décidées à la résistance, sont aussi étonnées qu'affligées de voir la jeune de Murçay qu'on emmène sans défense :

« Pour moi, dit celle-ci, contente d'aller sans savoir où l'on me menait, je ne l'étais (affligée ni étonnée) de rien... Nous arrivâmes ensemble à Paris, où Mme de Maintenon vint aussitôt me chercher, et m'emmena seule à Saint-Germain. Je pleurai d'abord beaucoup; mais je trouvai le lendemain la messe du roi si belle, que je consentis à me faire catholique à condition que je l'entendrais tous les jours, et qu'on me garantirait du fouet. C'est là toute la controverse qu'on employa, et la seule abjuration que je fis. »

A ce ton dont Mme de Caylus raconte des choses réputées si importantes, on se demande ce qu'au fond elle en pense. Le sait-elle bien elle-même? Comme Mme de Sévigné, son esprit, son naturel l'emportent; la vérité lui apparaît plaisante, et elle la raconte gaiement.

Cependant Mme de Maintenon l'élève, et l'élève comme elle savait faire, c'est-à-dire avec goût, avec exactitude et en perfection. Toutes ces grâces négligentes et un peu légères, qui auraient couru risque de s'émanciper trop tôt et de se jouer au hasard, vont se régler et s'accomplir; elles reparaîtront bien à temps. On la maria à treize ans (1686) et assez mal. Ce fut une des modesties de Mme de Maintenon de marier médiocrement cette charmante nièce que les plus grands partis recherchaient. Mme de Maintenon est toute remplie de ces raffinements de modestie et de désintéressement en vue de la considération et de la gloire : ici la jeune enfant paya les frais des vertus de sa tante. Le mari qu'on lui donna, M. de Caylus, très-ordinaire pour la fortune, était, à d'autres égards, des moins dignes d'elle. Quand il mourut en Flandre (novembre 1704), « il fit plaisir à tous les siens; il était blasé, hébété depuis plusieurs années de vin et d'eau-de-vie, » et on le tenait hiver comme été à la frontière, avec défense d'approcher ni de sa femme ni de la Cour. C'est à un tel homme, et qui promettait tant, que Mme de Maintenon, par principes, et de préférence à tout autre, crut devoir donner une jeune fille qu'elle avait élevée avec autant de soin et dont tous les témoins font des descriptions enchantées :

« Jamais, s'écrie Saint-Simon, un visage si spirituel, si touchant, si parlant, jamais une fraîcheur pareille, jamais tant de grâces ni plus d'esprit, jamais tant de gaieté et d'amusement, jamais de créature plus séduisante. »

Et l'abbé de Choisy qui la vit alors et depuis, et qui la goûta à tous les âges, nous dit :

« Les Jeux et les Ris brillaient à l'envi autour d'elle : son esprit était encore plus aimable que son visage; on n'avait pas le temps de respirer ni de s'ennuyer quand elle était quelque part. Toutes les Champmeslés du monde n'avaient point ces tons ravissants qu'elle laissait échapper en déclamant; et, si sa gaieté naturelle lui eût permis de retrancher certains petits airs un peu coquets que toute son innocence ne pouvait pas justifier, c'eût été une personne accomplie. »

A propos de ce rapprochement avec la Champmeslé, il faut se rappeler que Mme de Caylus joua Esther à Saint-Cyr, et qu'elle joua mieux que n'eût fait la célèbre comédienne. Elle n'avait pas été élevée à Saint-Cyr, elle était venue trop tôt pour cela; mais elle en vit les commencements; et, un jour que Racine récitait à Mme de Maintenon des scènes d'*Esther* qu'il était en train de composer pour cette maison, Mme de Caylus se mit à les déclamer si bien et d'une voix si touchante, que Racine supplia Mme de Maintenon de demander à sa nièce d'y jouer. Ce fut même pour elle qu'il composa le prologue de *la Piété*, par où elle débuta ; mais Mme de Caylus, une fois engagée, ne s'en tint pas à ce prologue, et elle joua successivement tous les personnages, surtout celui d'Esther. Elle n'avait qu'un défaut, c'était de faire trop bien, de trop aller au cœur par certains accents : « On continue à représenter *Esther*, écrivait Mme de Sévigné à sa fille (11 février 1689) : Mme de Caylus, qui en était la Champmeslé, ne joue plus ; elle faisait trop bien, elle était trop touchante : on ne veut que la simplicité toute pure de ces petites âmes innocentes. » Mme de Caylus passe pour avoir été la dernière personne, la dernière *actrice* qui ait conservé la déclamation pure de Racine, le degré de cadence et de chant qui convenait à ce vers mélodieux, tout fait exprès pour l'organe d'une Caylus ou d'une La Vallière.

On comprend déjà ce que j'ai voulu dire quand j'ai parlé de cette perfection de culture et de goût chez une personne qui, à l'âge de quinze ans, vit naître *Esther*, qui en respira le premier parfum et en pénétra si bien l'esprit, qu'elle semblait, par l'émotion de sa voix, y ajouter quelque chose.

Cette émotion, avec tout ce qu'elle promettait de sentiments prêts à éclore, Mme de Caylus ne l'eut pas seulement dans la voix. Ce n'est pas sa vie que j'ai à raconter, et elle-même dans ses *Souvenirs* n'a parlé qu'à peine de ce qui a trait à elle. Mais Saint-Simon nous a informés là-dessus, comme sur tant d'autres points, de manière à ne laisser rien à désirer. Par ses saillies railleuses, par ses vivacités d'esprit et de cœur, par sa liaison avec le duc de Villeroy, Mme de Caylus mérita d'être exilée de la Cour à l'âge de dix-neuf ans. Elle fut exilée une première fois et peut-être une seconde, si bien qu'elle ne resta pas moins de treize ou quatorze ans à l'écart et comme en pénitence. Elle se consola d'abord en vivant à Paris dans la compagnie des gens d'esprit qui s'y trouvaient; elle y connut La Fare, qui fit pour elle ses plus jolis vers. Elle eut une maison et reçut ses amis. Pourtant, à un certain jour, ennui ou caprice, ou ressouvenir d'*Esther*, elle commençait à se jeter du côté de la dévotion, et d'une dévotion peu commode : elle avait pris pour directeur le Père de La Tour, homme de beaucoup d'esprit, sans complaisance, et qui est bien connu comme Général de la Congrégation de l'Oratoire. Mais ce Père était soupçonné de jansénisme, et Mme de Maintenon, dans son sens strict et toujours tourné à la considération utile, eût mieux aimé sa nièce sans directeur qu'avec celui-là qui était suspect en Cour. Elle fit si bien qu'insensiblement Mme de Caylus, jeune veuve, laissa le directeur en même temps que l'austérité, et reprit ses habitudes mondaines. Elle reparut à Versailles, au souper du roi, le 10 février 1707, « belle comme un ange (1). » Il n'y avait pas moins de treize ans, dit-on, qu'elle n'avait vu le roi. Mais, à force d'esprit, d'agrément et d'adresse, elle répara tout, et la longue éclipse fut comme non avenue. Elle fléchit et reconquit sa tante; elle lui redevint nécessaire. Elle fut bientôt de toutes les familiarités et de tous les intérieurs, et sa faveur apparente était assez complète, vers 1710, pour lui mériter de méchants couplets satiriques que les curieux peuvent chercher dans le Recueil de Maurepas. Mme de Caylus resta à Versailles jusqu'à la mort de Louis XIV (1715); mise de

(1) « Enfin, madame, *votre* madame de Caylus a reparu à la Cour, non sans quelque confusion et pour elle et pour moi, mais elle y a été très-bien reçue. » C'est Mme de Maintenon qui écrit cela à Mme des Ursins le 13 février 1707. Mme des Ursins avait toujours pris parti pour Mme de Caylus, pour cette *jolie amie* qu'elle appelle « une des plus charmantes personnes du monde. » Ces lettres de Mme de Maintenon et de Mme des Ursins sont pleines de Mme de Caylus.

côté alors comme une personne de la vieille Cour, elle revint demeurer à Paris, dans une petite maison qui faisait partie des jardins du Luxembourg. Elle y vécut à demi retirée du monde, voyant ses amis et le duc de Villeroy jusqu'à la fin; ayant souvent auprès d'elle son fils le comte de Caylus, original et philosophe, donnant à souper à des gens du monde et à des savants, et mêlant ensemble la dévotion, les bienséances, la liberté d'esprit et les grâces de la société, dans cette parfaite et un peu confuse mesure qui était celle du siècle précédent. Elle mourut en avril 1729, âgée seulement de cinquante-six ans.

Les portraits qu'on a d'elle dans sa jeunesse répondent bien à l'idée qu'ont donnée de sa beauté Saint-Simon, l'abbé de Choisy et Mme de Coulanges. Soit en habit du matin, soit en habit de Cour, ou en habit d'hiver, elle y paraît fine, mince, grande, noble, élégante et jolie; d'une taille élevée et qui a tout à fait grand air; une figure un peu ronde, une figure d'ange, et où la douceur s'allie à la malice, une bouche fine où la raillerie se joue aisément, de beaux yeux où éclatent l'agrément et l'esprit : en tout la grâce et la distinction même. Que dirai-je encore? cette figure-là n'a qu'à choisir, elle sera tour à tour, et à volonté, *Esther* ou *Célimène* (1).

(1) Sa santé se perdit de bonne heure; sa taille se gâta. La personne conservait tout son agrément. « Mme de Caylus est la plus jolie vieille que vous connaissiez; elle a souvent ces belles couleurs que vous lui avez vues, et dans ces moments-là elle est aussi jolie qu'elle ait jamais été; du reste, plus délicate que moi, ne s'habillant plus, presque toujours dans son lit, et menacée de maux bien considérables. » (Lettre de Mme de Maintenon à Mme des Ursins, 18 septembre 1713.) — J'ai regret de dire que, jeune encore, elle prit du tabac : « Pour le tabac, je n'en parle point, quoiqu'il me paraisse une horreur : je ne le puis même souffrir au joli nez de Mme de Caylus; je veux croire que son directeur lui a ordonné d'en prendre pour la rendre moins aimable. » (Mme des Ursins à Mme de Maintenon, 22 février 1707.)

Quant aux témoignages directs de son esprit, on les trouve dans le volume de sa Correspondance avec Mme de Maintenon et dans ses *Souvenirs*. Ce petit livre de *Souvenirs*, publié en 1770 avec des notes et une préface de Voltaire, ne semble rien aujourd'hui, parce que toutes ces anecdotes ont passé depuis dans la circulation et qu'on les sait par cœur sans se rappeler d'où on les tient; mais c'est elle qui les a si bien racontées la première. Ce petit livre est du genre des Mémoires de la reine Marguerite et des quelques pages historiques de Mme de La Fayette : c'est *l'œuvre d'une après-dînée*. Il ne s'y voit aucun effort : *elle n'a pas tâché*, disait-on de Mme de Caylus. Sa plume court avec abandon, avec négligence ; mais ces négligences sont celles mêmes qui font la facilité et le charme de la conversation. Ne lui demandez qu'une suite rapide de portraits et d'esquisses, elle y excelle. Cette plume légère touche tout à point; elle prend dans chaque personne le trait dominant et saisit ce qu'il faut faire voir en chacun. Mme de Maintenon y est au naturel, avec ses qualités, mais sans flatterie, et on pourrait même, par-ci par-là, découvrir sous la louange quelque trace de malice. Louis XIV est peint par des traits justes et nets qui le montrent sans exagération et avec tous ses avantages dans la vie habituelle : on y sent bien le roi digne de cette grande époque où l'on pensait et où l'on parlait si bien. Mme de Montespan, qui avait tant de piquant et un tour unique de raillerie et d'humeur, s'était imaginé gouverner toujours le roi parce qu'elle se croyait supérieure à lui par l'esprit. Voyons comme Mme de Caylus réduit en deux mots cette prétendue supériorité qui n'est que par accès :

« Le roi ne savait peut-être pas si bien discourir qu'elle, quoiqu'il parlât parfaitement bien. Il pensait juste, s'exprimait noblement; et ses réponses les moins préparées renfermaient en peu de mots tout ce qu'il y avait de mieux à dire selon les temps, les choses et les personnes. Il avait bien plus que sa maîtresse l'esprit qui donne de l'avantage sur les autres. Jamais pressé de parler, il examinait, il pénétrait les caractères et les pensées; mais, comme il était sage et qu'il savait combien les paroles des rois sont pesées, il renfermait souvent en lui-même ce que sa pénétration lui avait fait découvrir. S'il était question de parler d'affaires importantes, on voyait les plus habiles et les plus éclairés étonnés de ses connaissances, persuadés qu'il en savait plus qu'eux, et charmés de la manière dont il s'exprimait. S'il fallait badiner, s'il faisait des plaisanteries, s'il daignait faire un conte, c'était avec des grâces infinies, un tour noble et fin que je n'ai vu qu'à lui. »

Voilà comment parlait Louis XIV, et comment il tenait encore son rang de roi dans ce siècle de l'esprit. Ajoutez à cette page de Mme de Caylus une *Conversation* au siége devant Lille, que nous a rapportée Pellisson, et vous comprendrez le côté, si j'ose dire, littéraire de Louis XIV, et comment la langue, par le sens et le tour, était excellente et encore royale quand il la parlait. Sans flatterie, et à ne voir que la plénitude et la justesse des termes dans l'ordinaire du discours, il aurait été un des premiers académiciens de son royaume.

L'observation de Mme de Caylus est droite et prompte; elle va au fond des caractères sans qu'il y paraisse. Faut-il peindre Mlle de Fontanges avec sa beauté et son genre de sottise romanesque, et faire sentir comment le roi, même quand elle aurait vécu, ne pouvait l'aimer longtemps, tout cela est dit en deux mots: « On s'accoutume à la beauté, mais on ne s'accoutume point à la sottise tournée du côté du faux, surtout lorsqu'on vit en même temps avec des gens de l'esprit et du caractère de Mme de Montespan, à qui les moindres ridicules n'échappaient pas, et qui savait si bien les faire sentir aux autres par ce tour unique à la maison de Mortemart. » Et pourtant cette même Mlle de Fontanges, cette beauté si vaine et si sotte, donna un jour une leçon à Mme de Maintenon, qui l'exhortait avec sa rectitude sèche à se guérir d'une passion qui ne pouvait faire son bonheur : « Vous me parlez, lui répondit-elle, de quitter une passion comme on parle de quitter un habit. » Cette fille sans esprit était dans ce moment éclairée par son cœur.

Ce qui distingue au premier aspect tous ces portraits de Mme de Caylus, c'est la finesse ; la vigueur et la fermeté qui y sont souvent au fond n'y paraissent que voilées. Mais il est des moments où le mot vrai se fait jour et où l'expression vive éclate. L'*impudence* de Mme de Montespan qui s'enhardit à ses grossesses successives, la *bassesse* des Condés qui ambitionnent de s'allier au roi par toutes ses branches bâtardes, tous ces traits sont touchés hardiment et comme il sied à la petite-fille de d'Aubigné. Le roi, ayant marié le duc du Maine, fait d'abord à ce prince des représentations sur sa femme qui le ruine ; mais, « voyant enfin que ses représentations ne servent qu'à faire souffrir intérieurement un fils qu'il aime, il prend le parti du silence, et le *laisse croupir* dans son aveuglement et sa faiblesse. » Il n'y a rien d'efféminé dans tous ces tons-là. On sent, même à lire ces femmes si polies, que Molière non moins que Racine a assisté de son génie à leur berceau, et que Saint-Simon n'est pas loin.

Je pourrais faire, si je voulais, un relevé des gaillardises de Mme de Caylus, et qui nous la montrerait, dans un genre plus adouci, une vraie fille pourtant de Mme de Sévigné. Elle sait changer de ton dès qu'il le faut, et proportionner sa touche à ses personnages : « Mlle de Rambures avait le style de la famille des Nogent dont était madame sa mère : vive, hardie, et tout l'esprit qu'il faut pour plaire aux hommes sans être belle. Elle attaqua le roi et ne lui déplut pas... (1) » Voilà comme on parle quand on sait tout dire; et, tout à côté, quel portrait achevé en deux lignes! « Mlle de Jarnac, laide et malsaine, ne tiendra pas beaucoup de place dans mes *Souvenirs*. Elle vécut peu et tristement; *elle avait*, disait-on, *un beau teint pour éclairer sa laideur*. » Il faut être Hamilton ou femme pour trouver de ces traits-là. « Elle avait de quoi être méchante, » a dit Saint-Simon de Mme de Caylus. Les esprits pénétrants et vrais sont bien embarrassés de leur rôle en ce monde: s'ils disent ce qu'ils voient et ce qui est, ils courent risque de passer pour méchants. Mme de Caylus n'était qu'un peintre vrai, et qui ne pouvait s'empêcher, même en courant, de saisir les objets au vif, que l'objet fût Mlle de Jarnac avec sa laideur dans un si beau jour, ou que ce fût cette ravissante Mlle de Lowœnstein, avec sa « taille de nymphe qu'un ruban couleur de feu relevait encore. » Toute cette suite où elle nous montre l'escadron des filles d'honneur de la Dauphine, et en général la file des dames de la Cour, ressemble à une galerie d'Hamilton: même date, même finesse de pinceau, même causticité délicate et par instants cruelle. Mme de Caylus est maîtresse à sa manière dans l'art de cette ironie continuelle dont elle parle, et que les femmes étrangères les plus spirituelles et les mieux naturalisées chez nous ne saisissaient pas toujours. La duchesse de Bourgogne, venue de Savoie, et bien que si Française à tant d'égards, ne pouvait s'y faire, et elle disait quelquefois à Mme de Maintenon: « Ma tante, on se moque de tout ici! »

Il y avait tant de choses moquables en effet! Les

(1) Le texte de Petitot dans la *Collection des Mémoires*, avec sa prétention d'être plus exact, est parfois moins attique que le texte des éditions précédentes. Je dis cela pour ceux qui y regarderaient de près.

anecdotes de Mme de Caylus sont de petites scènes qui, à peine marquées, laissent parfois une impression de comique ineffaçable. Voulez-vous une de ces scènes où M. de Montausier, où Bossuet lui-même est dans un rôle plaisant? On était à la veille d'une semaine-sainte ou d'un jubilé, et le roi, qui avait de la religion, voulut se sevrer de Mme de Montespan qui, à sa manière, en avait aussi. Là-dessus les deux amants se séparent, et chacun de son côté pleure ses péchés. Mais laissons causer Mme de Caylus dans ce récit inimitable :

« Le jubilé fini, gagné ou non gagné, il fut question de savoir si Mme de Montespan reviendrait à la Cour : « Pourquoi non? disaient ses parents et ses amis, même les plus vertueux (*tels que M. de Montausier*). Mme de Montespan, par sa naissance et par sa charge, doit y être; elle peut y vivre aussi chrétiennement qu'ailleurs. » M. l'évêque de Meaux (*Bossuet*) fut de cet avis. Il restait cependant une difficulté : Mme de Montespan, ajoutait-on, paraîtra-t-elle devant le roi sans préparation? Il faudrait qu'ils se vissent avant de se rencontrer en public, pour éviter les inconvénients de la surprise. Sur ce principe, il fut conclu que le roi viendrait chez Mme de Montespan; mais, pour ne pas donner à la médisance le moindre sujet de mordre, on convint que des dames respectables, et les plus graves de la Cour, seraient présentes à cette entrevue, et que le roi ne verrait Mme de Montespan qu'avec elles. Le roi vint donc chez Mme de Montespan, comme il avait été décidé; mais insensiblement il la tira dans une fenêtre; ils se parlèrent bas assez longtemps, pleurèrent, et se dirent ce qu'on a accoutumé de dire en pareil cas; ils firent ensuite une profonde révérence à ces vénérables matrones, passèrent dans une autre chambre; et il en advint Mme la duchesse d'Orléans, et ensuite M. le comte de Toulouse. »

Ce furent les deux derniers des sept enfants que le roi eut de Mme de Montespan :

« Je ne puis, ajoute Mme de Caylus, me refuser de dire ici une pensée qui me vient dans l'esprit : il me semble qu'on voit encore dans le caractère, dans la physionomie et dans toute la personne de Mme la duchesse d'Orléans, des traces de ce combat de l'amour et du jubilé. »

On assure qu'il y a ici une petite erreur de Mme de Caylus, qu'elle s'est trompée d'un an, et que la scène de raccommodement dont il s'agit eut lieu après la semaine-sainte de 1675, et non à l'occasion du jubilé, qui n'eut lieu que l'année suivante. Et que nous fait le jubilé un an plus tôt ou plus tard? l'essentiel est qu'on le retrouve dans la physionomie de cette fille du roi et de Mme de Montespan. Mais, dites, fut-il jamais une manière de conter plus vive, plus gaie, plus hardie, plus imprévue et plus naturelle? Rien d'à peu près ni rien de trop. Comme tout est peint, comme tout se grave, et comme rien n'est appuyé!

Ceci nous conduit à l'examen d'une question qui a été déjà traitée, et à laquelle le nom de Mme de Caylus s'est trouvé mêlé dès l'origine. Qu'est-ce que l'urbanité, et en quoi proprement consiste-t-elle? Est-elle tout entière dans la justesse et la brièveté d'un bon mot? est-elle surtout dans l'ironie, dans la plaisanterie et l'enjouement, ou faut-il la chercher encore ailleurs? Un abbé, homme savant et homme d'esprit, l'abbé Gédoyn, le même qui a traduit Quintilien, et qui l'a d'autant mieux traduit qu'il avait été bien avec Ninon (avoir été bien avec Ninon, cela sert toujours), l'abbé Gédoyn, disons-nous, a traité cette question de l'urbanité, et il a terminé son agréable et docte Mémoire par y joindre un *Éloge* de Mme de Caylus, en remarquant que, de toutes les personnes qu'il avait connues, il n'en était aucune qui rendît d'une manière si vive ce qu'il concevait par ce mot d'*urbanité*. Voyons donc un peu ce que l'aimable abbé comprenait sous ce mot; c'est nous occuper de Mme de Caylus toujours.

Selon l'abbé Gédoyn, l'*urbanité*, ce mot tout romain, qui dans l'origine ne signifiait que la douceur et la pureté du langage de la *ville* par excellence (*Urbs*), par opposition au langage des provinces, et qui était proprement pour Rome ce que l'atticisme était pour Athènes, ce mot-là en vint à exprimer bientôt un caractère de politesse qui n'était pas seulement dans le parler et dans l'accent, mais dans l'esprit, dans la manière et dans tout l'air des personnes. Puis, avec l'usage et le temps, il en vint à exprimer plus encore, et à ne pas signifier seulement une qualité du langage et de l'esprit, mais aussi une sorte de vertu et de qualité sociale et morale qui rend un homme aimable aux autres, qui embellit et assure le commerce de la vie. En ce sens complet et charmant, l'urbanité demande un caractère de bonté ou de douceur, même dans la malice. L'ironie lui sied, mais une ironie qui n'a rien que d'aimable, celle qu'on a si bien définie *le sel de l'urbanité*. Avoir de l'urbanité, comme Gédoyn l'entend, c'est avoir des *mœurs*, non pas des mœurs dans le sens austère, mais dans le sens antique : Horace et César en avaient. Avoir des mœurs en ce sens délicat, qui est celui des honnêtes gens, c'est ne pas s'en croire plus qu'à personne, c'est ne prêcher, n'injurier personne au nom des mœurs. Les esprits durs, rustiques, sauvages et fanatiques, sont exclus de l'urbanité ; le critique acariâtre, fût-il exact, n'y saurait prétendre. Les esprits tristes eux-mêmes n'y sont pas admis, car il y a un fond de joie et d'enjouement dans toute urbanité, il y a du sourire. A considérer les soins extrêmes que prenaient les anciens pour donner à leurs enfants, dès le sein de la nourrice, ce tact fin et ce sens exquis, on est frappé de la différence avec l'éducation moderne. « Quand on voit dans les ouvrages de Cicéron et ailleurs, particulièrement dans Quintilien, a remarqué un grand esprit (Bolingbroke), les soins, les peines, l'application continuelle, qui allaient à former les grands hommes de l'antiquité, on s'étonne qu'il n'y en ait pas eu plus ; et quand on réfléchit sur l'éducation de la jeunesse de nos jours, on s'étonne qu'il s'élève un seul homme capable d'être utile à la patrie. » Cette remarque, qui paraîtra bien sévère si on l'étend à toute l'éducation, reste évidente si on ne l'applique qu'à l'urbanité. A comparer sur ce point l'éducation de nos jours à celle des anciens, on est tout surpris qu'il reste encore chez nous quelque peu du mot et de la chose. A la fin du XVIIe siècle, c'est-à-dire au plus beau moment de notre passé, on se plaignait déjà ; c'était l'âge d'or de l'urbanité pourtant. Mais les femmes alors, avec cette facilité de nature qui de tout temps les distingue, réussirent mieux encore que les hommes à offrir de parfaits modèles de ce que nous cherchons, et dont les semences étaient comme répandues dans l'air qu'on respirait. C'est chez elles, parmi celles qui ont écrit, qu'on trouverait le plus sûrement des témoignages de cette familiarité décente, de cette moquerie fine, et de cette aisance à tout dire, qui remplit d'autant plus les conditions des anciens, qu'elles-mêmes n'y songeaient pas. « Tout ce qui est excessif messied nécessairement, et tout ce qui est *peiné* ne saurait avoir de grâce. » Voilà ce que disaient les Quintilien et les Gédoyn, et voilà ce qu'on vérifie en lisant les simples pages de Mme de Caylus. L'abbé Gédoyn le sentit si bien (et c'est son honneur), qu'ayant achevé son Mémoire par une sorte de compliment pour les académiciens devant qui il le lisait, il se hâta d'y ajouter un post-scriptum, et d'indiquer du doigt Mme de Caylus comme exemple plus concluant, et comme *pièce à l'appui*.

L'*Éloge* d'elle, qui est imprimé à la suite de ce Mémoire de Gédoyn, et qui est dû à la plume d'un M. Rémond (un de ces paresseux délicats qui n'ont laissé que quelques lignes) (1), nous la montre sous un jour nouveau, même après les éloges de Choisy et de Saint-Simon. On l'y voit belle longtemps, agréable toujours, unissant aux fleurs d'esprit d'une Mme de La Sablière la solidité de fonds d'une Mme de La Fayette, d'une conversation diverse et à propos assortie, tantôt sérieuse, tantôt enjouée, même ne haïssant pas les plaisirs de la table et y redoublant de saillies, y présidant en déesse comme l'Hélène d'Homère :

« Mme de Caylus, nous dit en cet endroit M. Rémond, *menait plus loin qu'Hélène ;* elle répandait une joie si douce et si vive, un goût de volupté si noble et si élégant dans l'âme de ses convives, que tous les âges et tous les caractères paraissaient aimables et heureux. Tant est surprenante la force, ou plutôt la magie d'une femme qui possède de véritables charmes ! »

Il y aurait peut-être dans ce mot de *charmes* et dans cette comparaison avec Hélène de quoi effrayer d'abord et donner le change, si l'on ne savait que ce portrait de Mme de Caylus a été tracé dans les dernières années et après sa jeunesse, et que tout s'y rapporte à l'enchantement de l'esprit. C'est ainsi qu'il faut entendre cet autre passage de l'*Éloge*, où il est dit : « Dès qu'on avait fait connaissance avec elle, on quittait sans y penser ses maîtresses, parce qu'elles commençaient à plaire moins; et il était difficile de vivre dans sa société sans devenir son ami et son amant. » Ces expressions vives du peintre platonique ne sont que pour mieux rendre

(1) Voltaire a fort maltraité ce M. Rémond dans la Lettre qu'il a écrite sur Ninon (*Mélanges littéraires*), et il s'est armé contre lui de quelque plaisanterie de Ninon elle-même, de qui Rémond se prétendait l'élève. L'abbé Fraguier, homme de goût, a fort célébré Rémond dans ses Poésies latines ; on assure qu'il en parlait moins bien en prose. Ce que je puis dire seulement, c'est que l'Éloge de Mme de Caylus me paraît très-délicat.

cette joie de l'esprit et cette pure ivresse de la grâce qu'on ressentait insensiblement près d'elle.

Car, pour revenir encore une fois à la conclusion de Quintilien interprété à la moderne par Gédoyn, facilité, discrétion, finesse, ne pas trop appuyer, ne rien pousser à bout, ce sont là certes des conditions de l'urbanité, mais tout cela n'est rien sans un certain esprit de joie et de bonté qui anime l'ensemble : *c'est proprement un charme*, a dit La Fontaine.

Je n'insisterai pas pour démontrer plus longuement ces grâces légères de l'auteur dans le petit livre de *Souvenirs* inachevé, mais si agréable et si galamment tourné, que chacun peut relire ; on s'y rafraîchira la mémoire de choses connues, et surtout on s'y remettra en goût pour cette manière de tout dire en effleurant. Dans l'art du portrait, et sans avoir l'air d'y toucher, Mme de Caylus est un maître. Mais là où je demande qu'on me permette de la suivre encore, c'est dans sa Correspondance avec Mme de Maintenon. Cette Correspondance remonte au temps où Mme de Caylus, jeune et jolie veuve, était en disgrâce à Paris et avant son retour à Versailles. Mme de Maintenon lui adresse sur sa conduite des conseils sensés, mais si stricts et si secs, qu'ils donneraient vraiment envie d'y manquer si on en était l'objet. Mme de Caylus n'y manqua et n'y obéit qu'à demi. Une fois revenue à Versailles, on la voit, dans ses lettres (ou plutôt ses courts billets écrits d'une chambre à l'autre), déployer tout ce qu'elle a de grâce et de gentillesse pour fléchir sa tante, pour l'amuser et l'égayer. Mme de Maintenon, si agréable par l'esprit, avait un fonds sérieux, triste et même austère ; elle avait amassé des trésors d'ennui à amuser les autres, elle s'était desséché l'âme à plaire à de plus grands qu'elle dès sa jeunesse. Aussi, dès qu'elle se retrouvait seule, elle jouissait avant tout de la solitude comme d'un délassement et d'un repos. Mme de Caylus fait tout pour avoir ses entrées auprès de sa tante en ces rares moments; elle l'agace, elle la lutine en tout respect pour la dérider : « Je ne sais ce que l'Académie dira du mot *acoquiner*, mais j'en sens, moi, toute l'énergie avec vous, » lui dit-elle. Elle s'appelle *la Surintendante de ses plaisirs*, et se plaint que la charge entre ses mains dépérit. Mme de Maintenon était devenue indispensable au roi et à toute la famille royale, qui ne lui laissait pas un seul instant de répit. Même quand le roi travaillait avec ses ministres, il fallait encore qu'elle fût là. Oh! que même en ces moments Mme de Caylus aurait aimé à s'asseoir souriante et muette auprès de sa tante! « Qui ne vous voit pas, ne goûte rien, lui écrit-elle. J'ai donc un regret infini de ne pouvoir partager avec vous *le dos de M. Peletier*. » Sans doute M. Le Peletier de Souzy : c'était un directeur-général et un conseiller d'État, qui travaillait chaque semaine avec le roi. Un autre jour, elle envie *Fanchon*, la femme de chambre : « Que ne puis-je me glisser sous sa forme pendant l'absence *du dos de M. de Pontchartrain!* » M. de Pontchartrain, un des secrétaires d'État, était, à ce qu'il semble, l'un des moins amusants. Enfin, pour se faire admettre et agréer, elle se fait petite, elle se fait nulle; elle se déguiserait, si elle le pouvait, sous la forme d'un devoir ou d'un ennui; elle sent que c'est ainsi qu'elle aurait encore le plus de chances de pénétrer. Voici une des plus jolies lettres, où elle parle d'elle-même sous le nom de la *petite nièce*, et où elle réclame de sa tante, et sur tous les tons, la faveur de la voir un peu plus souvent :

« Je réfléchis sur votre semaine, et je ne la saurais trouver bien ordonnée, qu'il n'y ait un peu plus de la *petite nièce :* pourquoi n'en pas vouloir quelquefois avec la petite famille? Elle serait aussi hébétée au jeu que vous le voudriez; elle travaillerait si sagement! elle écouterait ou ferait la lecture avec tant de plaisir!

Enfin, et c'est peut-être bien là le meilleur pour la faire recevoir, elle partirait au moindre signe. Si vous voulez la laisser au monde, elle vous assure sans hypocrisie qu'elle retrouvera pour lui encore plus de temps qu'il ne lui en faut ; elle ne voit après tout que les cabales (*elle appelait ainsi sa coterie familière, Mme de Dangeau, Mme d'O*, etc.) qu'elle voit assez avec vous, ou ses maréchaux de France qui ne la charment pas au point de ne s'en pouvoir passer ; elle craint les ministres ; elle n'aime point les princesses ; si c'est le repos que vous lui voulez, elle n'en trouve qu'avec vous ; si c'est sa santé, elle y trouve son régime et sa commodité ; en un mot, elle trouve tout avec vous, et rien sans vous. Après ce sincère exposé, ordonnez, mais non pas *en Néron.* »

Ce terme de *Néron* revient souvent sous sa plume pour exprimer avec enjouement cette habitude négative de Mme de Maintenon, inexorable dans les privations qu'elle imposait aux autres comme à elle-même (1). Un jour, Mme de Caylus lui envoie une petite quenouille ; car Mme de Maintenon aimait à filer de ses propres mains, toute demi-reine qu'elle était : c'était une montre de simplicité et de modestie ajoutée à toutes les autres. Mais écoutez de quels jolis propos Mme de Caylus accompagne et environne sa quenouille en l'envoyant :

« Que n'ai-je toutes les grâces d'un esprit léger pour introduire dans votre solitude la plus légère de toutes les quenouilles ! Elle est jolie, si vous voulez ; mais, après cela, elle vous est donnée par une personne qui, quand elle sera à votre côté, voudrait bien ne la pas perdre de vue... Partez, ma quenouille ; il n'y a point d'ironie à dire que je vous envie : rien n'est plus vrai. »

On croit sentir le souffle d'une Épigramme de l'Anthologie.

Elle est ainsi inépuisable de tours et de retours, d'instances charmantes sur ce thème perpétuel ; elle tâche, en un mot, d'envoyer à cette vieillesse qui se mortifie

(1) C'est certainement une allusion au Néron de Racine dans *Britannicus*, et à ce vers qui trouvait ici son agréable application :

Dans son appartement, Gardes, qu'on la remène !

un de ses rayons : « Je sais bien mauvais gré au soleil de luire avec tant d'éclat dans mon cabinet quand vous n'y êtes pas. »

Vers la fin elle est si bien entrée dans l'esprit de sa tante, qu'elle en est venue à ne faire qu'un et à conspirer avec elle pour distraire le roi : « Il est certain que nous rendrions un grand service à l'État de faire vivre le roi en l'amusant. »

Mme de Maintenon, malgré ses airs de résistance, n'était pas insensible à tant de bonne grâce (1). Que ce fût un petit mouvement du cœur ou seulement un goût vif de l'esprit, elle avait pour cette nièce-là un faible qu'elle n'avait pour aucune autre; elle l'appelait sa *vraie nièce*, et, surtout depuis la mort de Louis XIV, on la voit se porter vers elle avec une solide amitié. Il est vrai que Mme de Caylus est si parfaite, si respectueuse à la fois et si familière; elle sait si bien la mesure qu'il faut garder en lui écrivant, le degré d'information qu'il faut tenir, les tristes nouvelles du monde, les vérités fâcheuses qu'il ne faut pas lui cacher, et celles sur lesquelles il est inutile de s'étendre; elle sait si bien être sérieuse en courant : « Je ne vous dis rien de la beauté de vos lettres, lui écrivait Mme de Maintenon (1716); je vous pa-

(1) Mme des Ursins, dans ses lettres à Mme de Maintenon, n'avait cessé de faire valoir son *amie*, depuis sa rentrée en grâce auprès de sa tante; elle varie ses louanges sur tous les tons : « Elle n'a rien de fardé, et est d'ailleurs aussi aimable par l'esprit que par la figure... Vous trouveriez en elle des ressources infinies, personne n'ayant plus d'esprit, et n'étant plus amusante sans aucune malice. » Mme de Maintenon, à la fin, s'avoue presque vaincue : « Il est vrai que je m'accommode mieux de Mme de Caylus qu'autrefois, parce qu'elle me paraît revenue de l'entêtement qu'elle avait pour le jansénisme, étant difficile de se trouver agréablement avec ceux qui pensent différemment que nous : son visage est toujours aussi gracieux, mais elle a une taille qui la défigure fort; du reste, je ne vois point de femme ici *si raisonnable qu'elle.* » (Lettre à Mme des Ursins, du 26 août 1714.)

raîtrais flatteuse, et, à mon âge, il ne faut pas changer de caractère. » On prendrait pourtant de Mme de Caylus, si l'on s'en tenait à ses lettres, une idée un peu trop sérieuse. En écrivant à sa tante (est-il besoin d'en avertir?) elle se présente sans hypocrisie, mais par son aspect le plus uniforme et le plus rangé : elle ne laisse voir sans doute que la moitié de sa vie. Dans sa petite maison du Luxembourg, qui est isolée et champêtre, et où l'on n'arrive que par un détour comme dans un village, elle se montre presque comme une fermière retirée au lendemain des grandeurs de Versailles :

« C'est un délice que de se lever matin; je regarde par ma fenêtre tout mon empire, et je m'enorgueillis de voir sous mes lois douze poules, un coq, huit poussins, une cave que je traduis en laiterie, une vache qui paît à l'entrée du grand jardin, par une tolérance qui ne sera pas de longue durée. Je n'ose prier Mme de Berry de souffrir une vache. Hélas! c'est bien assez qu'elle me souffre. »

La duchesse de Berry, c'était cette fille du Régent qui allait remplir de ses orgies le palais du Luxembourg. Mme de Caylus, y faisant allusion, dira ailleurs, dans une image pleine de pensée :

« Je suis fort bien ici, je ne perds pas un rayon du soleil, ni un mot des vêpres d'un séminaire (*Saint-Sulpice*) où les femmes n'entrent point; c'est ainsi que toute la vie est mêlée : d'un côté, ce palais (*le Luxembourg*), et de l'autre, les louanges de Dieu! »

Mme de Maintenon, toute bonne paroissienne qu'elle la croyait, sentait bien pourtant que cette nièce charmante n'était pas devenue une recluse, et qu'elle recevait des amis de toute espèce : « Vous savez bien vous passer des plaisirs, lui disait-elle, mais les plaisirs ne peuvent se passer de vous. »

Telle était Mme de Caylus autant qu'on la peut ressaisir d'après quelques pages où ne se trouve encore que la moindre partie d'elle-même : mais, avec l'aide des témoignages contemporains, nous sommes sûrs du moins de ne lui avoir rien prêté en cherchant à la définir. Cette aînée de Saint-Cyr, cette sœur d'Esther, et qui ne se tint pas à ce rôle si doux, est comme la dernière fleur qu'ait produite l'époque finissante de Louis XIV, et elle ne s'est ressentie en rien de l'âge suivant. Venue après les La Fayette, les Sévigné et les Maintenon, remarquée ou cultivée par elles et les admirant, elle sut ne leur ressembler que pour se détacher à son tour, et elle brille de loin à leur suite, la plus jeune et la plus riante, avec son éclat distinct et sa délicatesse sans pâleur.

Lundi 4 novembre 1850.

LES CONFESSIONS

DE

J.-J. ROUSSEAU.

(Bibliothèque Charpentier.)

Après avoir parlé de la langue pure, légère, non appuyée, tout à fait courante et facile, que le XVIIe siècle finissant avait en partie léguée au XVIIIe, je voudrais parler aujourd'hui de cette langue du XVIIIe siècle, considérée dans l'écrivain qui lui a fait faire le plus grand progrès, qui lui a fait subir du moins la plus grande révolution depuis Pascal, une révolution de laquelle, nous autres du XIXe siècle, nous datons. Avant Rousseau et depuis Fénelon, il y avait eu bien des essais de manières d'écrire qui n'étaient plus celles du pur XVIIe siècle : Fontenelle avait sa manière, si jamais manière il y eut; Montesquieu avait la sienne, plus forte, plus ferme, plus frappante, mais manière aussi. Voltaire seul n'en avait pas, et sa parole vive, nette, rapide, courait comme à deux pas de la source. « Vous trouvez, écrit-il quelque part, que je m'explique assez clairement : je suis comme les petits ruisseaux, ils sont transparents parce qu'ils sont peu profonds. » Il disait cela en riant; on se dit ainsi à soi-même bien des demi-vérités. Le siècle pourtant demandait plus; il voulait être ému, échauffé, rajeuni par l'expression d'idées et de sentiments qu'il se définissait mal et qu'il cherchait encore. La prose de Buffon, dans les premiers volumes de l'*Histoire naturelle*, lui offrait quelque image de ce qu'il désirait, une image plus majestueuse que vive, un peu hors de portée, et trop enchaînée à des sujets de science. Rousseau parut : le jour où il se découvrit tout entier à lui-même, il révéla du même coup à son siècle l'écrivain le plus fait pour exprimer avec nouveauté, avec vigueur, avec une logique mêlée de flamme, les idées confuses qui s'agitaient et qui voulaient naître. En s'emparant de cette langue qu'il lui avait fallu conquérir et maîtriser, il la força un peu, il la marqua d'un pli qu'elle devait garder désormais; mais il lui rendit plus qu'il ne lui faisait perdre, et, à bien des égards, il la retrempa et la régénéra. Depuis Jean-Jacques, c'est dans la forme de langage établie et créée par lui que nos plus grands écrivains ont jeté leurs propres innovations et qu'ils ont tenté de renchérir. La pure forme du XVIIe siècle, telle que nous aimons à la rappeler, n'a plus guère été qu'une antiquité gracieuse et qu'un regret pour les gens de goût.

Quoique les *Confessions* n'aient paru qu'après la mort de Rousseau et quand déjà son influence était pleinement régnante, c'est là qu'il nous est plus commode aujourd'hui de l'étudier avec tous les mérites, les prestiges et les défauts de son talent. Nous essaierons de le faire, en nous bornant le plus que nous pourrons à la considération de l'écrivain, mais sans nous interdire les remarques sur les idées et le caractère de l'homme. Le moment présent n'est pas très-favorable à Rousseau, à qui l'on impute d'avoir été l'auteur, le promoteur de bien des maux dont nous souffrons. «Il n'y a point d'écrivain, a-t-on dit judicieusement, plus propre à rendre le pauvre superbe. » Malgré tout, en le considérant ici, nous tâcherons de ne pas trop nous ressentir nous-même de cette disposition comme personnelle qui porte de bons esprits à lui en vouloir dans les circonstances pénibles que nous traversons. Des hommes qui ont une telle portée et un tel lendemain ne doivent pas être jugés selon les émotions et les réactions d'un jour.

L'idée d'écrire des *Confessions* semble si naturelle à Rousseau et si conforme à son humeur comme à son talent, qu'on ne croirait pas qu'il y ait eu besoin de la lui suggérer. Elle lui vint pourtant en premier lieu de son libraire Rey d'Amsterdam, et aussi de Duclos. Après *la Nouvelle Héloïse*, après l'*Émile*, Rousseau, âgé de cinquante-deux ans, commença à rédiger ses *Confessions* en 1764, après son départ de Montmorency, pendant son séjour de Motiers en Suisse. On vient de publier, dans le dernier numéro de la *Revue suisse* (octobre 1850), un début des *Confessions*, tiré d'un manuscrit déposé à la Bibliothèque de Neuchâtel, début qui est le premier brouillon de Rousseau, et qu'il a supprimé depuis. Ce début primitif, beaucoup moins emphatique et moins fastueux que celui qu'on lit en tête des *Confessions*, ne nous fait point entendre le coup de *trompette du Jugement dernier*, et ne finit point par la fameuse apostrophe à l'*Être éternel*. Rousseau y expose beaucoup plus longuement, mais philosophiquement, son projet de se décrire soi-même et de faire ses confessions *à toute rigueur*; il fait bien sentir en quoi consiste l'originalité et la singularité de son dessein :

« Nul ne peut écrire la vie d'un homme que lui-même. Sa manière d'être intérieure, sa véritable vie n'est connue que de lui; mais, en l'écrivant, il la déguise; sous le nom de sa vie il fait son apologie : il se montre comme il veut être vu, mais point du tout comme il est. Les plus sincères sont vrais tout au plus dans ce qu'ils disent, mais ils mentent par leurs réticences, et ce qu'ils taisent change tellement ce qu'ils feignent d'avouer, qu'en ne disant qu'une partie de la vérité, ils ne disent rien. Je mets Montaigne à la tête de ces *faux sincères* qui veulent tromper en disant vrai. Il se montre avec des défauts, mais il ne s'en donne que d'aimables : *il n'y a point d'homme qui n'en ait d'odieux.* Montaigne se peint ressemblant, mais de profil. Qui sait si quelque balafre à la joue, ou un œil crevé du côté qu'il nous a caché, n'eût pas totalement changé la physionomie ?... »

Il veut donc faire ce que nul n'a projeté ni osé avant lui. Quant au style, il lui semble qu'il lui en faudrait inventer un aussi nouveau que son projet, et proportionné à la diversité et à la disparité des choses qu'il se propose de décrire :

« Si je veux faire un ouvrage écrit avec soin comme les autres, je ne me peindrai pas, je me farderai. C'est ici de mon portrait qu'il s'agit et non pas d'un livre. Je vais travailler pour ainsi dire dans la *Chambre obscure*; il n'y faut point d'autre art que de suivre exactement les traits que je vois marqués. Je prends donc mon parti sur le style comme sur les choses. Je ne m'attacherai point à le rendre uniforme; j'aurai toujours celui qui me viendra, j'en changerai selon mon humeur, sans scrupule; je dirai chaque chose comme je la sens, comme je la vois, sans recherche, sans gêne, sans m'embarrasser de la bigarrure. En me livrant à la fois au souvenir de l'impression reçue et au sentiment présent, je peindrai doublement l'état de mon âme, savoir au moment où l'événement m'est arrivé et au moment où je l'ai décrit; mon style inégal et naturel, tantôt rapide et tantôt diffus, tantôt sage et tantôt fou, tantôt grave et tantôt gai, fera lui-même partie de mon histoire. Enfin, quoi qu'il en soit de la manière dont cet ouvrage peut être écrit, ce sera toujours par son objet un livre précieux pour les philosophes : c'est, je le répète, une pièce de comparaison pour l'étude du cœur humain, *et c'est la seule qui existe.* »

L'erreur de Rousseau n'a pas été de croire qu'en se confessant ainsi tout haut devant tous, et dans un sentiment si différent de l'humilité chrétienne, il faisait une chose unique ou même une chose des plus curieuses pour l'étude du cœur humain; son erreur a été de croire qu'il faisait une chose *utile*. Il n'a pas vu qu'il faisait comme le médecin qui se mettrait à décrire d'une manière intelligible, séduisante, à l'usage des gens du monde et des ignorants, quelque infirmité, quelque maladie mentale bien caractérisée : ce médecin serait en partie responsable et coupable de tous les maniaques et de tous les fous par imitation et contagion que ferait son livre.

Les premières pages des *Confessions* sont trop accentuées et assez pénibles. J'y trouve tout d'abord « un vide *occasionné* par un défaut de mémoire ; » Rousseau y parle des *auteurs de ses jours*; il apporte en naissant le germe d'une *incommodité* que les ans ont *renforcée*, dit-il, et qui maintenant ne lui donne quelquefois des *relâches* que pour, etc., etc. » Tout cela est désagréable et sent peu cette fleur d'expression que nous goûtions et respirions encore l'autre jour sous le nom d'urbanité. Mais, prenez garde, à côté de ces rudesses d'accent et de ces crudités de terroir, qu'est-ce donc? et quelle simplicité nouvelle, familière et pénétrante!

« Je sentis avant de penser ; c'est le sort commun de l'humanité. Je l'éprouvai plus qu'un autre. J'ignore ce que je fis jusqu'à cinq ou six ans. Je ne sais comment j'appris à lire ; je ne me souviens que de mes premières lectures et de leur effet sur moi... Ma mère avait laissé des romans ; nous nous mîmes à les lire après souper, mon père et moi. Il n'était question d'abord que de m'exercer à a lecture par des livres amusants ; mais bientôt l'intérêt devint si vif, que nous lisions tour à tour sans relâche, et passions les nuits à cette occupation. Nous ne pouvions jamais quitter qu'à la fin du volume. Quelquefois mon père, entendant le matin les hirondelles, disait tout honteux : *Allons nous coucher, je suis plus enfant que toi.* »

Notez bien cette hirondelle ; c'est la première et qui annonce un nouveau printemps de la langue ; on ne commence à la voir paraître que chez Rousseau. C'est de lui que date chez nous, au XVIIIe siècle, le sentiment de la nature. C'est de lui aussi que date dans notre littérature le sentiment de la vie domestique, de cette vie bourgeoise, pauvre, recueillie, intime, où s'accumulent tant de trésors vertueux et doux. A travers quelques détails de mauvais ton où il parle de volerie et de *mangeaille*, comme on lui pardonne en faveur de cette vieille chanson d'enfance dont il ne sait plus que l'air et à peine quelques paroles décousues, mais qu'il voudrait ressaisir toujours, et qu'il ne se rappelle jamais, tout vieux qu'il est, sans un charme attendrissant!

« C'est un caprice auquel je ne comprends rien, dit-il, mais il m'est de toute impossibilité de la chanter jusqu'à la fin sans être arrêté par mes larmes. J'ai cent fois projeté d'écrire à Paris pour faire chercher le reste des paroles, si tant est que quelqu'un les connaisse encore : mais je suis presque sûr que le plaisir que je prends à me rappeler cet air s'évanouirait en partie, si j'avais la preuve que d'autres que ma pauvre tante Suzon l'ont chanté. »

Voilà le nouveau dans l'auteur des *Confessions*, voilà ce qui nous ravit, en nous ouvrant une source imprévue de sensibilité intime et domestique. Nous lisions l'autre jour ensemble Mme de Caylus et ses *Souvenirs :* mais de quels souvenirs d'enfance nous parle-t-elle? qu'a-t-elle aimé? qu'a-t-elle pleuré en quittant le foyer où elle est née, où elle a été nourrie? Songe-t-elle le moins du monde à nous le dire? Ces races aristocratiques et fines, douées d'un tact si exquis et d'un sentiment de raillerie si vif, ou n'aimaient pas ces choses simples, ou n'osaient pas le laisser voir. Leur esprit, nous le connaissons de reste et nous en jouissons; mais où est leur cœur? Il faut être bourgeois, et de province, et homme nouveau comme Rousseau, pour se montrer ainsi sujet aux affections du dedans et à la nature.

Aussi, quand nous remarquons avec quelque regret que Rousseau a forcé, creusé et comme labouré la langue, nous ajoutons aussitôt qu'il l'a ensemencée en même temps et fertilisée.

Un homme de la fière race aristocratique, mais élève de Rousseau, et qui n'avait pas beaucoup plus que lui le sentiment et la crainte du ridicule, M. de Chateaubriand, a repris dans *René* et dans ses *Mémoires* cette manière plus ou moins directe d'aveux et de confessions, et il en a tiré des effets magiques et surprenants. Notons pourtant les différences. Rousseau n'a pas l'élévation première; il n'est pas tout à fait, et tant s'en faut! ce qu'on appelle un enfant *bien né;* il a un penchant au vice et à des vices bas; il a des convoitises honteuses et cachées qui ne sentent pas le gentilhomme; il a de ces longues timidités qui se retournent tout d'un coup en effronteries de *polisson* et de *vaurien* comme il s'appelle; en un mot, il n'a pas cette sauvegarde de l'honneur, que M. de Chateaubriand eut, dès l'enfance, comme une sentinelle vigilante à côté de ses défauts. Mais Rousseau, avec tous ces désavantages que nous ne craignons pas d'après lui d'indiquer par leur nom, vaut mieux que Chateaubriand en ce sens qu'il est plus humain, plus homme, plus attendri. Il n'a pas cette incroyable dureté (une dureté toute féodale vraiment) et ces inadvertances de cœur en parlant de ses père et mère, par exemple. Quand il en est, lui, sur les torts de son père, qui, honnête homme, mais homme de plaisir, léger et remarié, l'abandonne et le livre à son sort, avec quelle délicatesse il indique ce point douloureux! comme tout cela est touché par le dedans! Ce n'est pas de la délicatesse chevaleresque que je parle, c'est de la véritable, de l'intérieure, de celle qui est morale et humaine.

Il est incroyable que ce sentiment moral intérieur dont il était pourvu, et qui le tenait si fort en rapport avec les autres hommes, n'ait pas averti Rousseau à quel point il y dérogeait en maint endroit de sa vie et en mainte locution qu'il affecte. Son style, comme sa vie même, a contracté quelque chose des vices de sa première éducation et des mauvaises compagnies qu'il a hantées d'abord. Après une enfance honnêtement passée dans le cercle du foyer domestique, il est mis en apprentissage et y subit des duretés qui lui gâtent le ton et lui dépravent la délicatesse. Les mots de *polisson*, de *vaurien*, de *gueux*, de *fripon*, n'ont rien qui l'arrête, et il semble même qu'ils reviennent avec une certaine complaisance sous sa plume. Sa langue garda toujours quelque chose du mauvais ton de ses premières années. Je distingue chez lui deux sortes d'altération dans la langue : l'une qui tient seulement à ce qu'il est de province, et qu'il parle un français né hors de France. Rousseau écrira sans sourciller : *Comme que je fasse, comme que ce fût*, etc., au lieu de dire : *De quelque manière* que je fasse, *de quelque manière* que ce fût, etc.; il articule fortement et avec âpreté : il a par moments un peu de goître dans la voix. Mais c'est là un défaut qu'on lui passe, tant il est parvenu à en triompher en des pages heureuses, tant, à force de travail et d'émotion, il a assoupli son organe et a su donner à ce style savant et difficile la mollesse et le semblant d'un premier jet! — L'autre espèce d'altération et de corruption qu'on peut noter en lui est plus grave, en ce qu'elle tient au sens moral : il ne semble pas se douter qu'il existe certaines choses qu'il est interdit d'exprimer, qu'il est certaines expressions ignobles, dégoûtantes, cyniques, dont l'honnête homme se passe et qu'il ignore. Rousseau, quelque temps, a été laquais; on s'en aperçoit à plus d'un endroit de son style. Il ne hait ni le mot ni la chose. « Si Fénelon vivait, vous seriez catholique,» lui disait un jour Bernardin de Saint-Pierre, en le voyant attendri à quelque cérémonie du culte. « Oh! si Fénelon vivait, s'écria Rousseau tout en larmes, je chercherais à être son laquais pour mériter d'être son valet de chambre. » On saisit le manque de goût jusque dans l'émotion. Rousseau n'est pas seulement un ouvrier de la langue, apprenti avant d'être maître, et qui laisse voir par endroits la trace des soudures : c'est au moral un homme qui, jeune, a passé par les conditions les plus mêlées, et à qui certaines choses laides et vilaines ne font pas mal au cœur quand il les nomme. Je n'en dirai pas plus sur ce vice essentiel, sur cette souillure qu'il est si pénible d'avoir à rencontrer et à dénoncer chez un si grand écrivain et un si grand peintre, chez un tel homme.

Lent à penser, prompt à sentir, avec des convoitises ardentes et rentrées, avec une souffrance et une contrainte de chaque jour, Rousseau arrive à l'âge de seize ans, et il se peint à nous en ces termes :

« J'atteignis ainsi ma seizième année, inquiet, mécontent de tout et de moi, sans goût de mon état, sans plaisirs de mon âge, dévoré de désirs dont j'ignorais l'objet, pleurant sans sujet de larmes, soupirant sans savoir de quoi ; enfin caressant tendrement mes chimères, faute de rien voir autour de moi qui les valût. Les dimanches, mes camarades venaient me chercher, après le prêche, pour aller m'ébattre avec eux. Je leur aurais volontiers échappé si j'avais pu; mais, une fois en train dans leurs jeux, j'étais plus ardent et j'allais plus loin qu'un autre; *difficile à ébranler et à retenir.* »

Toujours dans un extrême! — Nous venons là de reconnaître la première forme des pensées et presque des phrases de René, de ces paroles devenues déjà une musique et qui chantent encore à nos oreilles :

« Mon humeur était impétueuse, mon caractère inégal. Tour à tour bruyant et joyeux, silencieux et triste, je rassemblais autour de moi mes jeunes compagnons; puis, les abandonnant tout à coup, j'allais m'asseoir à l'écart, pour contempler la nue fugitive, ou entendre la pluie tomber dans le feuillage... »

Et encore :

« Jeune, je cultivais les Muses ; il n'y a rien de plus poétique, dans la fraîcheur de ses passions, qu'un cœur de seize années. Le matin de la vie est comme le matin du jour, plein de pureté, d'images et d'harmonies. »

René, en effet, n'est autre que ce jeune homme de seize ans transposé, dépaysé au milieu d'une autre nature et au sein d'une autre condition sociale ; non plus un apprenti graveur, fils d'un bourgeois de Genève, d'un bourgeois *du bas*, mais chevalier, noble, voyageur en grand, épris des Muses : tout, au premier aspect, revêt une couleur plus séduisante, plus poétique ; l'inattendu du paysage et du cadre rehausse le personnage et caractérise une nouvelle manière ; mais le premier type sensible est là où nous l'indiquons, et c'est Rousseau qui, en regardant en lui-même, l'a trouvé.

René est un modèle plus flatteur pour nous, parce que tous les vilains côtés humains y sont voilés ; il a une teinte de la Grèce, de la chevalerie et du christianisme, qui croisent en lui leurs divers reflets à la surface. Les mots, en ce chef-d'œuvre de l'art, ont pris une magie nouvelle ; ce sont des mots pleins de lumière et d'harmonie. L'horizon s'est agrandi dans tous les sens, et le rayon de l'Olympe s'y joue. Rousseau n'a rien de comparable au premier abord, mais il est plus vrai au fond, plus réel, plus vivant. Cet enfant de métier, qui va jouer avec ses camarades après le *prêche*, ou rêver seul s'il le peut, ce petit adolescent à la taille bien prise, à l'œil vif, à la physionomie fine, et qui accuse toutes choses plus qu'on ne voudrait, il a plus de réalité que l'autre et plus de vie; il a de la bonhomie, il a de l'émotion et des entrailles. Les deux natures, celle de René et celle de Rousseau, ont un coin malade, trop d'ardeur mêlée à l'inaction et au désœuvrement, une prédominance de l'imagination et de la sensibilité qui se replient sur elles-mêmes et se dévorent; mais, des deux, Rousseau est le plus vraiment sensible, celui qui est le plus original et le plus sincère dans ses élans chimériques, dans ses regrets, dans ses peintures d'un idéal de félicité permise et perdue. Lorsque, quittant sa patrie, à la fin du premier livre des *Confessions*, il se représente le tableau simple et touchant de l'obscur bonheur qu'il aurait pu y goûter; quand il nous dit: « J'aurais passé dans le sein de ma religion, de ma patrie, de ma famille et de mes amis, une vie paisible et douce, telle qu'il la fallait à mon caractère, dans l'uniformité d'un travail de mon goût et d'une société selon mon cœur; j'aurais été bon chrétien, bon citoyen, bon père de famille, bon ami, bon ouvrier, bon homme en toute chose; j'aurais aimé mon état, *je l'aurais honoré peut-être*, et, après avoir passé une vie obscure et simple, mais égale et douce, je serais mort paisiblement dans le sein des miens; bientôt oublié sans doute, j'aurais été regretté du moins aussi longtemps qu'on se serait souvenu de moi; » quand il nous parle ainsi, il nous convainc en effet de la sincérité de son vœu et de son regret: tant respire en toutes ses paroles un sentiment profond et vif du charme doux, égal et honnête de la vie privée!

Aussi nous tous, en ce siècle, qui avons été plus ou moins malades du mal de rêverie, ne faisons pas comme ces anoblis qui renient leur aïeul, et sachons qu'avant d'être les fils très-indignes du noble René, nous sommes plus sûrement les petits-fils du bourgeois Rousseau.

Le premier livre des *Confessions* n'est pas le plus remarquable, mais Rousseau s'y trouve déjà renfermé tout entier, avec son orgueil, ses vices en germe, ses humeurs bizarres et grotesques, ses bassesses et ses saletés (*on voit que je marque tout*); avec sa fierté aussi et ce ressort d'indépendance et de fermeté qui le relève; avec son enfance heureuse et saine, son adolescence souffrante et martyrisée, et ce qu'elle lui inspirera plus tard (on le pressent) d'apostrophes à la société et de représailles vengeresses; avec son sentiment attendri du bonheur domestique et de famille qu'il goûta si peu, et encore avec les premières bouffées de printemps et ces premières haleines, signal du réveil naturel qui éclatera dans la littérature du XIXe siècle. Nous courons risque d'être aujourd'hui trop peu sensibles à ces premières pages pittoresques de Rousseau; nous sommes si gâtés par les couleurs, que nous oublions combien ces premiers paysages parurent frais et nouveaux alors, et quel événement c'était au milieu de cette société très-spirituelle, très-fine, mais sèche, aussi dénuée d'imagination que de sensibilité vraie, dépourvue en elle-même de cette séve qui circule et qui, à chaque saison, refleurit. C'est Rousseau qui le premier ramena et infusa cette séve végétale puissante dans l'arbre délicat qui s'épuisait. Les lecteurs français, habitués à l'air factice d'une atmosphère de salon, ces lecteurs *urbains*, comme il les appelle, s'étonnèrent tout ravis de sentir arriver, du côté des Alpes, ces bonnes et fraîches haleines des montagnes, qui venaient raviver une littérature aussi distinguée que desséchée.

Il était temps, et c'est en cela que Rousseau n'est pas un corrupteur de la langue, mais, somme toute, un régénérateur.

Avant lui, le seul La Fontaine, chez nous, avait connu et senti à ce degré la nature et ce charme de la rêverie à travers champs; mais l'exemple tirait peu à conséquence; on laissait aller et venir le bonhomme avec sa fable, et l'on restait dans les salons. Rousseau est le premier qui ait forcé tout ce beau monde d'en sortir, et de quitter la grande allée du parc pour la vraie promenade aux champs.

Le commencement du second livre des *Confessions* est délicieux et plein de fraîcheur : Mme de Warens pour la première fois nous apparaît. En la peignant, le style de Rousseau s'adoucit et s'amollit avec grâce, et en même temps on découvre aussitôt un trait, une veine essentielle qui est en lui et dans toute sa manière, je veux dire la sensualité. « Rousseau avait l'esprit voluptueux, » a dit un bon critique; les femmes jouent chez lui un grand rôle; absentes ou présentes, elles et leurs charmes l'occupent, l'inspirent et l'attendrissent, et il se mêle quelque chose d'elles à tout ce qu'il écrit. « Comment, dit-il de Mme de Warens, en approchant pour la première fois d'une femme aimable, polie, *éblouissante*, d'une dame d'un état supérieur au mien, dont je n'avais jamais abordé la pareille..., comment me trouvai-je à l'instant aussi libre, aussi à mon aise que si j'eusse été parfaitement sûr de lui plaire? » Cette facilité, cette aisance, qui d'ordinaire sera si peu vraie de lui lorsqu'il se trouvera de sa personne auprès des femmes, sera toujours vraie de son style en les peignant. Les plus adorables pages des *Confessions* sont celles de cette première rencontre de Mme de Warens, celles encore où il nous peint l'accueil de Mme Basile, la jolie marchande de Turin : « Elle était *brillante* et parée, et, malgré son air gracieux, cet éclat m'en avait imposé. Mais son accueil plein de bonté, son ton compatissant, ses manières douces et caressantes me mirent bientôt à mon aise; je vis que je réussissais, et cela me fit réussir davantage. » N'avez-vous pas senti à ce brillant et à cet éclat du teint comme un rayon du soleil d'Italie? Et il raconte cette scène vive et muette que personne n'a oubliée, cette scène par gestes, arrêtée à temps, toute pleine de rougeur et de jeunes désirs. Joignez-y la promenade aux environs d'Annecy avec Mlles Galley et de Graffenried, et dont chaque détail est ravissant. De telles pages étaient en littérature française la découverte d'un monde nouveau, d'un monde de soleil et de fraîcheur qu'on avait près de soi sans l'avoir aperçu encore; elles offraient un mélange de sensibilité et de naturel, et où la pointe de sensualité ne paraissait qu'autant qu'il était permis et nécessaire pour nous affranchir enfin de la fausse métaphysique du cœur et du spiritualisme convenu. La sensualité de pinceau, à ce degré, ne saurait déplaire; elle est sobre encore et n'est pas masquée, ce qui la rend plus innocente que celle dont bien des peintres ont usé depuis.

En tout, comme peintre, Rousseau a le sentiment de la *réalité*. Il l'a toutes les fois qu'il nous parle de la beauté, laquelle, même lorsqu'elle est imaginaire comme sa *Julie*, prend avec lui un corps et des formes bien visibles, et n'est pas du tout une Iris en l'air et insaisissable. Il a le sentiment de cette réalité en ce qu'il veut que chaque scène dont il se souvient ou qu'il invente, que chaque personnage qu'il introduit, s'encadre et se meuve dans un lieu bien déterminé, dont les moindres détails se puissent graver et retenir. Un des reproches qu'il faisait au grand romancier Richardson, c'était de n'avoir pas rattaché le souvenir de ses personnages à une localité dont on aurait aimé à reconnaître les tableaux. Aussi voyez comme, pour sa Julie et son Saint-Preux, il a su les naturaliser dans le Pays-de-Vaud, au bord de ce lac autour duquel n'avait jamais cessé d'errer son cœur. Son esprit droit et ferme prête partout à l'imagination son burin, pour que rien d'essentiel dans le dessin ne soit omis. Enfin, ce sentiment de la *réalité* se retrouve chez lui jusque dans ce soin avec lequel, au milieu de toutes ses circonstances et ses aventures heureuses ou malheureuses, et même les plus romanesques, il n'oublie jamais la mention du repas et les détails d'une chère saine, frugale, et faite pour donner de la joie au cœur comme à l'esprit.

Ce trait est encore essentiel; il tient à cette nature de bourgeois et d'homme du peuple que j'ai notée dans Rousseau. Il a eu faim dans sa vie; il note dans ses *Confessions,* avec un sentiment de bénédiction pour la Providence, la dernière fois où il lui est arrivé de sentir à la lettre la misère et la faim. Aussi n'oubliera-t-il jamais, même dans le tableau idéal qu'il donnera plus tard de son bonheur, de faire entrer ces choses de la vie réelle et de la commune humanité, ces choses des *entrailles.* C'est par tous ces côtés vrais, combinés dans son éloquence, qu'il nous prend et nous saisit.

La nature sincèrement sentie et aimée en elle-même fait le fond de l'inspiration de Rousseau, toutes les fois que cette inspiration est saine et n'est pas maladive. Quand il revoit Mme de Warens, à son retour de Turin, il est logé quelque temps chez elle, et de la chambre qu'on lui donne il voit des jardins et découvre la campagne : « C'était depuis Bossey (lieu où il avait été mis en pension dans son enfance), c'était la première fois, dit-il, que j'avais *du vert devant mes fenêtres.* » Il avait été bien indifférent jusque-là à la littérature française d'avoir ou de n'avoir pas *du vert* sous les yeux; c'était à Rousseau qu'il appartenait de l'en faire apercevoir. Par cet aspect on le définirait d'un mot : il est le premier qui ait mis *du vert* dans notre littérature. Logé ainsi à l'âge de dix-neuf ans auprès d'une femme aimée, mais à laquelle il n'ose déclarer son ardeur, Rousseau s'abandonnait à une tristesse « qui n'avait pourtant rien de sombre et qu'un espoir flatteur tempérait. » S'étant allé promener seul hors de la ville un jour de grande fête, pendant qu'on était à vêpres :

« Le son des cloches, dit-il, qui m'a toujours singulièrement affecté, le chant des oiseaux, la beauté du jour, la douceur du paysage, les maisons *éparses et champêtres* dans lesquelles je plaçais en idée notre commune demeure, tout cela me frappait tellement d'une impression vive, tendre, triste et touchante, que je me vis comme en extase transporté dans cet heureux temps et dans cet heureux séjour où mon cœur, possédant toute la félicité qui pouvait lui plaire, la goûtait dans des ravissements inexprimables, sans songer même à la volupté des sens. »

Voilà ce que ressentait à Annecy l'enfant de Genève en l'année 1731, pendant qu'on lisait à Paris *le Temple de Gnide*. Ce jour-là il découvrait la rêverie, ce charme nouveau qu'on avait laissé comme une singularité à La Fontaine, et qu'il allait, lui, introduire décidément dans une littérature jusque-là galante ou positive. La *rêverie*, telle est sa nouveauté, sa découverte, son Amérique à lui. Le rêve de ce jour-là, il le réalisa quelques années après dans son séjour aux Charmettes, dans cette promenade du jour de la Saint-Louis, qu'il a décrite comme rien de pareil n'avait été peint jusque-là encore :

« Tout semblait conspirer, dit-il, au bonheur de cette journée. Il avait plu depuis peu ; point de poussière, et *des ruisseaux bien courants ;* un petit vent frais agitait les feuilles, l'air était pur, l'horizon sans nuages, la sérénité régnait au ciel comme dans nos cœurs. Notre dîner fut fait chez un paysan et partagé avec sa famille, qui nous bénissait de bon cœur. Ces pauvres Savoyards sont si bonnes gens! »

Et il continue, avec ce sentiment de bonhomie, d'observation et de vérité naïve, à développer un tableau où tout est parfait, où tout enchante, et où il n'y a que le nom de *Maman* appliqué à Mme de Warens qui froisse moralement et qui fasse peine.

Ce moment des Charmettes, où il fut donné à ce cœur neuf encore de s'épanouir pour la première fois, est le plus divin des *Confessions,* et il ne se retrouvera plus, même quand Rousseau sera retiré à l'Ermitage. La description de ces années de l'Ermitage, et de la passion qui vient l'y chercher, a bien de la séduction encore, et peut-être plus de relief que tout ce qui a précédé; il aura raison de s'écrier pourtant : *Ce n'est plus là les Charmettes!* La misanthropie et le soupçon dont il est déjà atteint le poursuivront dans cette période de solitude. Il y pensera continuellement au monde de Paris, à la coterie de d'Holbach; il jouira de sa retraite en dépit d'eux, mais cette pensée empoisonnera ses plus pures jouissances. Son caractère s'aigrira et contractera durant ces années un mal désormais incurable. Il aura sans doute de délicieux moments alors et depuis jusqu'à la fin; il retrouvera dans l'île de Saint-Pierre, au milieu du lac de Bienne, un intervalle de calme et d'oubli qui lui inspirera quelques-unes de ses plus belles pages, cette cinquième Promenade des *Rêveries*, qui, avec la troisième Lettre à M. de Malesherbes, ne saurait se séparer des plus divins passages des *Confessions.* Pourtant rien n'égalera comme légèreté, comme fraîcheur et allégresse, la description de la vie aux Charmettes. Le vrai bonheur de Rousseau, celui que personne, pas même lui, ne sut lui ravir, ce fut de pouvoir évoquer ainsi et se retracer, avec la précision et l'éclat qu'il portait dans le souvenir, de tels tableaux de jeunesse jusqu'au sein de ses années les plus troublées et les plus envahies.

Le *voyage pédestre,* avec ses impressions de chaque

instant, fut encore une des inventions de Rousseau, une des nouveautés qu'il importa dans la littérature : on en a fort abusé depuis. Le premier, après en avoir joui d'abord, il ne songea que bien plus tard à raconter ce qu'il avait senti. Ce n'est qu'alors, nous assure-t-il, « quand il faisait route à pied, par un beau temps, dans un beau pays, sans être pressé, » ayant pour terme du voyage un objet agréable qu'il ne se hâtait pas trop d'atteindre, c'est alors qu'il était tout entier lui-même, et que les idées, froides et mortes dans le cabinet, s'animaient et prenaient leur essor en lui :

« La marche a quelque chose qui anime et avive mes idées ; je ne puis presque penser quand je reste en place ; il faut que mon corps soit en branle pour y mettre mon esprit. La vue de la campagne, la succession des aspects agréables, le grand air, le grand appétit, la bonne santé que je gagne en marchant, la liberté du cabaret, l'éloignement de tout ce qui me fait sentir ma dépendance, de tout ce qui me rappelle à ma situation, tout cela dégage mon âme, me donne une plus grande audace de penser, me jette en quelque sorte dans l'immensité des êtres pour les combiner, les choisir, me les approprier à mon gré, sans gêne et sans crainte. Je dispose en maître de la nature entière... »

Ne lui demandez pas d'écrire en ces moments les pensées sublimes, folles, aimables, qui lui traversent l'esprit : il aime bien mieux les goûter et les savourer que de les dire : « D'ailleurs portais-je avec moi du papier, des plumes ? Si j'avais pensé à tout cela, rien ne me serait venu. Je ne prévoyais pas que j'aurais des idées ; elles viennent quand il leur plaît, non quand il me plaît. » Ainsi, dans tout ce qu'il a raconté depuis, nous n'aurions, à l'en croire, que des ressouvenirs lointains et des restes affaiblis de lui-même, tel qu'il était en ces moments. Et pourtant quoi de plus vrai, de plus précis et de plus délicieux à la fois ! Qu'on se rappelle cette nuit qu'il passe à la belle étoile au bord du Rhône ou de la Saône, dans un chemin creux près de Lyon :

« Je me couchai voluptueusement sur la tablette d'une espèce de niche ou de fausse porte enfoncée dans un mur de terrasse; le ciel de mon lit était formé par les têtes des arbres; un rossignol était précisément au-dessus de moi, je m'endormis à son chant; mon sommeil fut doux, mon réveil le fut davantage. Il était grand jour : mes yeux, en s'ouvrant, virent l'eau, la verdure, un paysage admirable. Je me levai, me secouai : la faim me prit; je m'acheminai gaiement vers la ville, résolu de mettre à un bon déjeuner deux pièces de six blancs qui me restaient encore. »

Tout le Rousseau naturel est là avec sa rêverie, son idéal, sa réalité; et cette pièce de *six blancs* elle-même, qui vient après le rossignol, n'est pas de trop pour nous ramener à la terre et nous faire sentir toute l'humble jouissance que la pauvreté recèle en soi quand elle est jointe avec la poésie et avec la jeunesse. J'ai voulu pousser la citation jusqu'à cette pièce de six blancs pour montrer qu'avec Rousseau nous ne sommes pas uniquement dans le *René* et dans le *Jocelyn*.

Le pittoresque de Rousseau est sobre, ferme et net, même aux plus suaves instants; la couleur y porte toujours sur un dessin bien arrêté : ce Genevois est bien de la pure race française en cela. S'il lui manque par moments une plus chaude lumière et les clartés d'Italie ou de la Grèce; si, comme autour de ce beau lac de Genève, la bise vient quelquefois refroidir l'air, et si quelque nuage jette tout à coup une teinte grisâtre aux flancs des monts, il y a des jours et des heures d'une limpide et parfaite sérénité. On a depuis renchéri sur ce style, on a cru le faire pâlir et le surpasser; on y a certainement réussi pour quelques effets de couleurs et de sons. Toutefois, le style de Rousseau reste encore le plus sûr et le plus ferme qu'on puisse offrir en exemple dans le champ de l'innovation moderne. Avec lui le centre de la langue ne s'est pas trop déplacé. Ses successeurs sont allés plus loin; ils n'ont pas seulement transféré le siége de l'Empire à Byzance, ils l'ont souvent porté à Antioche et en pleine Asie. Chez eux l'imagination dans sa pompe absorbe et domine tout.

Les portraits dans les *Confessions* sont vifs, piquants et spirituels. L'ami Bâcle, le musicien Venture, le juge-mage Simon, sont finement saisis et observés; ce n'est pas aussi facilement enlevé que dans *Gil Blas*, c'est plutôt gravé : Rousseau ici s'est ressouvenu de son premier métier.

Je n'ai pu indiquer qu'en courant dans l'auteur des *Confessions* les grands côtés par lesquels il demeure un maître, que saluer cette fois le créateur de la rêverie, celui qui nous a inoculé le sentiment de la nature et le sens de la réalité, le père de la littérature intime et de la peinture d'intérieur. Quel dommage que l'orgueil misanthropique s'y mêle, et que des tons cyniques fassent tache au milieu de tant de beautés charmantes et solides ! Mais ces folies et ces vices de l'homme ne sauraient prévaloir sur les mérites originaux, et nous masquer les grandes parties par lesquelles il se trouve encore supérieur à ses descendants.

Lundi 11 novembre 1850.

BIOGRAPHIE

DE

CAMILLE DESMOULINS,

PAR M. ED. FLEURY.

(1850.)

J'avais eu l'idée, après avoir montré le parfait langage du siècle de Louis XIV dans sa fleur et son élégance dernière chez la plus charmante élève de Mme de Maintenon, après avoir considéré le style du XVIIIe siècle dans sa plénitude de vigueur et d'éclat chez Jean-Jacques Rousseau, d'aborder aussitôt la langue révolutionnaire chez l'homme qui passe pour l'avoir maniée avec le plus de verve et de talent, chez Camille Desmoulins. On aurait ainsi les trois moments, les trois tons les plus distants et les plus opposés ; et le seul rapprochement ferait naître bien des pensées sur ce qui est perfection, progrès ou corruption en telle matière. Un de mes honorables confrères en critique m'a devancé dans le *Journal des Débats* (1), en commençant à parler de Camille Des-

(1) Article de M. Cuvillier-Fleury, *Journal des Débats* du 3 novembre, article qui s'est complété par ceux du 24 novembre et du 1er décembre.

moulins, mais il n'a pas encore dit son dernier mot. J'ai le regret d'avoir à risquer ici mes idées avant d'avoir pu profiter de l'ensemble des siennes. Mon point de vue d'ailleurs est restreint, et, sans fuir ce qui me semble à dire en politique, je me bornerai le plus possible à ce qui est de la langue et du goût.

Camille Desmoulins a laissé un nom qui, de loin, excite l'intérêt : le souvenir de son dernier acte, de ces feuilles du *Vieux Cordelier* où il osa, le premier sous la Terreur et jusque-là presque terroriste lui-même, prononcer le mot de clémence, les colères qu'il excita chez les tyrans, l'immolation sanglante qui s'ensuivit, l'ont consacré dans l'histoire comme une espèce de martyr de l'humanité, et on ne se le représente volontiers que dans ce dernier mouvement de cœur et dans cette suprême attitude. Pourtant, si on veut l'étudier comme homme et comme écrivain, et non plus le saluer au passage comme une statue, il convient de le prendre à l'origine et dans la suite de ses actions et de ses écrits. Camille Desmoulins, de sa prison, écrivait à sa femme : « Ma justification est tout entière dans mes *huit* volumes républicains. C'est un bon oreiller sur lequel ma conscience s'endort, dans l'attente du tribunal et de la postérité. » Pauvre Camille! il se faisait là une étrange illusion, et par rapport au tribunal révolutionnaire et même par rapport à la postérité. L'*Étude* que vient de publier M. Fleury, et les abondants extraits qu'il donne des journaux et des pamphlets de Camille Desmoulins depuis 1789 jusqu'en 93, sont peu faits pour l'honorer et le grandir aux yeux de la postérité, j'entends auprès des gens sensés de tous les régimes et de tous les temps. J'ai voulu m'assurer par moi-même des textes et recourir à la source : j'ai là sur ma table les huit volumes des *Révolutions de France et de Brabant*, journal que publia

Camille depuis décembre 1789 jusqu'à la fin de 91, ces volumes sur lesquels il disait se reposer et s'endormir avec tant de confiance : c'est, il faut en convenir, un méchant oreiller. J'ai aussi la plupart de ses opuscules, de ses pamphlets; et mon impression, après les avoir parcourus, est la même qu'après avoir lu les extraits de M. Fleury, ou plutôt elle est pire encore.

Je n'oublierai point cependant la dernière action de Camille Desmoulins. Chose rare! après avoir mal commencé, il a bien fini. Ceux qui étaient dans les prisons en décembre 93 et en janvier 94 ont dit et redit souvent, après leur délivrance, quelle impression ils reçurent de l'apparition de ces premiers numéros du *Vieux Cordelier* : ce fut, six mois avant Thermidor, comme le premier rayon de soleil qui pénétrait à travers les barreaux. L'homme qui a procuré à ses semblables opprimés et innocents une telle lueur d'espérance, et qui a payé lui-même ce bon mouvement, de sa tête et de son sang, mérite qu'on lui pardonne beaucoup; mais ajoutons vite qu'il en a grand besoin.

Camille Desmoulins, né en 1760 à Guise en Picardie, d'un père lieutenant-général au bailliage de cette ville, avait fait ses études au collége Louis-le-Grand, où il avait été camarade de Robespierre. Un parent de sa famille avait obtenu pour lui une bourse, et il y fit honneur. Ses études littéraires et classiques paraissent avoir été excellentes, très-variées, et il savait de l'antiquité tout ce qu'un jeune homme instruit, un des bons élèves de l'Université, pouvait en savoir alors. Son style révolutionnaire est tout épicé et comme farci de citations empruntées à Tacite, à Cicéron, à tous les auteurs latins qu'il applique sans cesse aux circonstances présentes avec gaieté et d'un air de demi-parodie. C'est un des traits de sa manière. Il était un peu étrange qu'un écrivain qui prétendait s'adresser avant tout au peuple parlât ainsi latin à tort et à travers, et lâchât à tout moment des allusions qui ne pouvaient être entendues que de ceux qui avaient fait leurs classes. Il croit devoir s'en justifier dans l'un des premiers numéros de son Journal (*les Révolutions de France et de Brabant*) :

« Je vous demande pardon de mes citations, mon cher lecteur. Je n'ignore pas que c'est pédanterie aux yeux de bien des gens ; mais j'ai un faible pour les Grecs et les Romains. Il me semble que rien ne répand de la clarté dans les idées d'un auteur, comme les rapprochements, les images. Ces traits, semés dans mon Journal, sont comme des espèces d'estampes dont j'enrichis ma feuille périodique. Quant aux phrases que je cite des anciens écrivains, persuadé du grand sens de cette devise de la Communauté des Savetiers : *Nihil sub sole novum, Rien de nouveau sous le soleil*, plagiat pour plagiat, j'ai cru qu'autant valait être l'écho d'Homère, de Cicéron et de Plutarque, que de l'être des clubs et des cafés, que d'ailleurs j'estime beaucoup. »

Et, en effet, il estimait fort les cafés, et il en combine étrangement le style et le ton avec ces lambeaux de Tacite et des anciens. Parlant, dans un de ses premiers écrits, du café Procope, voisin du district des Cordeliers, il dira, par allusion aux gens d'esprit qui y venaient au XVIIIe siècle : « On n'y entre point sans éprouver le sentiment religieux qui fit sauver des flammes la maison de Pindare. On n'a plus, il est vrai, le plaisir d'y entendre Piron, Voltaire, etc. » Piron et Pindare! voilà déjà du Camille Desmoulins tout pur. Il n'entre qu'avec un sentiment *religieux* dans un café, et il parodiera avec bouffonnerie l'Évangile.

Desmoulins se fit recevoir avocat : avocat sans causes, il se trouvait naturellement disponible à la veille de 89, et tout prêt à devenir agitateur, pamphlétaire et journaliste. Il le fut dès la première heure, et avec une telle verve, un tel entrain, qu'il est évident qu'il avait une

6.

vocation à l'être de tout temps. Il commença pourtant par faire des vers, des odes; on l'a accusé d'en avoir fait en l'honneur des Brienne et des Lamoignon. Voici du moins une strophe d'une ode qu'il avoue, et où il célébrait M. Necker au moment de l'ouverture des États-Généraux; c'est dans le ton solennel de l'*Ode à Namur*, et des pièces de Jean-Baptiste Rousseau :

Qu'entends-je? Quels cris d'allégresse
Retentissent de toutes parts?
D'où naît cette subite ivresse
Et des enfants et des vieillards?
Necker descend de la montagne;
La raison seule l'accompagne;
En lui le peuple espère encor.
Lois saintes, lois à jamais stables!
Dans ses mains il tient les deux tables!
Il va renverser le veau d'or.

La *montagne* d'où M. Necker descendait alors était tout bonnement le Sinaï, et non encore la fameuse Montagne dont sera bientôt Desmoulins. Le dimanche 12 juillet 1789, deux jours avant la prise de la Bastille, ce fut Desmoulins qui, au Palais-Royal, monta sur une table, annonça aux Parisiens le renvoi de Necker, et fit cette scène, si souvent racontée, où il tira l'épée, montra des pistolets et arbora une cocarde verte comme signe d'émancipation et d'espérance. Desmoulins pourtant n'était pas orateur; son extérieur était peu agréable, sa prononciation pénible; il ne se trouva orateur que ce jour-là. Mais ce qu'il fut vite et longtemps, c'est la plume la plus leste, la plus gaie, la plus folle, du parti démocratique et anarchique. Il avait été le premier boute-en-train de la Révolution; il ne cessa de l'être et de pousser à la roue, et de précéder en criant le char lancé sur la pente rapide, jusqu'au jour où il s'avisa tout à coup de se retourner et de dire : *Enrayez!* Le char, qu'il avertissait pour la première fois, n'en tint compte et le broya.

Ses deux premiers pamphlets, antérieurs à son Journal, sont *la France libre* et le *Discours de la Lanterne aux Parisiens. La France libre* est un pamphlet purement républicain et démocratique dès 1789. Quand on a fait la part de l'exaltation du temps, de l'ivresse qui montait alors presque toutes les têtes, et qu'on s'est dit qu'il y eut un moment où elles furent presque toutes à l'envers, quand on s'est bien averti à l'avance de tout cela, on se trouve encore au-dessous de la disposition d'esprit convenable pour aborder la lecture du premier pamphlet de Camille Desmoulins; on n'est pas encore *à la hauteur* (style du temps). C'est qu'au fond, en bien des parties, ce pamphlet n'est pas seulement fou, il est atroce. Parlant de la défaite des ennemis du bien public, Camille Desmoulins dira, par exemple :

« Ils sont forcés de demander pardon à genoux. Maury est chassé par son hôte; d'Espréménil hué jusque par ses laquais; le Garde-des-sceaux honni, conspué au milieu de ses masses; l'Archevêque de Paris lapidé; un Condé, un Conti, un d'Artois, sont publiquement dévoués aux dieux infernaux. Le patriotisme s'étend chaque jour dans la progression accélérée d'un grand incendie. La jeunesse s'enflamme; les vieillards, pour la première fois, ne regrettent plus le temps passé, ils en rougissent. »

Ce dernier trait est d'un écrivain, mais le reste est d'un boute-feu. Et que dire de ceci encore, à l'adresse de ceux à qui le pur zèle d'un patriotisme désintéressé ne suffisait pas, et qui avaient besoin d'un motif d'agir plus *puissant?*

« Jamais plus riche proie n'aura été offerte aux vainqueurs. Quarante mille palais, hôtels, châteaux; les deux cinquièmes des biens de la France à distribuer, seront le *prix de la valeur*. Ceux qui se prétendent nos conquérants, seront conquis à leur tour. La nation sera purgée, et les étrangers, les mauvais citoyens, tous ceux qui préfèrent leur intérêt particulier au bien général, en seront *exterminés...* »

Camille ajoute, il est vrai, aussitôt après : « Mais détournons nos regards de ces horreurs. » Il les en détourne néanmoins si peu, que, dans une note de sa brochure, il s'arrête avec complaisance sur l'exécution sommaire des malheureux de Launay, Flesselles, Foulon et Berthier : « Quelle leçon pour leurs pareils, s'écrie-t-il, que l'intendant de Paris rencontrant au bout d'un manche à balai la tête de son beau-père; et, une heure après, que sa tête à lui-même, ou plutôt les lambeaux de sa tête, au bout d'une pique!... » J'abrége les odieux détails. Et ne croyez pas qu'en les étalant il se révolte, et que cette humanité qui s'éveillera trop tard en lui donne ici le moindre signe, témoigne le moindre pressentiment. Il a bien soin d'ajouter : « Mais l'horreur de leur crime passe encore l'horreur de leur supplice. » Il exalte en un autre endroit le procédé de justice expéditive du *Savetier de Messine,* cet homme « dévoré du zèle du bien public, » qui se chargeait d'exécuter lui-même le soir, à l'aide d'une arquebuse à vent, les coupables que lui et ses ouvriers avaient condamnés à huis clos dans la journée. Peut-on avoir le courage, à travers un tel pamphlet, de remarquer un certain mouvement de talent, quelque chose de vif, de rapide, de cursif, et de propre à enlever alors ceux qui ne réfléchissaient pas?

Le second pamphlet, le *Discours de la Lanterne aux Parisiens*, dans lequel Camille justifie le sobriquet qu'il se donnait de *Procureur-général de la Lanterne*, est une production du même délire. On pourrait se demander peut-être à quelle lanterne on a affaire avec Camille : ne serait-ce pas à la simple lanterne de Sosie ou de Diogène, à celle dont lui-même, à la fin de sa *Réclamation en faveur du marquis de Saint-Huruge* (1789), il a dit : « Pour moi, Messieurs, rien ne pourra m'empêcher de vous suivre avec ma lanterne et d'éclairer tous vos pas. Lorsque tant de gens s'évertuent à faire des motions dans l'Assemblée nationale et dans les districts, Diogène ne restera pas seul oisif, et il roulera son tonneau dans la ville de Corinthe... » Ou bien n'est-ce pas plutôt de l'autre et terrible lanterne qu'il s'agit, de celle dont les verres sont cassés et où l'on menace d'accrocher les passants qui déplaisent? On n'en saurait douter, c'est habituellement de cette dernière qu'entend parler Camille, c'est elle dont il tient en main la ficelle et qu'il se plaît à faire danser méchamment et par manière de niche aux yeux de ses adversaires; c'est avec elle qu'il joue comme un *enfant gâté,* dira Robespierre, et nous nous dirons, comme le gamin insolent, insouciant et cruel, qui n'a pas en lui le sentiment du bien et du mal, qui ne l'aura que tard et par accès, et qui périra par où il s'est trop joué. On se prend à dire à tout moment, en lisant les folies, les invectives, les bravades bouffonnes de cet insulteur public qui finit un jour par être humain, et qui, ce jour-là, est victime :

Nescia mens hominum fati sortisque futuræ!

« Oh! que l'homme est ignorant de sa propre destinée et du sort qui l'attend demain! »

Portant donc la parole pour cette *Lanterne* le lendemain de la nuit du 4 août, au milieu de beaucoup d'éloges décernés aux membres de l'Assemblée et aux Parisiens, il lui fera dire :

« Il est temps que je mêle à ces éloges de justes plaintes. Combien de scélérats viennent de m'échapper! Non que j'aime une justice trop expéditive : vous savez que j'ai donné des signes de mécontentement lors de l'ascension de Foulon et de Berthier; j'ai cassé deux fois le fatal lacet. J'étais bien convaincu de la trahison et des méfaits de ces deux coquins : mais le menuisier mettait trop de précipitation dans l'affaire. J'aurais voulu un interrogatoire... »

Vous voyez le ton, vous voyez la gentillesse et l'espièglerie, et comme cette gaieté est à sa place. Enfant cruel et sans pitié, quand donc aurez-vous l'âge d'homme et sentirez-vous en vous-même ce qui est humain?

Dans cette brochure si exécrable d'esprit et de *tendance,* il y a des parties fort gaies en effet, et spirituelles; il y a de la vraie verve. M. de Lally, au milieu de la nuit du 4 août, et tandis que les priviléges croulent de toutes parts, y est pris sur le fait avec son élan de sentimentalité royaliste et son exclamation de *Vive le Roi! vive Louis XVI, restaurateur de la Liberté française!*

« Il était lors deux heures après minuit, et le bon Louis XVI, sans doute dans les bras du sommeil, ne s'attendait guère à cette proclamation, à recevoir, à son lever, une médaille, et qu'on lui ferait chanter, avec toute la Cour, un fâcheux *Te Deum* pour tout le bien qu'il venait d'opérer. Monsieur de Lally, *rien n'est beau que le vrai!* »

M. Target ayant commencé une harangue au roi par ces mots: « Sire, nous apportons *aux pieds de Votre Majesté,* » on lui crie: *A bas les pieds!* Ce même M. Target avait demandé un sursis pour l'abolition du droit de pêche, et il reçoit une adresse de remerciements de la part des *anguilles de Melun:* « Français, s'écrie là-dessus Camille Desmoulins, vous êtes toujours le même peuple, gai, aimable et fin moqueur. Vous faites vos doléances en vaudevilles, et vous donnez dans les districts votre scrutin sur l'air de *Malbroug!* » Dans sa célébration de la nuit du 4 août, Camille entonne une sorte d'hymne où il commence par parodier les hymnes d'Église, et où il finit par se souvenir de la veillée de Vénus:

« *Hæc nox est...* C'est cette nuit, Français, devez-vous dire, bien mieux que de celle du Samedi-Saint, que nous sommes sortis de la misérable servitude d'Égypte. C'est cette nuit qui a exterminé les sangliers, les lapins, et tout le gibier qui dévorait nos récoltes. C'est cette nuit qui a aboli la dîme et le casuel. C'est cette nuit qui a aboli les annates et les dispenses... Le pape ne lèvera plus maintenant d'impôt sur les caresses innocentes du cousin et de la cousine. L'oncle friand... »

Mais ceci devient par trop vif. Et il continue durant deux pages sur ce ton de noël et de litanie :

« O nuit désastreuse pour la grand'chambre, les greffiers, les huissiers, les procureurs, les secrétaires, sous-secrétaires, les beautés solliciteuses, portiers, valets de chambre, avocats, gens du roi, pour tous les gens de rapine ! Nuit désastreuse pour toutes les sangsues de l'État, les financiers, les courtisans, les cardinaux, archevêques, abbés, chanoines, abbesses, prieurs et sous-prieurs ! Mais, ô nuit charmante, *o vere beata nox*, pour mille jeunes recluses, bernardines, bénédictines, visitandines, quand elles vont être visitées... »

Voilà Camille qui commence à se révéler avec ses goûts de saturnales, sa république *de Cocagne* comme il la rêve, cette république qu'il a presque inaugurée, le 12 juillet, en plein Palais-Royal, et qui dans son imagination s'en ressentira toujours. Il ne s'agit, selon lui, pour que Paris ressemble tout à fait à Athènes et que les forts du Port-au-Blé soient aussi polis que les vendeuses d'herbes du Pirée, il ne s'agit que de supprimer toute police et de laisser les colporteurs crier les journaux en plein vent. Ce sera l'éternelle et l'unique recette de Camille pour le bonheur universel : tout permettre, tout laisser faire, ou du moins tout laisser dire. C'est bien lui encore qui, même revenu à une sorte de résipiscence dans son *Vieux Cordelier*, dira : « Je mourrai avec cette opinion, que pour rendre la France républicaine, heureuse et florissante, il eût suffi d'un peu d'encre et d'une seule guillotine. » La guillotine de Louis XVI apparemment !

Camille, le futur écrivain du *Vieux Cordelier*, est déjà tout entier dans cette brochure de *la Lanterne* pour la nature de talent et pour les drôleries. Il enjambe les époques, il accouple les noms les plus étonnés de se rencontrer, Louis XVI et le grand Théodose, M. Bailly et le *maire de Thèbes* Épaminondas. C'est une verve folle, indiscrète, facétieuse, irrévérencieuse, un dévergondage sans frein, traversé de quelques bonnes saillies. Il a des enfilades de mots, de ces litanies où le flux des paroles l'emporte. Il y a du Figaro dans ce journaliste, il y a du Villon. C'est le clerc de la Basoche, monté sur une table de café et élevé à l'importance d'un agitateur politique. N'avez-vous pas vu de ces gamins effrontés qui marchent hardiment en tête de la musique d'un régiment un jour de départ, parodiant le fifre et le tambour, parodiant surtout le tambour-major? Camille Desmoulins est ce *fifre* improvisé de la Révolution, et qui se jouera jusqu'au jour où il apprendra à ses dépens qu'on ne joue pas impunément avec le tigre. On me dit que M. Michelet l'a appelé un *polisson de génie*; je crois que c'est bien assez, quand on a lu son *Discours de la Lanterne* et ses *Révolutions de France et de Brabant*, de l'appeler un polisson de verve et de talent.

Il me serait trop aisé de prouver tout cela par des exemples; quand je dis *trop aisé*, je me vante, car, si je voulais citer, ce me serait difficile et le plus souvent impossible, à cause du cynisme et de la grossièreté des passages, même là où c'est spirituel. Je ne nie pas qu'il n'y ait au fond de ce dévergondage et de cette exaltation un sentiment d'inspiration patriotique, si l'on veut, et d'amour sincère de la liberté, de l'égalité moderne. Peut-être, dans la prise d'assaut de l'ancien régime et pour le renversement complet de la Bastille féodale, fallait-il qu'il y eût de ces fifres étourdis et de ces enfants perdus en tête des sapeurs du régiment; mais le bon sens, aujourd'hui qu'on relit, paraît trop absent à chaque page; la raison ne s'y mêle jamais que dans des trains de folie.

On y trouve moins un cœur réellement échauffé qu'une cervelle en ébullition; on dirait que l'écrivain a dans la tête une braise allumée qui tournoie sans cesse et ne lui laisse point de repos.

Mirabeau, avec sa supériorité, comprit d'abord le parti qu'on pouvait tirer de ce jeune homme ardent, et la nécessité du moins de ne pas s'en faire un ennemi; il le prit avec lui à Versailles, l'eut pendant une quinzaine pour secrétaire, le soigna ensuite à distance, et lui imprima tellement l'idée de son génie, que, plus tard, tout à fait émancipé et en pleine révolte, Camille respecta toujours le grand tribun, alors même qu'il mêlait à l'admiration quelque insulte inévitable. — « Vous connaissez mieux que moi les principes, lui disait un jour Mirabeau en le flattant, mais je connais mieux les hommes (1). »

Danton fit comme Mirabeau, il mit la main sur le jeune homme et le tint jusqu'à la fin sous son ascendant. Camille, en effet, n'était qu'une plume, une verve et une pétulance faite pour rester au service d'une tête plus forte.

Il y avait au XVIe siècle, sous la Ligue, des prédicateurs burlesques, bouffons, satiriques, quelques-uns doués d'un certain talent populaire, dévoués aux Seize, et qui prêchaient l'anarchie et l'insurrection aux Halles et dans le quartier Saint-Eustache : c'étaient les journalistes démocrates du temps. Camille Desmoulins, dans la Révolution, joua le rôle de ces prédicateurs; comme

(1) On lit dans la sixième Note secrète de Mirabeau pour la Cour, à la date du 1er juillet 1790 : « Comme Desmoulins paraît être du directoire secret des Jacobins pour la Fédération, et que *cet homme est très-accessible à l'argent*, il sera possible d'en savoir davantage. » (Tome II, page 68, de la *Correspondance entre le comte de Mirabeau et le comte de La Marck*, 1851.) Il n'y a pas à discuter un tel témoignage : Mirabeau savait à fond son Desmoulins.

eux, il a du loustic et du bouffon, et, comme eux aussi, il farcit son discours de citations latines qu'il applique à la circonstance en les travestissant.

Les *Révolutions de France et de Brabant* (1789-1791) ne sont qu'une longue et continuelle insulte à tous les pouvoirs publics qu'essaya d'instituer, ou de conserver en les régénérant, la première Constitution ; ce n'est qu'une diffamation le plus souvent calomnieuse de tous les hommes qui furent alors en vue, et que Camille Desmoulins ne louait et n'exaltait un moment que pour les ravaler ensuite et les avilir. Le degré de licence et d'invective que se permet dans ce journal un écrivain qui, de loin et *relativement*, peut passer encore pour modéré, excède toutes les bornes que nous supposerions. Un numéro de ce journal paraissait le samedi de chaque semaine, avec une estampe qui le plus souvent faisait caricature. L'auteur qui, dans son titre de Révolutions de *Brabant*, fait allusion à la révolution qui se tentait alors dans les provinces belges, s'occupe d'ailleurs de tout ce qui peut piquer la curiosité en France : « Tous les livres, dit-il dans son prospectus, depuis l'in-folio jusqu'au pamphlet ; tous les théâtres, depuis *Charles IX* jusqu'à Polichinelle ; tous les corps, depuis les Parlements jusqu'aux Confréries ; tous les citoyens, depuis le président de l'Assemblée nationale, représentant du pouvoir législatif, jusqu'à M. Sanson, *représentant du pouvoir exécutif*, seront soumis à notre revue hebdomadaire.» M. Sanson, c'était le bourreau. Toujours chez Camille le même genre de plaisanterie qui *frise la guillotine* ; toujours ce même geste de singe malin et cruel qui se plaît à montrer de loin le tranchant de la hache ! — Ce début du prospectus promet, et l'écrivain tient assez bien sa promesse. Si nous ne considérions aujourd'hui ce journal que comme un témoignage d'un passé éloigné, comme une mazarinade du temps de la Fronde, nous pourrions y relever littérairement des portraits piquants, des caricatures très-gaies : toutes les fois que l'auteur sent sa verve se refroidir, il la ravive et se remet en goût en taillant quelque tranche de l'abbé Maury ou de Mirabeau-Tonneau. Il est très-amusant sur certaines gens, mais il en est un trop grand nombre sur lesquels il est odieux et infâme : je ne sais pas un meilleur mot. D'autres dresseront de leurs mains l'échafaud de Bailly, mais nul n'y a plus que lui coopéré à l'avance ; nul, on peut le dire, n'en a mieux préparé les pièces. Camille est un organe et un type de ces générations qui, en entrant dans la vie, n'ont le respect de rien, ni de personne entre ceux qui les ont précédés. Il l'avait dit dans sa *France libre :* « La mort éteint tout droit. C'est à nous qui existons, qui sommes maintenant en possession de cette terre, à y faire la loi à notre tour. » Mais, comme on n'est jamais en pleine possession de cette terre, et qu'il n'y a jamais table rase complète, il faut chasser ceux qui tardent trop à nous céder la place et qui nous gênent : c'est l'œuvre qu'entreprend Camille dans son Journal et à laquelle il ne cesse de se dévouer cyniquement, en décriant tout ce qui a vertu, lumières et modération dans l'Assemblée constituante, et en démolissant jour par jour cette Assemblée dans l'ensemble de ses travaux comme dans chacun de ses membres influents.

Et qu'on n'allègue pas ici en sa faveur l'excuse d'ignorance ou d'étourderie. Il sait bien ce qu'il fait ; il a le génie du journal ; il sait quelle est la puissance de l'instrument qu'il emploie, et auquel à la longue, dit-il, rien ne peut résister. Il chauffe l'opinion, la passion, dans le sens où elle veut être chauffée, et il se vante d'être toujours de six mois, ou même de dix-huit mois, en avance. Il a l'instinct de l'attaque : d'un coup d'œil il a deviné chez l'adversaire le point vulnérable ou ridicule, et tous moyens lui sont bons pour renverser.

Dès l'abord, à l'occasion du décret dit du *marc d'argent*, qui posait certaines conditions de cens à l'éligibilité, Camille déclare que ce décret constitue la France en *gouvernement aristocratique*, « et que c'est la plus grande victoire que les *mauvais citoyens* aient remportée à l'Assemblée : pour faire sentir, ajoute-t-il, toute l'absurdité de ce décret, il suffit de dire que Jean-Jacques Rousseau, Corneille, Mably, n'auraient pas été éligibles. » Et, selon sa détestable habitude de ne point respecter les croyances d'autrui, il apostrophe les ecclésiastiques qui ont voté pour le décret; après mainte épithète injurieuse : « Ne voyez-vous donc pas, leur crie-t-il, que votre Dieu n'aurait pas été éligible ? » et il continue de mêler le nom de Jésus dans son invective. Puis, affichant nettement sa théorie subversive de tout pouvoir constitué, il ajoute : « On connaît mon profond respect pour les saints décrets de l'Assemblée nationale ; je ne parle si librement de celui-ci que parce que je ne le regarde pas comme un décret. » Ainsi, dans les décrets de l'Assemblée il se réserve de choisir ceux qui lui conviennent, et de considérer les autres comme non avenus, sous prétexte qu'ils ont été votés par une majorité formée de membres du clergé et de la noblesse, plus nombreux dans l'Assemblée qu'ils ne devraient l'être. Il ne s'en tient pas là, il demande ce qui serait arrivé si, au sortir de l'Assemblée, les membres qui avaient voté pour le décret avaient été assaillis par le peuple, qui leur aurait dit : « Vous venez de nous retrancher de la société, parce que vous étiez les plus forts dans la salle; nous vous retranchons à notre tour du nombre des vivants, parce que nous sommes les plus forts dans la rue; vous nous avez tués civilement, nous vous tuons physiquement.» Il est vrai que Camille ajoute que si le peuple avait voulu passer de la menace à l'effet, « si le peuple avait ramassé des pierres, il se serait opposé de toutes ses forces à la lapidation.» Il serait grand temps, en effet, d'intervenir alors pour mettre le holà, après avoir monté le coup. De même que Camille distingue entre *décret* et *décret,* il distingue entre *s'insurger* et *lapider*. Essayez de tracer une ligne de conduite entre ces deux mots-là.

Notez que l'écrivain qui professe cette théorie, la plus immorale de toutes socialement et même humainement, est le même qui nous cite, dès son premier numéro, le traité *des Devoirs* de Cicéron, comme *le chef-d'œuvre du sens commun :* ce n'est qu'une inconséquence de plus.

Quelques passages d'un ton assez élevé, quelques pages senties sur Milton pamphlétaire et publiciste (dans le numéro 4), ou encore la fin d'une lettre adressée par Camille à son père (dans le numéro 7), ne sauraient nous induire à fermer les yeux ni sur ces théories détestables, ni sur les pasquinades et les injures dont Camille se croit en droit de poursuivre les hommes les plus dignes d'être honorés. Il acceptait, il revendiquait alors ce rôle d'*accusateur* public et de *délateur* que plus tard il flétrira. Dans une polémique avec La Harpe, il ne craindra pas de dire :

« Je m'efforce de réhabiliter ce mot *délation*... Nous avons besoin dans les circonstances que ce mot *délation* soit en honneur, et nous ne laisserons pas M. de La Harpe, en sa qualité d'académicien, abuser de son autorité sur le Dictionnaire, et charger d'opprobre un mot parce qu'il déplait à M. Panckoucke. »

Il faut mettre ces tristes paroles en regard du troisième numéro du *Vieux Cordelier*, qui les expie.

André Chénier avait publié, en août 1790, un *Avis*

aux Français sur leurs véritables Ennemis, dans lequel il essayait, avec la modération et la fermeté qui distinguent sa noble plume, de tracer la ligne de séparation entre le vrai patriotisme et la fausse exaltation qui poussait aux abîmes. Il avait dit : « L'Assemblée nationale a fait des fautes parce qu'elle est composée d'hommes...; mais elle est la dernière ancre qui nous soutienne et nous empêche d'aller nous briser. » Il avait flétri, sans nommer personne, mais en traits énergiques et brûlants, ces faux amis du peuple qui, sous des titres fastueux et avec des démonstrations convulsives, captaient sa confiance pour le pousser ensuite à tout briser ; « gens pour qui toute loi est onéreuse, tout frein insupportable, tout gouvernement odieux ; gens pour qui l'honnêteté est de tous les jougs le plus pénible. Ils haïssent l'ancien régime, non parce qu'il était mauvais, mais parce que c'était un régime. » A ces traits, Camille Desmoulins, le croirait-on ? n'hésita pas à se reconnaître, et dans son numéro 41, attaquant les hommes de *la Société de* 1789 qui se séparaient du club des Jacobins, il parla de leur manifeste comme de l'ouvrage « de *je ne sais quel André Chénier* qui n'est pas celui de *Charles IX*. » Pauvre Camille (cette exclamation me reviendra souvent) ! on a trouvé à son sujet dans les lettres d'André Chénier la page suivante, qui le juge :

« Mes amis, écrit André Chénier, m'ont fait lire un numéro 41 des *Révolutions de France et de Brabant* ; j'avais déjà vu, d'autres fois, quelques morceaux de ce journal ; où des absurdités souvent atroces m'avaient paru quelquefois accompagnées de folies assez gaies ; je me suis encore plus diverti à lire ce numéro 41, où l'auteur répand avec profusion ses honorables injures sur *la Société* entière *de* 89, et sur moi en particulier. Il extrait et cite de mon ouvrage toutes les dénominations sévères dont j'ai désigné les brouillons, les calomniateurs, les corrupteurs et les ennemis du peuple, et il les prend toutes pour lui. Il dit : Voyez comme on nous traite, voyez ce qu'on dit de nous. — Cette naïveté de conscience m'a paru plus plaisante que rien de ce que j'avais vu de lui jusqu'à ce jour, et vous-même, si vous l'avez lu, vous n'aurez pu sans doute vous empêcher de rire comme moi, qu'un homme, trouvant dans un livre où personne n'est nommé une grande quantité d'auteurs qui, d'après leurs écrits, d'après des faits, d'après une longue suite de preuves, sont traités de perturbateurs séditieux, de brouillons faméliques, d'hommes de sang, aille se reconnaître à un tel portrait, et déclarer hautement qu'il voit bien que c'est de lui qu'on a voulu parler. J'avouerai que je n'ai pu voir sans étonnement une pareille imbécillité de la part d'un homme qu'on m'avait assuré n'être pas dépourvu de quelque esprit. Je consultai ensuite mes amis, et leur demandai si je devais lui répondre pour confondre ses inepties, le faire rougir de son insigne mauvaise foi, et détruire, autant que je pourrais, le venin dont son nouvel écrit est rempli : ils m'observèrent tout d'une voix que lorsqu'un auteur tronque ou falsifie tout ce qu'il cite, en dénature le sens, vous prête des intentions qu'il est évident que vous n'avez point eues, un homme d'honneur ne doit point lui répondre, parce qu'il est au-dessous d'un homme d'honneur de prendre la plume contre un homme à qui l'on ne peut répondre que par des démentis; que vouloir le faire rougir est une entreprise folle qui passe tout pouvoir humain; que détruire ses discours est inutile, parce que cet homme est trop connu pour être dangereux; que, même dans ce qu'il appelle son parti, il ne passe que pour un bouffon, quelquefois assez divertissant, et qu'il serait difficilement méprisé par personne plus qu'il ne l'est par ses amis, car ses amis le connaissent mieux que personne. Je me suis rendu à ces raisons dont j'ai senti la force et la vérité. »

Cette terrible page de Chénier, jugement de l'honnête homme, mérite de rester attachée aux huit volumes des *Révolutions de France et de Brabant* comme la flétrissure qui leur est due. De ce que tous deux, Camille Desmoulins et André Chénier, ont été finalement victimes, ce n'est pas une raison pour les confondre; sachons faire la part de chacun, et maintenons à son vrai rang dans l'estime publique celui qui, en un temps de violence, de lâcheté et de frénésie, fut du petit nombre des hommes qui ne dévièrent jamais.

Cependant la République tant prophétisée par Camille était arrivée : au lendemain du 10 août, il avait été élevé, ou, comme il dit, *hissé* avec Danton (*hissé*, toujours le gamin et le mât de cocagne!) au ministère de la justice en qualité de secrétaire général. Il en sortit avec lui et suivit la même ligne à la Convention. Il continua comme pamphlétaire son métier de délateur. Dans son *Brissot démasqué*, surtout dans son *Histoire des Brissotins*, il accuse toute la Gironde; il s'attache à démontrer en ceux qu'il appelle injurieusement *Brissotins*, des conspirateurs, des royalistes, des instruments d'intrigue et de vénalité. Il dit agréablement de Brissot: « Je m'en veux d'avoir reconnu si tard que Brissot était le mur mitoyen entre Orléans et La Fayette, mur comme celui de Pyrame et Thisbé, entre les fentes duquel les deux partis n'ont cessé de correspondre. » C'est avec ces gentillesses qui seraient à peine à leur place dans un feuilleton de théâtre, que l'insensé Camille aidait de plus en plus à dépraver l'opinion et à chasser les victimes sous le couteau. Il montrait arrogamment tous les partis jusque-là en lutte, se détruisant successivement l'un l'autre, jusqu'au jour où les derniers vaincus venaient se briser aux pieds de ses amis et aux siens:

« C'est ainsi que tour à tour vaincus, Maury le royaliste, par Mounier-*les-deux-Chambres*; Mounier-*les-deux-Chambres*, par Mirabeau-*le-Veto-absolu*; Mirabeau-*le-Veto-absolu*, par Barnave-*le-Veto-suspensif*; Barnave-*le-Veto-suspensif*, par Brissot qui ne voulut d'autre *veto* que le sien et celui de ses amis; tous ces *fripons* balayés des Jacobins les uns par les autres, ont enfin fait place à Danton, à Robespierre, à Lindet, à ces députés de tous les départements, montagnards de la Convention, le *rocher* de la République. »

Camille se croyait lui-même une des plus solides parties de ce rocher inébranlable qui semblait dire aux flots: « Vous n'irez pas plus loin! »

L'exécution des Girondins, en octobre 93, lui porta un grand coup. On raconte qu'il s'évanouit presque en entendant leur arrêt de mort, et qu'il s'écria : « C'est moi qui les ai tués ! » Les sentiments d'humanité prirent enfin le dessus en lui, et, les trouvant d'accord avec ses intérêts de parti, il ressaisit sa plume de journaliste pour publier (décembre 93) les premiers numéros du *Vieux Cordelier*.

Quand on ne connaît que de réputation ce pamphlet célèbre et qu'on se met à le lire, on a besoin de quelque réflexion pour s'apercevoir que c'est là un retour au bon sens, aux idées de modération et de justice. On le dirait d'abord écrit sous l'inspiration directe de Robespierre, tant l'éloge de cet ambitieux et de ce méchant y surabonde, et tant sa *sublime* éloquence y est emphatiquement préconisée. Pour faire passer sa modération nouvelle, Camille sent le besoin de la déguiser plus que jamais en bonnet rouge ; il n'a même pas de honte de la mettre sous l'abri de Marat, qu'il ose appeler *divin*. Deux ans auparavant, il avait été moins poli envers cet énergumène, lorsqu'il lui disait, dans une occasion où il était en polémique avec lui :

« Tu auras beau me dire des injures, Marat, comme tu fais depuis six mois, je te déclare que, tant que je te verrai extravaguer dans le sens de la Révolution, je persisterai à te louer, parce que je pense que nous devons défendre la liberté, comme la ville de Saint-Malo, non-seulement avec des hommes, mais *avec des chiens* (1). »

Marat est beaucoup mieux traité en apparence dans *le Vieux Cordelier* ; mais on comprend pourquoi, et ce n'est qu'affaire de précaution oratoire et de tactique. Quoi qu'il en soit, dans tout ce début du *Vieux Cordelier* on sent bien l'homme qui s'est fourvoyé à tel point, que, pour revenir au droit chemin, il lui faut absolument repasser par les boues et par la fange.

(1) *Révolutions de France et de Brabant*, numéro 76.

Il lui faut repasser à travers le sang; non-seulement célébrer les Marat, les Billaud-Varennes, mais saluer à plusieurs reprises la guillotine du 21 janvier, et s'écrier d'un ton de héros : « J'ai été révolutionnaire avant vous tous; j'ai été plus : j'étais un *brigand*, et je m'en fais gloire. »

Pour que toutes ces choses aient été un jour raisonnables et bonnes à dire, pour qu'elles aient paru marquer un signal de retour, combien il faut que l'égarement et le délire aient été grands!

Tout est relatif, et Camille, l'anarchiste d'hier, dans sa lutte contre le misérable Hébert, représente en vérité la civilisation et presque le génie social, comme Apollon dans sa lutte contre le serpent Python.

Il lui fallut du dévouement et du courage pour écrire, dès son second numéro : Marat est allé au point extrême du *patriotisme*, il n'y a rien au delà. Plus loin que Marat il ne peut y avoir que délire et extravagances, il n'y a plus que *des déserts et des sauvages, des glaces ou des volcans*. — C'était s'apercevoir bien tard que la Révolution devait avoir une borne, c'était l'apercevoir pourtant et la poser.

Le 3e numéro marque mieux la pensée de Camille : sous prétexte de traduire Tacite, et d'énumérer d'après lui tous les *suspects* de la tyrannie des empereurs, il fait, sous un voile transparent, le tableau des suspects de la République. Ici, sous air de raillerie et de parodie, il devient sérieusement éloquent et décidément courageux. Dans le 4e numéro, il va plus loin, et il articule son mot : « Je pense bien différemment de ceux qui vous disent qu'il faut laisser la *terreur* à l'ordre du jour. Je suis certain, au contraire, que la liberté serait consolidée, et l'Europe vaincue, si vous aviez un *Comité de clémence*. » Le mot est lâché; il essaiera ensuite de l'expliquer, de l'affaiblir, de le diminuer : mais le cri des cœurs y a répondu, et la colère des tyrans n'y répondra pas moins.

A Camille appartient l'honneur d'avoir dit le premier dans le groupe des oppresseurs, des terroristes, et en s'en séparant : « Non, la Liberté..., ce n'est point une nymphe de l'Opéra, ce n'est point un bonnet rouge, une chemise sale et des haillons. La Liberté, c'est le bonheur, c'est la raison... Voulez-vous que je la reconnaisse, que je tombe à ses pieds, que je verse tout mon sang pour elle ? Ouvrez les prisons à ces deux cent mille citoyens que vous appelez *suspects*... » De tels cris rachètent beaucoup, surtout quand on les profère tout haut et tout seul, au milieu de cette insensibilité stupide de la foule et de cette *sécurité dénaturée* qu'il flétrit énergiquement et par un mot, cette fois, vraiment digne de Tacite.

Après cela ne demandez à Camille, dans ces numéros, ni goût ni ton soutenu. Quand il aurait conscience de ces qualités-là, il serait obligé d'imiter d'autant plus en paroles le dévergondage d'alentour, qu'il essaie pour la première fois de s'y soustraire en action. Mais il n'a pas d'effort à faire pour s'y conformer; sauf l'élévation qui, à un ou deux endroits, lui sort du cœur, et la verve qui, en trois ou quatre passages, est excellente, il est dans *le Vieux Cordelier* ce qu'il était dans ses précédents écrits, incohérent, indécent, accouplant à satiété les images et les noms les plus disparates, accolant Moïse à *Ronsin*, profanant à plaisir des noms révérés, disant le *sans-culotte* Jésus en même temps qu'il a l'air de s'élever contre l'indigne mascarade de l'évêque apostat Gobel; en un mot, il parle dans *le Vieux Cordelier* l'argot du temps; il a le style débraillé, sans dignité, sans ce respect de soi-même et des autres qui est le propre des époques régulières et la loi des âmes saines, même dans les extrémités morales où elles peuvent être jetées.

J'ai dit que Camille, dans un endroit du *Vieux Cordelier*, a un mouvement d'élévation véritable; c'est dans le numéro 5, quand il fait bon marché de sa vie et qu'il se montre prêt à la sacrifier pour la cause de l'humanité enfin et de la justice, c'est quand, s'adressant à ses collègues de la Convention, il s'écrie :

« O mes collègues, je vous dirai comme Brutus à Cicéron : *Nous craignons trop la mort, et l'exil et la pauvreté. Nimium timemus mortem et exilium et paupertatem.* Cette vie mérite-t-elle donc qu'un représentant la prolonge aux dépens de l'honneur? Il n'est aucun de nous qui ne soit parvenu au sommet de la montagne de la vie. Il ne nous reste plus qu'à la descendre à travers mille précipices, inévitables même pour l'homme le plus obscur. Cette descente ne nous offrira aucuns paysages inconnus, aucuns sites qui ne se soient offerts mille fois plus délicieux à ce Salomon qui disait, au milieu de ses 700 femmes, et en foulant aux pieds tout ce mobilier de bonheur : *J'ai trouvé que les morts sont plus heureux que les vivants, et que le plus heureux de tous est celui qui n'est pas né.* »

Mais voyez encore comme cette élévation du commencement se soutient peu, et comme Salomon arrive là, avec son *mobilier de bonheur*, pour tout gâter. L'enfant gamin que nous connaissons, le drôle à imagination effrénée et libertine, revient se jouer jusqu'au milieu de l'émotion. Il en est perpétuellement ainsi de Camille; il est homme à associer jusqu'à la fin sous sa plume Pindare et Piron (on l'a vu), Corneille et le compère Mathieu, le Palais-Royal (Dieu me pardonne!) et l'Évangile.

Je pourrais citer encore la page suivante de ce numéro 5 du *Vieux Cordelier*, laquelle est plus irréprochable pourtant, et réellement éloquente : elle commence par ces mots : « Occupons-nous, mes collègues, non pas à défendre notre vie comme des malades... » C'est même la seule vraiment belle de ce *Vieux Cordelier*, qui, dans la plus désastreuse des crises où ait passé une grande nation, mérite assurément de rester comme un signal généreux de retour et de repentir, mais qui n'obtiendra jamais place parmi les œuvres dont peut s'honorer l'esprit humain.

Cette place est réservée aux œuvres saines, à celles qui sont pures de ces amalgames étranges et de ces indignités de pensée comme de langage, à celles où le patriotisme et l'humanité ne souffrent aucune composition avec les hommes de sang, et ne se permettent point, comme passe-port et comme jeu, de ces goguettes de Régence et de Directoire; aux œuvres dans lesquelles la conscience morale plus encore que le goût littéraire n'a pas à s'offenser et à rougir de voir *Loustalot* et *Marat*, par exemple, grotesquement, impudemment cités entre Tacite et Machiavel d'une part, et Thrasybule et Brutus de l'autre.

Oh! comme, après la lecture de ces pages bigarrées, toutes tachées encore de boue et de sang, et convulsives, image vivante (jusque dans les meilleurs endroits) du dérèglement des mœurs et des âmes, comme on sent le besoin de revenir à quelque lecture judicieuse où le bon sens domine, et où le bon langage ne soit que l'expression d'un fonds honnête, délicat, et d'une habitude vertueuse! On se prend à s'écrier en se rejetant en arrière: O le style des honnêtes gens, de ceux qui ont tout respecté de ce qui est respectable, qui ont placé dans les sentiments mêmes de l'âme le principe et la mesure du goût! O les écrivains polis, modérés et purs! ô le Nicole des *Essais!* ô Daguesseau écrivant la Vie de son père! ô Vauvenargues! ô Pellisson!

Je n'ai plus qu'à dire un mot sur Camille Desmoulins. Il mourut sur l'échafaud le 5 avril 1794. Sa jeune femme l'y suivit huit jours après, pareillement immolée. Camille s'était marié le 29 décembre 1790, avec cette jeune Lucile qu'il aimait. De *soixante* personnes, députés, journalistes, qui signèrent son contrat de mariage, il ne lui restait plus, en décembre 93 (au moment où il commença *le Vieux Cordelier*), que *deux amis*, Danton et Robespierre : tous les autres, à cette date, étaient émigrés, incarcérés ou guillotinés. Il avait eu à son mariage *cinq* témoins, Pétion, Brissot, Sillery, Mercier, et ce cher Robespierre toujours; ces cinq témoins avaient dîné ce jour-là en famille, en petit comité, avec les jeunes époux. On sait ce qu'ils devinrent. Tous ces gens de la noce (excepté Mercier, qui n'échappa à la mort que par l'incarcération), tous périrent de mort violente, y compris les *deux époux*, et tous du fait de cet autre convive, ce cher M. de Robespierre. L'hyène était entrée dans le bercail, et, par le seul instinct de sa nature, elle avait tout étranglé.

Lundi 18 novembre 1850.

VAUVENARGUES.

(Collection Lefèvre.)

Revenons avec Vauvenargues à la pureté de la langue, à la sérénité des pensées et à l'intégrité morale. Il y a eu, au milieu du XVIIIe siècle, un homme jeune et déjà mûr, d'un grand cœur et d'un esprit fait pour tout embrasser, qui s'était formé lui-même et qui ne s'en était pas enorgueilli, fier à la fois et modeste, stoïque et tendre, parlant le langage des grands hommes du siècle précédent, ce langage qui semblait n'être ici que l'expression naturelle et nécessaire de ses propres pensées; sincèrement et librement religieux sans rien braver, sans rien prêcher; réconciliant, en un mot, dans sa personne bien des parties opposées de la nature et en montrant l'harmonie. Cet homme rare mourut à trente-deux ans, après avoir publié un court volume de Réflexions et de Maximes qu'on a grossi depuis plus ou moins heureusement, mais où il était déjà renfermé tout entier avec tous les germes qui indiquent le génie. Depuis lors le nom de Vauvenargues a grandi peu à peu, sa noble et aimable figure s'est de mieux en mieux dessinée aux yeux de la postérité. Les esprits les plus distingués et les plus divers se sont honorés en s'occupant de lui. Voltaire, le premier, l'avait dénoncé au monde avec un sentiment de respect, chez lui bien rare, et qu'il n'a éprouvé à ce degré pour aucun de ses contemporains. M. Suard l'a pris pour l'objet du plus long et du plus animé de ses écrits. Mlle de Meulan (Mme Guizot) a apprécié en quelques traits nets et a classé à son rang ce successeur de La Rochefoucauld et de La Bruyère. M. Thiers a débuté par un Éloge de Vauvenargues, qui a remporté le prix à l'Académie d'Aix, et dont on ne connaît que des fragments remarquables par l'ampleur et l'intelligence. M. Villemain, après La Harpe, dans son Cours sur le XVIIIe siècle, s'est arrêté avec complaisance devant cette physionomie pleine de force et de pudeur. Il n'y a aujourd'hui qu'à rappeler et à redire convenablement sur Vauvenargues ce qui a été mieux dit par tant de bons juges, et je n'ai pas d'autre désir ici.

Le marquis de Vauvenargues, né en 1715 et mort en 1747, issu d'une noble famille de Provence, entra de bonne heure au service et devint capitaine dans le régiment du Roi. Le métier des armes lui plaisait, il croyait que l'homme est fait pour l'action; dans un siècle où les frivolités, la mollesse et la corruption envahissaient la jeune noblesse, il attachait un sens précis, un sens antique à ces mots de *vertu* et de *gloire* : « La gloire embellit les héros, se disait-il. Il n'y a point de gloire achevée sans celle des armes. » Il servit aussi longtemps qu'il put, fit des campagnes en Italie, en Allemagne, et ne renonça à la carrière active que quand sa frêle santé, épuisée par les fatigues, le trahit. Cependant, seul, dans les loisirs des garnisons et dans ses quartiers d'hiver, il s'occupait continuellement des études sérieuses et des Lettres; à l'aide de quelques bons livres joints à beaucoup de réflexion, il avait mûri ses pensées, et il s'était appliqué, plume en main, à s'en rendre compte : « Voulez-vous démêler, rassembler vos idées, conseillait-il par expérience, les mettre sous un même point de vue et les réduire en principes? jetez-les d'abord sur le papier. Quand vous n'auriez rien à gagner par cet usage du côté de la réflexion, ce qui est faux manifestement, que n'acquerriez-vous pas du côté de l'expression! Laissez dire à ceux qui regardent cette étude comme au-dessous d'eux. » Lui, si épris de la gloire de l'action, et qui se sentait une capacité innée pour la guerre ou pour les affaires, il paraît avoir eu besoin de quelque raisonnement pour s'en détourner et pour s'acheminer ainsi à devenir auteur. Vauvenargues avait sur la noblesse de sang, non pas des préjugés, mais de hautes idées qui la lui faisaient envisager comme une institution qui consacrait le mérite et la vertu des ancêtres et en imposait l'héritage à leurs descendants. Or, c'était dans le service public de l'État, c'était par des actions plutôt que par des écrits qu'il y avait lieu de justifier de cet héritage. Pourtant, quand il vit sa santé détruite, ses espérances ruinées par là non moins que par les froideurs d'une Cour insensible au vrai mérite, il sentit que la seule ressource pour un esprit noblement ambitieux, c'était encore de se tourner du côté de « la gloire la moins empruntée et la plus à nous qu'on connaisse. » Les grands exemples des Richelieu, des La Rochefoucauld, des Retz, des Guillaume Temple, et de tous ces hommes d'État et d'action qui avaient demandé le surcroît et le sceau de leur illustration à leurs écrits, revinrent l'enhardir. Son génie lui parla; un état médiocre ne lui parut point valoir assez pour être mis en balance avec cette destinée nouvelle qu'il tenait entre ses mains: « Il vaut mieux, pensa-t-il, déroger à sa qualité qu'à son génie; » et, se reportant aux grandes actions qu'il avait été donné à d'autres plus heureux d'exécuter, il se dit : « Qu'il paraisse du moins, par l'expression de nos pensées et par ce qui dépend de nous, que nous n'étions pas incapables de les concevoir. »

Cette prédominance, cette préoccupation toujours présente de l'action et de l'énergie vertueuse, supérieure et préférable à l'idée elle-même, est un des caractères du talent littéraire de Vauvenargues, et elle contribue à conférer aux moindres de ses paroles une valeur et une réalité qu'elles n'auraient pas chez tant d'autres, en qui l'auteur se sent à travers tout. En lui on sent au contraire que l'esprit ne s'est fixé à l'état de pensée et de maxime, que faute d'avoir pu se déployer et sortir en action. Et c'est alors qu'il y a tout lieu de dire vraiment avec lui : « Les maximes des hommes décèlent leur cœur. »

Il n'avait rien publié encore lorsqu'il s'annonça à Voltaire par une lettre écrite de Nancy (avril 1743), dans laquelle il lui soumettait un jugement littéraire sur les mérites comparés de Corneille et de Racine. Rien n'honore le goût et le cœur de Voltaire comme la promptitude avec laquelle il discerna aussitôt le talent et l'homme qui se présentait à lui pour la première fois. En lui répondant par quelques conseils littéraires, en le redressant et en l'éclairant doucement sur quelques points, il ne parle tout d'abord à ce jeune officier de vingt-huit ans que comme à un égal, à un ami, à l'un de ceux qui sont à la tête du petit nombre des juges. Dès qu'il le connaîtra mieux, le mot de *génie* va se mêler à tout moment et revenir sous sa plume à côté du nom de Vauvenargues, et c'est le seul terme en effet qui rende avec vérité l'idée qu'imprime ce talent simple, élevé, original, né de lui-même, et si peu atteint des influences d'alentour.

Vauvenargues avait donné sa démission de capitaine

au régiment du Roi, et l'espoir de trouver un dédommagement dans la carrière diplomatique achevait de lui manquer par la ruine totale de sa santé, quand il vint demeurer à Paris pour s'y vouer uniquement aux Lettres. Ce dut être à la fin de 1745 ou au commencement de 1746. Marmontel, très-jeune, qui le vit beaucoup dans cette année, nous l'a montré au naturel avec sa bonté affable, sa *riche simplicité,* sa douceur à souffrir, sa sérénité inaltérable et sa haute raison sans amertume. Vauvenargues était logé à l'hôtel de Tours, rue du Paon (près celle de l'École de Médecine). Voltaire, tantôt à Paris, tantôt à Versailles, était alors dans sa veine passagère de faveur à la Cour, essayant de s'y pousser par la protection de la maîtresse favorite, et il devait avoir à rougir quelquefois devant Vauvenargues de ces distractions et de ces poursuites, si peu dignes de l'ami d'un sage. Ce fut au printemps de 1746 que fut publiée, sans nom d'auteur, l'*Introduction à la Connaissance de l'Esprit humain, suivie de Réflexions et de Maximes*. Cette édition est la seule que Vauvenargues ait donnée lui-même; il mourut l'année suivante, pendant qu'on imprimait la seconde. Il me semble qu'en ayant sous les yeux ce premier petit volume sans les additions incohérentes et un peu confuses qu'on a faites depuis, on saisit mieux dans ses justes lignes la génération des idées et la formation du talent.

Moins peintre que La Bruyère, Vauvenargues a un plus grand dessein, un dessein plus philosophique : il ne veut pas simplement observer les hommes de la société dans leurs variétés, en donner des portraits, des médaillons finis, en faire le sujet d'une suite de remarques profondes et vives; il envisage l'homme même, et voudrait atteindre au point où bien des maximes qu'on a crues contradictoires se rejoignent et se concilient. L'esprit de l'homme lui paraît en général plus pénétrant que conséquent, et d'ordinaire embrassant plus qu'il ne peut lier. Son ambition, à lui, est de lier et d'unir. Il veut remonter aux racines et aux principes des choses, et à cet effet il va parcourir, selon son expression, *toutes les parties de l'esprit* et toutes celles de l'âme. Dans un premier livre il traite de l'*esprit* proprement dit, et de ses principales branches, imagination, réflexion et mémoire; dans le second livre il traite des *passions;* dans le troisième il traite *du bien et du mal moral*, en d'autres termes, des vertus et des vices.

Parmi les personnes qui ont le plus feuilleté Vauvenargues et qui aiment à citer de lui des Pensées, il en est peu, on ose l'affirmer, qui aient étudié exactement cette première partie de ses écrits, et qui aient bien cherché à se rendre compte de sa théorie véritable. L'auteur y a amassé et enchaîné une suite de définitions si concises et qui sont le résultat d'une si longue réflexion, qu'on ne sait comment extraire et analyser, comment entamer ce qui est déjà un extrait si substantiel et si dense. « J'ose comparer ces principes, a dit Marmontel, aux premiers éléments des chimistes dont on ne peut faire l'analyse. » Sans entrer ici dans une discussion qui serait peu à sa place, je me bornerai à dégager l'idée de Vauvenargues dans sa plus grande généralité.

Au XVIIe siècle, les moralistes, soit tout à fait chrétiens, comme Pascal, Nicole, Bourdaloue, soit philosophes, comme La Rochefoucauld, La Bruyère, Molière le plus grand de tous, avaient été fort sévères pour l'homme et ne l'avaient nullement flatté. Le Christianisme, qui ne considère l'homme actuel qu'à titre de créature déchue, ne craint pas d'insister sur les vices de la nature, à qui il veut faire sentir le besoin d'un remède et d'une restauration surnaturelle. Les observateurs comme La Rochefoucauld, ayant surpris l'homme dans un temps d'intrigue et dans une société corrompue, avaient insisté dans le même sens, avec cette différence qu'ils ne lui offraient point de remède, de sorte que, sous ce regard également inexorable des moralistes tant chrétiens que philosophes, sous ce double concert déprimant, toutes les vertus naturelles périssaient. Une telle conséquence choqua d'abord Vauvenargues; son âme simple et grande sentit s'élever en elle-même une protestation contre ce dénigrement universel de l'humanité : « L'homme est maintenant en disgrâce chez les philosophes, dit-il, et c'est à qui le chargera de plus de vices; mais peut-être est-il sur le point de se relever et de se faire restituer toutes ses vertus. » Et sans système, sans parti pris, mais par la seule considération de l'homme complet, il mit le premier la main à l'œuvre de cette réhabilitation.

Jean-Jacques Rousseau continuera après lui, et renchérira dans l'éloge et la revendication des vertus naturelles; mais quelle différence dans le procédé et dans le ton! Chez Vauvenargues, il n'y a aucun désir de faire effet, aucune arrière-pensée de représailles contre la société mise en opposition avec la nature, aucun parti pris d'aucun genre. Il reste dans les lignes de la justesse et de la vérité.

Il s'attache à montrer que cet amour-propre, auquel on a affecté de tout réduire, n'existe pas à ce point de raffinement dans tous les hommes, n'y existe que comme un *amour général de nous-même* qui est inséparable de toute nature vivante et qui ne peut lui être imputé à vice : « Il y a des semences de bonté et de justice dans le cœur de l'homme. Si l'intérêt propre y domine, j'ose dire que cela est non-seulement selon la nature, mais aussi selon la justice, pourvu que personne ne souffre de cet amour-propre ou que la société y perde moins qu'elle n'y gagne. »

Ayant à parler du sentiment de la *pitié*, il le définira admirablement :

« La pitié n'est qu'un sentiment mêlé de tristesse et d'amour ; je ne pense pas qu'elle ait besoin d'être excitée par un retour sur nous-même, comme on croit. Pourquoi la misère ne pourrait-elle sur notre cœur ce que fait la vue d'une plaie sur nos sens ? N'y a-t-il pas des choses qui affectent immédiatement l'esprit ?... Notre âme est-elle incapable d'un sentiment désintéressé ? »

Remettant en honneur les dons naturels et les affections primitives, et leur laissant leur libre jeu, il s'oppose à l'excès de raisonnement et d'analyse qui voudrait tout réduire à un amour de soi égoïste et cupide : « Le corps a ses grâces, l'esprit ses talents : le cœur n'aurait-il que des vices ? et l'homme, capable de raison, serait-il incapable de vertu ? » Il aime à parler, en toute rencontre, de l'homme *bien né*, de la *beauté du naturel*, qui nous porte au bien. Pourquoi verrait-on dans cet heureux et ingénu penchant un intérêt étroit et un calcul ? S'il y a un amour de nous-même naturellement officieux et compatissant, et un autre amour-propre sans humanité, sans équité, sans bornes, sans raison, faut-il les confondre ?

Qu'on lise les chapitres de son livre III sur *le bien et le mal moral* et sur *la grandeur d'âme :* jamais la morale de La Rochefoucauld étroitement interprétée, jamais la morale du XVIIIe siècle, telle que vont la sophistiquer et la matérialiser grossièrement les Helvétius, les d'Argens, les La Mettrie et bien d'autres parmi ceux qui valaient mieux, n'a été plus énergiquement et plus solidement réfutée. Il y pose comme devoir et comme règle le respect aux conventions fondamentales de la société, aux lois (même imparfaites), la subordination et le sacrifice de l'intérêt particulier à l'intérêt de tous. Il y rend au mot *vertu* son sens magnifique et social : « Le mot de vertu emporte l'idée de quelque chose d'estimable à l'égard de toute la terre... La préférence de l'intérêt général au personnel est la seule définition qui soit digne de la vertu, et qui doive en fixer l'idée. Au contraire, *le sacrifice mercenaire du bonheur public à l'intérêt propre est le sceau éternel du vice.* » Il nie contre Voltaire cette fois, contre l'auteur du *Mondain,* que le vice puisse concourir directement au bien public à l'égal de la vertu. Si les vices vont quelquefois au bien, c'est qu'ils sont mêlés de vertus, de patience, de tempérance, de courage ; c'est qu'ils ne procèdent pas en certains cas autrement que la vertu même ; mais, réduits à eux seuls, et s'ils se donnent carrière, ils ne sauraient tendre qu'à la destruction du monde. Et s'attaquant aux déréglements de ceux qui visent à confondre ces distinctions *aussi sensibles que le jour,* il les presse sur l'évidence, il coupe court à leurs prétentions, sans tant raffiner qu'on a fait depuis sur la question épineuse et insoluble de la liberté morale :

« Sur quel fondement ose-t-on égaler le bien et le mal ? Est-ce sur ce que l'on suppose que nos vices et nos vertus sont des effets nécessaires de notre tempérament ? Mais les maladies, la santé, ne sont-elles pas des effets nécessaires de la même cause ? les confond-on cependant, et a-t-on jamais dit que c'étaient des chimères, qu'il n'y avait ni santé, ni maladies ? Pense-t-on que tout ce qui est nécessaire n'est d'aucun mérite ? »

Un moment il entre avec eux, il les suit dans leurs subtilités pour mieux les réduire :

« Mais peut-être que les vertus que j'ai peintes comme un sacrifice de notre intérêt propre à l'intérêt public, ne sont qu'un pur effet de l'amour de nous-même. Peut-être ne faisons-nous le bien que parce que notre plaisir se trouve dans ce sacrifice. Étrange objection! Parce que je me plais dans l'usage de ma vertu, en est-elle moins profitable, moins précieuse à tout l'univers, ou moins différente du vice, qui est la ruine du genre humain? *Le bien où je me plais change-t-il de nature? cesse-t-il d'être bien?* »

Telle est l'inspiration générale de Vauvenargues, celle par laquelle il rompt avec les moralistes du siècle précédent comme avec ceux de son siècle, et qui lui arrachera cette belle parole digne d'un ancien : « Nous sommes susceptibles d'amitié, de justice, d'humanité, de compassion et de raison. O mes amis! qu'est-ce donc que la vertu? »

Vauvenargues a l'âme antique, et, comme les plus éclairés des anciens, il n'est pas disposé à admettre si aisément des contradictions dans la nature. Aussi, quoique aucun écrivain n'ait plus agi sur lui que Pascal, quoiqu'il l'ait étudié et quelquefois imité quant au style, qu'il l'ait célébré magnifiquement comme le plus étonnant génie et le plus fait pour confondre, « comme l'homme de la terre *qui savait mettre la vérité dans un plus beau jour* et raisonner avec le plus de force, » il se sépare de lui à l'origine sur un point capital, et l'on peut dire qu'il tend à être le réformateur de Pascal bien plus encore que son élève. Pascal fait porter en effet tout son raisonnement sur la contradiction intérieure, inhérente à la nature de l'homme, qui, selon lui, n'est qu'un assemblage monstrueux de grandeur et de bassesse, de puissance et d'infirmité, et qu'il veut convaincre à ses propres yeux d'être, sans la foi, une énigme inexplicable. Or, Vauvenargues, tout en reconnaissant les imperfections et les faiblesses dans l'homme, n'admet pourtant pas de ces contradictions fondamentales et de ces difficultés qui soient un nœud inextricable dès l'origine. Il arrête Pascal au début, dès les premiers mots, et c'est là qu'il faut effectivement l'arrêter, si l'on ne veut pas lui laisser le temps de faire en quelque sorte son *nœud*, dans lequel il vous tient ensuite et il vous serre.

Vauvenargues, sous une forme plus modeste, porte dans la morale quelque chose du génie vaste et conciliateur qu'on admire chez Leibniz, et que lui il n'a pas eu le temps de développer et d'étendre dans tout son jour. Il l'a pourtant, cette conception de l'ordre universel, et, jusque dans ses fragments de pensées, il le prouve par d'assez belles marques. Il n'est pas optimiste à l'aveugle, et son goût de prédilection pour Fénelon ne le jette pas dans la mollesse ni dans l'extrême indulgence. « En approfondissant les hommes, on rencontre des vérités humiliantes, mais incontestables, » il le sait. Il sait, il sent, pour les avoir éprouvées, les misères de l'homme, et il échappe plus d'une fois à sa noble lèvre des mots trempés d'amertume. Mais ces plaintes qui s'élèvent de toutes parts et qui lui sortent du cœur à lui-même, il les réduit à leur valeur. En ses plus sombres moments, il reconnaît « qu'il y a peut-être autant de vérités parmi les hommes que d'erreurs, autant de bonnes qualités que de mauvaises, autant de plaisirs que de peines : *mais nous n'accusons que nos maux.* » Son impartialité de vue l'élève au-dessus des souffrances partielles, même personnelles, et des accidents : « Si l'ordre domine après tout dans le genre humain, c'est une preuve, se dit-il, que la raison et la vertu y sont les plus fortes. »

La vraie biographie de Vauvenargues, l'histoire de son âme est toute dans ses écrits; c'est un plaisir de l'en dégager et de se dire avec certitude, en soulignant au crayon tel ou tel passage : Ici c'est bien lui qui parle, c'est de lui-même qu'il a voulu parler. Quand il traite de la grandeur d'âme, comme on sent l'homme qui en a le modèle en lui et qui en possède la noble réalité! La médiocrité de sa condition l'étouffe, et il lui faut toute sa vertu pour ne pas s'aigrir. Vauvenargues avait l'imagination tournée à l'histoire, à l'action, je l'ai dit; homme de race noble et fière, il manquait, malgré sa modestie, de cette qualité plus naïve et plus humble qui fait que des âmes naturelles ont gagné à se rapprocher du peuple et y ont puisé des inspirations habituelles et plus vives. Il a peu, ou plutôt il n'a pas le sentiment des beautés de la nature : dans la nature il ne considère volontiers que l'homme et la société; Vauvenargues portait en lui le besoin d'être un grand homme historiquement. Le voyez-vous dans son petit hôtel de la rue du Paon, malade, mourant, ne se plaignant jamais devant ses amis, mais laissant quelquefois échapper sur le papier le secret de cette apparence tranquille : « Qu'importe à un homme ambitieux qui a manqué sa fortune sans retour, de mourir plus pauvre? » Il ne se résigne pas toujours si aisément, il s'écrie :

« Si l'on pouvait, dans la médiocrité, n'être ni glorieux, ni timide, ni envieux, ni flatteur, ni préoccupé des besoins et des soins de son état, lorsque le dédain et les manières de tout ce qui nous environne concourent à nous abaisser; si l'on savait alors s'élever, se sentir, résister à la multitude...! Mais qui peut soutenir son esprit et son cœur au-dessus de sa condition? Qui peut se sauver des misères qui suivent la médiocrité? »

Et il laisse pressentir quelques-unes de ces misères :

« Dans les conditions éminentes, la fortune, au moins, nous dispense de *fléchir devant ses idoles*. Elle nous dispense de nous déguiser, de quitter notre caractère, de *nous absorber dans les riens...* Enfin, de même qu'on ne peut jouir d'une grande fortune avec une âme basse et un petit génie, on ne saurait jouir d'un grand génie ni d'une grande âme dans une fortune médiocre. »

Il revient en maint endroit, d'une manière détournée, sur ce qu'il y a d'étroit et de gênant dans une existence privée pour « un particulier qui a l'esprit naturellement grand. » On reconnaît à ces retours et à ces regrets mal étouffés l'homme qui, même en se vouant aux Lettres, ne pouvait s'empêcher de penser que le cardinal de Richelieu était encore au-dessus de Milton.

M. Villemain a cité de lui, comme une image fidèle et à peine voilée, le portrait qu'il a tracé de *Clazomène*. Je ne le retrouve pas moins vivement exprimé et hautement reconnaissable dans cet autre portrait qui a pour titre : *L'homme vertueux dépeint par son génie*. En l'écrivant, Vauvenargues ne songeait certes pas à faire son portrait; mais il se retraçait et se proposait son plein idéal à lui-même :

« Quand je trouve dans un ouvrage une grande imagination avec une grande sagesse, un jugement net et profond, des passions très-hautes, mais vraies, nul effort pour paraître grand, une extrême sincérité, beaucoup d'éloquence, et point d'art que celui qui vient du génie, alors je respecte l'auteur : je l'estime autant que les sages ou que les héros qu'il a peints. *J'aime à croire que celui qui a conçu de si grandes choses n'aurait pas été incapable de les faire. La fortune qui l'a réduit à les écrire me paraît injuste.* Je m'informe curieusement de tout le détail de sa vie; s'il a fait des fautes, je les excuse, parce que je sais qu'il est difficile à la nature *de tenir toujours le cœur des hommes au-dessus de leur condition.* Je le plains des piéges cruels qui se sont trouvés sur sa route, et même des faiblesses naturelles qu'il n'a pu surmonter par son courage. Mais lorsque, malgré la fortune et malgré ses propres défauts, j'apprends que son esprit a toujours été occupé de grandes pensées, et *dominé par les passions les plus aimables*, je remercie à genoux la Nature de ce qu'elle a fait des vertus indépendantes du bonheur, et des lumières que l'adversité n'a pu éteindre. »

Ces passions *aimables* dont parle Vauvenargues, et qui, à son sens, dominent le vertueux même, nous avertissent du rôle que ne cessa de réserver aux passions ce stoïcien aimable et tendre, tourné à l'activité et attentif à nourrir dans l'homme tout foyer d'affection. On le voit perpétuellement occupé de rechercher et d'entretenir le rapport du sentiment à l'idée, se faisant scrupule de retrancher aucun mobile naturel, et trop heureux de favoriser toute inspiration salutaire ou généreuse : « Si vous avez, disait-il à un jeune ami, quelque passion qui élève vos sentiments, qui vous rende plus généreux, plus compatissant, plus humain, qu'elle vous soit chère! » Il a résumé toute sa théorie à cet égard dans ce mot si souvent cité, et qui, déjà dit par d'autres (1), restera attaché à son nom, comme au nom de celui qui était le plus digne de le trouver et de le dire : « Les grandes pensées viennent du cœur. »

Comme critique littéraire, et dans les jugements qu'il porte au début sur les écrivains qui ont été le sujet favori de ses lectures, Vauvenargues n'est pas sans inexpérience : sur Corneille, dont l'emphase lui répugne jusqu'à lui masquer même les hautes beautés, sur Molière dont il ne sent pas la puissance comique, Voltaire le redresse avec raison, avec une adresse de conseil délicate et encore flatteuse : Vauvenargues reprend ses avantages quand il parle de La Fontaine, de Pascal ou de Fénelon. Dans ses premiers jugements on peut dire que Vauvenargues fait son éducation littéraire plume en main, et que nous y assistons. Mais ce qu'il est surtout et dès l'abord, c'est un excellent écrivain, ne participant en rien aux défauts du jour, et puisant dans la sincérité de sa pensée une expression nette et lumineuse. Voltaire lui-même, si clair et si limpide, n'a pas à ce degré, dans les termes qu'il emploie, de ces empreintes de justesse et d'acception. Je ne parle pas des morceaux où Vauvenargues prélude et où il n'est pas encore dégagé de toute rhétorique et de toute déclamation; mais, dans ses bonnes pages, il a mis un cachet qui les signe. Il a pro-

(1) Quintilien, au livre X, chapitre VII, de l'*Institution de l'Orateur*, avait dit : « Pectus est quod disertos facit, et vis mentis. »

prement cette netteté qui est l'*ornement* de la justesse. Il a, je le répète, *l'excellence de l'acception*, une énergie sans trace d'effort. Les images chez lui sont rares et sobres; on a souvent cité ces mots charmants :

« Les feux de l'aurore ne sont pas si doux que les premiers regards de la gloire. »

« Les orages de la jeunesse sont environnés de jours brillants. »

« Les premiers jours du printemps ont moins de grâce que la vertu naissante d'un jeune homme. »

Périclès, ayant à parler de guerriers morts pour la patrie, disait : « Une ville qui a perdu sa jeunesse, c'est comme l'année qui aurait perdu son printemps. » Vauvenargues a de ces traits d'une imagination jeune, nette et sobre, comme on se les figure chez Xénophon et chez Périclès.

Et il les a d'autant mieux, notez-le bien, qu'il n'avait guère lu les anciens, ni grecs ni latins, et qu'il ne savait pas leur langue. Qu'importe! il est plus sûrement de leur famille par l'instinct et le naturel, que l'abbé Barthélemy par l'esprit et l'érudition.

Ceux qui sont nés éloquents, dit encore Vauvenargues, parlent quelquefois avec tant de clarté et de brièveté des grandes choses, que la plupart des hommes n'imaginent pas qu'ils en parlent avec profondeur. Les esprits pesants, les sophistes ne reconnaissent pas la philosophie lorsque l'éloquence la rend populaire, et qu'elle ose peindre le vrai avec des traits fiers et hardis. Ils traitent de superficielle et de frivole *cette splendeur d'expression qui emporte avec elle la preuve des grandes pensées...* » On n'oserait dire qu'il a lui-même atteint à cette *splendeur* d'expression, et qu'il en soit venu par l'éloquence à rendre la philosophie populaire; mais il était en voie d'y arriver, et l'on pouvait espérer de trouver en lui, s'il avait vécu, un Locke concis, élégant et éclatant, et avec des hauteurs d'âme inconnues à l'autre.

On a discuté sur la religion de Vauvenargues : il me semble qu'à y regarder de bonne foi et sans prévention, on ne saurait pourtant s'y méprendre. Il n'y a nul doute que Vauvenargues ne fût religieux; cela ressort de ses écrits, et Marmontel a dit de lui qu'il est mort « avec la constance et les sentiments d'un *chrétien philosophe.* » Voltaire, lui écrivant sur une première lecture de son livre, après maint éloge ne peut s'empêcher d'ajouter : « Il y a des choses qui ont affligé ma philosophie; ne peut-on pas adorer l'Être suprême sans se faire capucin? N'importe! tout le reste m'enchante; vous êtes l'homme que je n'osais espérer. » Ces choses qui affligeaient la philosophie de Voltaire sont la *Méditation sur la Foi* et la *Prière* qui la suit, deux pièces qui avaient sans doute quelques années de date et que Vauvenargues crut devoir insérer néanmoins dans sa première édition. Pourtant on trouvait, dans les *Pensées* et *Paradoxes* qui venaient aussitôt après ces deux morceaux, plus d'un trait en désaccord avec la doctrine chrétienne rigoureuse; la seule manière dont Vauvenargues y parle de la mort qui ne doit pas être, selon lui, le but final et la perspective de l'action humaine, et qui lui paraît en elle-même la plus fausse des règles pour juger d'une vie, cette façon d'envisager l'une des *quatre fins* de l'homme est trop opposée au point de vue de l'orthodoxie et en même temps trop essentielle chez Vauvenargues pour laisser aucun doute sur la direction véritable de ses pensées. Quelles qu'aient pu être antérieurement les opinions par lesquelles il avait passé, Vauvenargues, à cette date de 1746 et jusqu'à sa mort, était donc et demeura dans des sentiments religieux, élevés, mais philosophiques et libres. Seulement, en homme respectueux et sage, il évitait de porter la controverse sur ce terrain, où ses amis, n'ayant pu l'attirer lui-même, essayèrent depuis d'entraîner sa mémoire. Voltaire et même M. Suard ont été, après sa mort, infidèles à son esprit par la manière dont ils l'ont tiré à eux de ce côté. Il ne pouvait certes, légitimement, être invoqué à l'appui des opinions de la propagande philosophique, celui qui a dit : « Le plus sage et le plus courageux de tous les hommes, M. de Turenne, a respecté la religion; et une infinité d'hommes obscurs se placent au rang des génies et des âmes fortes, seulement à cause qu'ils la méprisent! »

Vauvenargues était des plus sensibles à l'amitié, et il y a porté des délicatesses et des tendresses qu'il semblait avoir dérobées à l'amour. Il veut qu'on suive ses amis, non-seulement dans leurs disgrâces, mais jusque dans leurs faiblesses, et qu'on ne les abandonne jamais. Est-il rien de plus délicat, de plus aimable, de plus pratique et de plus encourageant, que les Conseils qu'il donne à un jeune ami? Bien que jeune lui-même, il inspirait de la vénération, et plusieurs de ses compagnons d'armes le traitaient comme ils eussent fait un père. Ce qu'il aimait dans la jeunesse, c'était le naturel, la pudeur, les grâces déjà sérieuses, la modestie unie à une honnête confiance, l'amour de la vertu. Il avait en horreur et en mépris la fatuité et la frivolité si en vogue à cette date, ce ton de légèreté et de persiflage à la mode, que Gresset a pris sur le fait dans *le Méchant*, et qui faisait la gloire des brillants Stainville. On ne voit pas qu'il ait été occupé des femmes dans les années où il écrit, et le peu qu'il en dit nous montre un homme revenu : « Les femmes ne peuvent comprendre, dit-il, qu'il y ait des hommes désintéressés à leur égard. » Il semble que, brisé avant l'âge par les maladies, il se soit retranché sur ce point jusqu'aux regrets stériles : « Ceux qui ne sont plus en état de plaire aux femmes et qui le savent, s'en corrigent. »

Sans être insensible aux lumières de son temps et sans y fermer les yeux, il était loin de s'en exagérer l'importance, et il se préoccupait du perfectionnement moral intérieur, bien plus que de cette perfectibilité générale à laquelle il est si commode de croire et de s'abandonner. « Avant d'attaquer un abus, pensait-il, il faut voir si on en peut ruiner les fondements. » C'est à quoi les philosophes du XVIIIe siècle songèrent trop peu, et ils ne se demandèrent jamais, comme lui, s'il n'y a pas « des abus inévitables qui sont des lois de la Nature. » Vauvenargues, en opposition ouverte avec les illusions de son temps, disait encore : « Jusqu'à ce qu'on rencontre le secret de rendre les esprits plus justes, tous les pas qu'on pourra faire dans la vérité n'empêcheront pas les hommes de raisonner faux ; » et c'est ainsi, selon lui, que « les grands hommes, en apprenant aux faibles à réfléchir, les ont mis sur la route de l'erreur. » Il écrivait cela en face de Voltaire et à la veille de Jean-Jacques Rousseau. Dans l'ordre des connaissances et des jugements, il pensait que « l'effet d'une grande multiplicité d'idées, c'est d'entraîner dans des contradictions les esprits faibles. » Dans l'ordre des sentiments et du goût, il ne croyait pas que nous fussions du tout au-dessus des peuples anciens, plus voisins que nous de l'instinct de la nature : « *On instruit notre jugement*, disait-il, *on n'élève point notre goût.* » Telle était la conviction raisonnée de l'homme qui travailla le plus à son perfectionnement moral intérieur : rien n'eût été plus antipathique à Vauvenargues que le faux Condorcet.

Ce n'est pas à dire que Vauvenargues fût pour le maintien des abus ni pour l'immobilité de la société : il veut tout ce qui retrempe une nation, tout ce qui corrige utilement le vice de la décadence. Une trop longue paix lui paraît funeste : « La paix, dit-il, rend les peuples plus heureux et les hommes plus faibles. » Et il ajoute excellemment : « La guerre n'est pas si onéreuse que la servitude. » Ce n'est pas tant de la servitude du dehors qu'il s'agit ici que de celle du dedans et de la lâcheté qui envahit les âmes : « *La servitude*, dira-t-il encore, *abaisse les hommes jusqu'à s'en faire aimer.* » Cet abaissement général est ce qu'il craint avant tout, et il veut qu'à tout prix on le conjure : « Il faut permettre aux hommes de faire de grandes fautes contre eux-mêmes, pour éviter un plus grand mal, la servitude. » Il y a des commencements de révolution dans ce mot-là. Au reste, pour se figurer la ligne de hardiesse et à la fois de modération qu'eût affectionnée et suivie Vauvenargues dans des circonstances différentes et dans les conjonctures publiques qui ont éclaté depuis, il me semble que nous n'avons qu'à le considérer en un autre lui-même, et à le reconnaître dans André Chénier.

Si Vauvenargues avait seulement vécu quelques années de plus, il allait se trouver dans une position délicate et singulière. Quand il mourut, le XVIIIe siècle était à la veille d'entrer dans la seconde moitié si orageuse et si disputée de sa carrière. En face de l'*Encyclopédie*, du livre d'Helvétius, des premiers paradoxes de Jean-Jacques Rousseau, et de cette croisade philosophique universelle, qu'aurait fait, qu'aurait dit Vauvenargues ? Il y a fort à rêver là-dessus. La ligne moyenne des Turgot et des Malesherbes eût été sans doute la sienne ; mais il est à croire que, généreux et brave comme il était, il eût rompu en visière aux erreurs même de ses amis, et qu'il eût protesté autrement encore que par son silence. Il est mieux peut-être qu'il ait été retiré avant une plus longue épreuve. C'eût été un trop grand contraste et une trop grande infraction aux lois d'une époque, qu'un écrivain de cette pureté, de cette hauteur et de cette simplicité, persistant sous des cieux si différents et dans un climat de plus en plus contraire. La Nature voulut le montrer à son siècle comme un dernier exemplaire de l'âge précédent; puis elle le retira avec une pudeur jalouse.

Vauvenargues, dans tout ce qu'on lit et qu'on sait de lui, apparaît comme un esprit d'une forte trempe, comme une âme d'une grande élévation et un grand cœur. Il offre le rare exemple d'un homme supérieur longtemps retenu au-dessous de son niveau, comprimé, abreuvé de disgrâces, qui ne s'aigrit ni ne se révolte, mais prend sa revanche noblement et se rouvre la carrière dans l'ordre de l'esprit avec vigueur et sérénité. Lui qui a tant souffert et si peu réussi, il croit que le plus sûr moyen de faire sa fortune, c'est encore de la mériter; qu'il n'y a que le mérite réel pour aller directement à la gloire. Sans faux enthousiasme, sans ressentiment, il a jugé l'humanité dans la juste mesure. Involontairement et si l'on n'y prend garde, quand on juge l'humanité, on se laisse influencer par l'arrière-pensée du rang qu'on y tiendrait soi-même; on est porté à l'élever ou à la rabaisser selon qu'on se sent au dedans plus ou moins de vertu, plus ou moins de portée et d'essor. Vauvenargues avait intérêt à ce que le milieu de l'humanité fût le plus haut possible, certain qu'il était d'y atteindre. Il ne mettait cependant point ce milieu trop haut. Il a reconnu les vices et les défauts des hommes, mais il les a reconnus avec douleur, sans cette joie maligne qui ressemble à une satisfaction et à une absolution qu'on se donne en secret, de même qu'il a maintenu les grandes lignes, les parties saines et fortes de la nature, sans cet air de jactance par lequel on semble s'exalter en soi et s'applaudir. Placé entre les moralistes un peu chagrins du XVIIe siècle et les philosophes témérairement confiants du XVIIIe, il n'a pas enflé la nature de l'homme, et il ne l'a pas dénigrée. C'est un Pascal adouci et non affaibli, qui s'est véritablement tenu dans le milieu humain, et qui ne s'est pas creusé d'abîme (1).

(1) Il s'est passé, depuis que ceci est écrit, de grands événements sur Vauvenargues. L'Académie française ayant proposé son Éloge, M. Gilbert remporta le prix entre plusieurs concurrents dignes d'estime. Animé par son succès, il se mit alors à recher cher avec zèle ce qui pouvait rester d'inédit de son auteur. Il trouva des Correspondances fort intéressantes, et les publia dans une édition faite avec grand soin (2 volumes, Furne, 1857). J'en ai parlé au long dans trois articles du *Moniteur* des 24 et 31 août et 7 septembre 1857, articles qui se retrouveront dans les derniers volumes de ces *Causeries*. Quoi qu'il en soit, ce premier article que j'ai donné avant les découvertes dernières, n'est pas encore trop faux, et les aperçus qu'on vient de lire sur le caractère et la vocation du personnage ont été plutôt confirmés que contrariés.

Lundi 2 décembre 1850.

ŒUVRES

DE

FRÉDÉRIC-LE-GRAND.

(Berlin, 1846-1850.)

Les Œuvres de Frédéric n'ont pas obtenu jusqu'ici en France la haute estime qu'elles méritent. On s'est moqué de quelques mauvais vers de ce prince métromane, lesquels ne sont pas plus mauvais après tout que bien des vers du même temps, qui passaient pour charmants alors et qui ne peuvent aujourd'hui se relire; et l'on n'a pas fait assez d'attention aux œuvres sérieuses du grand homme, qui ne ressemblerait pas aux autres grands hommes s'il n'avait mis bien réellement son cachet aux nombreuses pages de politique et d'histoire qu'il a écrites, et qui composent un vaste ensemble. Quant aux lettres de Frédéric, on leur a rendu plus de justice; en lisant dans la Correspondance de Voltaire celles que le roi lui adressait, entremêlées à celles qu'il recevait en retour, on trouve que non-seulement elles soutiennent très-bien le voisinage, mais qu'à égalité d'esprit, elles ont encore pour elles une supériorité de vue et de sens qui tient à la force de l'âme et du caractère. Aujourd'hui il s'agit de sortir une bonne fois des petites idées d'une rhétorique par trop littéraire, de retrouver l'homme et le roi dans l'écrivain, et de saluer en lui l'un des meilleurs historiens que nous possédions.

Je dis *nous*, car c'est en français que Frédéric a écrit, c'est en français qu'il a pensé, c'est aux Français encore qu'il songeait souvent et qu'il s'adressait pour être lu, même quand il écrivait des jugements et des récits d'actions qui étaient si peu faits pour leur être agréables. Écrivain en prose, Frédéric est un disciple de nos bons auteurs, et, en histoire, c'est un élève, et certes un élève original et unique, et par endroits passé maître, de l'historien du *Siècle de Louis XIV*.

La négligence et l'incorrection avec lesquelles avaient été imprimées jusqu'ici les Œuvres de Frédéric, étaient pour quelque chose dans le peu d'estime que semblaient en faire ceux qui ne sont pas accoutumés à se former un jugement par eux-mêmes en toute matière. On ne saurait se figurer à quel point avaient été poussées à cet égard l'infidélité et la licence des éditeurs. Je n'en citerai qu'un seul exemple, resté secret jusqu'à ce jour. En France, en 1759, pendant la guerre de Sept ans, on eût l'idée d'imprimer les Œuvres du *Philosophe de Sans-Souci* (c'était le titre qu'avait pris Frédéric dans ses poésies et ses premiers essais littéraires.) Or, M. de Choiseul, ministre, écrivait, à cette date, à M. de Malesherbes, directeur de la librairie, au sujet même de ce projet et de la demande qu'avaient faite des libraires de Paris d'imprimer le Recueil qu'on s'était procuré des Œuvres de Frédéric (1):

(1) Ce Recueil avait été imprimé en Prusse en 1750 et en 1752 ; mais ces deux premières éditions, toutes confidentielles, avaient été tirées à très-peu d'exemplaires et destinées uniquement aux amis du roi.

« A Marly, le 10 décembre.

« Il est important, Monsieur, que le ministère du roi ne soit point compromis ni soupçonné d'avoir toléré l'édition des Œuvres du roi de Prusse. Ainsi, en cas que M. Darget (*lecteur et secrétaire du roi de Prusse*) vienne m'en parler, je l'assurerai fort que je n'ai nulle connaissance de cette impression, et que je vais prendre les ordres du roi pour empêcher qu'elle ne s'exécute en France. En attendant que je voie M. Darget, j'espère que l'édition sera faite et que tout sera dit... »

L'édition, à la fois protégée et clandestine, se fit donc; mais il est curieux de voir comment M. de Choiseul s'y prit pour la falsifier, allant jusqu'à dresser de sa main le détail des corrections et modifications à y introduire :

« On ne peut le tolérer (ce Recueil), écrivait-il encore à M. de Malesherbes, qu'en prenant les plus grandes précautions pour qu'il paraisse imprimé en pays étranger, et il ne faut pas perdre de vue cette considération, en exigeant des corrections.

« Par cette considération, je n'en ai proposé que de deux sortes : les unes qui peuvent être faites sans qu'on s'en aperçoive en lisant le texte. Comme ces changements n'ont pour objet que des impiétés du premier ordre ou des traits sur des puissances, on n'a pas à craindre que le roi de Prusse se plaigne qu'on a altéré son texte, et le public ne pourra pas le deviner... Mais, en faisant des retranchements, j'ai évité soigneusement de rien substituer au texte. Ce serait une infidélité condamnable.

« Les autres corrections sont des suppressions de noms propres, qu'on suppléera par des points ou des étoiles. Ce n'est point là non plus ce qu'on appelle une infidélité. C'est peut-être même un égard pour le roi de Prusse... »

On voit que le ministre qui chassa les Jésuites de France savait pratiquer au besoin l'escobarderie, et altérer sous main un texte en disant que ce n'était pas une infidélité. Plus tard, dans la publication des écrits historiques posthumes du roi de Prusse, l'exactitude, pour mille raisons, n'avait pas été mieux observée, et l'on peut dire, en considérant l'édition qui se publie aujourd'hui à Berlin par les ordres du Gouvernement prussien, et en la comparant aux précédentes, que les Œuvres de Frédéric paraissent aujourd'hui pour la première fois dans un texte authentique et dignement reconnaissable.

L'édition entreprise par le Gouvernement prussien, et qui n'aura pas moins de trente volumes in-4°, est monumentale. C'est ainsi qu'il faudra un jour, et bientôt, que la France publie les Œuvres de Napoléon, œuvres aujourd'hui dispersées, ramassées sans méthode et sans suite, non falsifiées, mais en général presque aussi négligemment imprimées que l'avaient été jusqu'ici celles de Frédéric. Le monument du tombeau de Napoléon ne sera complet que lorsqu'on y aura joint l'édition nationale de ses Œuvres. Quoi qu'il en soit, le Gouvernement prussien et le roi régnant ont pensé qu'il y allait de leur honneur de publier un Recueil complet des écrits de l'homme qui fut tout ensemble le plus grand roi et le premier historien de son pays. Des savants habiles ont été chargés de l'exécution de ce projet; M. Preuss, historiographe de Brandebourg, y préside. La portion historique des Œuvres de Frédéric a eu le pas, à bon droit, sur les autres écrits; elle forme sept volumes, dont cinq sont sous mes yeux. J'en ai pris connaissance, et je les ai examinés avec tout le soin dont je suis capable.

Et pour n'avoir pas à revenir sur ces détails de l'édition, on me permettra tout d'abord deux ou trois remarques. Le texte, typographiquement, est admirable; les titres sont d'un grand goût; les portraits sont beaux : je ne trouve à blâmer que les espèces de vignettes qui terminent les pages à la fin des chapitres, et qui font ressembler par moments ce volume royal à un livre d'illustrations : ces enjolivements, dont le sujet est souvent énigmatique, ne conviennent pas à la gravité monumentale de l'édition. Quant au texte, j'ai dit qu'il est pour la première fois exact et fidèle ; on a rétabli bien des traits fermes, bien des phrases énergiques et vives que la prudence ou la pruderie littéraire des premiers éditeurs avait effacées ou adoucies. Je n'aurais pas voulu toutefois qu'on poussât le scrupule jusqu'à rétablir soigneusement des fautes de grammaire. A quoi bon faire dire au roi, par exemple, que M. de Lowendal *était* marché vers un point, au lieu de dire qu'il *avait* marché? Frédéric, avant de publier son livre, aurait fait corriger ces vétilles-là par quelqu'un de ses académiciens français de Berlin. Un autre défaut de cette édition, et un défaut grave, c'est de manquer de cartes stratégiques et de plans des lieux, ce qui rend la lecture de ces campagnes fastidieuse et stérile pour la plupart des lecteurs. Comment ne pas joindre à ces histoires de Frédéric un Atlas dressé exprès, du genre de celui que M. Thiers fait exécuter pour son Histoire de Napoléon! Enfin, s'il est permis d'entrer dans ces particularités, qui ne laissent pas d'avoir leur importance pour le lecteur, je me plaindrai, au nom de la France, qu'il n'existe pas à Paris un seul exemplaire complet des volumes jusqu'ici publiés. La Bibliothèque nationale n'a que cinq volumes; la Bibliothèque de l'Institut n'en possède pas un. Le roi de Prusse, qui distribue cette édition magnifique, a oublié notre Institut de France dans ses largesses. C'est par là que le grand Frédéric eût commencé (1).

J'ai tout dit sur ces détails en quelque sorte extérieurs, et j'en viens au grand homme qu'on est heureux de pouvoir enfin étudier de près et avec certitude dans la suite de ses actes et de ses écrits. Frédéric, malgré le

(1) A côté de la grande édition in-4°, il s'en publie une en plus petit format, à l'usage du commun des lecteurs; cette petite édition, qui se vend, est plus facile à trouver.

tort qu'il s'est fait par certaines de ses rapsodies et de ses paroles, par le cynisme affiché de ses impiétés et de ses goguenarderies, et par cette manie de versifier qui fait toujours sourire, est un vrai grand homme, un de ces rares génies qui sont nés pour être manifestement les chefs et les conducteurs des peuples. Quand on dépouille sa personne de toutes ces drôleries anecdotiques qui sont le régal des esprits légers, et qu'on va droit à l'homme et au caractère, on s'arrête avec admiration, avec respect; on reconnaît dès le premier instant, et à chaque pas qu'on fait avec lui, un supérieur et un maître, ferme, sensé, pratique, actif et infatigable, inventif au fur et à mesure des besoins, pénétrant, jamais dupe, trompant le moins possible, constant dans toutes les fortunes, dominant ses affections particulières et ses passions par le sentiment patriotique et par le zèle pour la grandeur et l'utilité de sa nation; amoureux de la gloire en la jugeant; soigneux avec vigilance et jaloux de l'amélioration, de l'honneur et du bien-être des populations qui lui sont confiées, alors même qu'il estime peu les hommes. Capitaine, il ne m'appartient pas de le juger; mais, si j'ai bien compris les observations que Napoléon a faites sur les campagnes de Frédéric, et les simples récits de Frédéric lui-même, il me semble que ce n'était pas un guerrier avant tout. Il n'a rien, de ce côté, de bien brillant à première vue, ni de séduisant. Souvent battu, souvent en faute, sa grandeur est d'apprendre à force d'écoles, c'est surtout de réparer ses torts ou ceux de la fortune par le sang-froid, la ténacité et une égalité d'âme inébranlable. Quelque éloge que donnent les bons juges à sa bataille de Leuthen, et à quelques-unes de ses grandes manœuvres et de ses opérations, ils ont encore plus de critiques à faire en mainte et mainte occasion. « Il a été grand surtout dans les moments les plus critiques, a dit Napoléon; c'est le plus bel éloge que l'on puisse faire de son caractère. » Ce caractère moral est ce qui ressort encore chez Frédéric à travers le guerrier, et qui demeure bien au-dessus; ç'a été une âme d'une forte trempe et un grand esprit qui s'est appliqué à la guerre parce qu'il le fallait, plutôt que ce n'était un guerrier-né. Il n'avait ni la valeur rapide et foudroyante d'un Gustave-Adolphe ou d'un Condé, ni cette faculté de géométrie transcendante qui caractérise Napoléon, et que ce génie puissant appliquait à la guerre avec la même aisance et la même ampleur que Monge l'appliquait à d'autres objets. Doué d'un esprit supérieur, d'un caractère et d'une volonté à l'unisson de son esprit, Frédéric s'est mis au militaire comme il s'est mis à bien d'autres choses, et il n'a pas tardé à y exceller, à en posséder, à en perfectionner dans sa main les instruments et les moyens, bien que ce ne fût peut-être pas d'abord chez lui la vocation d'un génie propre et qu'il n'y fût pas d'abord comme dans son élément.

La nature l'avait fait avant tout pour régner, pour être roi avec toutes les parties que ce haut emploi commande; et la guerre étant une de ces parties les plus indispensables, il s'y voua et il la maîtrisa. « Il faut prendre l'esprit de son état, » écrivait-il en riant à Voltaire du milieu de la guerre de Sept ans. Cela n'a l'air que d'une plaisanterie, et cela est vrai. Chez Frédéric, la volonté et le caractère dirigèrent en tout l'esprit.

En général, on n'aperçoit dans aucune des qualités de Frédéric cette fraîcheur première qui est le signe brillant des dons singuliers de la nature et de Dieu. Tout, chez lui, semble la conquête de la volonté et de la réflexion agissant sur une capacité universelle, qu'elles déterminent ici ou là, selon les nécessités diverses. Il est bien le grand roi de son temps; il a le cachet du siècle de l'analyse.

On a cherché à établir une contradiction entre les paroles et les écrits de Frédéric, adepte de la philosophie, et ses actions comme roi et comme conquérant. Je ne trouve pas cette contradiction aussi grande qu'on l'a voulu faire. Je laisse de côté quelques essais et quelques saillies de Frédéric très-jeune et prince royal; mais, du moment qu'il conçut son rôle de roi, je trouve tout l'homme d'accord avec lui-même, je le trouve vrai. Et, par exemple, je ne vois pas, dans les histoires qu'il a écrites, un mot qu'il n'ait justifié dans sa conduite et dans sa vie :

« Un prince, disait-il et pensait-il, est le premier serviteur et le premier magistrat de l'État; il lui doit compte de l'usage qu'il fait des impôts; il les lève, afin de pouvoir défendre l'État par le moyen des troupes qu'il entretient; afin de soutenir la dignité dont il est revêtu, de récompenser les services et le mérite, d'établir en quelque sorte un équilibre entre les riches et les obérés, de soulager les malheureux en tout genre et de toute espèce; afin de mettre de la magnificence en tout ce qui intéresse le corps de l'État en général. Si le souverain a l'esprit éclairé et le cœur droit, il dirigera toutes ses dépenses à l'utilité du public et au plus grand avantage de ses peuples. »

C'est ce que fit réellement Frédéric, en paix, en guerre, presque en tout temps, et il y dérogea le moins possible. Quand on a fait le décompte de ses fautes, de ses ambitions et de ses torts personnels, la somme et le fond de sa politique restent encore ce qu'on vient de voir et qu'il a si bien retracé. Pour le juger comme politique, il convient de se dégager du point de vue français, des illusions françaises, et de ce qui nous est resté de l'atmosphère du ministère de Choiseul. Ouvrez, encore une fois, les Mémoires de Frédéric; il ne cherche point, en les écrivant, à farder la vérité. Je ne sais pas d'homme qui, plume en main, soit moins charlatan que lui; il dit ses raisons et ne les colore en rien: « Un rôle d'emprunt est difficile à soutenir, pensait-il; on n'est jamais bien que soi-même. » En écrivant l'histoire de sa maison sous le titre de *Mémoires de Brandebourg,* il nous donne le sens, l'inspiration première et la clef de ses actions. La Prusse n'était arrivée véritablement à compter pour quelque chose dans le monde et à mettre, comme il dit, son *grain* dans la balance politique de l'Europe, que du temps du Grand-Électeur, contemporain des beaux jours de Louis XIV. En racontant l'histoire de ce souverain habile et brave, qui « à la fortune médiocre d'un électeur sut unir le cœur et les mérites d'un grand roi, » en nous parlant de ce prince « l'honneur et la gloire de sa maison, le défenseur et le restaurateur de la patrie, » plus grand que son cadre, et de qui date sa postérité, on sent que Frédéric a trouvé son idéal et son modèle : ce que le Grand-Électeur a été comme simple prince et membre de l'Empire, lui il le sera comme roi. Ce titre, cette qualification de roi qui ne fut donnée qu'au fils du Grand-Electeur, et comme par grâce, semblait plutôt avoir diminué le nom prussien qu'elle ne l'avait rehaussé. Le premier Frédéric qui l'avait porté, esclave du cérémonial et de l'étiquette, avait rendu ce titre de Majesté presque ridicule en sa personne; il en était écrasé. Ce premier roi de Prusse, par toute sa vie de vaine pompe et d'apparat, disait, sans le savoir, à sa postérité : « J'ai acquis le titre, et j'en suis fier; c'est à vous de vous en rendre dignes. » Le père de Frédéric, dont son fils, si maltraité par lui, a si admirablement parlé, et dans un sentiment non pas filial, mais vraiment royal et magnanime, ce père grossier, économe, avare, bourreau des siens et idolâtre de la discipline, cet homme de mérite pourtant, qui « avait une âme laborieuse dans un corps robuste, » avait rendu à l'État prussien la solidité que l'enflure et la vanité du premier roi lui avaient fait perdre. Mais ce n'était pas assez : le père de Frédéric, estimable de près à bien des égards, n'était pas respecté de loin; sa modération même et la simplicité de ses mœurs lui avaient nui. On considérait ses quatre-vingt mille hommes de troupes comme une montre de parade, et comme une manie grandiose de caporal. La Prusse n'était pas comptée parmi les puissances, et quand Frédéric monta à vingt-huit ans (1740) sur ce trône qu'il devait occuper durant quarante-six ans, il avait tout à faire pour l'honneur de sa nation et pour le sien; il avait à créer l'honneur prussien, il avait à gagner ses éperons comme roi. Sa première pensée « fut qu'un prince doit faire respecter sa personne, surtout sa nation; que la modération est une vertu que les hommes d'État ne doivent pas toujours pratiquer à la rigueur, à cause de la corruption du siècle, et que, dans un changement de règne, il est plus convenable de donner des marques de fermeté que de douceur. » Il se dit encore, et il nous dit avec franchise, « que Frédéric Ier (son grand-père), en érigeant la Prusse en royaume, avait, par cette vaine grandeur, mis un germe d'ambition dans sa postérité, qui devait fructifier tôt ou tard. La monarchie qu'il avait laissée à ses descendants était, s'il m'est permis de m'expliquer ainsi (c'est toujours Frédéric qui parle), une espèce d'*hermaphrodite,* qui tenait plus de l'électorat que du royaume. Il y avait de la gloire à *décider cet être;* et ce sentiment fut sûrement un de ceux qui fortifièrent le roi dans les grandes entreprises où tant de motifs l'engageaient. » Il nous dit ces motifs, et pourquoi il prévint la maison d'Autriche au lieu de l'attendre et de se laisser frapper ou humilier. Il expliquera avec la même netteté et la même franchise les motifs qui lui firent prendre les devants sur ses ennemis au début de la guerre de Sept ans, et qui le décidèrent à paraître agresseur sans l'être. Ces motifs, tous puisés dans l'intérêt de sa cause et de sa nation, n'ont rien qui semble en désaccord avec les maximes de Frédéric et avec ses idées favorites, en tant que philosophe et écrivain. Connaissant, comme il faisait, les hommes et les choses de ce monde, il sentait bien qu'il n'est permis d'être un peu philosophe sur le trône qu'après qu'on a prouvé qu'on sait être autre chose encore. Il n'était pas d'humeur à jouer le rôle débonnaire d'un Stanislas. Pour être plus sûrement pasteur de ses peuples, il commença par montrer aux autres qu'il était lion. Tout ce qu'il voulait, il le fit; il dégagea hautement la position et la fonction de la Prusse, créa un contre-poids à la maison d'Autriche, établit dans l'Allemagne du nord un foyer de civilisation, un centre de culture et de tolérance. C'est à ses successeurs de le maintenir et d'être fidèles, s'ils le peuvent, à son esprit.

Tous ceux qui ont loué Frédéric ont toujours fait une réserve en ce qui est de la Pologne et du partage de 1773, qu'il provoqua et dont il profita. Ici je demanderai à me taire, la question de Pologne n'étant pas de celles qui se peuvent traiter commodément et avec une entière impartialité. Il y a, dans ce nom polonais et dans les malheurs qui s'y rattachent, un reste de magie qui enflamme. Frédéric, du reste, ne varia jamais dans son opinion sur le caractère des Polonais comme peuple : cette opinion est énergiquement exprimée en dix endroits de ses histoires, et bien avant que l'idée de partage fût née.

En cette circonstance toutefois, et quelle que fût la

réalité des motifs qu'il a exposés lui-même en toute nudité, il viola ce que les anciens appelaient *la conscience du genre humain,* et il coopéra à l'un de ces scandales qui ébranlent toujours la confiance des peuples dans le droit protecteur des sociétés. Il oublia sa propre maxime : « La réputation de fourbe est aussi flétrissante pour le prince même, que désavantageuse à ses intérêts. » Mais ici l'intérêt considérable du moment et de l'avenir, l'instinct de l'accroissement naturel, l'emporta. Et en cela encore il ne fut pas aussi inconséquent qu'on le croirait. Sa délicatesse comme philosophe n'était pas telle qu'elle ne pût s'accommoder de ces procédés du politique. Avec des sentiments de justice relative et même d'humanité, Frédéric manquait absolument d'idéal, comme tout son siècle : il ne croyait pas à quelque chose qui valût mieux que lui. Il conduisait et soignait énergiquement les hommes qui étaient confiés à sa garde; il mettait son honneur et sa dignité dans ce devoir : mais il ne le fondait pas plus haut. Nous touchons là au vice radical de cette sagesse de Frédéric, je veux dire l'irrévérence, l'*irréligion*. On sait les railleries cyniques de ses entretiens et de ses lettres : il avait le travers capital, pour un roi, de plaisanter, de goguenarder de tout, même de Dieu. L'amour de la gloire était la seule chose dont il ne plaisantait jamais (1). Inconséquence bizarre et protestation d'une noble nature! car si l'espèce humaine est si sotte et si digne

(1) Un juge des plus compétents, un des collaborateurs de M. Preuss dans l'édition des Œuvres de Frédéric, M. Charles de La Harpe, m'écrit au sujet de cette phrase : « Il est *deux autres* choses encore dont il ne plaisantait jamais : l'*amour de la patrie* et l'*amitié*. Ce héros goguenard est l'ami le plus tendre et le plus fidèle, et l'on sait que sa passion pour son pays était telle, qu'il se privait de tout pour avoir de quoi soulager les misères de ses sujets ou doter la Prusse d'institutions utiles. »

de mépris, et s'il n'y a rien ni personne au-dessus d'elle, pourquoi s'aller dévouer corps et âme à l'idée de gloire, qui n'est autre que le désir et l'attente de la plus haute estime parmi les hommes? Il est inconcevable qu'envisageant tout, comme il le faisait, au point de vue supérieur de l'État et de l'intérêt social, Frédéric ait considéré la religion comme un de ces terrains neutres où l'on peut se donner rendez-vous pour le passe-temps et la plaisanterie des après-dîners. Il oubliait que lui-même, écrivant à Voltaire, lui avait dit : « Tout homme a une bête féroce en soi; peu savent l'enchaîner, la plupart lui lâchent le frein lorsque la terreur des lois ne les retient pas. » Son neveu, Guillaume de Brunswick, se permit un jour de lui faire sentir l'inconséquence qu'il y avait à relâcher ainsi les liens religieux qui retiennent la bête féroce. « Oh ! contre les scélérats, répondit Frédéric, j'ai le bourreau, et c'est bien assez. » Non, ce n'est pas assez; quand on n'a que le bourreau seul, il ne suffit pas. C'est en ce point surtout que périclite et manque l'établissement de Frédéric : il put être un grand organisateur, il ne fut pas un législateur. Mais, même l'intérêt du souverain mis de côté, il répugne de voir un grand homme se salir à des plaisanteries de ce genre contre des objets respectables aux yeux du grand nombre; c'était jusqu'à un certain point violer cette tolérance hospitalière dont il se faisait gloire, que de mépriser ainsi tout haut ce qu'il prétendait accueillir et tolérer. Cela sent un reste de mauvais goût natif et de grossièreté septentrionale, et l'on a pu dire, avec une juste sévérité, des lettres de Frédéric : « Il y a de fortes et grandes pensées, mais tout à côté il se voit des taches de bière et de tabac sur ces pages de Marc-Aurèle. » Frédéric, qui avait du moins le respect des héros, a dit : « Depuis le pieux Énée, depuis les croisades de saint Louis, nous ne voyons dans l'histoire aucun exemple de héros dévots. » *Dévots*, c'est possible, en prenant le mot dans le sens étroit; mais religieux, on peut dire que les héros l'ont presque tous été; et Jean Muller, l'illustre historien, qui appréciait si bien les mérites et les grandes qualités de Frédéric, a eu raison de conclure sur lui en ces mots : « Il ne manquait à Frédéric que le plus haut degré de culture, la religion, qui accomplit l'humanité et humanise toute grandeur (1).

Je ne veux plus parler aujourd'hui que de Frédéric historien. Ses histoires se composent des *Mémoires de Brandebourg*, qui renferment tout ce qu'il importe de savoir des annales de la Prusse antérieures à son avénement, et de quatre autres ouvrages qui contiennent l'histoire de son temps et de son règne depuis 1740 jusqu'en 1778. L'histoire de la guerre de Sept ans est une de ces quatre compositions, celle par laquelle il se place naturellement entre Napoléon et César.

Les *Mémoires de Brandebourg* sont la seule partie qui ait paru de son vivant. Dès l'avant-propos il est manifeste qu'on a affaire à un esprit élevé et ferme, qui a

(1) M. Henry, pasteur de l'Église française à Berlin, a écrit une Dissertation où il traite de l'irréligion de Frédéric; sans prétendre l'absoudre sur ce point, le digne écrivain croit qu'on a fort exagéré ce côté français de Frédéric, par lequel il regardait et flattait les philosophes du XVIIIe siècle; il cherche à démontrer que Frédéric, avec une sorte de fanfaronnade, s'est plu à l'exagérer lui-même. M. Henry estime que cette moquerie irréligieuse de Frédéric se passait surtout *à la surface* de son âme; qu'en s'y livrant, il s'abandonnait surtout à un mauvais ton de société, dans la pensée que cela n'arriverait jamais à la connaissance du public; mais que le fond de sa royale nature était sérieux, méditatif, et digne d'un législateur qui embrasse et veut les choses fondamentales de toute société et de toute nation. Dans une appréciation complète et impartiale de Frédéric, il convient de tenir compte des faits sur lesquels M. Henry appelle l'attention, et du point de vue auquel il les rapporte.

les plus nobles et les plus saines idées sur le genre qu'il traite. « Un homme qui ne se croit pas tombé du ciel, dit-il, qui ne date pas l'époque du monde du jour de sa naissance, doit être curieux d'apprendre ce qui s'est passé dans tous les temps et dans tous les pays. » Tout homme doit au moins se soucier de ce qui s'est passé avant lui dans le pays qu'il habite. Pour que cette connaissance profite réellement, une condition est indispensable, la vérité. Frédéric veut la vérité dans l'histoire : « Un ouvrage écrit sans liberté ne peut être que médiocre ou mauvais. » Il dira donc la vérité sur les personnes, sur les ancêtres d'autrui comme sur les siens propres. Mais il ne croit devoir consigner en toute chose que ce qui est mémorable et utile. Il ne vise en rien aux curiosités. Il laisse aux professeurs en *us*, épris de minuties érudites, de savoir de quelle étoffe était l'habit d'Albert surnommé *l'Achille*. Il est fermement de l'opinion « qu'une chose ne mérite d'être écrite qu'autant qu'elle mérite d'être retenue. » Il court rapidement sur les temps barbares et stériles, et sur ceux de ses ancêtres dont on ne sait que les noms ou quelques traits insignifiants : « Il en est, dit-il, des histoires comme des rivières, qui ne deviennent importantes que de l'endroit où elles commencent à être navigables. » Il choisit le français de préférence à toute autre langue, parce que « c'est, dit-il, la langue la plus polie et la plus répandue en Europe, et qu'elle paraît en quelque façon fixée par les bons auteurs du siècle de Louis XIV. » Il aurait pu ajouter : parce qu'elle est la plus propre à rendre les pensées d'un génie net, ferme, sensé et résolu.

Toutes les petites biographies des Électeurs primitifs, de qui il n'y a pas grand'chose à dire, sont esquissées avec sobriété et dans un goût sévère. Quelques sarcasmes jetés en passant, quelques sorties philosophiques dénotent l'élève de Voltaire; mais ces plaisanteries sont rapides et ne dérogent pas ici au ton général. Ce ton est mâle, simple, et la narration s'y nourrit de réflexions rares, mais fortes, qui révèlent l'enchaînement des causes. Quand il en vient aux époques de la Réforme, de la guerre de Trente ans, l'historien-roi définit en peu de mots ces grands événements par leurs traits généraux et dans leurs principes réels; toujours et partout il démêle le fond d'avec les accessoires. Quand il rencontre les horreurs et les dévastations qui signalèrent ces tristes périodes de l'histoire, il témoigne des sentiments d'humanité et d'ordre, des sentiments de bonne administration qui n'ont rien d'affecté et qu'il justifiera. J'ai dit que le type qu'il se propose, l'homme dont il fait dater à bon droit la grandeur de sa maison, est Frédéric-Guillaume, dit *le Grand-Électeur*, celui qui prit en main le Brandebourg, au sortir de cette désastreuse guerre de Trente ans « qui avait fait de l'Électorat un désert affreux, où l'on ne reconnaissait les villages que par des monceaux de cendres qui empêchaient l'herbe d'y croître. » Il s'étend sur ce règne avec complaisance; il va même jusqu'à oser établir un parallèle entre ce petit prince du Nord et Louis XIV dans sa gloire : sauf deux ou trois traits un peu fleuris et trop mythologiques, sauf un léger accent oratoire qui perce çà et là, cette comparaison fournit à une belle page historique et d'une véritable élévation. Il est à noter que Frédéric, plume en main, tout en restant sévère, est moins sobre que César et même que Napoléon; il ne s'interdit pas le talent proprement dit, surtout dans cette première histoire dont Gibbon a pu dire qu'elle est *bien écrite.* Ayant à raconter la campagne de 1679, où le Grand-Électeur chassa, en plein hiver, les Suédois qui avaient envahi la Prusse, il dira : « La retraite des Suédois ressemblait à une déroute; de seize mille qu'ils étaient, à peine trois mille retournèrent-ils en Livonie. Ils étaient entrés en Prusse comme des Romains, ils en sortirent comme des Tartares. »

Il a de ces mots qui résument tout un jugement sur les hommes et sur les nations. Dans le portrait de son aïeul, le premier Frédéric, fils du Grand-Électeur, et si peu semblable à son père, il dira pour marquer le faste de ce roi de la veille, qui n'avait pas moins de cent chambellans : « Ses ambassades étaient *aussi magnifiques que celles des Portugais.* »

Son jugement des hommes est profond et décisif. Il a pour les héros un attrait visible; il ne parle qu'avec respect et avec un instinct de haute fraternité, des Gustave-Adolphe, des Marlborough, des Eugène; mais il ne se méprend pas à la grandeur, et n'en prodigue pas le mot : la reine Christine, avec son abdication par caprice, ne lui paraît que *bizarre;* le duel de Charles XII et de Pierre-le-Grand à Pultawa lui paraît celui des deux hommes *les plus singuliers de leur siècle.* Tout étranger qu'il est, il sait choisir ses expressions en esprit juste qui mesure ou plie la langue à sa pensée. De ce même Pierre-le-Grand il dira ailleurs énergiquement : « Pierre Ier, pour policer sa nation, travailla sur elle comme l'eau-forte sur le fer. »

Pour peindre les hommes d'État, les ministres, il a de ces mots de haute pratique et d'autorité, de ces mots qui sont d'avance historiques et qui se gravent. Voulant caractériser le génie trop vaste, trop remuant, du cardinal Alberoni, et son imagination trop fougueuse : « Qu'on eût donné deux mondes comme le nôtre, dit-il, à bouleverser au cardinal Alberoni, il en aurait encore demandé un troisième. » Les portraits des personnages qu'il a connus et maniés sont emportés de main de maître, et comme par un homme qui était habile ou même enclin à saisir les vices ou les ridicules. Pour donner une idée du général de Seckendorff, qui servait en même temps l'Empereur et la Saxe : « Il était, dit-il, d'un intérêt sordide; ses manières étaient grossières et rustres; le mensonge lui était si habituel, qu'il en avait perdu l'usage de la vérité (1). C'était l'âme d'un usurier qui passait tantôt dans le corps d'un militaire, tantôt dans celui d'un négociateur. » Et remarquez que tout cela n'est pas à l'état de portrait comme dans les histoires plus ou moins littéraires, où l'historien se pose devant son modèle : c'est dit en courant, comme par un homme du métier qui pense tout haut et qui cause.

Quand il aborde les affaires de son temps, celles qu'il a dirigées et auxquelles il a coopéré, Frédéric garde le même ton, ou plutôt il en prend un encore plus simple que dans son Histoire du Brandebourg. En parlant de lui, il n'est ni fier ni modeste : il est vrai. En parlant des autres, même de ses plus grands ennemis, il est juste. Au début de son règne, racontant cette conquête de Silésie qui souleva tant de colères et qui lui réussit d'emblée si à souhait, il expose nûment ses motifs; il indique ses fautes et ses *écoles* à la guerre. Tout à côté des mesures et des calculs dictés par une hardiesse prévoyante, il reconnaît ce qu'il doit à « l'occasion, cette mère des grands événements, » et il est soigneux de faire en toute rencontre la part de la fortune :

« Ce qui contribua le plus à cette conquête, dit-il, c'était une armée qui s'était formée pendant vingt-deux ans par une admi-

(1) Ce trait rappelle le portrait que Xénophon, en sa *Retraite des dix mille,* a tracé de Ménon, qui en était venu, dans la voie du mensonge, jusqu'à regarder les gens vrais comme des gens *mal élevés* et *sans éducation.*

rable discipline, et supérieure au reste du militaire de l'Europe (*remarquez l'hommage à son père*); des généraux vrais citoyens, des ministres sages et incorruptibles, *et enfin un certain bonheur qui accompagne souvent la jeunesse et se refuse à l'âge avancé.* Si cette grande entreprise avait manqué, le roi aurait passé pour un prince inconsidéré, qui avait entrepris au delà de ses forces : le succès le fit regarder comme habile autant qu'heureux. Réellement, ce n'est que la fortune qui décide de la réputation : celui qu'elle favorise est applaudi; celui qu'elle dédaigne est blâmé. »

L'histoire de la guerre de Sept ans est admirable de simplicité et de vérité. L'auteur ne s'y borne pas à l'ensemble des opérations stratégiques, il embrasse le tableau des Cours de l'Europe durant ce laps de temps. Dans le récit des événements de guerre, il est sobre, rapide, n'entrant pas dans les détails particuliers, sauf en un petit nombre de cas où il ne peut s'empêcher de payer un tribut de reconnaissance à ses braves troupes ou à quelque vaillant compagnon d'armes. Je recommande la lecture du chapitre VI, qui traite de la campagne de 1757, cette campagne si pleine de vicissitudes et de retours, et dans laquelle Frédéric, réduit aux abois, eut sa victoire facile et brillante de Rosbach, sa victoire savante et *classique* de Leuthen. Si l'on joint à cette narration si noble et si unie les lettres qu'il écrivait à Voltaire durant le même temps, on assistera au plus beau moment de Frédéric, à la crise d'où il sortit avec la persévérance la plus héroïque et la plus glorieuse. C'est là qu'on reconnaît vraiment le philosophe et le stoïcien dans le guerrier. Le plus grave reproche qu'il fasse de tout temps à la Cour d'Autriche, c'est « de suivre les impressions brutes de la nature : enflée dans la bonne fortune et rampante dans l'adversité, elle n'a jamais pu parvenir à cette sage modération qui rend les hommes impassibles aux biens et aux maux que le hasard dispense. » Pour lui, il est résolu, dans les plus grandes extrémités, de ne jamais céder au hasard ni à la *nature brute*, et de persévérer si bien dans la voie des grandes âmes, qu'il fasse à la fin rougir de honte la Fortune.

Au sortir de cette guerre où coula tant de sang, et après laquelle toutes choses furent remises en Allemagne sur le même pied que devant, sauf les dévastations et les ruines, Frédéric se plaît à faire sentir la faiblesse et l'inanité des projets humains : « Ne paraît-il pas étonnant, dit-il, que ce qu'il y a de plus raffiné dans la prudence humaine jointe à la force soit si souvent la dupe d'événements inattendus ou des coups de la fortune? et ne paraît-il pas qu'il y a un certain *je ne sais quoi* qui se joue avec mépris des projets des hommes? » On reconnaît là un ressouvenir de Lucrèce en quelques-uns de ses plus beaux vers : *Usque adeo res humanas vis abdita quædam...* Napoléon, entreprenant la campagne de 1812, écrivait à l'empereur Alexandre : « J'ai compris que le sort en était jeté, et que cette Providence invisible, dont je reconnais les droits et l'empire, avait décidé de cette affaire comme de tant d'autres. » C'est la même pensée; mais il y a dans l'expression de Napoléon un éclair de plus, il y a comme un reflet mystérieux rapporté du Thabor, et que la pensée de Frédéric n'a jamais. Il a manqué à ce roi consommé de monter un degré de plus sur la hauteur pour recevoir au front le rayon qui dore et aussi celui qui éblouit.

Frédéric est d'ailleurs dans le vrai du cœur humain, dans la réalité de l'observation morale et de la prophétie pratique, quand il ajoute :

« Le temps, qui guérit et qui efface tous les maux, rendra dans peu sans doute aux États prussiens leur abondance, leur prospérité et leur première splendeur; les autres puissances se rétabliront de même; ensuite d'autres ambitieux exciteront de nouvelles guerres et causeront de nouveaux désastres; car c'est là le propre de l'esprit humain, que les exemples ne corrigent personne; les sottises des pères sont perdues pour leurs enfants; il faut que chaque génération fasse les siennes. »

Peut-être, un autre jour, parlerai-je de Frédéric *dilettante,* amateur des beaux-esprits et des Belles-Lettres. J'ai même là-dessus quelques détails inédits qui, au besoin, me serviraient de prétexte.

Lundi 9 décembre 1850.

M. DROZ.

Le 12 novembre dernier, nous avons assisté aux touchantes funérailles d'un homme universellement estimé, qui personnifiait en lui toute l'idée qu'on peut se faire de l'homme de bien et aussi de l'homme de Lettres d'autrefois. Ce double caractère de M. Droz a été marqué et comme gravé sur sa tombe dans un très-beau discours de M. Guizot et dans des paroles bien senties de M. Barthélemy Saint-Hilaire. D'autres hommages attendent encore sa mémoire au sein des Académies dont il était membre. Sans prétendre empiéter sur ce qui sera dit ailleurs par des organes plus autorisés et avec plus de développement, je ne voudrais qu'acquitter ici, à ma manière, mon tribut d'estime envers un homme que j'ai connu et que j'ai particulièrement respecté; je voudrais rendre plus nette et plus familière à tous l'idée qu'il faut rattacher à son nom.

Joseph Droz, né à Besançon, le 31 octobre 1773, d'une famille de magistrats et de jurisconsultes honorablement connue dans la province, avait reçu de ses pères comme par héritage la droiture de l'esprit, la douceur du cœur et la disposition au bien. Il était né et il resta toute sa vie de la race des bons et des justes. Fils unique, il avait, bien jeune, perdu sa mère : son père lui en tint lieu, surveilla son enfance et suivit ses études avec une sollicitude éclairée. Le jeune Droz se distingua au collége de Besançon; il avait de l'ambition littéraire, dit-il, et, comme tout rhétoricien qui promet, il avait, en finissant sa rhétorique, achevé sous main sa tragédie. La philosophie l'ennuya; elle se faisait encore en latin et dans la forme du syllogisme : il demanda de s'en affranchir, et son père lui permit de terminer en liberté ses études sous ses yeux. Un des premiers livres qu'il lui donna à lire pour le consoler de l'ennui du syllogisme, fut le *Discours de la Méthode* de Descartes.

Le jeune Droz fut donc élevé sous Louis XVI, et il avait seize ans quand la Révolution de 89 éclata. Son esprit comme son cœur porta toujours l'empreinte de ces deux moments. Il garda de cette éducation commencée sous les belles années de Louis XVI, la faculté d'espérance sociale et de bienveillance universelle, une vue riante de l'humanité, une teinte de philanthropie dont il avait en lui le principe et le foyer, mais dont la couleur se ressentait de la date de son enfance et de sa première jeunesse. De la grande ère de 89 il garda toujours, en l'épurant de plus en plus à la flamme du sanctuaire intérieur, la passion active du bien, la soif du bonheur des hommes, de l'émancipation et de l'amélioration de ses semblables : il était et il resta en ce sens-là l'un des enfants de cette grande génération, et ce souffle qui, en se répandant alors sur les âmes, y rencontra tant de mélange et y enfanta les tempêtes, ne cessa de l'animer doucement, également, avec élévation et persévérance, jusqu'à ce que, dans les dernières années, il ne fût plus distinct en lui du zèle tout chrétien.

Envoyé à Paris par son père pour y faire des études administratives, il y arriva le 11 août 1792, juste le lendemain de la chute du trône. Après les journées des 2 et 3 septembre, un de ses compatriotes, sauvé du massacre de l'Abbaye par un des massacreurs, crut devoir inviter à dîner ce sauveur tout étonné de l'être; et Droz, que son ami avait appelé à son aide pour faire les honneurs du repas, dîna entre deux septembriseurs, dont l'un n'avait pas encore quitté son sabre. Cependant la guerre éclatait, et la jeunesse courait aux frontières. Droz, revenu à Besançon, s'engagea comme volontaire dans le bataillon du Doubs, et, pour débuter, il fut nommé capitaine par ses camarades. Attaché ensuite à l'état-major comme adjoint aux adjudants-généraux, il servit trois ans à l'armée du Rhin, sous Schérer et Desaix. En pleine Terreur, Schérer l'envoya à Paris en mission. Droz fut reçu par Carnot, qui, voulant lui être agréable, lui permit de passer quinze jours à Paris. Droz en profita pour tout voir, mais, avant la fin du premier jour, il en avait trop vu. Il assista aux séances du Tribunal révolutionnaire et à tout ce qui s'ensuivait. Sa sensibilité s'imposa ce supplice, cette épreuve morale. Il racontait souvent avec énergie l'impression qu'il reçut de l'état de terreur qui pesait alors sur la grande cité : « Cet état de prostration et de stupeur était tel (c'est lui qui parle), que si l'on avait dit à un condamné : Tu iras dans ta maison et là tu attendras que la charrette passe demain matin pour y monter, il serait allé et il y serait monté. »

Ce qui n'est pas moins remarquable chez quelqu'un qui avait senti à ce degré l'horreur des crimes, il ne fut point dégoûté de la liberté; il n'entra point, au sortir de là, dans la crainte et l'aversion des progrès modérés et des lumières. Il ne faut point imiter, disait-il, ces peuples anciens qui, dans l'effroi causé par l'incendie de Phaéton, se mirent à demander aux dieux des ténèbres éternelles.

Il eut de vives impressions au camp devant Mayence

dans l'été de 1795, et il les a racontées depuis; Sterne ne les aurait pas éprouvées ni exprimées différemment :

« Une partie des gardes avancées de l'attaque de gauche, nous dit-il, était placée dans un jardin anglais, près du village de Monback. Ce jardin était entièrement bouleversé : les pas des soldats avaient changé en larges chemins les sentiers étroits, bordés auparavant de lilas et de chèvrefeuilles, dont on ne voyait plus que les débris. En avant, une espèce de kiosque servait de corps de garde aux Autrichiens. Les fontaines les plus voisines étaient de leur côté, mais les forêts se trouvaient derrière nous. Plusieurs fois dans la journée, les Français jetaient leurs bidons aux Autrichiens, qui allaient les remplir et les leur rejetaient. Quand le soir approchait, nos soldats, après avoir fait leur provision de bois pour la nuit, faisaient celle des postes ennemis, et traînaient des fagots entre les vedettes des deux armées. Ainsi, en attendant le signal de s'entr'égorger, les gardes vivaient en paix, et faisaient des échanges semblables à ceux que font entre elles des peuplades amies. Ce spectacle me causait une émotion profonde : en voyant les hommes encore bons sur un sol bouleversé et teint de sang, j'ai souvent eu peine à retenir mes larmes. »

La carrière militaire ne pouvait convenir longtemps à cet homme de paix. Après avoir fait bravement son devoir de citoyen, il rentra dans ses foyers; la délicatesse de sa santé lui fit accorder son congé définitif en l'an IV, et il put se livrer sans partage à son goût pour les Lettres et pour la philosophie morale. Il s'était marié dès novembre 1794, à l'âge de vingt-et-un ans, à une jeune personne « dont les qualités aimables se peignaient sur sa figure charmante. » Leur bonheur dura quarante-sept ans, et il a pu dire de son amour pour elle, « qu'il ne dégénéra jamais en amitié. » Ces traits sont essentiels pour indiquer les premiers caractères d'un talent qui, dans ses écrits les plus divers, portera l'inspiration de la piété et de la félicité domestique.

Lors de la création de l'École centrale de Besançon, Droz, nommé professeur de Belles-Lettres, et qui eut entre autres élèves Nodier, commença à se faire connaître par quelques discours imprimés, par un *Essai sur l'Art oratoire* (1799), dans lequel il fait preuve d'instruction, de justesse, et où déjà ses inclinations et son tour d'esprit se déclarent. Une douce solennité de ton, qui sera désormais le rhythme habituel de sa pensée, s'y fait sentir. L'auteur reconnaît très-bien qu'on ne saurait réduire en art les moyens de former les grands hommes; mais il croit qu'on pourrait porter très-loin *l'art de rendre les hommes bons*. A toutes les qualités qui sont nécessaires à l'orateur, Droz demande que son caractère unisse encore la sensibilité : « Beaucoup de force d'âme au premier coup d'œil, dit-il, paraît l'exclure : mais l'élévation est le point qui les unit. » L'élévation d'âme n'est pas tout encore, si l'orateur n'y joint réellement la vertu; Droz y insiste, et non point par des lieux-communs de morale, mais par des observations pratiques incontestables : « Croyez qu'il n'est chez aucun peuple assez d'immoralité, dit-il, pour que la réputation de celui qui parle soit indifférente à ceux qui l'écoutent. » Lorsque plus tard, historien de la Révolution, il aura à parler de Mirabeau, dont il appréciait si bien la grandeur, combien il aura occasion de vérifier ce côté d'autorité morale si nécessaire, par où il a manqué ! Au-dessous du génie, qui est le don unique de la nature, il est de nobles places encore, et Droz se plaît à les indiquer aux jeunes talents comme des degrés honorables dans lesquels ils peuvent se rendre utiles et mériter l'estime : « Et peut-être est-ce là le partage, ajoute-t-il, qu'il faut demander pour ceux dont on désire le bonheur; avec plus de moyens on s'élève à bien des périls. » C'est ainsi que, dès les premiers pas, cette âme élevée et justement tempérée circonscrit elle-même la limite de son désir et marque d'avance son niveau.

Dans cet *Essai sur l'Art oratoire*, il est disciple de Blair; dans les autres discours de cette date, il semble être en philosophie disciple de Condillac, de Garat, des maîtres du jour; mais, à je ne sais quoi d'affectueux et de pur, à ce que les Anglais appellent *feeling*, on sent que, pour peu qu'il se développe, il aura bien plus de rapports d'affinité avec ces compatriotes de Blair, les Stewart, les Fergusson, les Beattie, avec cette école morale, économique, tour à tour occupée de l'utile et du beau, à la fois philosophique et religieuse. M. Droz, sans le dire et sans y songer, est par instinct de l'école ou de la famille écossaise; il a ses vrais parents de ce côté-là. Dès cette époque, dans des *Observations sur les maîtrises, sur les règlements, les privilèges et les prohibitions* qui intéressent les progrès de l'industrie (1801), il se prononçait pour une liberté sage, non absolue; il admettait quelques restrictions, sans rien d'exclusif, et il faisait preuve de connaissances pratiques et positives. Ainsi, on le voit, dès le principe, disposé à embrasser avec une raisonnable égalité de talent une grande diversité d'études, toutes animées d'un même esprit, — le désir de contribuer au perfectionnement moral, au bonheur et à l'aisance du plus grand nombre possible de ses semblables.

Ses occupations de professeur lui laissaient le temps de faire chaque année un voyage à Paris, et, après la suppression des Écoles centrales, il y vint tout à fait habiter (1803). La direction de ses études et de ses écrits l'avait mis en relation assez étroite avec les membres de la société d'Auteuil, avec Tracy, avec Cabanis. Celui-ci aimait Droz et s'épanchait avec lui. Cet écrivain qui souleva tant de clameurs, et qu'un ouvrage célèbre a fait considérer comme ayant voulu matérialiser tout l'homme, avait l'imagination brillante : « Toujours, nous dit M. Droz, il rendait meilleurs ceux avec lesquels il conversait, parce qu'il les supposait bons comme lui; parce qu'il avait une entière persuasion que la vérité se répandra sur la terre; et parce que nul soin, pour la cause de l'humanité, ne pouvait lui paraître pénible. Ses paroles, doucement animées, coulaient avec une élégante facilité. Lorsque, dans son jardin d'Auteuil, je l'écoutais avec délices, il rendait vivant pour moi un de ces philosophes de la Grèce qui, sous de verts ombrages, instruisaient des disciples avides de les entendre. » Je rapporte ces paroles, moins encore pour peintre Cabanis que Droz lui-même. Homme religieux, il aimera plus tard à confondre dans ses regrets et dans ses affections Ducis et Cabanis; il se ressouvenait de celui-ci par ce côté de doute élevé et d'espérance à demi religieuse, que Cabanis a exprimé dans sa *Lettre à Fauriel,* et par lequel en réalité il a fini. Ainsi Droz fera de tout temps; il essaie de rapprocher et de concilier tant qu'il peut; il est plus enclin à saisir les rapports qui unissent les hommes, que les oppositions qui les séparent. Il ne trace la ligne de démarcation et l'abîme qu'il y a entre eux et lui, qu'à la dernière extrémité. Avec La Rochefoucauld, avec l'abbé Galiani par exemple, quand il les lit, quand il les entend exprimer leurs principes et leurs maximes, il s'arrête, il se révolte, parce qu'ici il n'y a plus moyen d'hésiter et que l'intention s'accuse dans l'accent. Il ne put jamais achever la lecture de *Candide;* car, notez-le, l'indignation de l'honnête homme, une fois soulevée chez lui, et bien que tardive, ne marchandait pas. Mais partout où il sent de la chaleur humaine et tant qu'il y a une nuance d'affection, il espère.

Cabanis lui dit un jour : « Vous voulez publier un ouvrage de morale, un ouvrage sérieux; commencez plutôt par donner un roman. S'il échoue, cela ne vous fera aucun tort ; s'il réussit, cela vous fera connaître. » Ainsi fut composée *Lina,* qui parut en 1804. C'est un roman par lettres, tout pastoral, qui sent la candeur de la jeunesse et presque de l'adolescence. Les principales scènes s'y passent dans le canton d'Appenzel, chez un pasteur protestant. Il y a dans ce roman comme un écho mêlé de Florian et de Werther; c'est du Werther d'après Gessner et Oberlin. M. Droz n'attachait d'ailleurs à ce roman que peu d'importance, et il ne le recueillit point dans ses Œuvres. Le biographe aime à y retrouver la couleur première de cette imagination douce et pure. Trois boutons de roses blanches, qui devaient être offerts à Lina pour sa fête, n'ont fleuri que pour orner son cercueil : « Si je voyais de jeunes femmes, disait l'auteur, placer dans leurs cheveux *trois boutons de roses blanches*, en mémoire d'un événement réel que j'ai retracé, je le déclare, je serais plus fier que si toutes les Académies de l'Empire décidaient que mon ouvrage est sans défaut. » On m'assure que son vœu fut accompli, et que les roses à la Lina eurent leur mode d'une saison.

Après *Lina,* M. Droz publia l'*Essai sur l'Art d'être heureux* (1806). C'est un aveu, c'est une confidence ; c'est l'harmonieuse et suave effusion d'une âme sage, d'une âme tranquille, élevée, animée d'un zèle pur, qui a trouvé pour elle-même le secret du bonheur, et qui voudrait le communiquer aux hommes. Mais les hommes, sur ce fait qui les touche de si près, sont plus rebelles qu'on ne pense : être heureux ou malheureux, chacun veut l'être à sa manière. Pour régler ainsi ses désirs, il faut déjà les avoir très-tempérés. Ceux qui les ont ardents s'impatientent bien plutôt et s'irritent de ces conseils d'une douce sagesse, qui nous rappellent les lents entretiens, la démarche paisible de Termosiris et de ces riants vieillards de Fénelon. Demandez donc au poëte, qui a dit que la vie coule *à flots de pourpre* dans ses veines, de se plaire à la ralentir et à la modérer, comme on ferait des flots de lait ou de miel. Il y a au cap de Bonne-Espérance un oiseau gigantesque, l'albatros, qui, dès que la tourmente soulève l'Océan, n'a de bonheur que de se balancer sur la vague immense. S'il est arrivé à la lisière des vents alizés, cet oiseau rebrousse aussitôt et se replonge dans la région orageuse. Mirabeau se plaisait à lutter dans la tempête; et le noble Vauvenargues, lui-même, n'a-t-il pas dit :

« Un tour d'imagination un peu hardi nous ouvre souvent des chemins pleins de lumière... Laissez croire à ceux qui le veulent croire, que l'on est misérable dans les embarras des grands desseins. C'est dans l'oisiveté et la petitesse que la vertu souffre, lorsqu'une prudence timide l'empêche de prendre l'essor et la fait ramper dans ses liens : mais le malheur même a ses charmes dans les grandes extrémités; car cette opposition de la fortune élève un esprit courageux, et lui fait ramasser toutes ses forces, qu'il n'employait pas. »

M. Droz, bien avant nous, savait ces choses; on lui en avait opposé quelques-unes dans les critiques que les journaux firent alors de son ouvrage. Il y répondit dans un des numéros de *la Décade* (1er juillet 1806) (1). Qu'avait-il voulu? Après Horace, après Socrate et Franklin, après tous les moralistes, il avait aimé simplement à converser sur le thème éternel, à rappeler quelques vérités aux esprits revenus, capables de les entendre; il avait espéré les insinuer surtout aux esprits jeunes, à ceux qui le liraient dans l'âge des résolutions généreuses. Pour moi, il me semble qu'il est bon, utile et nécessaire à l'équilibre du monde qu'en regard du

(1) *La Décade* avait perdu son titre à cette date et s'intitulait *la Revue philosophique, littéraire et politique.*

groupe de ceux qui sont amers, misanthropes et trop aisément violents, il y ait la famille de ceux qu'une indulgence inaltérable inspire. Chamfort ulcéré s'écriera : « Tout homme qui est arrivé à quarante ans et qui n'est pas misanthrope, n'a jamais aimé les hommes ! » M. Droz lui répond : « Il n'y a pas de parfait misanthrope ; vous croyez l'être, et votre vivacité même vous dément. » Mais surtout des hommes tels que Droz, de tels êtres de mansuétude répondent à Chamfort et aux irrités par leur présence et leur longanimité même. Quelque idée qu'on se forme de la masse des hommes, on ne saurait tout à fait les haïr, quand il se trouve parmi eux quelques bons et quelques justes aussi incorrigibles que celui-là.

La succession des âges, en effet, et l'expérience souvent triste qu'elle amène, loin d'aigrir et d'entamer chez M. Droz cette bénignité première de l'âme, ne firent que la mûrir et la confirmer en vertu; la vieillesse ne lui apporta qu'une douceur plus haute et comme fixée en sérénité. Un antique poëte (1), qui passe cependant pour sage, a dit : « Insensés et bien puérils les hommes qui pleurent la mort, et qui ne pleurent point la fleur envolée de la jeunesse ! » M. Droz n'était point ainsi; il avait respiré et non cueilli la jeunesse dans sa fleur; il eut le fruit, et il se disait avec Montaigne, et goûtant comme lui chaque chose en sa saison : « J'en ai vu l'herbe, et les fleurs, et le fruit; et j'en vois la sécheresse : *heureusement, puisque c'est naturellement.* » Je l'ai entendu un jour, à quelqu'un qui se plaignait de l'ennui de vieillir, exposer les douceurs et les avantages de la vieillesse, en homme qui ne se souvenait pas du Traité de Cicéron, mais qui le retrouvait.

(1) Le poëte Mimnerme

J'ai anticipé sans y songer, et je reviens en arrière. En 1811, M. Droz concourut pour l'Éloge de Montaigne, et son discours aimable, qui fut distingué par l'Académie, forme comme le complément de l'*Essai sur l'Art d'être heureux*. Certes Montaigne, en ce gracieux Éloge, n'est pas approfondi comme il pourrait l'être : je ne dirai pas que M. Droz a prêté à Montaigne, quoique ce soit beaucoup peut-être de dire que « la candeur et la rêverie se peignaient sur son front; » mais, en lisant Montaigne, M. Droz a été surtout séduit par le côté riant, familier, humain et affectueux de l'auteur des *Essais*; il a reconnu en lui sinon un excellent instituteur, du moins un bon ami; il a fait avec Montaigne comme tout à l'heure avec Cabanis; il s'est mis en communication avec lui par la qualité sympathique qui unissait leurs deux natures. Cet Éloge, qu'il composa presque en entier avec un heureux tissu de phrases choisies dans Montaigne, annonce, par la pensée comme par le ton, un esprit juste, une oreille juste, une âme sensible, noble, élevée. Plus tard, revenu au christianisme positif et pratique, M. Droz n'abjurera point ce premier culte de Montaigne : c'est en cela qu'il est permis de s'étonner sans doute et de différer d'opinion avec lui. Montaigne, en effet, c'est la pure nature, qui se passe toute chose, qui s'accorde tous ses caprices; et la loi de *grâce*, le christianisme, n'est pas venue seulement pour régler la nature, mais pour la retourner et la refouler, et, comme on dit, pour la circoncire. M. Droz, je l'ai indiqué déjà, répugnait à ces manières de voir absolues et qui tranchent; même lorsqu'il se fut soumis et rangé à une religion toute pratique et précise, il aimait encore à n'en pas définir trop strictement l'esprit. L'Évangile, selon lui, était venu pour perfectionner et accomplir la loi de nature plutôt que pour la renverser; il était venu apporter la paix et l'harmonie dans l'homme, plutôt que le glaive; et ce sage aimable, en cela disciple de Fénelon, évitant les rochers et les précipices où d'autres vont se heurter, trouva moyen encore de passer par une route unie, et comme en continuant les sentiers fleuris de l'humaine sagesse, aux sentiers plus élevés d'où l'on entend avec le peuple et avec les disciples le divin Sermon sur la montagne.

J'ai assez présenté, ce semble, M. Droz sous cette première forme de moraliste sympathique et bienveillant; je ne le suivrai pas plus longuement dans les ouvrages qui s'y rapportent. Sous l'Empire il avait trouvé, comme tant d'hommes de talent et de mérite, un asile et un abri tutélaire dans les bureaux de M. Français (de Nantes), qui cachait un vrai Mécène sous son titre de Directeur-général des Droits-Réunis. Il en sortit en 1814, et depuis lors il n'eut plus d'autre fonction que celle d'écrivain et d'homme de Lettres. La Restauration, tant qu'elle se tint dans les voies modérées, semblait faite pour satisfaire ses vœux et pour répondre à son idéal politique. Dans les divers journaux auxquels il travailla de 1816 à 1820, il n'exprime jamais que des vues de conciliation et d'espérance. Sous l'Empire, il s'était formé autour du vénérable et cordial Ducis une petite société dont faisaient partie MM. Andrieux, Picard, Auger, Roger, Campenon et Droz; Collin d'Harleville, mort trop tôt, y manquait. On se voyait régulièrement; on déjeunait, on dînait ensemble chaque semaine avec frugalité et gaieté, et quand Ducis arrivait de Versailles à Paris, c'était une fête. Le vieux poëte a célébré le charme de ces petites réunions dans une Épître à Droz, qu'il a représenté dans son intérieur modeste :

Goûtez votre bonheur, Couple aimable et sensible ;
Dieu rassembla pour vous, sous votre toit paisible,

Des trésors de raison, et de grâce et d'esprit ;
L'art de se rendre heureux dans vos mœurs fut écrit.

Plusieurs de ceux qui composaient cette petite réunion étaient déjà membres de l'Académie française ; bientôt ils y appelèrent les autres. Droz y entra en 1824, le dernier de la réunion et non certes le moins digne.

Un an auparavant (1823), il avait publié, de moitié avec Picard, un roman : les *Mémoires de Jacques Fauvel;* c'est un Gil Blas refait, demi-gai, demi-sentimental. M. Droz remarquait que plus d'un critique s'était trompé en voulant faire la part des deux collaborateurs dans cet ouvrage : quelquefois une idée légèrement comique était venue de lui, et Picard avait fourni un filet de sentiment. Ce serait piquant à remarquer, si, somme toute, le roman n'était trop faible.

Au sujet des divers écrits que composa M. Droz sur l'application de la morale à la politique, et sur l'économie politique elle-même conçue au point de vue philanthropique, je ne ferai plus qu'une remarque, qui répond à une objection que j'ai souvent entendu adresser à ces sortes d'ouvrages : les hommes d'action, les hommes du métier, sont en général tentés de les considérer comme inutiles, et comme n'étant propres à persuader que ceux qui sont déjà convaincus. M. Droz s'est fait l'objection à lui-même, et il y a répondu en disant : « Il est une révolution paisible, lente, mais sûre, que le temps opère, et qui conduit le genre humain vers de meilleures destinées. Tout homme de bien seconde cette révolution chaque fois qu'il contribue, soit à propager les principes de la morale, soit à répandre les procédés de l'industrie. » Les brusques révolutions que font éclater les passions des hommes viennent sans doute déranger fréquemment cette marche générale et graduelle des choses; la digue que les sages essayaient de construire se trouve tout à coup submergée. Mais les flots passent, l'inondation baisse, et la digue insensiblement se continue. Le fait est que, grâce à ce concours d'écrivains occupés à répandre de saines idées économiques et morales, des idées pacifiques, l'action des écrivains hostiles est tenue en échec; le niveau de la morale publique se maintient. Bien des iniquités violentes, bien des guerres par exemple, qui étaient très-faciles autrefois, deviennent presque impossibles aujourd'hui devant le contrôle du sentiment et de l'intérêt universel. Les écrivains comme M. Droz contribuent à séculariser le christianisme, et, en ce sens, leur action n'est pas perdue, leur influence se fait sentir à la longue. « *Beati mites*... Heureux ceux qui sont doux, parce qu'ils posséderont la terre! » Ce serait trop dire que d'appliquer aujourd'hui cette prophétie qui ferait sourire; mais, à voir néanmoins les difficultés que les guerres générales éprouvent maintenant à éclater, on doit reconnaître que les *doux* ont gagné leur part d'influence dans le gouvernement de la terre.

J'arrive à l'ouvrage le plus sérieux de M. Droz, au plus durable, et à celui qui lui assure un rang définitif parmi les meilleurs esprits. Avant son *Histoire du Règne de Louis XVI,* M. Droz avait composé des ouvrages dignes d'estime; « mais les sujets qu'il avait traités ne lui avaient pas donné l'occasion de nous montrer des études aussi profondes, des vues si élevées, un jugement si ferme, un sens politique si exquis et si juste. » Ce témoignage est d'un homme dont les paroles, considérables de tout temps, ont pris plus d'autorité par sa mort généreuse; c'est ainsi que M. Rossi appréciait l'Histoire de M. Droz. Dès 1811, M. Droz commença de s'appliquer à l'étude du *Règne de Louis XVI,* considéré *pendant les années où l'on pouvait prévenir ou diriger la Révolution française*. Il ne publia les deux premiers volumes de son travail qu'en 1839, et le troisième qu'en 1842. Durant trente ans il médita donc ce sujet historique, le plus fécond en réflexions morales; il lut tout ce qui s'imprimait là-dessus, il interrogea les contemporains les mieux informés; il dut à la confiance qu'inspirait son caractère d'obtenir communication de Mémoires inédits : en un mot, il ne négligea aucune recherche, aucune enquête, pour arriver à la vérité. « Je me suis tenu constamment, dit-il, dans la situation d'esprit où se place un juré pour écouter les dépositions des témoins; et maintenant j'oserais, comme lui, prononcer la formule solennelle dont le verdict est accompagné. »

L'*Introduction* qui résume l'histoire de France depuis Louis XIV et pendant tout le XVIIIe siècle jusqu'au moment où Louis XVI monta sur le trône, offre un beau et grave tableau plein de vérité et de précision. La manière de M. Droz s'accuse plus fermement ici qu'elle n'avait accoutumé de faire jusqu'alors; elle atteint parfois à l'énergie : « On croyait, dit-il de Mme de Pompadour, que cette femme, en perdant ses charmes, perdrait aussi la puissance; mais Mme de Pompadour vieillie était encore nécessaire à Louis XV : *elle le dispensait de régner*. » Le chancelier Maupeou est peint dans un portrait vigoureux et spirituel. Les différentes phases de l'opinion publique sont saisies avec finesse et rendues avec assez de vivacité. Le moraliste se retrouve en plus d'un endroit sans excès d'optimisme; l'économiste vient en aide à l'historien pour l'exposé lucide des questions financières. Chemin faisant, M. Droz a rencontré un homme supérieur et trop oublié qu'il met en lumière : c'est le ministre Machault, dont les plans auraient pu réparer le désordre des finances, et qui fut sacrifié à une intrigue. Nous passons en revue les divers ordres de l'État, les diverses classes de la société, aux approches du règne de Louis XVI. En quoi l'esprit nobiliaire régnant en France était-il différent de l'esprit aristocratique? M. Droz nous le dira d'un mot : « La véritable aristocratie respecte et maintient les lois; la noblesse se regardait comme au-dessus des lois. » L'esprit de la noblesse de robe est finement distingué de celui de la noblesse d'épée et de la noblesse de Cour : « Les magistrats regardaient les militaires comme des machines obéissantes; ils se jugeaient plus indépendants, plus instruits, plus désintéressés que les gens de Cour; et ils avaient en *morgue* ce que ceux-ci avaient en *vanité.* » Toutes les nuances d'inégalité qui composaient l'ancien régime, et qui causaient des froissements si sensibles à l'amour-propre, à mesure que l'ambition s'éveillait dans tous les rangs, sont fidèlement analysées par l'historien; et il n'est pas moins attentif à indiquer les causes de rapprochement entre les classes, les signes précurseurs de l'avénement prochain du tiers-état. En lisant ce sévère tableau du début, on sent d'abord combien l'étude de l'histoire a été profitable au talent de M. Droz. Dans ses autres écrits, et quand il créait en partie ses sujets, il abondait trop dans son propre sens, s'il est permis de le dire; il avait de l'onction, mais l'ironie d'un Socrate ou d'un Franklin, il ne l'avait pas. Il est bon au talent de réagir sur lui-même et de contrarier un peu sa nature pour l'affermir et la fortifier; c'est le genre de service que l'étude de l'histoire rendit à M. Droz. Elle le mit aux prises avec la réalité tout entière; il y garda ses qualités pures, claires, limpides; il y développa l'expression d'une probité plus mâle, et, dans cet ouvrage final et si longtemps médité, il put donner enfin toute sa mesure.

L'idée qui a présidé à son Histoire est celle-ci : il y aurait eu moyen, si un homme éclairé et ferme s'était trouvé investi à temps du pouvoir, de régler la Révolution française, de l'empêcher de dégénérer en violence aveugle et en anarchie, et de la faire arriver au port avant d'avoir traversé et épuisé toutes les tempêtes. Il en est un peu, je le crains, de cet art de diriger les révolutions en en modérant les passions, comme de l'art d'être heureux en réglant ses désirs; cela n'est facile et possible que quand les passions sont déjà amorties. En 89, un enthousiasme, une illusion presque universelle saisit les esprits et les emporta au delà du but : ceux qui résistaient aux réformes y opposaient des colères non moins vives, non moins exagérées que l'étaient les ambitions et les prétentions des autres. Dans ce conflit ardent, il y eut sans doute des moments qui eussent été décisifs si un homme puissant s'était rencontré pour les fixer au passage et les saisir. M. Droz, du rivage élevé où il est assis, et avec la réflexion du sage, se plaît à nous indiquer du doigt quels eussent pu être ces moments fugitifs : mais qu'étaient-ils, sans l'homme capable et supérieur qui, seul, eût pu en tirer parti, leur donner en quelque sorte l'existence historique, et en faire des époques véritables?

Le groupe d'hommes auquel se rattache M. Droz, et qu'il désigne volontiers comme ayant entrevu d'avance le but le plus raisonnable de la Révolution française, est celui de Mounier, Malouet, Lally-Tolendal, Clermont-Tonnerre, le groupe des impartiaux qui voulaient alors deux Chambres et une monarchie constitutionnelle, cette fameuse monarchie tant de fois définie, toujours désirée et insaisissable, qu'on crut posséder un moment sous la Restauration, qu'on se flatta d'avoir retrouvée et reconstruite sous main pendant les dix-huit années de Louis-Philippe, et que des spéculatifs peut-être caressent en idée et rêvent encore. Ce qu'il y a d'un peu idéal et de conjectural dans cette manière d'étudier l'histoire, n'empêche pas M. Droz d'exposer, dans un récit fidèle et lumineux, la marche des événements et d'apprécier exactement les hommes. Il avait d'abord eu le dessein de terminer son travail au moment où le projet de Constitution, présenté par Mounier et ses amis, est rejeté, et où les principaux membres de ce parti abdiquent et se retirent (20 septembre 1789). La raison avec eux est vaincue et le mouvement aveugle commence. Mais bientôt M. Droz a senti qu'en révolution il ne fallait pas abdiquer sitôt, qu'il existait alors un homme de génie, le seul même qu'eût produit le mouvement de 89, Mirabeau, et que tant qu'avait vécu ce puissant mortel, il n'y avait pas eu lieu de désespérer tout à fait d'une direction politique. Dans un troisième volume ajouté aux deux autres, M. Droz a donc conduit l'histoire de la Révolution jusqu'au lendemain de la mort de Mirabeau; cette grande figure domine tout ce troisième volume, le plus remarquable, le plus curieux et le plus neuf par la nature et le cachet des révélations précises. Les excellents Mémoires publiés sur Mirabeau par son fils adoptif, M. Lucas-Montigny, semblaient avoir tout donné; M. Droz, à force de recherches, à force de témoignages de toutes sortes dont il s'est trouvé le confident et le dépositaire, a pu y ajouter encore. Grâce à lui, ce qu'il appelle les *trois phases* de la vie politique de Mirabeau depuis 89 jusqu'à sa mort, les circonstances particulières et les vicissitudes de ses relations avec la Cour, sont aussi éclaircies désormais qu'il est permis de l'espérer (1), et, quelque

(1) Ce point important de l'histoire a depuis reçu le dernier de-

jugement qu'on porte sur le caractère de l'homme, le génie de Mirabeau en ressort plus grand. Il est piquant de voir cet esprit juste, droit et pur de M. Droz plonger le regard au sein de cette nature si mélangée de Mirabeau, et en sortir chaque fois avec une admiration troublée de douleur et de regret. Au reste, Mirabeau lui-même a donné hautement raison à l'excellent historien, lorsque, maudissant cette réputation d'immoralité qui s'attachait à ses pas, qui compromettait et corrompait à leur source ses meilleurs actes, il s'est écrié plus d'une fois, dans le sentiment de sa force : « Je paie bien cher les fautes de ma jeunesse... Pauvre France ! on te les fait payer aussi. »

C'est assez indiquer les mérites du principal ouvrage de M. Droz et de celui de ses titres qui ne périra pas. Les lectures qu'il lui fallut faire pour la connaissance approfondie de ces temps orageux et souillés du XVIIIe siècle, contrastaient souvent avec cette pureté délicate et ces vertus de famille qu'il pratiquait et qu'il goûtait si bien dans le cercle intérieur; il en souffrait ingénument et se replongeait avec d'autant plus d'attrait dans l'air pur de la félicité domestique. Ses dernières années furent consacrées aux plus hautes comme aux plus humbles méditations que puisse se proposer le sage. Sa foi s'était affermie et régularisée sans se rétrécir. Les *Pensées sur le Christianisme* et les *Aveux d'un Philosophe chrétien*, qu'il publia successivement, attestent la hauteur, l'étendue et l'ardeur paisible de sa sérénité suprême, et nous peignent le jour céleste de ses horizons. L'affaiblissement et le ralentissement graduel de la vie n'avaient rien ôté à la vivacité de ses affections et

gré de lumière par la publication des Lettres mêmes et des Notes de Mirabeau adressées à la Cour (1851).

de son âme. Il s'éteignit un jour sans douleur dans les bras des siens, et sembla justifier en tout cette belle pensée de Marc-Aurèle : « Il faut passer cet instant de vie conformément à notre nature, et nous soumettre à notre dissolution avec douceur, comme une olive mûre qui, en tombant, semble bénir la terre qui l'a portée, et rendre grâces au bois qui l'a produite. »

En ces temps de mélange et de turbulence, cette vie et cette nature de M. Droz m'ont paru comme une image qui repose, et qu'il était bon de rappeler. Quand règne et triomphe presque partout la race audacieuse de Japet et de Prométhée, j'ai voulu montrer quelqu'un de la race de Sem.

Lundi 16 décembre 1850

FRÉDÉRIC-LE-GRAND

LITTÉRATEUR.

J'ai essayé précédemment de dégager le Frédéric roi et politique dans sa forme la plus haute et la plus vraie, le Frédéric historique et non anecdotique. C'est ainsi que lui-même il pensait qu'il faut, en définitive, juger les grands hommes, sans s'amuser aux accessoires, et en s'élevant jusqu'au point qui domine en eux les contradictions et les travers. Pourtant la vie intérieure et privée de Frédéric est entièrement connue; toutes les parties de son caractère sont éclairées; on a ses lettres, ses vers, ses pamphlets, boutades et facéties, ses confidences de toutes sortes; il n'a rien fait pour les supprimer, et il est impossible de ne pas reconnaître en lui un autre personnage bien essentiel, et qui est au cœur même de l'homme. On peut dire que, chez Frédéric, si le grand roi était comme doublé d'un philosophe, il était compliqué aussi d'un homme de Lettres.

Le grand cardinal de Richelieu était de même: faire une belle tragédie eût été une chose presque aussi douce à son cœur et lui eût paru une œuvre presque aussi glorieuse que de triompher des Espagnols et de maintenir les alliés de la France en Allemagne : les lauriers du *Cid* l'empêchaient de dormir. Au sortir de la guerre de Sept ans, quand d'Alembert alla visiter Frédéric à

Potsdam et qu'il lui parlait de sa gloire : « Il m'a dit avec la plus grande simplicité, écrit d'Alembert, qu'il y avait furieusement à rabattre de cette gloire; que le hasard y était presque pour tout, et qu'il aimerait bien mieux avoir fait *Athalie* que toute cette guerre. » Il y a certes du philosophe dans cette manière de juger les triomphes militaires; mais il y a aussi de l'homme de Lettres dans cette préférence donnée à *Athalie*. Je ne sais si Frédéric ne se fût pas dédit, au cas qu'un malin Génie l'eût pris au mot et qu'il lui eût fallu opter tout de bon entre la guerre de Sept ans et *Athalie*, ou plutôt je suis bien sûr que le roi, en définitive, l'eût emporté : mais le cœur du poëte aurait saigné au dedans de lui, et il nous suffit, pour le qualifier comme nous faisons, qu'il eût pu hésiter un seul instant.

Lorsqu'on étudie Frédéric dans ses écrits, dans sa Correspondance, principalement dans celle qu'il eut avec Voltaire, on reconnaît, ce me semble, un fait avec évidence : il y avait en lui un homme de Lettres préexistant à tout, même au roi. Ce qu'il était peut-être avant toute chose par nature, et le plus naïvement, si l'on peut dire, et le plus primitivement, c'était encore homme de Lettres, *dilettante*, virtuose, avec le goût vif des arts, avec la passion et le culte surtout de l'esprit. Il n'avait qu'à s'abandonner à lui-même pour se répandre de ce côté. Sa condition de roi, son amour de la noble gloire, et le grand caractère dont il était doué, le dirigèrent à d'autres applications qui avaient pour but l'utilité sociale et la grandeur de sa nation : il estimait « qu'un bon esprit est susceptible de toutes sortes de formes, qu'il apporte des dispositions à tout ce qu'il veut entreprendre. *Il est tel qu'un Protée qui change sans peine de formes, et qui paraît réellement l'objet qu'il représente.* » Ainsi, il parut né pour tout ce qu'il eut à faire comme roi; il fut à la hauteur de sa tâche.

« La force des États, pensait-il, consiste dans les grands hommes que la nature y fait naître à propos. » Il voulut être et il fut un de ces grands hommes; il remplit dignement sa fonction de héros. Cette nation qu'avait ébauchée avant lui le Grand-Électeur, il acheva de la former, de lui donner un corps, de lui imprimer l'unité d'esprit: la Prusse n'exista réellement qu'au sortir de ses mains. Tel est le rôle du grand Frédéric dans l'histoire; mais, au fond, ses goûts secrets ou même très-peu secrets, ses réelles délices étaient de raisonner en toute matière, de suivre ses pensées de philosophe, et aussi de les jeter sur le papier, soit au sérieux, soit en badinant, comme rimeur et comme écrivain.

Il avait été élevé par un Français, homme de mérite, appelé Duhan, qui lui avait inspiré l'amour de notre langue et de notre littérature. Il avait été initié à une sorte de tradition assez directe par les Français réfugiés à Berlin. Ce désir de gloire que nourrissait la jeune âme de Frédéric et qui cherchait encore son objet, lui faisait tourner naturellement ses regards vers la France. Le siècle de Louis XIV, désormais accompli, étendait graduellement son influence sur toute l'Europe. Le Brandebourg retardait sur les autres nations; il n'y avait là rien d'étonnant; mais Frédéric s'en trouvait humilié, et il se disait que c'était à lui d'inaugurer cette nouvelle ère de Renaissance dans le Nord. Tant que vécut son père, ce désir purement littéraire de Frédéric prévalut sur ses autres pensées et l'engagea à des démarches, à des avances où le futur roi s'oubliait un peu. Il était Prince royal et il avait vingt-quatre ans quand il entama la Correspondance avec Voltaire (1736). Voltaire vivait alors à Cirey, auprès de Mme Du Châtelet. Il reçut du jeune Prince de Prusse, non pas une lettre de compliments, mais une véritable déclaration passionnée. On peut sourire aujourd'hui de cette première lettre toute gauche encore et plus qu'à demi tudesque, dans laquelle Frédéric mêle son admiration pour Wolff à celle qu'il a pour Voltaire, et où il parle à celui-ci au nom de la *douceur* et du *support* « *que vous marquez*, lui dit-il, *pour tous ceux qui se vouent aux arts et aux sciences.* » A travers ce singulier style des premières lettres de Frédéric, la plus noble pensée se fait jour. Considérant Voltaire de loin et d'après ses seuls ouvrages, l'embrassant avec cet enthousiasme de la jeunesse qu'il est honorable d'avoir ressenti au moins une fois dans sa vie, Frédéric le proclame l'unique héritier du grand siècle qui vient de finir, « le plus grand homme de la France et un mortel qui fait honneur à la parole. » Il l'admire et le salue, comme Vauvenargues bientôt également le saluera, sans rien entrevoir encore des défauts de l'homme, et d'après les seules beautés de son esprit et les grâces de son langage. Il se déclare en conséquence son disciple, son disciple non-seulement dans ses écrits, mais dans ses actions; car, trompé par la distance et par le nuage doré de la jeunesse, il voit en lui presque un Lycurgue et un Solon, un législateur et un sage. Ne souriez pas trop cependant. Jamais on n'a mieux senti que ce jeune prince ce que les Lettres pourraient être dans leur plus haute inspiration, ce qu'elles ont en elles d'élevé et d'utile, ce que leur gloire a de durable et d'immortel. « Je compte pour un des plus grands bonheurs de ma vie d'être né contemporain d'un homme d'un mérite aussi distingué que le vôtre... » Ce sentiment éclate dans toute cette phase de la Correspondance. Voltaire est charmé, Voltaire est flatteur; il remercie, il loue, il enchante; on ne dirait pas vraiment qu'il se moque tout bas, et sans doute alors il ne se moquait pas trop, en effet, des quelques solécismes et des grosseurs de ton qui accompagnaient souvent ces hommages du Nord. A l'entendre, ce jeune prince fait des vers *comme Catulle du temps de César*; il joue de la flûte comme *Télémaque*; c'est *Auguste-Frédéric-Virgile*. — Assez, lui dit Frédéric, qui reprend ici l'avantage du bon sens et du bon goût au moral : « Je ne suis, je vous assure, ni une espèce ni un candidat de grand homme; je ne suis qu'un simple individu qui n'est connu que d'une petite partie du continent, et dont le nom, selon toutes les apparences, ne servira jamais qu'à décorer quelque arbre de généalogie, pour tomber ensuite dans l'obscurité et dans l'oubli. » Voilà comme il se juge, et il avait raison à cette date; cet homme de vingt-cinq ans sent qu'il n'est rien encore et qu'il n'a pas même commencé : « Quand des personnes d'un certain rang, fait-il remarquer, remplissent la moitié d'une carrière, on leur adjuge le prix que les autres ne reçoivent qu'après l'avoir achevée. » Et il s'indigne de cette différence de mesure, comme si l'on jugeait les princes d'une nature moindre que les autres hommes, et moins capables d'une action entière.

Un jour, Voltaire a le front de lui dire que lui, Frédéric, écrit mieux le français que Louis XIV, que Louis XIV ne savait pas l'orthographe, et autres misères de ce genre; comme si Louis XIV n'avait pas été un des hommes de son royaume qui parlât le mieux, et comme si l'une des plus grandes louanges à donner à l'excellent écrivain Pellisson, ce n'était pas d'avoir été en plus d'un cas le digne secrétaire de Louis XIV. Ici encore Frédéric arrête Voltaire et lui donne une leçon de tact : « Louis XIV, dit-il, était un prince grand par une infinité d'endroits; un solécisme, une faute d'orthographe, ne pouvaient ternir en rien l'éclat de sa réputation, établie par tant d'actions qui l'ont immortalisé. Il lui convenait en tout sens de dire : *Cæsar est supra grammaticam*... Je ne suis grand par rien. Il n'y a que mon application qui pourra peut-être un jour me rendre utile à ma patrie; et c'est là toute la gloire que j'ambitionne. » On aime à rencontrer, au milieu des fadeurs et des exagérations parfois ridicules de ce début de Correspondance, plus d'un de ces endroits où perce déjà le roi futur, l'homme supérieur qui, bien qu'il ait la *fureur* de rimer et de produire ses premiers ouvrages, saura en triompher par une passion plus haute, et qui ne sera jamais un rhéteur sur le trône. En tout, même dans ces jeux de l'esprit, Frédéric finit toujours par donner le dernier mot à l'action, à l'utilité sociale et à celle de la patrie : c'est un génie qui s'amuse en attendant mieux, qui continuera de s'amuser et de s'égayer dans les intervalles des plus rudes travaux, mais qui aspirera en tout temps, à force de fermeté, à se réaliser en grandeur pratique et utile. Il y a temps pour lui de rire, de jouer de la flûte, de faire des vers, et temps de régner. L'homme de Lettres peut balancer quelque temps le roi et s'ébattre au-devant, mais pour lui céder le pas chaque fois qu'il le faut, à l'heure précise. On peut dire de lui que jamais un de ses talents, jamais une de ses passions ni même de ses manies, ne fit invasion dans un de ses devoirs.

Au point de vue du goût, il y aurait bien des choses à remarquer. La nature rude et un peu grossière du Vandale se fait sentir chez Frédéric jusqu'à travers l'homme d'esprit et le *dilettante* avide de s'instruire et de plaire. Ce n'est pas seulement la langue ici et l'expression qui lui fait faute et qui résiste, c'est souvent le tact délicat qui est absent. Toutes les fois qu'il parle à Voltaire de Mme Du Châtelet, il a bien de la peine à ne pas être grossier ou ridicule : « Je respecte trop les liens de l'amitié, lui écrit-il à Cirey, pour vouloir vous arracher *des bras d'Émilie...* » Quand il veut être galant, il l'est avec cette légèreté. Frédéric ne trouve rien de plus gracieux que d'envoyer en présent à Voltaire un buste de Socrate, le sage patient par excellence ; ce qui aurait pu paraître une épigramme, si alors il avait mieux connu son poëte. Mais ce Socrate rappelle à Frédéric Alcibiade, et, de là, plus d'une allusion équivoque et hasardeuse, dans laquelle Voltaire d'ailleurs ne dédaigne pas d'entrer. Tout cela sent le Goth et l'Hérule de grand esprit, mais dont le poli n'est encore qu'à la surface, et dont plus d'un coin même n'est pas poli du tout. Il faut quelque temps à ce diamant brut pour se dégager de sa gangue.

Pourtant Frédéric se forma vite; il se forme à vue d'œil dans cette Correspondance, et il vient un moment où il possède et manie sa prose française de manière à tenir tête vraiment à Voltaire. Quant aux vers, il faut en désespérer avec lui : sur ce point son gosier restera toujours rauque et dur, et il ne se corrigera jamais. Il dira par exemple sans difficulté :

> Les myrtes, les lauriers, soignés dans ces cantons,
> Attendent *que, cueillis* par les mains d'Émilie...

ou bien encore :

> Que vous dirai-je, ô tendre Ovide ?
> Vous *dédiâtes l'Art d'aimer...*

Ce sont là de ses moindres défauts. Sur ce chapitre des vers, finissons-en avec Frédéric. Il savait très-bien que cette manie était chez lui un faible et presque un ridicule, qu'on le louait en face pour l'appeler *Cotin* par derrière. « Cet homme-là, disait un jour Voltaire en montrant un tas de paperasses du roi, voyez-vous? c'est César et l'abbé Cotin. » Un éminent historien anglais, M. Macaulay, renchérissant là-dessus, a appelé Frédéric un composé de *Mithridate* et de *Trissotin*. Frédéric savait ou pressentait tout cela, et il cédait pourtant à son ardeur de rimer. Très-amoureux dans sa première jeunesse d'une jeune fille qui aimait les vers, il avait été piqué de la tarentule, et, très-bien guéri d'un mal (du mal d'aimer les jeunes filles), il ne s'était jamais guéri de l'autre. On ne saurait rien lui opposer ni lui reprocher à cet égard qu'il ne se fût dit cent fois à lui-même : « J'ai le malheur, écrivait-il, d'aimer les vers, et d'en faire souvent de très-mauvais. Ce qui devrait m'en dégoûter et rebuterait toute personne raisonnable, est justement l'aiguillon qui m'anime le plus. Je me dis : Petit malheureux! tu n'as pu réussir jusqu'à présent; courage!... » Il se dira encore : « Quiconque n'est pas poëte à vingt ans ne le deviendra de sa vie... Tout homme qui n'est pas né Français, ou habitué depuis longtemps à Paris, ne saurait posséder la langue au degré de perfection si nécessaire pour faire de bons vers ou de la prose élégante. » Il se comparera aux vignes « qui se ressentent toujours du terroir où elles sont plantées. » Mais enfin cela l'amuse, cela le dissipe et le délasse dans l'entre-deux des grandes affaires, et jusqu'à la fin il rimera. Il composait également de la musique dans le goût italien, des *solos* par centaines, et il jouait, dit-on, de la flûte en perfection ; ce qui n'empêcha pas Diderot de dire : « C'est grand dommage que l'embouchure de cette belle flûte soit gâtée par quelques grains de sable de Brandebourg. »

En Allemagne, où l'on disserte de tout, on a disserté sur les livres et les bibliothèques de Frédéric, sur les auteurs qu'il préférait, et on en a tiré des conséquences sur la nature et la qualité de ses goûts. De ce qu'il appelle dans ses lettres d'Alembert *mon cher Anaxago-*

ras, on est allé jusqu'à supposer, par exemple, qu'il avait une certaine prédilection pour la philosophie d'Anaxagoras. Ce sont là des raffinements et des subtilités de commentateurs. Il suffit, pour être informé des vrais goûts intellectuels de Frédéric, de l'entendre lui-même au naturel dans ses diverses Correspondances. Il ne connaissait l'antiquité que par des traductions, et par les traductions françaises; il ne jugeait donc bien que le gros des choses qui résistent à ce genre de transport d'une langue dans une autre. La beauté poétique des anciens lui échappait entièrement; il ne la soupçonnait même pas. Il jugeait bien des historiens, qui étaient proprement sa matière d'étude et de méditation : pourtant, quand on le voit prodiguer le titre de *Thucydide* à Rollin ou même à Voltaire, on est forcé d'avouer qu'il ne paraît pas se douter de la forme particulière qui constitue l'originalité de ce grand historien. Il devait juger mieux de Polybe, chez qui le fond l'emporte; un critique d'un vrai mérite (M. Egger) me fait remarquer qu'il y a entre Frédéric historien et Polybe des rapports réels et assez frappants. Les réflexions par lesquelles Frédéric termine son récit de la guerre de Sept ans ressemblent très-bien à une page de Polybe : « A deux mille ans de distance, c'est la même façon de juger les vicissitudes humaines, et de les expliquer par des jeux d'habileté mêlés à des jeux de fortune. » Seulement l'historien-roi est, en général, plus sobre de réflexions. Frédéric jugeait bien encore des moralistes et philosophes anciens, ou même des poëtes philosophes en qui la pensée domine, tels que Lucrèce : « Lorsque je suis affligé, disait-il, je lis le troisième livre de Lucrèce, et cela me soulage. » Pourtant, même dans ce qui faisait l'objet de ses lectures familières, il y regardait si peu de près quant à l'érudition, qu'il lui est arrivé de ranger par mégarde Épictète et Marc-Aurèle au nombre des auteurs *latins*. Parmi les modernes, il faisait surtout cas de Locke, de Bayle, de ces philosophes *à hauteur d'appui*, qu'il était tenté de placer un peu trop près ou même au-dessus des grands inventeurs un peu imaginatifs, comme Leibniz ou Descartes, dont les erreurs l'offusquaient. Il raillait volontiers la géométrie transcendante comme inutile, et il se faisait rappeler à l'ordre sur ce point par d'Alembert. Son instruction était le plus volontiers tournée à la morale pratique et à l'application sociale; en cela il se rapprochait de Voltaire, qui était aussi pratique lui-même qu'un écrivain peut l'être, et il aurait pu dire comme lui : « *Je vais au fait,* c'est ma devise. »

De la littérature allemande, il en est à peine question avec Frédéric; il en sent très-bien les défauts, qui étaient encore sans compensation à cette date, la pesanteur, la diffusion, le morcellement des dialectes, et il indique quelques-uns des remèdes. Il présage pourtant à cette littérature nationale de prochains beaux jours, et il les prédit : « *Je vous les annonce, ils vont paraître !* » Il ne semble pas se douter qu'ils ont, en effet, commencé de luire vers la fin de sa vie, et que Goethe déjà est venu. Mais peut-on s'étonner que Frédéric n'ait pas senti *Werther?*

En somme, tout ce qui était pensée mâle et ferme allait droit à son esprit sensé et vigoureux. Pour le reste, on s'aperçoit trop qu'il y est plus ou moins dépaysé; dans tout ce qu'on peut appeler invention ou poésie, il n'avait que de brillantes ébauches, des saillies natives qui se répandaient surtout dans la conversation, mais qui s'amortissaient sous sa plume ou qui tournaient lourdement à l'imitation et presque au pastiche. Dans son admiration pour Voltaire, il y avait une part de vérité et de justice, et il entrait aussi une part d'erreur et d'illusion. Il sentait à ravir *la gaieté de cette imagination brillante.* Il jouissait de ce génie vif, familier, enjoué. « Il n'est pas donné à tout le monde, lui disait-il, *de faire rire l'esprit.* » On ne saurait mieux rendre cette espèce d'attrait, de don lumineux et jaillissant particulier à Voltaire. Vers la fin, et tout en lui souhaitant des sentiments *plus doux,* il le saluait encore « comme le plus bel organe de la raison et de la vérité. » Tout cela est aussi bien senti que justement exprimé. Mais quand Frédéric admirait dans Voltaire le grand poëte par excellence, quand il voyait dans *la Henriade* le *nec plus ultra* des épopées, et qu'il la mettait bien au-dessus des *Iliade* et des *Énéide,* il prouvait seulement son manque d'idéal, et à quel point il avait borné de ce côté ses horizons. Les grands objets de comparaison étaient restés hors de sa portée et de sa vue : il parlait en cette matière tout à fait en homme qui n'avait vu ni conçu à aucun jour la beauté suprême et véritable.

« Quels plaisirs surpassent ceux de l'esprit? » s'écriait Frédéric à vingt-cinq ans, — l'esprit, c'est-à-dire la raison brillante, la raison enjouée et vive. Il pensa toujours de même, et tout le secret de sa passion pour Voltaire est là. Cette passion (c'est bien le mot) fut d'ailleurs réciproque : Voltaire ne peut le dissimuler; lui-même, la grande coquette, il fut pris par Frédéric, et dans le spirituel mais si misérable libelle, et si peu digne de confiance, qu'il écrivit après sa fuite de Berlin pour se venger du roi, il ne peut s'empêcher de dire, en parlant des soupers de Potsdam : « Les soupers étaient très-agréables. Je ne sais si je me trompe, *il me semble qu'il y avait bien de l'esprit;* le roi en avait et en faisait avoir. » Notez bien l'attrait jusque dans la colère. Voilà la séduction irrésistible qu'ils exerçaient l'un sur l'autre, et qui survécut même à l'amitié. Dans la seconde partie de la Correspondance, lorsqu'ils la renouèrent après la brouille, on trouve un tout autre caractère que dans la première moitié. Toute illusion a cessé, et il ne reste plus que ce goût vif de l'esprit qui se manifeste encore. D'ailleurs, le Frédéric primitif et juvénilement enthousiaste a disparu; il a fait place au philosophe, à l'homme supérieur expérimenté qui ne tâtonne plus en rien. Le roi aussi se fait plus souvent sentir. On se dit de part et d'autre des vérités, et (chose rare) on les supporte. Voltaire en dit quelques-unes au roi, et Frédéric les lui rend : « Vous avez eu les plus grands torts envers moi, écrit-il à Voltaire... Je vous ai tout pardonné, et même je veux tout oublier. Mais si vous n'aviez pas eu affaire à un *fou amoureux de votre beau génie*, vous ne vous en seriez pas tiré aussi bien chez tout autre... » Cependant, après ces paroles sévères et trop fermes pour ne pas être justes, après ces paroles de roi, comme le *fou, amoureux* du brillant esprit, se laisse voir encore aisément, quand il ajoute :

« Vous faut-il des douceurs? à la bonne heure : je vous dirai des vérités. J'estime en vous le plus beau génie que les siècles aient porté; j'admire vos vers, j'aime votre prose, *surtout ces petites pièces détachées de vos Mélanges de littérature*. Jamais aucun auteur avant vous n'a eu le tact aussi fin, ni le goût aussi sûr, aussi délicat que vous l'avez. Vous êtes charmant dans la conversation; vous savez instruire et amuser en même temps. Vous êtes la créature la plus séduisante que je connaisse, capable de vous faire aimer de tout le monde quand vous le voulez. *Vous avez tant de grâces dans l'esprit, que vous pouvez offenser et mériter en même temps l'indulgence de ceux qui vous connaissent*. Enfin vous seriez parfait si vous n'étiez pas homme. »

Qu'on dise à présent si celui qui sentait à ce degré Voltaire, et qui trouvait de ces façons françaises pour lui insinuer les douceurs après l'amertume, n'était pas l'homme de son temps qui avait le plus d'esprit à côté et en face de Voltaire !

Quand on a lu certain *Portrait* de Voltaire par Frédéric (1756), *Portrait* tracé de main de maître en toute sûreté de coup d'œil et en toute nudité, on entre mieux encore dans le sens de cette phrase où il vient de dire que ce génie de séduction a de telles grâces, *qu'il ressaisit bientôt ceux-là même qu'il a offensés et qui le connaissent* (1).

Je crois être plutôt resté en deçà du vrai, quand j'ai dit que l'attrait de l'esprit entre ces deux hommes survécut même à l'amitié; car il est évident, à lire de bonne foi toute la suite et la fin de cette Correspondance, que l'amitié elle-même n'est pas morte entre eux, qu'elle a repris avec un reste de charme mêlé de raison, et qu'elle se fonde, non pas seulement sur l'amusement, mais sur les côtés sérieux et élevés de leur nature. En même temps qu'il combat les instincts toujours irascibles et colériques de Voltaire vieilli, Frédéric exalte et favorise tant qu'il peut ses tendances bienfaitrices et humaines. Il se plaît à louer, à encourager en lui le défenseur de l'humanité, de la tolérance, celui qui défriche et repeuple la terre presque déserte de Ferney, comme lui-même il a peuplé les sables du Brandebourg; en un mot, il reconnaît et il embrasse dans le grand poëte pratique son collaborateur en œuvre sociale et en civilisation. Par un reste de culte et, si l'on veut, d'idolâtrie encore touchante, dans toutes les comparaisons qu'il établit entre eux deux, toujours il donne l'avantage à Voltaire, et d'un ton senti dont la sincérité

(1) Il paraît prouvé aujourd'hui que ce remarquable Portrait de Voltaire, trouvé dans les papiers de Frédéric, n'est pas de lui : il se borna, en le copiant de sa main, à en ratifier la justesse.

n'est pas suspecte. Parlant de cet avenir de *raison perfectionnée,* dont il aperçoit à peine l'aurore, et dont, tout sceptique qu'il est, il ne désespère pas tout à fait pour l'avenir de l'humanité : « Tout dépend pour l'homme, dit-il, du temps où il vient au monde. Quoique je sois venu trop tôt, je ne le regrette pas : *j'ai vu Voltaire;* et, si je ne le vois plus, je le lis et il m'écrit. » A de tels accents on devinerait, quand il ne le dirait pas, la passion qui était encore la plus profonde et la plus fondamentale chez Frédéric, celle que Voltaire vivant personnifiait à ses yeux : « Ma dernière passion sera celle des Lettres! » Elle avait été la première aussi.

La relation de Frédéric avec d'Alembert fut d'une tout autre nature que sa liaison avec Voltaire; elle ne fut jamais aussi vive, mais elle eut durée et solidité. Ce n'était pas seulement un goût naturel qui portait Frédéric vers d'Alembert : « Nous autres princes, nous avons tous l'âme intéressée, disait Frédéric, et nous ne faisons jamais de connaissances que nous n'ayons quelques vues particulières, et qui regardent directement notre profit. » Frédéric avait songé de bonne heure à attirer d'Alembert à Berlin pour le faire président de son Académie. Ce projet devint tout à fait sérieux après la mort de Maupertuis, et quand Frédéric fut sorti de la guerre de Sept ans. J'ai sous les yeux le Recueil manuscrit et inédit des Lettres écrites par d'Alembert à Mlle de Lespinasse pendant son séjour auprès du roi de Prusse (1). En juin 1763, d'Alembert alla trouver Frédéric, qui était alors dans ses États de Westphalie; il le joignit à Gueldres, et fit à sa suite le voyage jusqu'à Potsdam. D'Alembert avait déjà vu Frédéric plusieurs

(1) Ce recueil est actuellement aux Manuscrits de la Bibliothèque nationale.

années auparavant; en le revoyant, il est frappé de le retrouver supérieur à sa gloire même. Frédéric avait ce caractère propre aux grands hommes, qu'avec lui la première vue surpassait encore l'attente. Il commence par causer quatre heures de suite avec d'Alembert; il lui parle avec simplicité, avec modestie, de la philosophie, des Lettres, de la paix, de la guerre, de toute chose. A cette date, c'est-à-dire trois mois seulement après la conclusion de la paix, Frédéric avait déjà rebâti 4,500 maisons dans les villages ruinés : deux ans après (*octobre* 1765), il n'en aura pas rebâti moins de 14,500. On remarque tout d'abord avec d'Alembert ce côté organisateur et même pacifique chez le guerrier. Le côté aimable, familier et séduisant de Frédéric est parfaitement indiqué dans ce Récit de notre voyageur : l'hôte prudent et modeste n'a pas eu le temps ou le désir de s'apercevoir des défauts qui altéraient souvent ce fonds de sagesse et d'agrément. Les honneurs d'ailleurs ne tournent point la tête à d'Alembert : il est touché, mais non enivré. Il a dîné, en passant dans les États de Brunswick, à la table de la famille ducale, et on l'a qualifié de *marquis* : il s'est soumis au titre après une légère réclamation. Apparemment, dit-il, c'était l'étiquette. Avec Frédéric il n'y a point d'étiquette, et tout se passe comme avec un particulier, homme de génie. D'Alembert aurait peu à faire pour devenir nécessaire à Frédéric par sa conversation, de même que Frédéric le serait à d'Alembert. Le temps n'était plus des soupers brillants de Potsdam, dont Voltaire avait vu et avait fait les derniers beaux jours : les convives familiers d'alors, les amis de jeunesse du roi étaient morts à cette seconde époque ou avaient vieilli. Le roi n'était pas seulement l'homme le plus aimable de son royaume; si l'on excepte le Milord Maréchal, il était le seul : « Il est presque la seule personne de son royaume, dit d'Alembert, avec qui on puisse converser. du moins de ce genre de conversation qu'on ne connaît guère qu'en France, et qui est devenu nécessaire quand on le connaît une fois. » D'Alembert ne tarit pas sur l'affabilité, la gaieté du roi, les lumières qu'il porte en tout sujet, sa bonne administration, son application au bien des peuples, la *justice* et la *justesse* qui se marquent en tous ses jugements. Sur Jean-Jacques, par exemple : « Le roi parle, ce me semble, très-bien sur les ouvrages de Rousseau; il y trouve de la chaleur et de la force, mais peu de logique et de vérité; il prétend qu'il ne lit que pour s'instruire, et que les ouvrages de Rousseau ne lui apprennent rien ou peu de chose. » Avec d'Alembert, dont il apprécia tout d'abord le caractère estimable, Frédéric se montre purement en philosophe; on le voit tel qu'il aurait aimé à être dans la seconde moitié de sa vie, quand la goutte et l'humeur ne l'aigrissaient pas trop, et s'il avait eu autour de lui quelqu'un de digne avec qui s'entendre : « Sa conversation roule tantôt sur la littérature, tantôt sur la philosophie, assez souvent même sur la guerre et sur la politique, et quelquefois sur le mépris de la vie, de la gloire et des honneurs. » Voilà le cercle des sujets humains qu'il aimait à traiter habituellement, sincèrement, et en moralisant toujours; mais la littérature et la philosophie étaient encore ce dont il aimait à causer pardessus tout pour se détendre, quand il avait fait son métier de roi. Tous les bons côtés de Frédéric sont mis en saillie dans ce Récit, et d'Alembert, circonspect d'ailleurs, n'a garde de voir autre chose durant ces trois mois de séjour. Il sait résister pourtant aux caresses et aux offres délicates du roi. Un jour qu'il se promenait avec lui dans les jardins de Sans-Souci, Frédéric cueille une rose et la lui présente en disant : « Je voudrais bien vous donner mieux. » Ce *mieux*, c'était la Présidence de son Académie : il est singulier de voir ainsi rapprochées une Présidence d'Académie et une rose. D'Alembert reste sage, il reste philosophe et ami jusqu'au bout, et fidèle à Mlle de Lespinasse. Il revient en France reconnaissant, conquis à jamais de cœur à Frédéric, mais non vaincu.

Il faut tout dire : quelques années après, Frédéric communiquait, un soir, de ses vers au professeur Thiébault, bon grammairien et académicien que lui avait procuré d'Alembert, et il se laissa aller par mégarde à montrer une épigramme très-mordante qu'il avait faite contre d'Alembert lui-même : ce roi caustique n'avait pu se refuser au malin plaisir de noter quelque ridicule qu'il avait saisi dans ce caractère honorable. C'était là un défaut capital de Frédéric; il se privait difficilement de dire aux gens des choses désobligeantes ou d'en écrire de piquantes. Dans le cas présent il se repentit vite d'avoir montré son épigramme à Thiébault, et il lui imposa la discrétion; le bon d'Alembert n'en sut jamais rien. Mais, entouré, comme il l'était dans son intérieur, de beaux-esprits courtisans et tous plus ou moins plats, Frédéric était moins scrupuleux à leur égard. Dès qu'il avait découvert leur côté faible, il les piquait sans pitié par ce défaut de la cuirasse; il faisait d'eux ses plastrons, il s'exerçait à mépriser l'humanité en leur personne, et il s'acquit ainsi une réputation de méchant, quand ce n'était au fond qu'un terrible satirique de société. Les plus spirituels de ces plats courtisans et de ces faux amis, tels que l'abbé Bastiani, se vengeaient sous main du roi en le dénigrant auprès des étrangers. M. de Guibert nous a rapporté dans son *Journal de Voyage* une de ces confidences pleines de noirceur et de perfidie, et à laquelle il se montre trop crédule. Le malheur de Frédéric fut de n'être entouré de tout temps, et surtout vers la fin, que de gens de Lettres secondaires, et dont le caractère peu élevé se prêtait trop à ses jeux de prince. Des hommes dignes et ayant le respect d'eux-mêmes, tels que d'Alembert, l'eussent forcé à son tour de les respecter. L'estimable Thiébault, dans sa mesure modeste, sut bien y parvenir.

Revenu en France, d'Alembert continua de correspondre avec Frédéric; et (si l'on oublie l'épigramme qui ne fut jamais connue) cette Correspondance atteste des deux parts bien de la raison, de la philosophie véritable, et même de l'amitié, autant qu'il en pouvait exister alors entre un particulier et un monarque. D'Alembert aussi, ne l'oublions pas, a ses faiblesses; nous savons déjà que les philosophes du XVIIIe siècle n'aimaient guère la liberté de la presse que quand elle était à leur usage : un jour d'Alembert est insulté par je ne sais quel gazetier qui rédigeait le *Courrier du Bas-Rhin* dans les États mêmes de Frédéric; il le dénonce au roi. Ici, c'est Frédéric qui est le vrai philosophe, le vrai citoyen de la société moderne, et qui lui répond :

« Je sais qu'un Français, votre compatriote, barbouille régulièrement par semaine deux feuilles de papier à Clèves; je sais qu'on achète ses feuilles, et qu'un sot trouve toujours un plus sot pour le lire; mais j'ai bien de la peine à me persuader qu'un écrivain de cette trempe puisse porter préjudice à votre réputation. Ah! mon bon d'Alembert, si vous étiez roi d'Angleterre, vous essuieriez bien d'autres brocards, que vos très-fidèles sujets vous fourniraient pour exercer votre patience. Si vous saviez quel nombre d'écrits infâmes vos chers compatriotes ont publiés contre moi pendant la guerre, vous ririez de ce misérable folliculaire. Je n'ai pas daigné lire tous ces ouvrages de la haine et de l'envie de mes ennemis, et je me suis rappelé cette belle Ode d'Horace : *Le Sage demeure inébranlable...* »

Et il continue de lui paraphraser le *Justum et tena-*

cem... On reconnaît dans cette admirable leçon le disciple de Bayle sur le trône. Un autre jour, ce sera le disciple de Lucrèce. D'Alembert est dans la douleur, dans une douleur profonde et bien légitime : il a perdu Mlle de Lespinasse ; il va perdre Mme Geoffrin. Ce cœur de géomètre, si sensible à l'amitié, ne craint pas de s'épancher dans l'âme de Frédéric, d'y verser son affliction et presque ses sanglots, et le roi lui répond en ami et en sage, par deux ou trois lettres de consolation philosophique, qu'il faudrait citer tout entières. Un haut et tendre épicuréisme y respire, celui d'un Lucrèce parlant à son ami :

« Je compatis au malheur qui vous est arrivé de perdre une personne à laquelle vous vous étiez attaché. Les plaies du cœur sont les plus sensibles de toutes, et, malgré les belles maximes des philosophes, il n'y a que le temps qui les guérisse. *L'homme est un animal plus sensible que raisonnable.* Je n'ai que trop, pour mon malheur, expérimenté ce qu'on souffre de telles pertes. Le meilleur remède est de se faire violence, pour se distraire d'une idée douloureuse qui s'enracine trop dans l'esprit. Il faut choisir quelque occupation géométrique qui demande beaucoup d'application, pour écarter autant que l'on peut des idées funestes qui se renouvellent sans cesse, et qu'il faut éloigner le plus possible. Je vous proposerais de meilleurs remèdes si j'en connaissais. Cicéron, pour se consoler de la mort de sa chère Tullie, se jeta dans la composition, et fit plusieurs traités, dont quelques-uns nous sont parvenus. Notre raison est trop faible pour vaincre la douleur d'une blessure mortelle ; il faut donner quelque chose à la nature, et se dire surtout qu'à votre âge comme au mien on doit plutôt se consoler, parce que nous ne tarderons guère de nous rejoindre aux objets de nos regrets. »

Et il l'engage à venir passer quelques mois avec lui dès qu'il le pourra : « Nous philosopherons ensemble sur le néant de la vie, sur la philosophie des hommes, sur la vanité du stoïcisme et de tout notre être. » Et il ajoute avec ce mélange de roi-guerrier et de philosophe, qui semblerait contradictoire s'il n'était ici touchant, « qu'il ressentira autant de joie de le tranquilliser que *s'il avait gagné une bataille.* » De telles lettres rachètent bien quelques brusqueries de ton qu'on trouverait tout à côté et qui rappellent par accès la présence du maître; elles répondent à ceux qui, ne prenant Frédéric que par ses duretés et par ses épigrammes, lui refusent d'avoir ressenti jusqu'à la fin des sentiments d'affection, d'humanité et, j'ose dire, de bonté, de même qu'il avait ressenti de vives et vraies amitiés dans sa jeunesse. Pour moi, de quelque côté que je le prenne, et jusque dans les années où ses défauts se marquèrent le plus, je ne puis que conclure en somme à son avantage, et dire comme Bolingbroke disait de Marlborough: « C'était un si grand homme, que j'ai oublié ses vices. » Dans le cas présent, le grand homme avait, malgré tout, du bon et de l'humain, et un fonds de cœur en lui.

Dans une Édition choisie des Œuvres de Frédéric qui se ferait à l'usage des bons esprits et des gens de goût, pour ne pas tomber dans le fatras dont le voisinage gâte toujours les meilleures choses, je voudrais n'admettre que ses Histoires, deux ou trois de ses Dissertations tout au plus, et ses Correspondances : ce serait déjà bien assez des vers qui se trouvent mêlés à ses Lettres, sans y ajouter les autres. On aurait ainsi en tout une dizaine de volumes d'une lecture forte, saine, agréable et tout à fait instructive. Laissons, au sujet de Frédéric, ces noms tant redits et qui veulent être injurieux ou flatteurs, ces noms trop contestables de l'empereur Julien et de Marc-Aurèle; n'allons pas, d'un autre côté, chercher le nom de Lucien, dont il n'offrirait que des parodies et des travestissements étranges; et, si nous voulons le désigner *classiquement*, définissons-le dans ses meilleures parties un écrivain du plus grand caractère, dont la trempe n'est qu'à lui, mais qui, par l'habitude et le tour de la pensée, tient à la fois de Polybe, de Lucrèce et de Bayle.

Lundi 23 décembre 1850.

LA DUCHESSE DU MAINE.

Après un roi comme Frédéric, il nous faut une femme, il nous faut une fée. La duchesse du Maine en était une, et des plus singulières : elle mérite d'être étudiée, elle et son existence princière, dans sa petite Cour de Sceaux, où elle nous apparaît comme une des productions extrêmes et les plus bizarres du règne de Louis XIV, du régime monarchique poussé à l'excès. Née en 1676, la duchesse du Maine est morte en 1753, il n'y a pas tout à fait cent ans. En ces cent années il s'est fait une assez grande révolution dans l'ordre et le gouvernement de la société, dans l'ensemble des mœurs publiques, pour que l'existence et la vie que menait cette petite reine fantasque nous semble presque comme un Conte des *Mille et une Nuits*, et pour qu'on se dise sérieusement : « *Était-ce donc possible?* » La Bruyère présageait et voyait déjà quelque chose de ce changement profond qui a éclaté depuis, quand il disait : « Pendant que les grands négligent de rien connaître, je ne dis pas seulement aux intérêts des Princes et aux affaires publiques, mais à leurs propres affaires ; qu'ils ignorent l'économie et la science d'un père de famille, et qu'ils se louent eux-mêmes de cette ignorance..., des citoyens s'instruisent du dedans et du dehors d'un royaume, étudient le gouvernement, deviennent fins et politiques, savent le fort et le faible de tout un État, songent à se mieux placer, se placent, s'élèvent, deviennent puissants, soulagent le Prince d'une partie des soins publics. Les Grands qui les dédaignaient, les révèrent, heureux s'ils deviennent leurs gendres. » Cette révolution que La Bruyère faisait ainsi entrevoir sous forme d'un accord à l'amiable et d'une transaction, n'a pas été si paisible, on le sait. La Bruyère, par politesse, disait là des Grands ce qu'il n'eût osé dire des Princes eux-mêmes. Les nouveaux-venus n'ont pas tous été si conciliants que les parvenus du temps de La Bruyère. Tout n'a pas fini par un *mariage*, et, depuis 89 jusqu'en 1850, l'équilibre, entre ce qui reste du principe de l'ancienne société et les prétentions croissantes de la société nouvelle, se cherche encore.

La duchesse du Maine, avec tout son esprit, ne soupçonnait pas un mot de ces choses, et ne se posait pas une de ces questions; elle croyait à ses droits de naissance, à ses prérogatives de *demi-dieu*, aussi fermement qu'elle croyait au système de Descartes et à son Catéchisme. Louise-Bénédicte de Bourbon était la petite-fille du grand Condé. Son frère, M. le Duc, avait eu pour précepteur La Bruyère, et elle put, à quelques égards, en profiter. Pour l'excellence du langage, pour l'esprit, pour l'avidité de savoir, elle s'annonça de bonne heure; elle avait, comme son frère, des étincelles de l'esprit du grand aïeul. Mais il est à remarquer que l'âme d'un héros, quand elle se partage et se brise en quelque sorte entre ses descendants, produit quelquefois de singulières formes, ou même des monstres étranges. Tout est considérable dans ces grandes âmes, les vices comme les vertus. Tel défaut qui, dans le chef, était balancé et tenu en échec par une haute qualité, se démasque tout à coup chez les descendants, et apparaît hors de mesure. Le grand Condé n'avait au fond de l'âme rien moins que cette *bonté* naturelle dont l'a loué Bossuet; mais son grand esprit et son vaillant cœur couvraient bien des choses. Pourtant il ne fallait pas le contrarier à certains moments; caractère violent et despotique, il s'irritait aisément de la contradiction, même quand il ne s'agissait que des ouvrages de l'esprit. Boileau s'en aperçut un jour qu'il différait de sentiment avec lui : « Dorénavant, disait-il, je serai toujours de l'avis de M. le Prince, surtout quand il aura tort. » En général, les descendants du grand Condé (l'histoire aujourd'hui peut le dire, puisque la race est éteinte) ne furent pas bons. La brutalité, poussée jusqu'à la férocité, perçait déjà dans celui qu'on appelait M. le Duc (le petit-fils), et dans cet autre M. le Duc, qui fut premier ministre après le Régent; elle éclata à nu dans le comte de Charolais. La violence, l'impossibilité de supporter aucune contradiction, se marquaient chez eux en traits énergiques et frénétiques. L'esprit du grand aïeul se soutint cependant avec distinction encore, et se distribua comme en brillantes parcelles, dans la personne de plus d'un rejeton. La duchesse du Maine fut à cet égard des mieux partagés. Il est à remarquer qu'à ce degré si prochain la race déjà s'appauvrissait au physique et que la taille s'en ressentait. La duchesse du Maine, aussi bien que ses sœurs, était presque naine; elle qui était une des plus grandes de la famille, elle ne paraissait pas plus qu'un enfant de dix ans. Quand le duc du Maine l'épousa, et qu'il eut à choisir entre les filles non encore mariées de M. le Prince, il se décida pour celle-ci, sur ce qu'elle avait peut-être quelques lignes de plus que son aînée. On ne les appelait pas les princesses du sang, mais les *poupées du sang*.

Le duc du Maine qui en 1692, à l'âge de vingt-deux ans, épousait ainsi la petite-fille du grand Condé, âgée de seize, était l'aîné des bâtards que Louis XIV avait eus de Mme de Montespan. Ce petit prince, élevé tendrement par Mme de Maintenon, qui était comme sa vraie mère, avait été formé sur l'idéal de la fondatrice de Saint-Cyr. Il avait de l'esprit, un langage excellent, de la douceur et de l'agrément dans l'intimité, l'habitude de la sagesse et de la soumission; en un mot, c'était un de ces sujets parfaits de bonne heure, qui ne s'émancipent jamais et ne deviennent pas tout à fait des hommes. Il était pied-bot par vice d'humeur, ce qui augmentait sa timidité naturelle dans le monde. Instruit, mais sans vraies lumières, il ne devait jamais dépasser, en fait d'idées, l'horizon exact où on l'avait encadré dès sa naissance. La duchesse, curieuse, hardie, impérieuse et fantasque, ne devait pas dépasser davantage cet horizon, et toutes ses hardiesses, tous ses essors de fantaisie se continrent toujours au sein de la sphère artificielle et magique où elle s'exaltait sans en sortir.

Le jour où Louis XIV, cédant au désir de son fils, lui avait permis de se marier, il n'avait pu s'empêcher de dire, dans le bon sens de son préjugé royal: « Ces *gens-là* ne devraient jamais se marier. » Il prévoyait la confusion et les conflits que cette race équivoque de *bâtards légitimés* pouvait apporter dans l'ordre monarchique, qui était alors la constitution même de l'État. Il céda pourtant, et vers la fin il fit tout pour accroître cette confusion par les faveurs et les prérogatives dont il ne cessa de combler ces branches parasites et adultères.

A peine mariée, la petite duchesse mit la main sur son timide époux, et l'assujettit en tout à sa volonté. Elle rêvait dans l'avenir gloire, grandeur politique, puissance, et, en attendant, elle voulut vivre le plus à son gré et le plus en souveraine qu'elle pût, rendre le moins possible aux autres et se passer tous ses caprices, avoir sa Cour à elle, où ne brillât nul astre rival du sien. Ce rêve de son imagination, elle ne le réalisa au complet que lorsque M. du Maine eut acheté Sceaux des héritiers de M. de Seignelay, au prix de 900,000 livres, et qu'elle en eut fait son Chantilly, son Marly et son Versailles en miniature (1700).

Parmi les précepteurs qu'avait eus le duc du Maine, il y avait un M. de Malezieu, homme instruit, sachant des mathématiques, de la littérature, du grec, du latin, improvisant des vers, imaginant des spectacles, entendant même les affaires, et « rassemblant dans son état servile, a dit Lemontey, les avantages d'une médiocrité universelle. » Ce M. de Malezieu, qui devint le personnage essentiel de la Cour de la duchesse, son oracle en tout genre, et de qui on parlait à Sceaux comme de Pythagore : « *Le Maître l'a dit,* » devait certes avoir plus d'une qualité; mais il est difficile aujourd'hui de se faire une juste idée de son mérite. Membre de deux Académies, de celle des Sciences comme il le fut aussi de l'Académie française, il a été célébré par Fontenelle qui ne le surfait pas trop, et qui nous le montre, avec son *tempérament robuste et de feu*, suffisant à tous les menus emplois. Voltaire, plus vif, a parlé de lui comme d'un homme dans qui l'érudition la plus profonde n'avait point éteint le génie : « Il prenait quelquefois devant Votre Altesse Sérénissime (*Mme Du Maine*) un Sophocle, un Euripide; il traduisait sur-le-champ en français une de leurs tragédies. L'admiration, l'enthousiasme dont il était saisi, lui inspirait des expressions qui répondaient à la mâle et harmonieuse énergie des vers grecs, autant qu'il est possible d'en approcher dans la prose d'une langue à peine tirée de la barbarie... Cependant M. de Malezieu, par des efforts que produisait un enthousiasme subit, et par un récit véhément, semblait suppléer à la pauvreté de la langue, et mettre dans sa déclamation toute l'âme des grands hommes d'Athènes. » Voilà des éloges qui donneraient une haute idée du personnage; mais n'oublions pas que c'est dans une Épître dédicatoire que Voltaire s'exprime de la sorte. Les *Mémoires* de Mme de Staal (de Launay) nous font voir M. de Malezieu sous un jour moins favorable : cérémonieux, démonstratif et plat, sans beaucoup de discernement au fond, quand ce discernement lui était inutile, et que l'esprit avait besoin de s'y aider d'un peu de cœur. M. de Malezieu était, selon toute apparence, un de ces hommes qui puisent l'activité dans un tempérament robuste, et y combinent la finesse; qui, avec un premier fonds étendu et solide d'études qu'ils n'accroissent pas, se tournent ensuite uniquement à le mettre en usage dans le monde, à en tirer parti et profit auprès des grands. C'était un homme instruit et d'esprit, qui ne pouvait paraître un génie que dans une coterie. Il trouva cette coterie à Sceaux, et, à force de mouvement et d'invention, il sut la remplir, durant plus de vingt-cinq ans, de l'idée de son mérite et de sa sublimité. A trois lieues de Paris, on disait sans rire : *le grand Malezieu!*

M. de Malezieu avait même été une des causes de l'acquisition de Sceaux. Déjà riche des libéralités de la Cour, il avait une jolie maison de campagne à Châtenay, et il y reçut la duchesse du Maine, qui l'honora de sa visite dans l'été de 1699, et à qui il donna une galante hospitalité; elle y demeura étant enceinte, pendant le séjour de la Cour à Fontainebleau. Ce furent des jeux, des fêtes, des feux d'artifice continuels en son honneur, le tout ménagé avec un certain air d'innocence et d'âge d'or. Les populations d'alentour prenaient part à ces joies par des chants et par des danses; on était alors dans les premières douceurs de la paix de Ryswick. La duchesse y fit ses débuts dans cette vie de féerie et de mythologie à laquelle elle prit tant de goût, qu'elle n'en voulut bientôt plus d'autre, et que l'idée lui vint de se mettre en possession de tout le vallon. La description qu'a faite de ce premier séjour l'un des collègues de Malezieu, l'abbé Genest, et qu'il a adressée à Mlle de Scudery, est assez piquante et nous montre l'origine de ce long jeu de bergerie qui va devenir l'existence même de la duchesse. C'étaient des surprises galantes à chaque pas, des jeux innocents à chaque heure : on joue à la nymphe, à la bergère; on prélude aux futures prodigalités en jouant même à l'économie : «M. le duc du Maine se plaignit en sortant du jeu, nous dit la Relation, qu'il avait perdu *deux écus;* les princesses louèrent leur fortune d'en avoir gagné environ autant. » Dans ces fêtes et dans celles qui se renouvelèrent au même lieu les années suivantes, on voit M. de Malezieu faire à ravir les honneurs de chez lui, remplir et animer en homme universel toute cette petite sphère. On conçoit qu'il était digne d'être à la fois le Molière, le Descartes et le Pythagore du royaume de Lilliput.

Mme la duchesse du Maine, a dit Fontenelle, voulait que, même dans les plaisirs, il entrât de l'idée, de l'invention, et *que la joie eût de l'esprit.* Quand on lit aujourd'hui le récit de ces fêtes dans le Recueil intitulé *les Divertissements de Sceaux,* on reconnaît, au milieu des fadeurs, que M. de Malezieu y mettait cet *esprit* que voulait la fée.

Bientôt tout ce joli vallon de Sceaux fut comme le parc de la duchesse, son royaume pastoral et sa *Tempé.* Elle n'y pouvait paraître sans que le *Sylvain de Châtenay,* la *Nymphe d'Aulnay,* lui vinssent rendre hommage en personne; et il n'était pas jusqu'au Plessis-Piquet qui n'eût sa manière de divinité champêtre. L'abbé Genest y avait choisi son ermitage, d'où il venait faire ses dévotions à la *Dame de Sceaux*.

Mais qu'était-ce que l'abbé Genest? Oh! quelque chose de très-singulier et de très-amusant, je vous assure, le moins solennel des Académiciens français (car il était l'un des Quarante), le plus difficile à célébrer en séance publique. D'Olivet a suppléé à l'Éloge officiel par une lettre familière. L'abbé Genest était, comme Socrate, le fils d'une sage-femme ; il avait commencé par être dans le commerce, faisant la pacotille, puis prisonnier à Londres, puis copiste, précepteur, maquignon, secrétaire du duc de Nevers, bel-esprit à travers tout cela, et tournant des vers avec une facilité et une gaieté naturelle. Il avait eu un accessit et un prix de vers à l'Académie française en 1671 et en 1673; cela le fit connaître. Il se faufila auprès de Pellisson, et, par lui, auprès des précepteurs du Dauphin, de Bossuet et des autres. Il assista aux Conférences de physique du fameux Rohault, et, par une idée assez bizarre, il s'appliqua à mettre la philosophie de Descartes en vers. Bref, il connut M. de Malezieu, qui le goûta, l'*utilisa,* et en fit son compère dans ses jeux et ses divertissements poétiques de société. L'abbé Genest était auprès des Princes ce qu'ils ont aimé de tout temps (même du nôtre), un mélange du poëte et du bouffon. On riait de lui et il s'y prêtait; il avait une singularité des plus remarquables, et qui ne nuisit pas à sa fortune : c'était un nez immense, mais un nez dont il paraît qu'on ne se peut faire aucune idée. Combien de fois le duc de Bourgogne et le duc du Maine n'avaient-ils pas plaisanté comme des écoliers sur ce nez de leur précepteur! Louis XIV lui-même s'était déridé une fois, et il avait ri d'un rire naturel à l'une des espiègleries dont cet abbé au nez royal était le sujet. On était allé jusqu'à trouver par anagramme dans le nom de

Charles Genest, et avec un peu de complaisance : *Eh! c'est large nez*. Je saute par bienséance bien des plaisanteries qui avaient trait à un tout autre objet, — comment dirai-je? — qui se rapportaient à la manière trop habituelle et très-incomplète dont l'abbé Genest, en ses jours de distraction, attachait *le vêtement que les Anglais n'osent nommer*; ce sont des plaisanteries de nature à n'avoir place que dans *le Lutrin vivant*. Grâce à des mérites si réels et si divers, à Châtenay, à Sceaux, à Saint-Maur, on requérait que le facétieux abbé fût de toutes les fêtes champêtres et bucoliques :

Parmi les dieux des bois, surtout n'oubliez pas
Celui vêtu de noir qui porte des rabats.
. . . .
Avec cet habit et ce nez,
Ce nez long de plus de deux aunes,
Il faut donc que ce soit le *magister* des Faunes.

Voilà des folies. — Pour nous résumer sans trop de frivolité, la duchesse du Maine étudiait le Cartésianisme avec M. de Malezieu; elle lisait avec lui et par lui Virgile, Térence, Sophocle, Euripide, et bientôt elle put lire une partie de ces auteurs, les latins au moins, dans l'original. Elle étudiait de plus l'astronomie, toujours avec cet universel M. de Malezieu, qui en savait plus qu'il ne fallait pour expliquer *la Pluralité des Mondes* de Fontenelle; elle mettait l'œil au télescope, et aussi au microscope, s'instruisait enfin de toutes choses par passion, par boutade et caprice, mais sans en devenir plus éclairée en général. Elle jouait à travers cela la comédie et la bergerie à chaque heure du jour et de la nuit, donnait des idées à tourner en madrigaux à ses deux faiseurs, l'éternel Malezieu et l'abbé Genest, invitait, conviait une foule d'élus autour d'elle, occupait chacun, mettait chacun sur les dents, ne souffrait nul retard au moindre de ses désirs, et s'agitait avec une *démonerie* infatigable, de peur d'avoir à réfléchir et à s'ennuyer un seul instant. Du sommeil, au milieu de ces veillées et de ces nuits blanches de la duchesse, il n'en était pas question ; on lui avait persuadé qu'il n'était fait que pour les simples mortelles.

Au point de vue littéraire qui, de près ou de loin, est toujours le nôtre, l'inconvénient de ce train de vie tumultueux était au fond d'être incompatible avec le vrai goût. Le vrai goût discerne, examine ; il a ses temps de repos, et il choisit. Ici l'esprit naturel faisait tout, mais on ne discernait pas, on ne choisissait pas : la duchesse jouait indifféremment *Athalie, Iphigénie en Tauride* (traduite fidèlement d'Euripide), ou *Azaneth,* femme de Joseph, dans la tragédie de *Joseph* faite par l'abbé Genest.

Que lui importait, pourvu qu'elle se fît du bruit à elle-même, qu'elle se donnât toute son émotion, et qu'elle régnât ? On la comparait aux plus grandes reines qui avaient aimé les sciences, à la reine Christine, à la Princesse Palatine Élisabeth, l'amie de Descartes, et on lui décernait la primauté. Le président de Mesmes (qui fut Premier Président du Parlement) lui adressait, avec des étrennes, des vers qu'il avait fait faire en style de chevalerie, en style marotique, selon la mode du moment, et où il se qualifiait *le très-puissant Emperier de l'Indoustan* écrivant *à la plus que parfaite Princesse Ludovise, Emperière de Sceaux.* Des deux parts la mascarade était complète. Même en regardant son miroir, la duchesse se croyait belle, mais elle ne pouvait se dissimuler qu'elle était petite. A l'époque de son mariage, on avait fait pour elle un emblème et une devise : une *mouche à miel,* avec ces mots tirés de l'*Aminte* du Tasse : « *Piccola si, ma fa pur gravi le ferite*... Elle est petite, mais elle fait de cruelles blessures (1). » On en prit occasion plus tard, dans les premiers temps de Sceaux, de former une société des personnes qui avaient le plus souvent l'honneur d'y venir, sous le titre de l'*Ordre de la Mouche-à-miel*. Il y eut des règlements dressés, des statuts; une médaille fut frappée à cette occasion : tous ceux de l'Ordre devaient la porter avec un *ruban citron*, quand ils seraient à Sceaux. On brigua fort cette marque de distinction. Trente-neuf personnes furent nommées et firent le serment voulu : on jurait par le *mont Hymette*. Ce jour-là on jouait à la Grèce.

Cependant, la dernière guerre de Louis XIV, la guerre de la Succession d'Espagne, s'était allumée et embrasait l'Europe; la fortune commençait à devenir contraire; les peuples s'épuisaient d'impôts et de sang; le duc du Maine ne s'illustrait point à l'armée par sa valeur; mais, à Sceaux, la duchesse, radieuse d'espérance et d'orgueil, s'amusait et jouait toujours. Elle nageait, dit Saint-Simon, dans la joie de sa future grandeur. Le plein éclat, la splendeur de ce qu'on nommait les *grandes Nuits* de Sceaux, se rapporte à ces années mêmes de désastres. Le scandale de ces fêtes et de ces divertissements ruineux devenait d'autant plus grand, ou du moins plus criant, que les malheurs de la famille royale étaient venus s'ajouter à ceux de la France; mais la mort des principaux héritiers directs rapprochait le duc du Maine du pouvoir, ou même du trône; chaque échelon de moins dans l'ordre de succession légitime était un degré de plus dans l'échafaudage de sa fortune. On sait que la faiblesse de Louis XIV, obsédée par celle de Mme de Maintenon, cette nourrice plus que mère du duc du

(1) Voici le passage même de l'*Aminte* (acte II, scène première):

Picciola è l'ape, e fa col picciol morso
Pur gravi e pur moleste le ferite.

Maine, alla vers la fin jusqu'à égaler en tout les bâtards aux princes du sang légitimes, à les déclarer en définitive habiles à succéder au trône; et sa dernière volonté, si elle avait été suivie, ménageait au duc du Maine le rôle le plus influent dans la future Régence.

Les curieux peuvent chercher dans le Recueil dit *de Maurepas* (Bibliothèque nationale) les couplets et noëls sanglants dont le duc et la duchesse du Maine furent l'objet à l'occasion de ces faveurs odieuses; ces couplets ne sont pas assez spirituels et sont, en général, trop scabreux pour être cités ici. On y voit bien des méchants propos sur cette duchesse, dont ses poëtes officiels ne parlaient que comme de *la moderne Pénélope*. Je ne toucherai que deux mots sur ce sujet délicat. M. le Duc (de Bourbon), propre frère de la duchesse du Maine, prit dans un temps un très-grand goût pour elle; ces sortes de goûts n'étaient pas rares dans la famille des Condé. Le frère et la sœur échangeaient de Saint-Maur à Sceaux des pièces de vers galantes que Mme du Maine faisait rimer à Malezieu et à Genest, et que Chaulieu et La Fare faisaient d'autre part pour M. le Duc. Enfin, la brouille arriva, mais on avait déjà fortement jasé et chansonné. Peut-être était-ce à tort, car on lit dans une de ces lettres en vers de Mme du Maine :

Ce qui chez les mortels est une effronterie,
Entre nous autres Demi-Dieux
N'est qu'honnête galanterie.

Après ces premiers propos sur M. le Duc, on parla encore, mais un peu en sous-ordre, du Président de Mesmes, que la duchesse voulait s'attacher pour gouverner par lui le Parlement. Mais le cardinal de Polignac paraît avoir été celui des favoris le plus en vue, et l'on va même jusqu'à citer des fragments de lettres qui seraient décisifs. Ce cardinal, si agréable de sa personne et si bel-esprit, semblait fait exprès pour cette Cour à la Rambouillet. Il s'occupait toujours de son grand poëme de l'*Anti-Lucrèce,* où il soutenait en vers latins les bons principes de la théologie et de la morale : il le lisait, l'expliquait à la duchesse, et M. du Maine se plaisait à en traduire des chants. Un jour que ce prince montrait un chant traduit à la duchesse, elle s'impatienta pourtant et lui dit : « Vous verrez qu'un beau matin, en vous éveillant, vous serez de l'Académie française, et que M. d'Orléans sera Régent du royaume. »

L'ambition couvait, en effet, sous cette vie de jeux et de comédies; il y avait dans ce corps de myrmidon, dans cet extrait du grand Condé, des étincelles de cette même fureur civile. De sentiment humain ou de patriotisme, avec ces êtres à part qui se croient de la lignée de Jupiter, il n'en faut jamais parler : la nation et le monde étaient faits pour eux; ils le croyaient sincèrement, et ils agissaient hautement en conséquence. Mme du Maine l'avait déclaré, à la veille de la Régence (1714), à deux ducs et pairs qu'elle avait appelés à Sceaux pour causer des *éventualités*, comme nous dirions, et comme elle ne disait pas; car si elle pensait mal, elle parlait bien mieux que nous. Elle voulait s'assurer d'un parti dans le Parlement, et s'y ménager des appuis en cas de chicanes élevées contre le droit qu'elle se croyait acquis. Voyant ceux à qui elle s'adressait réservés et sur leurs gardes, elle se mit en colère, ce qu'elle faisait toutes les fois qu'elle rencontrait la moindre résistance, et elle leur dit « que, quand on avait une fois acquis l'habileté de succéder à la couronne, il fallait, plutôt que de se la laisser arracher, *mettre le feu au milieu et aux quatre coins du royaume.* » Voilà du grand Condé tout pur. Louis XIV une fois mort et le testament cassé, outrée de colère, elle n'eut de cesse qu'elle n'eût mis cette mauvaise parole à exécution.

Ceci interrompit un peu les fêtes de Sceaux, et il y a deux temps, deux époques distinctes dans cette longue vie mythologique de plaisirs, dans ce que j'appelle cette vie *entre deux charmilles* : la première époque, celle des espérances, de l'ivresse orgueilleuse, et de l'ambition cachée sous les fleurs; puis la seconde époque, après le but manqué, après le désappointement et le mécompte, si l'on peut employer ces mots; car, même après une telle chute, après la dégradation du rang et l'outrage, après la conspiration avortée et la prison, cette incorrigible nature, revenue aux lieux accoutumés, retrouva sans trop d'effort le même orgueil, le même enivrement, le même entêtement de soi, la même faculté d'illusion active et bruyante, de même qu'à soixante-dix ans elle se voyait encore jeune et toujours bergère. Jamais, avec autant d'esprit, on n'a été plus naïvement déesse et bergère que la duchesse du Maine. Elle joua la comédie jusqu'à extinction, et sans se douter que c'était une comédie.

« Mettez-moi toujours aux pieds de Mme la duchesse du Maine, écrivait de Berlin Voltaire en 1752 (elle avait alors soixante-seize ans). C'est une âme prédestinée; elle aimera la comédie jusqu'au dernier moment, et quand elle sera malade, je vous conseille de lui administrer quelque belle pièce au lieu de l'Extrême-onction. On meurt comme on a vécu... » — Ajoutez, pour achever de la peindre, qu'aimant à ce point la comédie et la jouant sans cesse, elle la jouait mal, et qu'elle n'en était que plus applaudie.

Un enseignement sérieux ne pourrait-il pas se tirer déjà à la vue d'une telle existence et d'une telle nature, qui nous semblent aujourd'hui fabuleuses? On a dit de

Mme du Maine « que, dans toute sa vie, elle n'était point sortie de chez elle, et qu'*elle n'avait pas même mis la tête à la fenêtre.* » Les philosophes, quelques philosophes du moins, ont imaginé que si l'homme, après sa naissance et dans ses premiers mouvements, n'éprouvait pas de résistance dans le contact des choses d'alentour, il arriverait à ne pas se distinguer d'avec le monde extérieur, à croire que ce monde fait partie de lui-même et de son corps, à mesure qu'il s'y étendrait de son geste ou de ses pas. Il arriverait à se persuader que le tout n'est qu'une dépendance et une extension de son être personnel; il dirait en toute confiance : *L'Univers, c'est moi!* Mme du Maine fut ainsi; elle réalisa longtemps le rêve des philosophes. Elle n'éprouva jamais une résistance à ses désirs jusqu'à l'époque de la Régence. Elle se mit de bonne heure dans la condition de n'en pas éprouver, en s'enfermant dans cette petite Cour de Sceaux, où tout était à elle et n'était qu'elle. Toute volonté autre que la sienne lui eût semblé une impertinence et une révolte. Lorsqu'elle en sortit pourtant et qu'elle eut affaire aux difficultés réelles, elle s'y heurta, elle s'y brisa. Dans cette folle conspiration, qu'elle entreprit de dépit contre le Régent (1718), et où elle poussa son timide mari, elle put voir que le monde était plus gros, plus rebelle, plus difficile à remuer qu'elle ne croyait. Tout autre en eût tiré quelque leçon, ou du moins quelque dégoût et quelque tristesse; mais la force du naturel et des premières impressions l'emporta. Rentrée à Sceaux après une rude épreuve d'humiliation et de disgrâce (1720), elle se remit peu à peu dans les conditions où elle avait d'abord vécu; elle ne trouva plus de résistance et oublia qu'il y en avait pour elle à deux pas hors de son vallon. Elle resta persuadée comme auparavant que l'ordre du monde, quand il allait bien, était que tout fût pour elle et uniquement pour elle. En un mot, pour reprendre une comparaison précédente, elle ressembla à une personne qui est tombée un jour par mégarde du premier étage sans trop se faire mal, mais qui pour cela n'a pas mis et ne mettra jamais la tête à la fenêtre.

Nous pouvons parler de Mme du Maine à fond et comme si nous l'avions connue, car nous avons sur son compte le témoignage le plus direct, le plus intime et le plus sûr. Elle avait pris à son service, dans l'automne de 1711, à titre de femme de chambre, une personne de mérite qui n'eût été au-dessous d'aucun rang, faite pour être l'égale et la rivale des plus distinguées d'alors par l'esprit, unissant le sérieux à l'enjouement, et d'un cœur qui garda encore de son prix, même lorsqu'il se fut desséché. Mlle de Launay, durant plus de quarante ans, demeura auprès de sa maîtresse, et elle a laissé des *Mémoires* piquants, qui sont depuis longtemps admirés pour la qualité du langage et l'agrément du récit. En lisant Mlle de Launay et en la suivant dans les diverses vicissitudes de sa condition servile, on se prend à répéter avec La Bruyère : « L'avantage des Grands sur les autres hommes est immense par un endroit. Je leur cède leur bonne chère, leurs riches ameublements, leurs chiens, leurs chevaux, leurs singes, leurs nains, leurs fous, et leurs flatteurs : mais je leur envie le bonheur d'avoir à leur service des gens qui les égalent par le cœur et par l'esprit, et qui les passent quelquefois. » Mlle de Launay elle-même, qui n'est peut-être pas mise encore à son rang comme moraliste, me représente un La Bruyère femme, placé dans l'alcôve de sa princesse; elle ne dit pas tout, mais elle voit tout, et, en mesurant ses paroles, elle ne fait que graver ses observations dans un tour plus concis et ineffaçable.

Elle nous a rendu à merveille le talent de bien dire, qui était particulier à la duchesse du Maine, et qui tout d'abord attira son attention : « Je la lui donnais tout entière et sans effort, a dit Mlle de Launay ; car personne n'a jamais parlé avec plus de justesse, de netteté et de rapidité, ni d'une manière plus noble et plus naturelle. Son esprit n'emploie ni tour ni figure, ni rien de tout ce qui s'appelle invention. *Frappé vivement des objets, il les rend comme la glace d'un miroir les réfléchit, sans ajouter, sans omettre, sans rien changer.* » On ne peut mieux faire saillir ce qu'avaient de naturel, de parfait, et même de juste dans un certain sens, cet esprit et cette parole prompte, qui était tellement chez soi au sein d'un monde artificiel. L'expression, chez la duchesse du Maine, était égale ni plus ni moins à l'impression; et l'une et l'autre étaient toujours nettes et vives. « La langue ne se perfectionne que quand vous la parlez ou quand on parle de vous, » lui écrivait Mme de Lambert. Otez le compliment, la louange reste la même que celle qu'on vient de lire.

Tous ceux qui ont parlé d'elle ont noté ce *tour précis* de son esprit et cette *justesse* dans le brillant : elle était de cette école de la fin du XVIIe siècle, à qui Mme de Maintenon avait appris que les longues phrases sont un défaut.

Mlle de Launay nous initie, d'ailleurs, à la suite des caprices, des ambitions et des jeux de cette enfant gâtée, spirituelle et absolue. Elle nous la montre et se montre à côté d'elle, conspirant toute la nuit avec la plume, et essayant, à force de mémoires et d'écritures, de susciter contre le Régent une Fronde qui portait encore le cachet du bel-esprit. Après la double prison qu'eurent à subir la princesse et la femme de chambre, prison qui ne tourna pas à l'honneur de l'une et qui fut la gloire de l'autre,

Mlle de Launay, ennoblie aux yeux du monde par sa fermeté, revient à Sceaux auprès de sa maîtresse, qui la récompense en la mettant (à quelques nuances près toutefois) sur le pied de ses dames. La petite Cour peu à peu se repeuple et se ranime; le tourbillon recommence. On est rentré en plein dans le songe et dans le délire. Mais un épisode assez piquant trouverait ici sa place, si l'on écrivait une histoire de la Reine de Sceaux.

Mlle de Launay, pendant les séjours qu'elle faisait à Paris, voyait Mme de Lambert et allait à ses *mardis;* c'était le jour où se réunissaient, chez Mme de Lambert, Fontenelle, La Motte, Mairan, l'abbé Mongault, et quelques autres académiciens et beaux-esprits. Or, il arriva que Mlle de Launay et Mme de Lambert lurent à ce mardi des lettres qu'elles avaient reçues de la duchesse du Maine, laquelle, informée de cet honneur qu'on avait fait à ses lettres, eut l'air de s'effrayer qu'on les eût produites en si docte et si redoutable compagnie. De là une Correspondance s'engagea entre elle et La Motte (1726). Ce dernier avait cinquante-quatre ans alors et était aveugle; la duchesse avait la cinquantaine. Le bel-esprit aveugle se mit à jouer l'amoureux, et Mme du Maine la bergère et l'ingénue. Il s'agissait de faire entendre à une *Altesse Sérénissime* qu'on était amoureux d'elle sans prononcer le mot d'amour, de retourner cette idée galante en tous sens, de simuler une ardeur contenue encore dans les termes du respect, d'obtenir d'elle des faveurs enfin. La première de ces faveurs fut qu'elle signerait son nom en toutes lettres : *Louise-Bénédicte de Bourbon.* Le jeu de La Motte était de dire que ce *Louise-Bénédicte de Bourbon* ne lui *durait* guère, donnant à entendre qu'il le dévorait de baisers quand il était seul. Il demande à cor et à cri une autre signature : « J'ai presque *usé* la première, écrit-il, sur votre permission. »

— O Molière, le Molière des *Précieuses*, où étais-tu? On n'a jamais mieux compris qu'en lisant cette Correspondance raffinée et quintessenciée, la fatigue de ceux qui, passant leur vie à Sceaux à faire de l'esprit soir et matin, ne pouvaient s'empêcher de crier grâce, et appelaient cette petite Cour *les Galères du Bel-Esprit* (1).

La duchesse du Maine, à cette seconde époque de Sceaux, avait à la tête de ceux qu'elle appelait ses *bergers* le spirituel marquis de Sainte-Aulaire, qui fit pour elle son célèbre quatrain, et qui n'avait guère moins de quatre-vingt-dix ans : cela rajeunissait singulièrement la duchesse de s'être donné un si vieux berger; elle ne paraissait plus qu'une enfant auprès de lui. Elle combinait on ne sait trop comment la dévotion avec toutes ses pratiques galantes, bucoliques et mythologiques. Un jour, qu'elle engageait M. de Sainte-Aulaire à aller à confesse comme elle, il lui répondait :

Ma Bergère, j'ai beau chercher,
Je n'ai rien sur ma conscience.
De grâce, faites-moi pécher :
Après je ferai pénitence.

A quoi elle ripostait assez gaillardement pour une précieuse et pour celle qui venait de jouer l'ingénue avec La Motte :

Si je cédais à ton instance,
On te verrait bien empêché,
Mais plus encore du péché
Que de la pénitence.

Voltaire aussi fut un des hôtes, sinon des bergers de Sceaux, et il y fit quelques séjours dont on se souvient.

(1) L'aimable prince de Ligne a dit : « Je crois que je me serais ennuyé chez Mme la duchesse du Maine; elle avait aussi un tour d'épaule dans l'esprit. Sceaux était la campagne de l'hôtel de Rambouillet. »

Dans l'automne de 1746, ayant compromis sa sûreté par une de ces imprudences qui lui étaient si familières, il vint un soir demander asile à la duchesse du Maine, qui le cacha dans un appartement écarté dont les volets restaient fermés tout le jour. Voltaire y travaillait aux bougies; il y composa pendant deux mois quantité de ses jolis Contes, notamment *Zadig*, et il descendait chaque soir en régaler la princesse, qui, n'ayant pas l'habitude de dormir, dormait ces nuits-là moins que jamais. On noterait encore d'autres apparitions de Voltaire dans la petite Cour de la duchesse du Maine, et qui eurent leur singularité.

Malgré ce goût de l'esprit et des gens qui en avaient le plus, on ne saurait dire pourtant que l'influence de la Cour de Sceaux ait été profitable aux Lettres, ni qu'elle ait rien inspiré. On n'y sent rien, en effet, de cette action vivifiante et féconde qui suppose un foyer véritable. On n'y voit qu'un cercle d'enchantement tracé dès le premier jour, et dans lequel des esprits déjà faits venaient se dépenser en hommages aux pieds de la divinité du lieu, et s'évertuer à l'envi pour la divertir. Le côté par lequel cette petite Cour me frappe le plus et me paraît le seul mémorable, est encore le côté moral, celui qui touche à l'observation humaine des préjugés, des travers et des ridicules. Si vous voulez étudier dans un parfait modèle, et comme à la loupe, l'égoïsme mignon, le despotisme fantasque et coquet d'une princesse du sang d'autrefois, l'impossibilité naïve où elle est de concevoir au monde autre chose qu'elle-même, allez à Sceaux : vous y verrez tous ces gros défauts en abrégé et en miniature, comme on voit de gros poissons rouges s'agitant au soleil dans un bocal transparent. Vous verrez cette enfant gâtée de soixante ans et plus, à qui l'expérience n'a rien appris, car l'expérience suppose une réflexion et un retour sur soi-même; vous la verrez jusqu'à la fin appeler la foule et la presse autour d'elle; et à ceux qui s'en étonnent elle répondra : « J'ai le malheur de ne pouvoir me passer des choses dont je n'ai que faire. » Il faut que chaque chambre de ce palais d'Armide soit remplie, n'importe comment et par qui; on y craint, avant tout, le vide :

« Le désir d'être entourée augmente de jour en jour, écrivait Mme de Staal (de Launay) à Mme Du Deffand, et je prévois que, si vous tenez un appartement sans l'occuper, on aura grand regret à ce que vous ferez perdre, quoi que ce puisse être. *Les Grands, à force de s'étendre, deviennent si minces, qu'on voit le jour au travers : c'est une belle étude de les contempler; je ne sais rien qui ramène plus à la philosophie.* »

Voilà ce qu'observait Mlle de Launay, notre La Bruyère de céans; et elle couronne ses *Mémoires* par un *Portrait* de la duchesse du Maine, qu'il faudrait transcrire tout au long, tant il est complet et achevé, et tant elle y résume l'espèce entière dans la personne du plus curieux individu. C'est une pièce de physiologie morale des plus fines; j'en donnerai les principaux traits :

« Mme la duchesse du Maine, à l'âge de soixante ans, n'a encore rien acquis par l'expérience; c'est un enfant de beaucoup d'esprit; elle en a les défauts et les agréments. Curieuse et crédule, elle a voulu s'instruire de toutes les différentes connaissances; mais elle s'est contentée de leur superficie. Les décisions de ceux qui l'ont élevée sont devenues des principes et des règles pour elle, sur lesquelles son esprit n'a jamais formé le moindre doute; elle s'est soumise une fois pour toutes. *Sa provision d'idées est faite; elle rejetterait les vérités les mieux démontrées, et résisterait aux meilleurs raisonnements, s'ils contrariaient les premières impressions qu'elle a reçues.* Tout examen est impossible à sa légèreté, et le doute est un état que ne peut supporter sa faiblesse. Son Catéchisme et la Philosophie de Descartes sont deux systèmes qu'elle entend également bien.

« ... L'idée qu'elle a d'elle-même est un préjugé qu'elle a reçu comme toutes ses autres opinions. *Elle croit en elle de la même manière qu'elle croit en Dieu et en Descartes, sans examen et sans discussion.* Son miroir n'a pu l'entretenir dans le moindre doute sur les agréments de sa figure : le témoignage de ses yeux lui est plus suspect que le jugement de ceux qui ont décidé qu'elle était belle et bien faite. Sa vanité est d'un genre singulier; mais il semble qu'elle soit moins choquante, parce qu'elle n'est pas réfléchie, quoiqu'en effet elle en soit plus absurde.

« Son commerce est un esclavage, sa tyrannie est à découvert : elle ne daigne pas la colorer des apparences de l'amitié. Elle dit ingénument qu'*elle a le malheur de ne pouvoir se passer des personnes dont elle ne se soucie point.* Effectivement elle le prouve. On la voit apprendre avec indifférence la mort de ceux qui lui faisaient verser des larmes lorsqu'ils se trouvaient un quart d'heure trop tard à une partie de jeu ou de promenade. »

Cette insensibilité se vérifia à la lettre lors de la mort de la duchesse d'Estrées, qui eut lieu presque subitement à Anet (septembre 1747). Il semblait que Mme du Maine ne pouvait se passer de cette duchesse, qui était devenue l'intendante de ses plaisirs, le Malezieu des dernières années. On l'enterra; « puis la toile fut baissée, et l'on n'en parla plus. » L'auteur du *Portrait* continue de nous montrer ainsi tous les vices naïfs de sa princesse, toutes ses qualités sans âme et sans lien, sa religion sans piété, sa profusion sans générosité, *beaucoup de connaissances sans aucun vrai savoir*, « tous les empressements de l'amitié sans en avoir les sentiments, » pas le moindre soupçon de la réciprocité et de la sympathie humaine : « On n'a point de conversation avec elle; *elle ne se soucie pas d'être entendue, il lui suffit d'être écoutée.* » Et à la voir ainsi se montrer à nu non par franchise, mais parce qu'elle n'a en elle aucun principe d'égards et d'attention pour autrui, Mlle de Launay conclut en citant ce mot qui exprime le résultat de toute son étude, et qu'elle aurait bien trouvé d'elle-même :

« Elle (la duchesse du Maine) a fait dire à une personne de beaucoup d'esprit *que les Princes étaient en morale ce que les monstres sont dans la physique; on voit en eux à découvert la plupart des vices qui sont imperceptibles dans les autres hommes.* »

Cette conclusion est vraie de tous ceux qu'on adore et qui se croient faits pour être adorés, depuis Nabuchodonosor jusqu'à la duchesse du Maine. Mais, en les considérant avec une sorte d'étonnement (car, sous cette forme plus ou moins royale, l'espèce va se perdant de jour en jour), sachons éviter notre écueil aussi et ne pas abonder dans notre orgueil; sachons bien qu'avec eux il s'agit encore de nous-mêmes, que ce sont là les défauts que nous aurions demain, si nous n'étions pas contraints et avertis à tout moment par la résistance des choses. En regard de ces gens *nés demi-dieux* et qui étaient le produit monstrueux de l'ancien régime, plaçons en idée les *parvenus,* qui sont le produit si habituel du régime nouveau. Un *parvenu* le lendemain d'une révolution, nous connaissons, pour l'avoir vu, cet être et ce *monstre* caractéristique de la société moderne. L'homme a beau retourner et renverser les situations, il ne change pas ses défauts ni ses travers; on les voit bientôt reparaître tous; seulement ils se produisent, selon les temps, sous une forme plus ou moins noble, polie et agréable; et cette forme-là, qui combinait l'excès de l'égoïsme avec la délicatesse d'esprit et la politesse, est plutôt celle du passé.

Lundi 30 décembre 1850.

FLORIAN.

(Fables illustrées.)

Nous serons encore à Sceaux cette fois : Florian y habitait volontiers; il y est mort et il y repose. Nous ne craindrons pas de venir parler, après tant d'autres, d'un écrivain aimable, populaire, cher à l'adolescence et à l'enfance, et dont le nom ne s'offre plus guère ensuite à nous que pour faire sourire d'un sourire de demi-dédain notre maturité. Nous n'aurons pas ce dédain aujourd'hui ; nous tâcherons, sans mentir en rien et sans rien surfaire, d'apprécier à sa valeur ce talent qui ne fut ni très-élevé, ni très-énergique, ni très-étendu, mais qui fut modeste, naturel, sincère, et qui se montra gai, vif, fertile, agréable et fin, lorsqu'il osa être tout entier lui-même, et qu'il ne sortit pas de ses justes emplois. L'anniversaire du jour de l'an est une fête de famille, et Florian en est de droit. Une autre année, à un autre anniversaire, si nous y sommes encore, nous parlerons de cet autre ami de la famille, de l'auteur des *Contes de Fées,* je veux dire de Perrault. Tenons-nous-en au Florian des *Fables* pour aujourd'hui.

Florian a raconté ses impressions d'enfance et ses premières aventures, ses fredaines de jeunesse, dans des pages rapides, écrites d'un ton enjoué, parfois assez leste, et qui sent même la garnison. Dans ces demi-confessions intitulées *Mémoires d'un jeune Espagnol*, il a jugé à propos de travestir les noms de personnes et de lieux, ce qui laisse de l'incertitude sur quelques points, d'ailleurs peu importants. Son nom de famille était *Claris*; il naquit en 1755 dans les basses Cévennes, non loin d'Anduze, au château de *Florian* qu'avait fait bâtir son grand-père. Ce grand-père s'était ruiné de toutes les manières, avec les femmes, avec les maçons, et finalement il se ruinait en procès. Quelques biographes ont fait, des promenades du jeune Florian avec son grand-père, un tableau sentimental, une idylle; Florian, dans ses *Mémoires*, en parle beaucoup plus légèrement. Ce qui vaut mieux, c'est que plus tard, avec le prix de ses ouvrages si goûtés, il paya toutes les dettes qu'avait léguées cet aïeul dissipateur, et qui grevaient la succession paternelle. Le père de Florian avait été au service, dans la cavalerie; un de ses oncles, qui avait servi également, grand amateur du beau sexe, épousa une nièce de Voltaire. Cet oncle passait un été à Ferney, et le petit Florian, âgé de dix ans, l'y alla voir. Il a très-bien raconté ce premier voyage (juillet 1765). Voltaire fut enchanté de sa gentillesse, de ses grands yeux spirituels, de ses reparties vives, de sa gaieté naturelle, et ce grand donneur de sobriquets le baptisa du premier jour *Florianet,* nom qui était tout un horoscope. Voltaire se montra si aimable pour lui, qu'il fut bientôt, de toutes les personnes de la maison, celle avec qui Florianet se plaisait le plus :

« Souvent il me faisait placer auprès de lui à table; et, tandis que beaucoup de personnages qui se croyaient importants, et qui venaient souper chez *Lope de Vega* pour soutenir cette importance, le regardaient et l'écoutaient, *Lope* (c'est le nom qu'il donne partout à Voltaire dans le léger déguisement de ses *Mémoires*) se plaisait à causer avec un enfant. La première question qu'il me fit fut si je savais beaucoup de choses. — « Oui, Monsieur, lui dis-je, je sais *l'Iliade* et le *Blason.* » — *Lope* se mit à rire, et me raconta la *Fable du Marchand, du Gentilhomme, du Pâtre et du Fils de roi;* cette fable et la manière charmante dont elle fut racontée me persuadèrent que le Blason n'était pas la plus utile des sciences, et je résolus d'apprendre autre chose. »

L'auteur futur des *Fables* dut se ressouvenir de cette impression première et de la forme dans laquelle elle lui venait. Je ne dirai rien des mille espiègleries qu'il raconte, des pavots coupés dans le jardin, et sur lesquels l'enfant, tout plein de son *Iliade*, s'exerçait en Ajax furieux; il croyait moissonner, avec son sabre de bois, des héros troyens. J'allais oublier les *thèmes* que Voltaire l'aidait à faire sous main, et qu'ensuite le Père Adam, son précepteur bénévole, trouvait excellents. Le Père Adam les montrait comme un chef-d'œuvre à Voltaire, qui disait, en souriant, que ce n'était pas mal pour un enfant de cet âge. Mlle Clairon était alors à Ferney; on lui ménagea une surprise pour sa fête, de galants couplets que vinrent lui chanter un petit berger et sa bergère. Ce petit berger n'était autre que Florianet: « J'étais vêtu de blanc, et mon habit, mon chapeau et ma houlette étaient garnis de ruban rose. Une jeune fille, vêtue de même, soutenait avec moi une grande corbeille pleine de fleurs. » Le petit Florian chanta ensuite avec sa bergère une chanson en dialogue, composée par Voltaire en l'honneur de Mlle Clairon :

Je suis à peine à mon printemps,
Et j'ai déjà des sentiments...

Mais ne voilà-t-il pas, dès l'entrée, toute une vie qui se dessine? Il a commencé par entendre, de la bouche de Voltaire, une fable de La Fontaine : cette leçon fructifiera. Il joue à *l'Iliade,* il la traduit en fleurs de pavots, et la fait tenir dans un carré de parterre : cela promet *Numa Pompilius.* Il joue un berger blanc et rose avec sa bergère : c'est commencer déjà l'innocente pastorale d'*Estelle* et de *Némorin.* Enfin, cette fête de nuit en l'honneur de Mlle Clairon se termine, dans le récit de Florian, par une très-belle description de l'aurore, par un lever de soleil sur les cimes des Alpes, qui a frappé son imagination d'enfant : c'est le signal d'un sentiment tout nouveau, plein de fraîcheur, l'amour de la nature, qui va être la passion et presque l'engouement des générations naissantes. Même en étant là avec Florian chez Voltaire, on sent que Rousseau est venu.

Le petit Florian est emmené à Paris par sa tante; il y est élevé un peu à la légère, et comme un petit Monsieur. A douze ans, sa première velléité d'amourette est pour la cadette des nièces de Gresset. Florianet et les nièces de *Ver-Vert!* il y a dans tout cela des accords secrets et des sympathies. Il entre comme page chez le duc de Penthièvre, dont il devient le favori. Il l'égaie par ses saillies, par ses vivacités de lutin espiègle et spirituel : « Il me donna le surnom de *Pulcinella,* que j'ai toujours porté depuis. » *Florianet, petit Polichinelle,* toujours des sobriquets et des diminutifs, pour exprimer la grâce, la gaieté, la gentillesse.

Le duc de Penthièvre, fils du comte de Toulouse et neveu du duc du Maine, était le dernier héritier des bâtards légitimés, fils de Louis XIV; homme vertueux et bienfaisant, il corrigeait, par l'usage qu'il faisait de ses immenses richesses, l'impureté de leur source. Il eut une grande influence sur la destinée de Florian; il arrêta à temps en lui ce que la seule influence de Voltaire et celle de tout le siècle auraient pu y produire d'un peu libertin. Les *Mémoires* de Florian indiquent, en effet, qu'il était assez disposé à être libertin. Il avait peu à faire pour devenir indiscret, léger, séducteur et inconstant, un peu fat en un mot; mais sa bonne nature, aidée du patronage moral du duc de Penthièvre, contint et régla ses défauts, lors même qu'elle n'en triompha point. Capitaine de dragons et attaché en qualité de gentilhomme au duc de Penthièvre, ce dernier titre lui fut un frein et l'empêcha de devenir dragon jusqu'au bout.

Il débuta dans les Lettres vers 1779, sous les plus riants auspices. Un jeune militaire, qu'on appelait par confusion et par ricochet un *petit-neveu* de Voltaire, ne pouvait que trouver faveur à sa suite et au lendemain de son apothéose. Le chevalier de Florian se distingua tout d'abord par d'aimables productions qui sont encore ce qu'il a fait peut-être de plus original et de plus vrai, par son *Théâtre*. Ce *Théâtre* de Florian est bien à lui, et il offre des nuances de gaieté, de fraîcheur et de sentiment, qui assurent à l'auteur une place à part, à la suite des Marivaux, des Sedaine. Florian ressuscita, au *Théâtre-Italien*, le genre des *Arlequinades*, qui semblait passé de mode ; mais son Arlequin ne ressembla point aux autres. Arlequin était plutôt connu jusque-là par ses balourdises et ses facéties : Florian voulut y mettre plus d'esprit jusque dans la naïveté, plus de finesse dans la balourdise; il lui insinua surtout du sentiment. Son Arlequin, « toujours simple et bon, toujours facile à tromper, croit ce qu'on lui dit, fait ce que l'on veut, et vient se mettre de moitié dans les piéges qu'on veut lui tendre : rien ne l'étonne, tout l'embarrasse; il n'a point de raison, il n'a que de la sensibilité; il se fâche, s'apaise, s'afflige, se console dans le même instant : sa joie et sa douleur sont également plaisantes. Ce n'est pourtant rien moins qu'un bouffon; ce n'est pas non plus un personnage sérieux : c'est un *grand enfant.* » Voilà bien l'Arlequin, tel que l'a renouvelé et créé Florian dans *les Deux Billets*, dans *le Bon Ménage*, dans *la Bonne Mère*; un Arlequin bon, doux, ingénu, aussi babillard qu'honnête homme, simple sans être bête, naïf sans être niais. Dans *Michel et Christine* de M. Scribe, avez-vous vu Perlet jouant *Michel?* A ceux qui ne l'avaient pas vu, M. Scribe indiquait, pour donner idée de l'esprit véritable de ce rôle, l'*Arlequin-Lubin* de *la Bonne Mère* de Florian. Les Arlequins de Florian se confondent à quelques égards avec les Lubins, tant ils ont de bonhomie et de sentiment. *Le Bon Ménage, les Jumeaux de Bergame*, paraissaient à Grimm de très-jolies miniatures, qui faisaient ressouvenir de Marivaux, mais où le naturel prévalait. Grimm reconnaissait et accueillait ce caractère nouveau que l'auteur avait su donner au rôle d'Arlequin : « On est tenté de lui dire quelquefois : *Vous êtes Arlequin, seigneur, et vous pleurez!* Mais il pleure de si bonne grâce, qu'il y aurait de l'humeur à le trouver mauvais. »

Dans *le Bon Ménage*, Arlequin, bon mari et toujours amoureux, se croit, à un certain moment, trompé par sa femme, qui a reçu un billet d'un M. Lélio : ce billet n'est pas pour sa femme, mais il le croit adressé à elle, tandis qu'elle n'en est que la messagère. Elle vient de rentrer au logis, et il l'apostrophe vivement dans sa colère :

«... Vous venez de chez M. Lélio, j'en suis sûr, je le sais, je l'ai vu, je vous ai suivie. Osez m'assurer que vous ne venez pas de chez M. Lélio!

ARGENTINE.

« Je ne veux pas vous mentir; il est vrai, je viens de parler à M. Lélio : mais...

ARLEQUIN, *au désespoir.*

« Et pourquoi me le dire? *je n'en étais pas sûr.* »

Nous touchons là avec Florian au sublime de l'Arlequin passionné. On ne peut s'empêcher de se rappeler le fameux : *Qui te l'a dit?* de Racine, dans les fureurs d'Hermione. Cette suite d'Arlequins pris à des moments et à des âges différents fait une série de jolies pièces, où les mots naturels, gais et fins, sont abondamment semés. L'auteur est bien dans son élément : plus tard, dans *Numa*, dans *Gonzalve*, il visera à je ne sais quel idéal, il se guindera; mais ici c'est bien Florianet au complet, tel que l'a baptisé Voltaire et que l'a adopté le duc de Penthièvre, c'est lui dans tout le vrai et dans tout le vif de sa nature. On sourit de penser que cet Arlequin, ainsi transformé par Florian, tenait en quelque chose du duc de Penthièvre lui-même. Un jour qu'on devait jouer *le Bon Père* (c'est-à-dire Arlequin encore, mais Arlequin respectable, en habit de velours, veste de drap d'or, perruque à trois marteaux) pour la fête du prince, comme celui-ci par dévotion s'y opposait, Florian s'avança sous le masque d'Arlequin et dit avec regret à la compagnie, en parodiant en bonne part le mot de Molière : « Nous espérions vous donner aujourd'hui la comédie du *Bon Père*, mais M. le duc de Penthièvre ne veut pas qu'on *le joue.* » M. Lacretelle, l'un des hommes qui ont le mieux connu et le mieux peint Florian par tous ses aspects, nous raconte cette anecdote, avec beaucoup d'autres traits dont nous profitons.

L'Arlequin *bon père* de Florian est donc une sorte d'Arlequin-Penthièvre, un Arlequin un peu d'après Greuze. Cette sensibilité vertueuse et paterne, répandue volontiers sur toutes les figures, même sur les figures gaies, est le cachet de l'époque Louis XVI.

Une remarque singulière et qui caractérise bien le propre des vocations et des instincts, c'est que plus tard Florian traduira *Don Quichotte* et l'abrégera sous prétexte d'en affaiblir les taches; mais ce sont souvent les beautés et les gaietés qu'il abrége : « C'est le génie qu'il supprime, a dit Marie-Joseph Chénier ; il attiédit la verve de Cervantes ; un comique large et franc devient partout mince et discret. » — « Il a appliqué, dit M. Joubert, aux épanchements d'une veine abondante et riche, les sautillements et les murmures d'un ruisseau : petits bruits, petits mouvements, très-agréables sans doute quand il s'agit d'un filet d'eau resserré qui roule sur des cailloux, mais allure insupportable et fausse quand on l'attribue à une eau large, qui coule à plein canal sur un sable très-fin. » On voit l'erreur, le crime de *lèse-génie*. Mais cette méprise était naturelle chez Florian, et elle découlait de son organisation même : celui qui ôte de sa gaieté et de sa large bonhomie à Sancho n'est pas autre que celui qui a prêté de la sensibilité à Arlequin. Il *florianise* tant soit peu toutes choses.

Florian aimait Cervantes, mais il ne l'admirait point par ses plus grands côtés, par ses parties incomparables et immortelles. Il l'aborda de préférence par le genre des pastorales et des nouvelles, et lui emprunta *Galatée* (1783), qu'il traita avec liberté d'ailleurs, et qu'il accommoda selon le goût du temps, en y donnant une teinte plus récente de Gessner : « J'ai tâché, écrivait-il à ce dernier, d'habiller la *Galatée* de Michel Cervantes comme vous habillez vos Chloés : je lui ai fait chanter les chansons que vous m'avez apprises, et j'ai orné son chapeau de fleurs volées à vos bergères. » Ce roman pastoral, mêlé de tendres romances, réussit beaucoup : toutes les jeunes femmes, tous les amoureux en raffolèrent ; les sévères critiques eux-mêmes furent fléchis : « C'est un jeune homme d'un esprit heureux et naturel, écrivait La Harpe parlant de l'auteur de *Galatée*, et qui aura toujours des succès s'il ne sort pas du genre où son talent l'appelle. » Il est vrai que, peu de temps auparavant, le chevalier de Florian avait adressé au même M. de La Harpe des vers d'enthousiasme, au sortir de la représentation de *Philoctète* :

> Je ne sais pas le grec, mais mon âme est sensible;
> Et, pour juger tes vers, il suffit de mon cœur!

Florian était à la fois sensible et assez rusé; c'était un berger, mais un peu Normand, comme l'ont été bien des bergers. Sa passion pour la pastorale ne l'empêcha à aucun moment de savoir comment on réussit et l'on fait son chemin dans la littérature et dans la société.

La pastorale d'*Estelle* vint ensuite (1787), peu de temps après *Numa* (1786). Il y eut jusqu'à trois personnes qui purent croire qu'Estelle était faite à leur image, qu'elles étaient à la fois la muse et le modèle qu'avait eu en vue la galanterie du peintre. La duchesse d'Orléans, fille du duc de Penthièvre, était un de ces types d'Estelle; mais Florian avait pensé encore à une autre personne, à une jeune femme du monde, à laquelle il voulait dédier le roman sans la nommer. On a imprimé depuis cette Dédicace dans les Œuvres posthumes, et il y eut même alors *trois* exemplaires tirés (je donne le fait pour certain aux bibliophiles), qui renfermaient cette Dédicace au lieu de l'invocation aux *Bergères de mon pays*. Pour vaincre la modestie de cette jeune femme, qui se refusait à l'honneur d'une Dédicace, même anonyme, Florian lui écrivait : « Tous ceux qui vous connaissent verront bien que c'est vous; tous ceux qui ne vous connaissent pas croiront que c'est Mme la duchesse d'Orléans. Vous gagnerez toutes les deux à l'erreur. » On voit combien Florian était moins simple et plus à double fin que Némorin. Mais il y a mieux. Une charmante actrice du Théâtre-Italien et de Favart, que plus d'un de nos contemporains a pu voir vieille et encore excellente dans le rôle de *Ma Tante Aurore*, Mme Gonthier, alors très-aimée de Florian (et même parfois un peu battue, dit-on), se disait qu'elle avait tout droit sur *Estelle*. Il la lui lisait aussi en manuscrit, et il ne tenait qu'à elle de croire qu'elle était, à peu de chose près, l'original de l'innocente bergère. Il avait mis d'abord dans *Estelle* le récit de je ne sais quel combat : — « Ah! Florian, que faites-vous? s'écria-t-elle, *vous m'ensanglantez mes roses !* » Il ôta le combat et le plaça ensuite dans *Gonzalve*. — Mais n'admirez-vous pas comme le chevalier de Florian avait des Estelles de rechange?

On n'attend pas que j'entre dans de grands détails sur ce genre fade et faux auquel est attaché le nom de Florian. Il faut lire *Estelle* à quatorze ans et demi. A quinze ans, pour peu qu'on soit précoce, il est déjà trop tard. N'en médisons pas trop cependant; ces pastorales de Florian ne sont pas seulement un livre, c'est un âge de notre vie :

« Vous souvient-il d'*Estelle ?* écrit Louise à Charles dans *le Presbytère* (ce roman si simple et si vraiment touchant de M. Topffer). Vous souvient-il quand nous dévorions ces pages toutes pleines de faux pour les grandes personnes, toutes vivantes de vérité pour nos imaginations d'alors? Avez-vous oublié cette ivresse avec laquelle nous parcourions ce monde pastoral? Aimables bergères au teint si blanc, malgré le soleil; à la robe si propre, malgré l'étable; au langage si élégant, sans écoles, sans Lancastres! Mais, dites, Charles, quel dommage qu'il n'y en ait plus! Pourquoi le monde n'est-il pas fait ainsi!... Le livre m'est tombé sous la main l'autre jour; vous le dirai-je? je n'y prenais plus de plaisir; il me rappelait nos lectures, voilà tout; mais plus d'ivresse. J'en ai pleuré presque. Est-ce que tout ce qui nous charme doit ainsi disparaître? Oh! que je voudrais retenir ces illusions enchantées; ressentir l'attrait si plein que nous goûtions à ces puériles histoires! Non, Charles, je ne puis avec vous médire de l'enfance. Ces plaisirs étaient purs, vifs, aimables; ils suffisaient à parer le présent des plus douces, des plus riantes couleurs. Perte réelle, immense!... Florian ne m'allant plus, j'ai repris *Paul et Virginie*. »

C'est en effet *Paul et Virginie* qui succède naturellement dans notre jeune admiration à cette première esquisse trop fade de Florian, et qui mérite d'y rester comme la page idéale et durable. Ne croyons pas, au reste, avoir découvert de nos jours ce factice de Florian, et n'imputons pas à nos pères plus de faux goût qu'ils n'en eurent. Toutes les critiques à faire, et les meilleures sur ce sujet, furent faites alors, sachons-le bien; et nous ne pouvons ici que les répéter. Même à Trianon, on trouvait que c'était là beaucoup trop de bergerie : « Quand je lis *Numa,* disait la reine Marie-Antoinette à M. de Besenval, il me semble que je mange de la *soupe au lait.* » M. de Thiard disait : « J'aime beaucoup les Bergeries de M. de Florian, mais j'y voudrais un *loup.* » Mettant en épigramme le mot de M. de Thiard, le poëte Le Brun disait :

A l'auteur d'une fade et ennuyeuse Pastorale.

Dans ton beau Roman pastoral,
Avec tes Moutons pêle-mêle,
Sur un ton bien doux, bien moral,
Berger, Bergère, Auteur, tout bêle.
Puis Bergers, Auteur, Lecteur, Chien,
S'endorment de moutonnerie.
Pour réveiller ta Bergerie,
Oh! qu'un petit Loup viendrait bien!

Et enfin Rivarol, un jour qu'il rencontrait Florian avec un manuscrit *anodin* qui sortait à demi de sa poche : « Ah! Monsieur, lui disait-il, si l'on ne vous connaissait pas, on vous volerait. »

Vers ce temps-là, ce redoutable Rivarol avait écrit, à l'occasion de *Numa Pompilius,* un article si sanglant, que des amis de Florian le supplièrent de ne pas le publier. Il eut, malgré tout, la bonté d'y consentir, et l'article ne fut imprimé qu'après la mort de Florian, dans *le Spectateur du Nord,* qui paraissait à Hambourg (mars 1797). Après une critique judicieuse du sujet, de la fable et de la composition, Rivarol y relevait la monotonie de la manière, le défaut absolu de mouvement et de variété : « On a dit que la pureté et l'élégance ne suffisaient pas dans un ouvrage de cette nature : il n'y a que les *expressions créées* qui portent un écrivain à la postérité. M. de Florian paraît avoir des lois somptuaires dans son style, et son sujet exigeait un peu de luxe. »

Cet article de Rivarol était écrit au moment où Florian allait entrer à l'Académie, et ses amis se jetèrent à la traverse pour arrêter le coup qui aurait pu nuire. Florian, à qui tout souriait, fut reçu à l'Académie en 1788, à l'âge de trente-trois ans, en concurrence avec Vicq-d'Azyr. Tous les bonheurs lui arrivaient à la fois : « J'ai obtenu en trois semaines, écrivait-il à Boissy-d'Anglas (31 mai 1788), le brevet de lieutenant-colonel, la croix de Saint-Louis, mon fauteuil académique, et une abbaye à six lieues de Paris pour une tante à moi, religieuse à Arles. » Le duc de Penthièvre et la duchesse d'Orléans, sa fille, assistèrent à la séance de réception. Florian fit un Discours qui réussit. Les éloges y étaient prodigués : Buffon venait de mourir, et Florian dit que la vie de l'immortel écrivain serait comptée *au nombre des Époques de la Nature*, ce qui parut pourtant un peu excessif. Il se présenta lui-même comme porté jusque dans le sanctuaire académique par les amis de Voltaire : « Ainsi quelquefois de vaillants capitaines élèvent aux honneurs un jeune soldat, parce qu'ils l'ont vu servir enfant sous les tentes de leur général. » En même temps il rendait un public hommage à Gessner, mort depuis peu, et qu'il proclamait son maître et son ami. Gessner, le duc de Penthièvre et Voltaire, le nom de Florian trouvait moyen d'associer toutes ces nuances.

Je laisse de côté le reste des écrits en prose qu'il publia, ou qui parurent après lui, et dans aucun desquels il ne s'est surpassé. Le *Précis historique sur les Maures,* qui est en tête de *Gonzalve de Cordoue,* semble indiquer que, s'il avait pu s'affranchir d'un genre faux, il serait devenu capable d'études sérieuses. Mais c'est à ses *Fables* seulement que je veux m'attacher, car c'est par là uniquement, et par son *Théâtre,* que son nom mérite aujourd'hui de vivre.

Ses *Fables* parurent en 1792. Le talent de Florian s'y montre au complet, avec son naturel gracieux, sa diction facile et spirituelle, avec une morale aimable et bienveillante, mais qui n'exclut ni la raillerie, ni la malice. Il avait de cette malice en causant; il excellait à railler et à contrefaire : ces deux facultés se tiennent, a remarqué M. Arnault, bon juge en fait d'apologue et aussi de causticité. Et il nous représente Florian, non pas du tout en doux *Abel* au teint blanc, avec des yeux bleus, mais au teint basané, avec une physionomie très-peu sentimentale, animée par des yeux noirs et scintillants : « Ce n'étaient pas ceux du loup devenu berger, mais peut-être ceux du renard; la malice y dominait...» Dans sa première jeunesse, Florian s'était livré à ce goût de contrefaire dans le rôle d'Arlequin, sa vraie création. Amoureux fou de l'actrice des Italiens, Mme Gonthier, il s'était déployé pour elle. Mais, depuis, il s'était un peu affadi dans le voisinage du duc de Penthièvre; il s'était comme dédoublé. On ne retrouve rien dans ses écrits de cette vivacité de ton qui lui faisait dire, au sujet de la place de gentilhomme qu'on sollicitait pour lui : « Il y a trop longtemps que je suis laquais (*c'est-à-dire page*) pour vouloir devenir valet de chambre. » Car le doux Florian s'exprimait ainsi en causant; on ne s'en douterait point à le lire. Florian, pour réussir dans le monde et saisir la veine du moment, avait eu à choisir dans ses propres goûts; il y avait en lui un coin de pastoureau et de troubadour langoureux, qu'il s'était plu à développer exclusivement, plume en main : sa réalité, plus mêlée et plus vive, valait mieux que cet idéal-là. En composant *Estelle* et *Galatée,* il était sincère encore et il obéissait sans doute à une inclination de sa nature languedocienne; mais il en supprimait toute une moitié non moins essentielle, et il ne se montrait qu'à demi. M. Lacretelle l'a très-bien fait observer en nous peignant ce Florian réel, qui avait le privilége d'inspirer partout la joie par ses bons mots, ses contes et ses chansons : « Il osait peu se livrer à sa gaieté naturelle en écrivant. C'est un don de l'expérience et même d'une profonde étude que d'être familier et de rire avec ses lecteurs. »

Plus jeune, il avait osé rire et pleurer à la fois dans ses Arlequinades pour Mme Gonthier; plus mûr, et un peu enhardi par les débuts de la Révolution, il osa être piquant, gai, malin, en même temps que moral encore et bienveillant, dans ses *Fables*.

La Fable est un genre naturel, une forme d'invention inhérente à l'esprit de l'homme, et elle se retrouve en tous lieux et en tous pays. On l'a voulu faire venir de l'Orient, et voilà que le moyen âge nous la montre arrivant du Nord dans cet admirable *Roman de Renart,* qui est toute une épopée. La Fable est partout, et on la réinventerait dans chaque siècle, si elle était oubliée. La Fontaine, chez nous, l'a tellement élevée, diversifiée et agrandie, qu'il semblait devoir décourager tous ceux qui seraient tentés d'être ses successeurs. Il n'en a rien été pourtant. Après lui, on a continué de faire des fables, et l'on en a fait de bonnes, de justes, d'agréables; La Motte lui-même, le duc de Nivernais, l'abbé Aubert, M. Arnault; et nous arrivons ainsi jusqu'à nos proches contemporains, M. de Stassart, M. Viennet, si goûté pour sa verve et si applaudi. Chez tous on trouverait des fables vives, ingénieuses, piquantes, qui remplissent toutes les conditions propres à ce petit poëme. Pour La Fontaine, qui est comme le Dieu ou l'Homère du genre, qu'il me soit permis de dire qu'il n'y est si grand et si admirable que parce qu'il le dépasse souvent et qu'il en sort. Dans une Étude détaillée sur La Fontaine, cela se prouverait aisément : on le verrait, dans sa première manière, s'appliquer à la Fable proprement dite, et en atteindre la perfection dès la fin de son premier livre, dans *le Chêne et le Roseau;* mais bientôt il est maître et il se joue; il agrandit son cadre, il le laisse souvent, il l'oublie. La Motte a prétendu démontrer, par toutes sortes de bonnes raisons, que la fable des *Deux Pigeons* pèche contre l'*unité*, « qu'on ne sait trop ce qui domine dans cette image, ou des dangers du voyage, ou de l'inquiétude de l'amitié, ou du plaisir du retour après une longue absence. » Ces deux Pigeons, d'ailleurs, qui ne sont d'abord que deux *frères* et deux amis, se trouvent être à la fin deux *amants*. Eh! que m'importe? le récit est charmant; il m'attache, il m'enchante, et le moment où le poëte en sort m'enchante encore plus et me fait tout oublier. Lisez *le Songe d'un habitant du Mogol;* ce sera de même : la fable n'y est rien; elle se rattache par un fil des plus légers à la réflexion, à la rêverie finale où s'égare le poëte. Il a prononcé le mot de *solitude*, et ce mot, en réveillant toute une suite de pensées, le ravit dans un doux enthousiasme qui nous gagne avec lui. Ajoutez chez La Fontaine à cette liberté et à cette fantaisie de composition une poésie perpétuelle de détail, et des aperçus d'élévation, de grandeur, toutes les fois qu'il y a lieu, et tout à côté des circonstances les plus simples. Ne demandons rien de tel à ses successeurs, pas plus à Florian qu'aux autres, bien que généralement on s'accorde à lui donner le second rang... Mais, entre ce second rang et le premier, il ne faut pas même essayer de mesurer la distance.

Les *Fables* de Florian sont bien composées, d'une combinaison ingénieuse et facile; le sujet y est presque partout dans un parfait rapport, dans une proportion exacte avec la moralité. Et en même temps on n'y sent pas l'arrangement artificiel comme chez La Motte, ni ce genre d'esprit qui, ayant pour point de départ une idée abstraite, a besoin ensuite de s'avertir lui-même qu'il faut être figuré, riant, familier, et même naïf. Les qualités du fabuliste sont naturelles chez Florian : il a la fertilité de l'invention, et les images lui viennent sans effort. Il se plaît en réalité avec les animaux; lui aussi, il vit avec eux à sa manière :

> Vous connaissez ce quai nommé de la Ferraille,
> Où l'on vend des oiseaux, des hommes et des fleurs :
> A mes Fables souvent c'est là que je travaille...

On nous le montre aussi logé à l'hôtel de Toulouse, ayant sa bibliothèque tout près d'une volière peuplée d'une multitude d'oiseaux, sujets vivants de ses *Fables*. Faut-il indiquer quelques-unes des meilleures, les excellentes : *l'Aveugle et le Paralytique; le Grillon; le Hibou, le Chat, l'Oison et le Rat; le Pacha et le Dervis; le Singe qui montre la lanterne magique; le Lapin et la Sarcelle?* Dans cette dernière fable, où il s'est souvenu des *Deux Pigeons,* Florian a su trouver une double combinaison ingénieuse, par laquelle les deux amis, tour à tour en péril, et poursuivis du même chasseur, se secourent et se sauvent l'un l'autre. Il y a, au début, comme un souffle de fraîcheur et de poésie dans le paysage, ce qui est rare même chez Florian :

> Le terrier du Lapin était sur la lisière

D'un parc bordé d'une rivière.
Soir et matin, nos bons amis,
Profitant de ce voisinage,
Tantôt au bord de l'eau, tantôt sous le feuillage,
L'un chez l'autre *étaient réunis*.

Mais pourtant, à la fin du vers, ne sentez-vous pas déjà le prosateur-rimeur qui recommence à paraître ? L'invention dernière, l'idée de la Sarcelle remorquant à la nage le Lapin assis sur un radeau qu'elle a construit exprès pour lui faire passer la rivière, est exprimée d'une manière tout à fait pittoresque et gracieuse :

Ah! si tu pouvais passer l'eau!
Pourquoi pas? attends-moi... La Sarcelle le quitte,
Et revient traînant un vieux nid
Laissé par des canards ; elle l'emplit bien vite
De feuilles de roseau, les presse, les unit
Des pieds, du bec, en forme un batelet capable
De supporter un lourd fardeau;
Puis elle attache à ce vaisseau
Un brin de jonc qui servira de câble.
Cela fait, et le bâtiment
Mis à l'eau, le Lapin entre tout doucement
Dans le léger esquif, s'assied sur son derrière,
Tandis que devant lui la Sarcelle nageant
Tire le brin de jonc, et s'en va dirigeant
Cette nef à son cœur si chère.

Dans *le Laboureur de Castille*, qui est comme son *Paysan du Danube*, Florian a trouvé quelques accents énergiques et fermes pour peindre le costume et l'air de ce rustique et loyal sujet. On noterait encore ailleurs quelques-uns de ces traits, beaucoup trop rares chez Florian. C'est la haute poésie qui lui fait défaut, cette poésie qui n'est de trop nulle part, et dont les éclairs traversent et agrandissent si souvent les horizons de La Fontaine. Dans sa fable d'*Hercule au Ciel*, Florian commence par ces lignes prosaïques :

Lorsque le fils d'Alcmène, après ses longs travaux,
Fut reçu dans le Ciel, tous les Dieux *s'empressèrent*
De venir au-devant de ce fameux héros...

Certes, La Fontaine, ayant à peindre Hercule enlevé de son bûcher dans l'Olympe, et s'asseyant *tout en feu entre les Dieux,* s'y serait pris autrement. Là où l'esprit et la grâce peuvent suppléer à la poésie, là où il suffit de bien conter et d'égayer le récit par un trait agréable, Florian s'en tire à merveille, comme lorsqu'il nous montre, dans la querelle entre le Hibou, le Chat et l'Oison, ce Rat arbitre,

Rat savant qui rongeait des thèmes dans sa hutte!

La Fontaine n'eût pas mieux dit.

On trouve aussi dans Florian un certain nombre de fables d'un genre net et plus ferme qu'on ne l'attendrait de lui : *le Perroquet; le Paon, les deux Oisons et le Plongeon; la Chenille,* qu'on dit faite en vue de Mme de Genlis. Il y a telle fable de lui qui est vive et courte comme une épigramme.

En terminant ses *Fables* à une époque où déjà l'ancienne société française était bouleversée et en train de périr, Florian exprimait un vœu sincère, le désir vrai d'être oublié; il souhaitait la paix secrète, la paix du cœur, un abri studieux,

Le travail qui sait éloigner
Tous les fléaux de notre vie;
Assez de bien pour en donner,
Et pas assez pour faire envie.

Mais ces vœux modérés, que de tout temps a caressés le poëte et le sage, étaient alors la plus ambitieuse des chimères. Cette existence, jusque-là si heureuse, de Florian, allait être profondément atteinte, et surtout terrifiée et consternée. M. Lacretelle, dans ses *Dix Années d'Épreuves*, nous a raconté plus d'un trait qui témoigne de l'effroi que commençait à ressentir Florian, et de l'altération qui en résultait dans sa nature, jusque-là si sociable et si expansive. Mais voici un détail plus aimable et plus touchant, et qui lui ressemble mieux. Florian allait volontiers, chaque été, passer quelques semaines d'un agrément toujours nouveau dans une habitation magnifique et délicieuse, qui appartenait à Mme de La Briche, belle-sœur de Mme d'Houdetot et belle-mère de M. le comte Molé, et que nous-même, dans son extrême vieillesse, nous avons eu l'honneur d'y voir encore. Il allait à ce beau et riant château du Marais qu'aucun de ceux qui l'ont visité ne saurait oublier, et là il présidait à la représentation de quelqu'une de ses pièces. A la fois auteur, acteur, metteur en scène, il était l'âme des divertissements de la société. Or, dans la première quinzaine de septembre 1793, le château privilégié réunissait encore, au sein de sa douce et fraîche vallée, une vingtaine de personnes de tout âge, hommes, femmes, tous plus ou moins menacés, et qui, au milieu de ces idées de ruine, de prison et de mort même, dont chacun était environné alors, tâchaient d'oublier l'orage et de jouir ensemble des derniers beaux jours. Le ciel n'avait jamais été d'une sérénité plus pure, plus inaltérable. C'était, m'a raconté un témoin fidèle, une sorte d'enivrement, de bonheur mêlé d'un charme attendri, une gaieté quelquefois forcée et pourtant toujours vive. Pas un moment n'était laissé aux souvenirs; on ne se quittait point, de peur de se retrouver avec un nuage au front. Cependant, au milieu de ces plaisirs, Florian qui en était l'âme, et qui redoublait, pour en donner à chacun, les saillies de sa gaieté communicative, s'arrêtait quelquefois tout rêveur, en disant : « Croyez-moi, nous paierons bien cher ces jours heureux! » Il ajoutait que, s'il mourait, il voulait être enterré dans ce beau jardin, et il désignait même la place. Une épitaphe fut faite alors pour lui en plaisantant; un an après, elle était trop justifiée. Mis en arrestation à son tour, il mourut, comme on sait, peu après sa sortie de prison, en septembre 1794. Son organisation, délicate et faite pour le bonheur, n'avait pu résister à l'ébranlement de tant d'émotions. Il n'avait que trente-neuf ans.

Il avait terminé l'un des livres de ses *Fables* par ces vers, qui pourraient être plus forts d'expression, mais qui sont pleins de sentiment et de philosophie, et qu'il a intitulés *le Voyage* :

Partir avant le jour, à tâtons, sans voir goutte,
Sans songer seulement à demander sa route,
Aller de chute en chute, et, se traînant ainsi,
Faire un tiers du chemin jusqu'à près de midi;
Voir sur sa tête alors s'amasser les nuages,
Dans un sable mouvant précipiter ses pas,
Courir, en essuyant orages sur orages,
Vers un but incertain, où l'on n'arrive pas;
Détrompé, vers le soir, chercher une retraite,
Arriver haletant, se coucher, s'endormir,
On appelle cela naître, vivre et mourir :
La volonté de Dieu soit faite!

C'est là la véritable épitaphe de Florian, de cet homme heureux, de ce talent facile et riant, que tout favorisa à souhait dès son entrée dans le monde et dans la vie, mais qui ne put empêcher un jour l'inévitable douleur, l'antique douleur de Job, qui se renouvelle sans cesse sur la terre, de se faire sentir à lui, et de lui noyer tout le cœur dans une seule goutte d'amertume.

Lundi 6 janvier 1851.

ÉTIENNE PASQUIER.

(*L'interprétation des Institutes de Justinien,* ouvrage inédit, 1847. — *Œuvres choisies,* 1849.)

Étienne Pasquier a été, dans ces dernières années, l'objet d'études nouvelles et approfondies. M. le Chancelier Pasquier ayant recouvré un manuscrit inédit de son ancêtre, manuscrit qui contenait des explications et leçons données par Étienne Pasquier à ses petits-fils sur le Droit romain envisagé dans ses rapports avec nos vieilles Coutumes françaises, en voulut faire jouir le public, et il en confia la publication et l'édition à M. Giraud, qui est dès longtemps reconnu pour maître en ces matières. Un très-beau travail biographique et historique de M. Giraud sur Étienne Pasquier, et quelques pages aussi élevées que judicieuses de M. le Chancelier, accompagnèrent cette publication, qui offre un intérêt sérieux pour ceux même qui ne s'occupent point particulièrement du Droit. Depuis lors un professeur distingué de l'Université, M. Léon Feugère, se chargea de faire pour MM. Didot une édition portative des *Œuvres choisies* de Pasquier, et il a fait passer dans deux élégants in-18 un excellent extrait des deux in-folio de son auteur. Il y a joint à son tour un travail biographique, littéraire et même grammatical, très-soigné, qui permet de classer désormais le savant ami de Montaigne au nombre des auteurs que tout le monde peut aborder directement et suivre avec intelligence. Nous profiterons de ces travaux pour dire nous-même quelque chose du docte et digne personnage qui en a fourni le sujet.

Étienne Pasquier n'est point de ces écrivains originaux qui devancent les temps et qui font faire des miracles à leur langue maternelle. De tels écrivains en tout temps sont rares, et au XVIe siècle je n'en vois que deux qu'on puisse raisonnablement saluer à ce titre éclatant, Rabelais et Montaigne. Car, pour l'aimable traducteur Amyot, ce n'est qu'avec un peu de complaisance qu'on s'est accoutumé à l'associer d'ordinaire à ces deux grands auteurs originaux; et en ce qui est de Calvin, qui contribua certes à former la langue à la discussion, à serrer, à tremper et à raffermir dans le discours la chaîne exacte du raisonnement, ce mérite notable ne suffit pas à l'élever au-dessus des bons écrivains : il n'a point gagné sa place entre les grands. Mais, en dehors de ces génies tout individuels de Rabelais et de Montaigne, le XVIe siècle nous montre une quantité d'excellents et vigoureux esprits, de graves et énergiques personnages, qui usèrent vaillamment ou sainement des ressources de la langue à cette époque de confusion et de lutte, et qui, en l'appliquant selon les besoins divers, y mirent encore moins l'empreinte de leur génie propre que celle du parti et de la classe auxquels ils appartenaient. Ces écrivains, militaires ou magistrats, en même temps qu'ils se représentent eux-mêmes, nous représentent aussi et nous figurent les hommes de leur bord, de leur robe ou de leur camp. En Montluc, par exemple, nous trouvons un capitaine héroïque, ardent, infatigable, fanatique pour son Dieu et son roi, un croisé du XVIe siècle.

En d'Aubigné, nous trouvons un autre capitaine, intrépide, ardent, opiniâtre, non moins Gascon que l'autre, aussi attaché à son Dieu, mais malmenant un peu son roi; fidèle, mais à condition, non plus royaliste *quand même;* plus féodal, plus communal, et qui mourra républicain à Genève. A côté de ces figures rudes et mâles, une femme nous apparaîtrait, la reine Marguerite, sœur des Valois, qui nous laisse entrevoir dans ce qu'elle écrit un personnage élégant, fin, délicat, exquis, perfide, un type qui n'était point rare dans cette famille et dans ce cortége de Catherine de Médicis. D'Aubigné, calviniste opiniâtre; Montluc, catholique cruel, nous peignent les deux camps; la reine Marguerite nous peint la Cour. Mais, entre les trois, qui donc introduira le parti des honnêtes gens modérés, pacifiques, de la haute bourgeoisie instruite et saine, non fanatique et non corrompue? qui nous rendra l'opinion régnante dans l'Ordre des avocats, alors si entier et comme investi de sa première intégrité, l'esprit général de la magistrature d'alors, si stable, si courageuse et parfois si héroïque? Les l'Hôpital, les de Thou, les Pithou, voilà de grands noms assurément, et dont chacun en particulier pourrait servir d'exemple pour une démonstration; mais en français, et eu égard aux lecteurs d'aujourd'hui, nul mieux qu'Étienne Pasquier ne les représente au vif dans ses écrits, ne les développe et ne les résume commodément et avec fidélité; il offre une vie de XVIe siècle au complet, et il a exprimé cette vie dans des ouvrages encore graves et à demi familiers, dans des Lettres écrites non pas en latin, mais dans le français du temps, et avec une attention visible de renseigner la postérité. Voyons donc un peu ce qu'était un avocat et un magistrat au XVIe siècle; donnons-nous quelque idée d'une telle vie: cela réconforte et relève au milieu de tant de faiblesses qui affectent les études, les caractères et les mœurs de nos jours.

Étienne Pasquier, né à Paris en 1529, d'une famille honorablement établie, mais qu'il devait le premier illustrer, se trouva, par la date de sa naissance, en mesure de profiter de toute la science et de l'érudition qui sont propres au XVIe siècle. Quand il naquit, le premier défrichement était fait, et il ne s'agissait plus que de moissonner et de recueillir. Il étudia le Droit à Paris, sous Hotoman et sous Balduin, en 1546, et, en 1547, à Toulouse, sous le grand Cujas. Il assista aux débuts de ces maîtres célèbres, et il goûta, s'il se peut dire, ce grave enseignement dans sa nouveauté et sa fraîcheur. Il fit ensuite le voyage d'Italie, et alla entendre à Pavie et à Bologne les professeurs de Droit les plus en renom. Au retour, il débuta comme avocat au barreau de Paris (1549), et en même temps, pour occuper ses loisirs, il se livra à la poésie, à la composition littéraire, caractère qui distingue sa génération d'avocats, et Pasquier entre tous les autres : « Lorsque j'arrivai au Palais, dit-il, ne trouvant qui me mît en besogne, et n'étant né pour être oiseux, je me mis à faire des livres, mais livres conformes à mon âge et à l'honnête liberté que je portois sur le front : ce furent des Dialogues de l'Amour... »

Les Dialogues galants et amoureux, les Sonnets qu'Étienne Pasquier publia dans ces années de jeunesse, et auxquels il se reportait avec complaisance et sourire en vieillissant, ne prouvent rien autre chose que de l'esprit, de la facilité, de la subtilité ingénieuse, et on n'y trouve d'ailleurs aucun trait original qui puisse assigner rang à leur auteur parmi les vrais poëtes. Mais ce qui est remarquable et ce qui constitue en quelque sorte la partie judicieuse de ces compositions badines, c'est cette pensée qui lui était commune avec les meilleurs et les plus vaillants esprits de cette seconde génération du XVIe siècle, qu'il fallait, étant né Français, écrire *en français*. Lui, si instruit aux Lettres grecques et latines, il n'est certes pas d'avis d'*exterminer de nous ni le grec ni le latin*, mais il veut qu'on s'aide de l'un et de l'autre, selon les occasions, sans s'y réduire et s'y confiner; qu'on s'en serve seulement pour enrichir notre langu vulgaire, qui est déjà d'elle-même si en fonds. Le bon sens de Pasquier le préserva, dès le premier jour, de cet excès qui avait accompagné le triomphe de la Renaissance, et qui faisait que les doctes dédaignaient d'employer d'autre langage que celui des anciens Romains : « Les dignités de notre France, disait Pasquier, les instruments militaires, les termes de notre pratique, bref la moitié des choses dont nous usons aujourd'hui, sont changées et n'ont aucune communauté avec le langage de Rome. Et en cette mutation, *vouloir exposer en latin ce qui ne fut jamais latin*, c'est, en voulant faire le docte, n'être pas beaucoup avisé. » Aussi, pour son compte, il pourra payer son tribut de politesse et de courtoisie à la mode du temps par quelques épigrammes latines; mais la plupart de ses poésies légères, aussi bien que ses ouvrages sérieux, il les composera en français; il évitera ce travers de latinisme prolongé où l'on voit persévérer l'illustre de Thou, et qui infirmera, bien loin de l'augmenter, le succès de sa grande Histoire. Pasquier écrit en français ses doctes et utiles *Recherches de la France*; il publie en français ses *Lettres*, premier recueil de ce genre qui ait paru dans notre langue, et qui sont tout un miroir des événements, des mœurs et des opinions de son temps comme de la vie de l'auteur lui-même.

Jusqu'à l'année 1564, où Pasquier, âgé de trente-cinq ans, se trouva soudainement porté au pinacle de sa profession comme avocat, par le choix que fit de lui l'Université dans son grand procès contre les Jésuites; jusqu'à cette époque pour lui décisive, il vivait dans le travail et dans le monde, dans celui de l'Université et du Palais, ayant beaucoup d'amis et les cultivant, plaidant honorablement et avec un succès d'estime, marié depuis 1557 à une cliente reconnaissante à qui il avait fait gagner son procès. Ses Lettres, auxquelles je m'attacherai surtout ici, nous le montrent au vrai dans la succession de ses âges, dans la variété de ses goûts et la solidité diversifiée de ses études. Un caractère qui est essentiel chez lui et qu'on ne tarde pas à découvrir comme faisant le fond de son mérite, c'est une excellente *judiciaire*, ainsi qu'on disait autrefois, une appréciation juste et moyenne des choses, de quelque côté qu'il se retourne et qu'il dirige sa vue. S'agit-il de juger ses compagnons et ses amis les poëtes, Ronsard et les autres ? il est le premier à les avertir qu'ils font fausse route, s'ils n'y prennent garde; que ce qui a été d'abord un noble essor et une entreprise généreuse de quelques-uns, devient une fureur d'imitation pour la foule des écoliers; que la race en pullule; que tout devient vite une mode en France, et que cette manie *singeresse* se donne surtout carrière dans les choses qui concernent l'esprit. Il avertit Ronsard, dès l'année 1555, de ne pas se prêter comme il fait à cette pente facile par où tout périt, de ne pas courtiser et flatter ses disciples, de ne pas laisser dégénérer enfin une œuvre élevée, en un tumulte et une ovation de coterie. Je traduis légèrement Pasquier en ceci, mais je ne l'altère pas. S'agit-il du mariage ? nous retrouvons le même excellent jugement dans la manière dont Pasquier en parle avant de l'avoir contracté. Il est pour le mariage dès la jeunesse; il en traite un peu gaiement et d'un ton un peu cru parfois, mais avec sagesse et chasteté au fond. Il n'est femme si belle, pense-t-il, qui ne soit indifférente à l'homme au bout d'un an de possession, ni laideur modérée qui ne se rende tolérable aussi avec le temps : l'essentiel, selon lui, est dans les mœurs, dans leur pureté comme dans leur douceur. « Tout ainsi que les artisans n'accouplent jamais deux métaux *aigus* ensemble, » de même ne veut-il pas que les deux caractères unis soient trop de *première* trempe et trop entiers; l'un des deux doit céder à l'autre en quelque point. Pour lui, sans négliger les biens, il veut, en se mariant, s'enquérir avant tout des mœurs. Ainsi, en toutes choses, nous le voyons suivre une sorte de voie moyenne et sûre. C'est son instinct, et il en fait sa règle expresse de conduite : « Je me résous, dit-il, prendre un vol à toute la teneur de ma vie, qui ne soit *ni trop haut ni trop bas.* »

Une de ses Lettres (la 12e du livre II) nous paraît renfermer toute sa théorie littéraire, l'idéal de la langue telle qu'il la désire, et il s'y dirige d'après le même esprit de droite et moyenne raison. Pasquier, avons-nous dit, pense, contrairement à plusieurs de ses contemporains, qu'il faut écrire *en français;* mais ce français, où faut-il aller en puiser la naïveté et la pureté comme à sa source ? Quelques-uns estiment que c'est à la Cour des rois qu'on parle le mieux, et que c'est là que s'apprend le vrai français : Pasquier le nie *tout à plat.* Il trouve que le langage y est beaucoup trop amolli et trop efféminé. Est-ce donc à la Cour du Palais et au Parlement qu'il faut aller demander cette école de bonne langue? Pas davantage. Les avocats y parlent sans assez de choix, et celui qui s'applique à mieux dire est taxé par les autres d'affectation et de recherche. Où donc aller pour trouver la source pure ? « Je suis d'avis, nous dit Pasquier, que cette pureté n'est restreinte en un certain lieu ou pays, mais *éparse par toute la France.* » Il faut donc colliger en quelque sorte le bon langage, il le faut composer et rassembler de plus d'un endroit, et il nous en indique les moyens, sans négliger ce qu'on peut emprunter chemin faisant aux langues anciennes. Il applique à ce travail mixte la comparaison si naturelle de la digestion; il insiste trop cependant sur certains détails de cette digestion laborieuse. En un mot, dans tout ce qu'il dit à ce sujet, Pasquier a le bon sens, mais il n'a pas encore le bon goût. Le goût sera la dernière chose qui viendra en France; mais, quand il viendra, il sera déjà tard, et le bon sens, si propre à le fortifier et à le soutenir, se trouvera déjà affaibli. Le plein bon sens et le vrai bon goût, chez nous, n'ont jamais existé ensemble qu'à un très-court moment de la littérature et de la langue.

Pasquier veut une langue qui soit bien française de fonds, mais très-large et très-riche d'acquisitions et de dépendances. En ceci comme en tout, il suit sa ligne et fait preuve d'un sens pratique étendu. Il conseille de recourir aux vieux auteurs et de s'en nourrir pour enrichir la langue par art et science, mais sans, pour cela, se rendre *antiquaire;* c'est une affectation « qu'il faut fuir, dit-il, comme un banc ou écueil en pleine mer. » Il pense qu'il y a profit à entendre les gens de divers métiers, militaires, veneurs, financiers, et jusqu'aux simples petits artisans. Chaque profession, en effet, nourrit à sa manière de bons esprits qui trouvent, dans le sujet habituel qu'ils ont en main, des expressions heureuses, des *termes hardis* et naturels, dont un bon écrivain peut faire ensuite son profit, mais dont seul il ne se serait pas avisé. Pasquier cite de ces exemples de bonnes locutions qu'il a dues à des gens du peuple. L'un d'eux, pour exprimer qu'il était « prompt et dru à la besogne, » ajouta, en lui parlant, qu'il était *franc au trait :* « métaphore, nous dit Pasquier, qui est tirée des bons chevaux qui sont au harnois; dont je ne me fusse jamais avisé, pour n'avoir été charretier; *un pitault de village me l'apprit.* » On voit que Pasquier ferait presque comme Malherbe, qui renvoyait volontiers ceux qui le questionnaient sur la langue aux *porteurs du Port-au-Foin.* Mais Pasquier ne renvoyait pas à eux pour toute école; et, en général, la langue telle qu'il la conçoit et qu'il la dessine, est plus large et plus diverse que celle que fit ensuite prévaloir Malherbe.

En conseillant d'imiter les anciens et de les traduire, Pasquier recommande qu'on ne les traduise pas servilement, mais qu'on trouve leur équivalent en français, qu'on fasse surgir s'il se peut, à leur propos, une parole qui vienne de notre propre fonds. Lui-même il a été, en général, fidèle à ces conseils en écrivant. Il a des défauts sans doute, quelques pointes et jeux de mots, des comparaisons trop recherchées, des ressouvenirs de César, de Pompée et de Scipion, qui reviennent trop souvent, des thèses de parti-pris qui rappellent les Déclamations des anciens. Sa marche est souvent embarrassée et comme empêchée d'érudition; il est moins vif et moins court-vêtu que Montaigne, et même il l'est moins que cet habile ignorant, Philippe de Commynes. Son style est de *robe longue*, même dans ses Lettres où il ne vise point à être pompeux; mais, à tout moment, il rachète ces défauts réels, ces longueurs de phrase, par des expressions heureuses qui honoreraient Montaigne; il joint à sa gravité habituelle, à la justesse et à la prud'homie de ses pensées, un agrément qui sent le poëte dans la prose. Ce reste de poëte, insuffisant dans la pure poésie, revient à point pour égayer et comme pour fleurir ses pages sérieuses. Enfin, Pasquier, dans ses bons endroits, nous offre le plus bel *ordinaire* de la langue du XVIe siècle. Dans la chaîne de la tradition, il forme un terme moyen, un anneau solide entre les bons écrivains du XVe siècle, tels qu'Alain Chartier, et les bons écrivains du XVIIe, tels que Patru ou Bourdaloue.

Et comme correctif à ce que je viens de dire sur les quelques défauts de l'estimable prosateur, quelle plus jolie lettre, quelle plus vive et plus légère d'allégresse, que celle que Pasquier adresse à l'un de ses amis, lors de la naissance de son fils! Il est comme saisi et transporté de l'ivresse de sa nouvelle condition paternelle; son style cette fois s'allége et bondit : « *Puer nobis natus est*, s'écrie-t-il, comme dans la messe de Noël. Il me plaît de commencer cette Lettre par un passage de l'Église, à l'imitation de nos anciens avocats en leurs plaidoiries d'importance... Je suis donc *augmenté d'un enfant*, et augmenté de la façon que souhaitait un ancien philosophe, c'est-à-dire d'un mâle et non d'une fille; je dirois Parisien et non Barbare, n'étoit que ce nom sonne mal aux oreilles de tous... » Et il raconte comment, par jeu et par un reste de superstition d'érudit, il a voulu chercher l'horoscope de ce fils, en ouvrant au hasard quelque livre de sa bibliothèque. C'est Ovide qui lui est tombé sous la main, et qu'il a lu en deux ou trois endroits; et il interprète l'oracle gaiement, concluant de l'un de ces passages qu'il ne faut suivre, en matière de vertu et de maniement de fortune, ni la secte trop dissolue des épicuriens, ni celle, trop rigide et trop nue, des stoïques ou des cyniques, mais se rapporter tant qu'on peut, ici-bas, à la maxime du *sage mondain* Aristote, qui est de *jouir de la vertu en affluence de biens* : « Voilà comment, petit père, ajoute-t-il en parlant de lui-même, j'ai commencé à dorloter mon enfant. »

Les Lettres de Pasquier, qu'il commença lui-même de

publier en dix livres (1586), et qui ont été complétées après lui jusqu'au nombre de vingt-deux livres, sont d'une lecture très-instructive, plus attachante à mesure qu'on s'y enfonce, et qui nous le rend tout entier avec son monde et son époque. Les premiers livres, pourtant, sont d'un intérêt moindre; il s'amuse visiblement à imiter parmi nous Pline le Jeune ou Politien, qui ont laissé des Recueils de ce genre; il se propose des sujets, des thèmes, auxquels il se joue. Il insérera à dessein, à côté d'une lettre d'importance, un billet insignifiant, dont il a soigné la forme et le tour. Il est en ce point le devancier de Balzac, du chevalier de Méré, de cette école ingénieuse et compassée qui fit faire à la langue sa dernière année de rhétorique : la première année de cette rhétorique commence déjà sensiblement chez Pasquier. Mais bientôt, avec l'âge et le cours des événements, les sujets deviennent plus sérieux : à partir d'un certain moment, toute l'histoire et la politique de son temps y passent, et nous y assistons avec lui, c'est-à-dire par les yeux d'un témoin judicieux, éclairé, placé au meilleur point de vue, ni trop près ni trop loin de la Cour, qui ne se pique point de parler en homme d'État, mais qui apprécie et sent les choses de sa nation avec le cœur et l'intelligence de cette haute bourgeoisie, alors si intègre et si patriotique, et qui se pouvait dire le cœur même de la France. Ces Lettres sont véritablement une pièce des plus essentielles à joindre aux Mémoires du temps.

La partie politique commence avec le IVe livre des Lettres de Pasquier : on y peut suivre l'origine des troubles (1560), l'invasion, les progrès, les intermittences et redoublements successifs de cette fièvre religieuse et civile. Pasquier n'a point de parti pris à l'avance; il est bon catholique, mais sans fanatisme; il est contraire à l'introduction du culte public des Réformés, mais il n'arrive à se prononcer contre eux avec énergie que lorsqu'il a vu la Réforme, enhardie par les Édits de pacification et de tolérance, lever la tête et devenir envahissante à son tour. De tous ces princes et seigneurs qui ne parlent en sens divers que de la religion de Dieu, du service du roi, de l'amour de la patrie, « je n'en vois pas un tout seul, dit-il, qui, sous ces beaux prétextes, ne ruine totalement le royaume de fond en comble... Il seroit impossible de vous dire quelles cruautés barbaresques sont commises d'une part et d'autre : où le Huguenot est le maître, il ruine toutes les images, démolit les sépulchres et tombeaux... En contr'échange de ce, le catholique tue, *meurdrit,* noie tous ceux qu'il connoît de cette secte; *et en regorgent les rivières...* » Quant aux chefs, bien qu'ils fassent contenance de n'approuver tels déportements, Pasquier remarque qu'ils les passent aux leurs par connivence et dissimulation. Établissant des degrés dans le mal et dans la calamité publique : « La paix vaut mieux que la guerre, dit-il; la guerre qui est faite contre l'ennemi étranger est beaucoup plus tolérable que l'autre qui se fait de citoyen à citoyen : mais, entre les guerres civiles, il n'y en a point de si *aiguë,* et qui apporte tant de maux, que celle qui est entreprise pour la religion... *Il y a deux grands camps par la France...* » Il revient en maint endroit sur cette idée que, de toutes les guerres, il n'en est de pire que celle qui se fait sous voile de religion. Exposant les tentatives de conciliation du Chancelier de l'Hôpital, il les juge honorables, mais impuissantes et chimériques : « On ne parle plus que de guerre; chacun fourbit son harnois. M. le Chancelier s'en contriste : tous les autres y prennent plaisir (1561). » Il gémit de ce vertige presque universel; il sent que le peuple et la classe moyenne n'ont rien à gagner à ces querelles d'ambitieux qui se servent des passions et des croyances de tous pour arriver à leurs propres fins et se supplanter l'un l'autre : « S'il m'étoit permis de juger des coups, écrit-il, je vous dirois que c'est le commencement d'une tragédie qui se jouera au milieu de nous, à nos dépens; et Dieu veuille qu'il n'y aille que de nos bourses! » Il parle des principaux chefs et auteurs de ces maux avec mesure pourtant, et en parfaite connaissance de cause : jamais les Guise et Coligny n'ont été mieux jugés et mis en balance, vices et vertus, avec une plus impartiale équité. Lorsque le danger s'accroît et qu'il faut que les honnêtes gens se prononcent, Pasquier, malgré tout, n'hésite point; il est à son poste et conseille aux autres d'y être comme lui. Pibrac, avocat du roi, éloigné de Paris en 1567, et abrité en lieu sûr, lui fait demander s'il doit revenir à Paris et s'exposer aux hasards d'un voyage. Pasquier lui répond que si l'on pouvait librement choisir, et que si l'on était à commencer sa carrière, il faudrait appliquer ici le précepte des médecins sur la peste : Partir *tôt,* aller *loin*, et revenir *tard :* « Mais puisque chacun de nous a passé plus de la moitié de son âge, même que vous, depuis dix-sept ou dix-huit ans en çà, avez été appelé aux plus belles charges de notre robe, *il me semble qu'il nous faut résoudre de vivre et mourir comme bons citoyens avec notre État.* » Le conseil qu'il donnait là à Pibrac, il le pratiqua aussi pour lui-même : on le vit dans la seconde moitié de sa carrière, lorsqu'il eut passé du barreau dans les rangs de la haute magistrature et qu'il fut devenu avocat-général en la Cour des comptes (1585), en remplir tous les devoirs, y compris l'exil, et s'attacher invariablement à toutes les fortunes qui ballottèrent, durant la Ligue, les débris du Parlement et des Cours souveraines de la France. Il fut digne en tout d'appartenir à cette magistrature dont M. Giraud a pu si bien dire que *le* XVIe *siècle fut l'âge héroïque de son histoire*, et qui avait pour chef auguste le grand et courageux Achille de Harlay.

La théorie politique de Pasquier ressort de sa vie même et de ses divers écrits ; elle est purement et simplement celle des Parlementaires. Pasquier n'était point partisan des États-Généraux; dès l'abord, il n'augure rien de bon de ceux d'Orléans (1560) : « C'est une vieille folie qui court en l'esprit des plus sages François, qu'il n'y a rien qui puisse tant soulager le peuple que telles Assemblées : au contraire, il n'y a rien qui lui procure plus de tort pour une infinité de raisons. » Et il ne se trompait pas trop alors, eu égard aux conditions de gêne où se trouvait le Tiers-État dans ces Assemblées. Pasquier estimait que, quelques bonnes ordonnances qu'on y pût faire, ce n'étaient que *belles tapisseries qui servaient seulement de parade à une postérité*, mais que le fin du jeu était d'induire les roturiers, en les flattant, à une promesse d'impôt qu'on exigeait ensuite d'eux à toute rigueur. Les États-Généraux mis ainsi de côté, notre ancienne monarchie se définissait plus sûrement, au gré de Pasquier, une monarchie qui s'était tempérée elle-même par *ce grand et perpétuel Conseil de la France,* qu'on appelait Parlement. Était-ce le monarque qui avait expressément octroyé cette autorité première à son Parlement? Étaient-ce les anciens Parlements mêmes qui, durant les minorités, avaient graduellement établi cette autorité consentie depuis et ratifiée par le monarque? Pasquier ne pressait pas trop ces questions premières; mais pour lui, dans sa splendeur et sa plénitude actuelle, le Parlement représentait *la Majesté de la Couronne qui réside en Justice*, et qui ne meurt pas. La royauté française, en cela aimable et débonnaire entre les royautés, avait, de bon gré, voulu réduire sa puissance absolue *sous la civilité de la Loi*. Le Parlement empruntait des rois mêmes une sorte de droit *gracieux* de les avertir et de leur résister. Telle était en abrégé la théorie politique de Pasquier et celle des Parlementaires, théorie plus justifiable en fait qu'en logique, et qui eut sa pratique vivante au XVIe siècle.

D'après cette théorie, la résistance du Parlement aux volontés des rois n'excluait pas la fidélité, et en était bien plutôt au contraire l'expression la plus haute, la plus dévouée. Pasquier s'est plu à en consigner dans ses écrits quelques exemples, où l'austérité et la soumission se concilient avec grandeur et d'une manière touchante. Un jour, Louis XI, qui n'aimait guère la contradiction, envoya à son Parlement certaine Ordonnance à enregistrer, laquelle, n'étant point juste, y rencontra plusieurs refus. Le roi, dans sa colère, s'échappa à dire que si ces Messieurs s'y refusaient une dernière fois, il les ferait *tous mourir*. Mais voilà que, « le roi étant au Louvre, tout le Parlement s'achemine en robes rouges par devers lui, lequel, infiniment ébahi de ce nouveau spectacle en temps et lieux indus, s'informe d'eux de ce qu'ils lui vouloient demander. — *La mort*, Sire (répondit le seigneur de La Vacquerie, Premier Président, portant la parole pour toute la Compagnie); la *mort* qu'il vous a plu nous ordonner, comme celle que nous sommes résolus de choisir plutôt que de passer votre Édit contre nos consciences. » Pasquier, qui nous transmet cette noble tradition, ajoute : « Je crois que cette histoire est très-vraie, *parce que je la souhaite telle*,... et qu'elle soit empreinte au cœur de toute Cour souveraine.» Tels étaient les grands exemples dont on se nourrissait en ce temps-là au Palais, et qui étaient, a dit excellemment M. Giraud, les *Légendes chéries des gens de robe*.

Pasquier, dans sa mesure, imita ces beaux exemples de vertueuse et féale liberté. A peine investi par la confiance de Henri III de la charge d'avocat-général du roi en la Cour des comptes, il en usa pour s'opposer à certain enregistrement d'Édit qu'il croyait inique; et, comme il arriva qu'une grande princesse qu'il vit peu après lui fit part du mécontentement du roi, si bien disposé pour lui auparavant, Pasquier répondit, en se ressouvenant de son ancienne courtoisie galante et de sa poésie de jeunesse pour corriger la sévérité de son procédé, que ce n'étaient là que brouilleries et querelles d'amant et maîtresse; que « l'issue de ceci serait telle que d'un *amoureux*, lequel, ayant été éconduit par sa *Dame*, s'en va infiniment mal content, mais qui, revenant peu après à soi, l'aime, respecte et honore davantage; » et qu'ainsi le roi l'en regarderait bientôt de meilleur œil que devant. — C'est dans ce haut esprit de dévouement que Pasquier ne craignit pas de s'opposer à Henri IV lui-même pour l'enregistrement d'un Édit qui allait à démembrer la Cour des comptes, et cela pendant le séjour du Parlement à Tours, c'est-à-dire pendant que les magistrats loyaux partageaient les fortunes diverses du Béarnais et son exil de Paris. N'admirez-vous pas cette résistance respectueuse jusqu'en pleine fidélité? Le même homme qui va écrire une lettre d'effusion et d'ivresse au sujet de la victoire d'Ivry, une lettre qui est comme le bulletin de triomphe et le cri populaire de la joie française, cet homme croit de son strict devoir d'avocat du roi près d'une Cour souveraine, d'avertir son maître, de l'arrêter résolûment dans une de ses volontés, au risque de lui déplaire. Théorie incomplète si l'on veut, inconséquente, et qui ne saurait résister à l'exactitude du raisonnement, mais qui se recouvre de grandeur et de religion dans l'histoire, puisqu'elle a pour elle tant de beaux noms, depuis le Premier Président de La Vacquerie jusqu'à M. de Malesherbes.

Le chef et le héros de cette haute magistrature au XVIe siècle, le Premier Président Achille de Harlay, dira au duc de Guise qui le venait visiter au lendemain des Barricades, et qui le trouvait se promenant tranquillement dans son jardin : « C'est grand'pitié quand le valet chasse le maître ; au reste, mon âme est à Dieu, mon cœur est à mon roi, et mon corps est entre les mains des méchants : qu'on en fasse ce qu'on voudra ! » C'est ainsi que parlaient de la royauté, dans le péril et en face de l'ennemi, ceux qui lui résistaient en face à elle-même. Mais c'est là l'idéal, et l'idéal ici-bas ne se réalise tout au plus qu'un instant. Certes, si quelque chose était capable en France de contre-balancer l'impétuosité et l'impatience particulière à la nation, à la noblesse comme au peuple même, de créer à temps ce *respect de la loi* qui est comme un sens public qui nous manque et qui est aboli en nous, c'était ce Corps intègre, tenant un *milieu magistral*, ce Corps de politiques encore croyants, bons chrétiens et catholiques sans être ultramontains, royalistes loyaux et fervents sans être courtisans ni serviles. Il y avait là-dedans un principe organique qui semblait fait pour donner vie et consistance à une classe moyenne, à cette classe que nous avons vue essayer mainte fois de se constituer et de se reformer depuis sous divers noms, mais qui n'a plus su retrouver solidité en elle, ni moralité élevée. Cette classe, qui eut son premier jour d'avénement et de triomphe avec Henri IV, avait alors sa religion dans l'âme de la magistrature française au XVIe siècle. Mais, au XVIIe, tout se gâta. On eut des minorités turbulentes, suivies de régimes absolus et presque despotiques. La vertu, la gravité, la fidélité du Parlement, firent surtout naufrage dans la Fronde. Malgré le grand nom de Mathieu Molé, cette majesté jusque-là inviolable s'éclipsa. Louis XIV asservit le Parlement, Louis XV le craignit : « Vous ne savez pas ce qu'ils font et ce qu'ils pensent, disait-il à ses intimes, *c'est une assemblée de républicains...* » A ce moment, la théorie en question, qui avait besoin d'une condescendance, d'une confiance et d'une foi réciproque, cette théorie où il entrait, on l'a vu, je ne sais quelle illusion platonique, était totalement perdue; il n'y eut plus après que de grands et beaux noms qui jusqu'à la fin, et en présence de l'échafaud, attestèrent les races généreuses.

Je n'ai pu que choisir, en courant, quelques points dans la carrière de Pasquier, dans cette existence si remplie et qui prêterait pour l'étude à tant d'aspects différents. Si l'on voulait raconter sa vie (ce que viennent de faire si bien ses derniers biographes), il faudrait parler en détail de son plaidoyer pour l'Université contre les Jésuites, et de la longue guerre où ce premier acte l'engagea, lui et sa postérité. Si l'on voulait s'égayer, il faudrait rappeler l'histoire de cette fameuse *Puce* que, pendant la tenue des Grands-Jours de Poitiers (1579), Pasquier aperçut, un matin qu'il la visitait, sur le sein de la belle Mlle Des Roches, et qui fournit matière à tout un volume de vers plus ou moins anacréontiques, grecs, latins et français, gentillesse et récréation des graves sénateurs. On n'oublierait pas non plus ces fameuses *Ordonnances* d'amour, qui n'ont pas dû trouver place dans les Œuvres complètes de Pasquier, et qui sont comme les saturnales extrêmes d'une gaillardise d'honnête homme au XVIe siècle. Les longs travaux et les années d'épreuves, quelques pertes même domestiques au sein de sa nombreuse famille, n'avaient en rien amorti l'esprit de Pasquier ni chagriné son humeur. Après avoir été trente-six ans avocat plaidant, et pendant dix-neuf autres années avocat du roi, il se démit de tout emploi public et entra dans la retraite à l'âge de soixante-quinze ans (1604). Il s'y retrouva vif, enjoué, ressaisi de l'amour des vers, des épigrammes latines ou françaises, et s'en égayant, comme autrefois, au milieu des lectures sévères. Une lettre admirable de lui, et qui le peint dans la sérénité de son rajeunissement final, est celle qu'il adresse à Achille de Harlay, retiré également des charges publiques, sur les douceurs de la retraite, sur les charmes d'une étude paisible et variée, désormais toute confinée à l'intérieur du cabinet, et dont on se dit qu'on ne sortira plus : « J'ai d'un côté mes livres, ma plume et mes pensées ; d'un autre, un bon feu tel que pouvoit souhaiter Martial quand, entre les félicités humaines, il y mettoit ces deux mots : *focus perennis*. Ainsi me dorlotant de corps et d'esprit..., etc. » Et il continue cette description aimable et souriante dans un style égayé qui tient à la fois de l'Amyot et du Montaigne. Achille de Harlay lui envoyait en retour quelque sonnet, lequel ne vaut pas tout à fait sa sublime parole au duc de Guise. Mais qui ne sourirait d'un sourire d'attendrissement à voir les joies dernières et pures de ces grandes âmes innocentes ?

C'est dans le calme de ces derniers jours que Pasquier, plus qu'octogénaire, dicta, à l'usage de deux de ses petits-fils, les leçons de Droit que M. Giraud nous a mis à même d'apprécier. En prenant pour texte et pour point de départ les Institutes de Justinien, le savant vieillard se montre attentif à saisir toutes les analogies ou même les oppositions qui peuvent se rencontrer entre l'ancien Droit romain et notre vieux Droit coutumier ; il éclaire, il explique l'un par l'autre, à l'aide d'un rapprochement continuel qu'il orne et relève d'érudition, et qui ne manque pas, jusqu'à un certain point, d'agrément. Ici encore on le retrouve fidèle à son esprit de voie moyenne et de prudence pratique élevée. En Droit comme en toute chose, Pasquier suit ce grand chemin de raison qui ne donne dans aucun extrême. Il est de la Renaissance romaine avec force, mais avec mesure. En face de ceux qui veulent abuser de l'autorité étrangère en France, il maintient énergiquement tout ce qui est du *vrai et naïf* Droit national; de même qu'en face de ceux qui, par une autre superstition, abondent dans le sens de la Coutume, il se plaît à relever les décisions de l'antique Jurisprudence. En un mot, il tient le milieu entre les purs *romanistes* et l'école *coutumière*, subordonnant le tout au contrôle du *sens commun*, qui est en définitive la règle suprême. C'est assez en dire pour montrer qu'en Droit comme en religion, comme en politique, comme en littérature et en grammaire même, Étienne Pasquier fut d'accord avec les instincts et les données de sa nature, et qu'il remplit toute sa vocation. S'il ne sortit pas des horizons de son temps, on peut observer à son honneur qu'il les embrassa tout entiers. Venu dans une forte époque, mais pleine de conflit et de confusion, il nous offre, à travers quelques défauts de forme et de goût, l'exemple de l'un des plus excellents, des plus solides et des plus ingénieux entre les esprits modérés.

Ce serait ne pas tout rendre à sa mémoire que de ne pas remarquer que cette qualité du *judicieux*, si essentielle en lui, et qu'il possédait avec tant de plénitude et d'étendue, est celle aussi qui a reparu comme un trait distinctif et comme une ressemblance de famille chez le dernier et le plus illustre de ses descendants. Un *ju-*

dicieux tempéré d'*aimable*, — M. le Chancelier Pasquier, âgé de plus de quatre-vingts ans et dans la retraite, nous explique en quelque chose ces heureuses qualités de son ancêtre.

Lundi 13 janvier 1851.

LES MÉMOIRES

DE

SAINT-SIMON.

Aucune littérature n'est plus riche en Mémoires que la littérature française : avec Villehardouin, à la fin du XIIe siècle, commencent les premiers Mémoires que nous possédions en français. Notre prose s'y montre déjà avec des qualités simples, droites et naturelles qui lui resteront acquises, et avec des tons de grandeur épique qu'elle ne gardera pas toujours. Après Villehardouin, qui demeure comme le premier monument à l'horizon, on a, même dans ces vieux siècles, une succession d'admirables tableaux d'histoire tracés par des témoins et des contemporains, Froissart, Commynes, et d'autres après eux. On arrive ainsi, par une série non interrompue de récits mémorables, jusqu'aux époques de Louis XIII et de Louis XIV, si riches en ce genre de productions et de témoignages. Avec les Mémoires du Cardinal de Retz, il semblait que la perfection fût atteinte, en intérêt, en mouvement, en analyse morale, en vivacité de peinture, et qu'il n'y eût plus rien à espérer qui les dépassât. Mais les Mémoires de Saint-Simon sont venus et ils ont offert des mérites d'ampleur, d'étendue, de liaison, des qualités d'expression et de couleur, qui en font le plus grand et le plus précieux corps de Mémoires jusqu'ici existant. L'auteur, en les terminant, a eu vraiment le droit d'en juger comme il l'a fait : « Je crois pouvoir dire qu'il n'y en a point eu jusqu'ici qui aient compris plus de différentes matières, plus approfondies, plus détaillées, ni qui forment un groupe plus instructif ni plus curieux. »

Ces vastes Mémoires, qui n'ont paru au complet qu'en 1829-1830, étaient dès longtemps connus et consultés par les curieux et les historiens; Duclos et Marmontel s'en sont perpétuellement servis pour leurs Histoires de la Régence. On voit Mme Du Deffand, dans ses Lettres à Horace Walpole, tout occupée des Mémoires de Saint-Simon, qu'elle se fait lire : le duc de Choiseul lui avait prêté, par faveur, le manuscrit déposé aux Affaires étrangères. Elle en parle sans cesse, et ses impressions varient dans le courant même de la lecture. Elle les trouve simplement amusants d'abord, « quoique le style en soit *abominable,* dit-elle, et les portraits *mal faits,* » c'est-à-dire jetés comme à la brosse et en couleurs étranges. Mais bientôt le sentiment de vérité l'emporte; elle est saisie; elle est désespérée que Walpole ne soit pas là près d'elle pour jouir de cette incomparable lecture : « Vous y auriez des plaisirs infinis, lui écrit-elle coup sur coup de Saint-Simon, des plaisirs *indicibles; il vous mettrait hors de vous.* » Voilà le vrai et l'effet que font ces Mémoires à tous ceux qui les lisent avec continuité; ils vous mettent *hors de vous,* et vous transportent bon gré mal gré au milieu des personnages et des scènes vivantes qu'ils retracent.

Cependant l'existence de ces Mémoires était un épouvantail pour bien des gens qui s'y savaient maltraités, eux et les leurs, et marqués en traits de feu. Voltaire, qui avait peint le Siècle de Louis XIV avec tant de talent et de charme, mais en beau, et qui fut averti des contradictions que l'autorité de Saint-Simon pouvait lui susciter un jour, avait conçu le dessein de réfuter quelques parties de ces Mémoires. Dans son dernier voyage à Paris, et au moment de sa mort, il était occupé de cette réfutation. Mais il me semble qu'en ce qui touchait le siècle de Louis XIV, Voltaire apportait des dispositions plus patriotiques que véridiques. Parlant de certaines pièces, de dépêches de Chamillart qu'il avait eues entre les mains et qui eussent été capables de déshonorer le ministère depuis 1701 jusqu'en 1709, Voltaire écrivait au maréchal de Noailles (1752) : « J'ai eu la discrétion de n'en faire aucun usage, plus occupé de ce qui peut être glorieux et utile à ma nation que de dire des vérités désagréables. » Ce point de vue est loin d'être celui de Saint-Simon, dont on a dit avec raison qu'il était « curieux comme Froissart, pénétrant comme La Bruyère, et passionné comme Alceste. »

Saint-Simon, né en janvier 1675, d'un père déjà vieux, ancien favori de Louis XIII, et qui devait à ce prince toute sa fortune; élevé par une mère vertueuse et distinguée, manifesta de bonne heure un goût inné pour la lecture, et pour celle de l'histoire en particulier. En lisant les Mémoires historiques qu'on avait depuis François Ier, il conçut presque dès l'adolescence, l'idée de consigner par écrit à son tour et de faire revivre après lui tout ce qu'il verrait, avec la résolution bien ferme d'en garder, sa vie durant, le secret *à lui tout seul*, et de laisser dormir son manuscrit *sous les plus sûres serrures*; prudence rare dans un jeune homme, et qui est déjà un grand signe de vocation. Il commença donc ses Mémoires en juillet 1694, étant à l'armée, et à l'âge de dix-neuf ans. Il ne cessa, depuis lors, d'écrire et d'épier, dans cette vue, tout ce qu'il pourrait savoir, apercevoir et deviner des choses de son temps. Aussi, lorsque plus tard, dans la retraite, il mit la dernière main et donna la dernière forme à ses Mémoires, ce fut sur des pièces précises et sur des minutes de chaque jour qu'il travailla. On ne saurait donc alléguer, pour infirmer son autorité de témoin, qu'il ne rédigea ses Mémoires que tard et d'après des souvenirs lointains et combinés.

La vie politique et publique de Saint-Simon est assez simple, et mériterait à peine une mention, s'il n'avait pas été observateur et historien. Il entra jeune au service, et s'en retira assez vite après quelques campagnes, à l'occasion d'un passe-droit qu'on lui fit. Marié à la fille du maréchal de Lorge, vivant vertueusement et à la fois dans le plus grand monde, il se montrait, en toute occasion, très-jaloux de soutenir les prérogatives attachées au rang de *Duc et Pair*; il s'engagea, à ce propos, dans plusieurs procès et contestations qu'il soutint avec chaleur, et qui lui donnaient, de son temps même, une légère teinte de manie et de ridicule. Très-lié, malgré sa vertu, avec le duc d'Orléans, futur Régent, il tint ferme pour lui dans les infâmes accusations qui le poursuivirent, et il eut ensuite une influence très-réelle et très-active dans les premières mesures de la Régence. Son seul coin d'action historique est à ce moment. Il travailla de toute sa force alors à relever le crédit de la Noblesse, qu'il personnifiait dans la classe et l'espèce des *Ducs et Pairs*, à rabaisser d'une part la Robe et le Parlement, et de l'autre à précipiter de leur rang usurpé les bâtards légitimés de Louis XIV, qui lui étaient son grand cauchemar et son monstre le plus odieux. Après quoi il eut temporairement une ambassade honorifique en Espagne; puis il entra dans la retraite, où il ne mourut qu'en 1755, à l'âge de quatre-vingts ans.

A propos d'une de ces querelles d'étiquette et de prérogative que Saint-Simon souleva, Louis XIV ne put s'empêcher de remarquer « que c'était une chose étrange que, depuis qu'il avait quitté le service, M. de Saint-Simon ne songeât qu'à étudier les rangs et à faire des procès à tout le monde. » Saint-Simon était possédé sans doute de cette manie de classer les rangs, mais, surtout et avant tout, de la passion d'observer, de creuser les caractères, de lire sur les physionomies, de démêler le vrai et le faux des intrigues et des divers manéges, et de coucher tout cela par écrit, dans un style vif, ardent, inventé, d'un incroyable jet, et d'un relief que jamais la langue n'avait atteint jusque-là. « Il écrit *à la diable* pour l'immortalité, » a dit de lui Chateaubriand. C'est bien cela, et mieux que cela. Saint-Simon est comme l'espion de son siècle ; voilà sa fonction, et dont Louis XIV ne se doutait pas. Mais quel espion redoutable, rôdant de tous côtés avec sa curiosité affamée pour tout saisir ! « J'examinais, moi, tous les personnages, *des yeux et des oreilles*, » nous avoue-t-il à chaque instant. Et ce secret, qu'il cherche et qu'il arrache de toutes parts, jusque dans les entrailles, il nous le livre et nous l'étale, je le répète, dans un langage parlant, animé, échauffé jusqu'à la furie, palpitant de joie ou de colère, et qui n'est autre souvent que celui qu'on se figurerait d'un Molière faisant sa pâture de l'histoire.

Saint-Simon n'a jamais pu entrer avec utilité, a-t-on dit, dans le train des affaires de ce monde et dans le maniement des choses de son temps. Je le crois bien : il y a un degré d'incisif dans l'observation, de révolte dans l'impression morale, et de fougue dans le talent, qui exclut l'adresse et le ménagement politique. On n'est propre alors en définitive qu'à une chose, à noter, à connaître et à juger ce que les autres font. Et à lui, il lui était réservé de le dire et de l'imprimer pour la postérité d'une manière unique.

Un écrivain et un confrère que j'honore infiniment pour son esprit sérieux et élevé comme son caractère, M. de Noailles, dans son *Histoire de Madame de Maintenon* (tome I, p. 285), s'est porté pour adversaire de Saint-Simon, et a articulé contre lui des accusations et imputations qu'il m'est impossible d'admettre dans la généralité où il les pose. Si M. le duc de Noailles n'a voulu qu'exercer contre Saint-Simon des représailles sévères pour la manière injurieuse et haineuse dont celui-ci a parlé du maréchal de Noailles son ancêtre et de Mme de Maintenon, il n'y a rien là-dedans que d'excusable et de légitime jusqu'à un certain point : ce sont des querelles de famille où nous n'avons pas à entrer. Mais si c'est un jugement impartial, désintéressé et historique, que M. de Noailles a prétendu porter, comme cela était si digne de son esprit, je me permets de croire qu'il n'a pas rendu à Saint-Simon l'éclatante justice que ce grand observateur et peintre mérite à tant d'égards, et particulièrement pour la *bonne foi*, pour la *probité*, pour l'*amour de la vérité* qui se fait jour jusque dans ses erreurs et ses haines, et pour un certain *courage d'honnête homme* dont on ne voit pas que, jusqu'en ses excès, il ait manqué jamais.

Il y a deux manières de prendre les choses et les personnages du monde et de l'histoire : ou bien de les accepter par leurs surfaces, dans leur arrangement spécieux et convenu, dans leur maintien plus ou moins noble et grave; et cette première vue est facile, presque naturelle, quand il s'agit d'époques comme celle de Louis XIV, auxquelles le décorum a présidé. C'est en ce sens qu'ont parlé de ce noble règne, et Voltaire lui-même, et M. de Bausset, l'historien de Bossuet et de

Fénelon, et d'autres encore. Le grand moraliste La Rochefoucauld a défini la *gravité* de certaines gens, *un mystère du corps inventé pour cacher les défauts de l'esprit*. Et, en effet, la plupart des personnages qui ont cette gravité apparente redoutent à bon droit la familiarité; ils craignent, en se laissant approcher de trop près, qu'on ne les *tâte*, pour ainsi dire, au défaut de la cuirasse, et qu'on ne sente par où ils fléchissent. Il en est de même de certaines époques; et, vers la fin, le règne de Louis XIV avait grand besoin de cette sorte de gravité et de cérémonial à distance, pour se défendre contre les esprits trop perçants. Mais il y a, pour ces derniers, une autre manière bien autrement vraie de saisir les gens et les personnages en scène, de les fouiller et de les sonder quoi qu'ils en aient, de les mettre à jour et de les démasquer impitoyablement. Demandez ce secret et cet art de déshabiller les gens et de les retourner du dedans au dehors, bien moins encore aux historiens proprement dits qu'aux moralistes et aux peintres de la nature humaine, sous quelque forme qu'ils en aient donné le tableau, et s'appelassent-ils Molière, Cervantes ou Shakspeare, tout aussi bien que Tacite. Or, ce mélange intime du moraliste et du peintre avec l'historien constitue l'originalité de Saint-Simon, et se démontre de soi-même dans l'immense fresque historique qu'il nous a laissée.

Prenons-le à l'origine de ses Mémoires. Il commence dans l'*Introduction* par se demander sérieusement, sincèrement, et avec une inquiétude presque naïve, s'il est permis d'écrire et de lire l'histoire, particulièrement celle de son temps. Pour se rendre compte en lui de cette question assez singulière et de ce scrupule, il faut se rappeler que Saint-Simon était religieux, chrétien croyant, fervent et pratique; qu'il allait souvent en retraite à la Trappe, dans l'intervalle de ses contestations nobiliaires et de ses médisances. Il a beau être passionné, il sent bien à quel point la charité peut sembler incompatible avec la vue réelle et l'exposé inexorable de la nature humaine et des choses de l'histoire envisagées, comme il fait, par le revers de la tapisserie : « Une innocente ignorance, se demande-t-il, n'est-elle pas préférable à une instruction si éloignée de la charité? » Mais il répond hardiment et comme il sied à une nature généreuse. Après avoir mis assez adroitement le Saint-Esprit de son côté, puisque le Saint-Esprit lui-même n'a pas dédaigné de dicter les premières histoires, il en conclut qu'il est permis de regarder autour de soi, d'avoir pour soi-même cette charité bien ordonnée qui consiste à ne pas rester, en présence des intrigants, à l'état d'aveugles, d'*hébétés* et de *dupes continuelles* : « Les mauvais qui, dans ce monde, ont déjà tant d'avantages sur les bons, en auraient un autre bien étrange contre eux s'il n'était pas permis aux bons de les discerner, de les connaître, par conséquent de s'en garer... » Enfin, la charité, qui impose tant d'obligations, ne saurait imposer « celle de ne pas voir les choses et les gens tels qu'ils sont. » Cela dit, et se croyant en mesure de prendre tout son plaisir sans trop de péché, il se lance dans sa voie, et définit admirablement l'histoire telle qu'il la conçoit, dans toute son étendue, ses embranchements, ses dépendances, et avec la moralité finale qu'on en peut tirer, si après tout un véritable esprit religieux s'y mêle; car, de cette multitude de gens qui en sont les acteurs, remarque-t-il, « s'ils eussent pu lire dans l'avenir le succès de leurs peines, de leurs sueurs, de leurs soins et de leurs intrigues, tous, *à une douzaine près* tout au plus, se seraient arrêtés tout court dès l'entrée de leur vie, et auraient abandonné leurs vues et leurs plus chères prétentions, » reconnaissant qu'il n'y a ici-bas rien que néant et que vanité.

Saint-Simon, haineux comme il est par accès, et si acharné contre ceux qu'il pourchasse, a-t-il rempli tout ce qu'il se promettait? A-t-il su se défendre des passions qui altèrent dans son principe l'austère charité telle qu'il la définit, et la disposition équitable du juge? Non pas, assurément. Mais qu'on lise, aussitôt après l'*Introduction*, les quatre ou cinq pages qui terminent son dernier volume, sous le titre de *Conclusion :* il s'y rend justice hardiment, en même temps qu'il y glisse un *Meâ culpâ* sincère. La vérité, s'écrie-t-il, il l'a eue en vue jusqu'à lui sacrifier toutes choses : « C'est même cet amour de la vérité qui a le plus nui à ma fortune; je l'ai senti souvent, mais j'ai préféré la vérité à tout, et je n'ai pu me ployer à aucun déguisement; je puis dire encore que je l'ai *chérie* jusque contre moi-même. » Pourtant, s'il redresse si haut la tête sur ce chapitre de la vérité, il convient que l'impartialité n'a pas été son fait; il sent trop vivement pour cela : « On est charmé, dit-il, des gens droits et vrais; on est irrité contre les fripons dont les Cours fourmillent; on l'est encore plus contre ceux dont on a reçu du mal. Le stoïque est une belle et noble chimère. Je ne me pique donc pas d'impartialité, je le ferais vainement. » Ainsi, qu'on s'attende chez lui à ce que la louange et le blâme coulent *de source*, et selon qu'il est affecté. Sa seule prétention, en ce qu'il écrit, c'est que, somme toute, la vérité surnagera même à la passion, et que, sauf tel ou tel endroit où la nature en lui est en défaut, le *tissu* même de ses Mémoires rendra témoignage de sincérité et de franchise dans son ensemble.

Voilà l'honnête homme dans Saint-Simon, et avec les restrictions qu'on vient de lire, la part faite des préventions et des antipathies invincibles, rien dans ce qu'il a écrit ne le dément. Et tout d'abord, parlant de son propre père qu'il vient de perdre, et le dépeignant dans un sentiment filial plein d'élévation et de noblesse, que dira-t-il? Il ne craindra pas de nous le montrer, à un moment, comme s'offrant à Louis XIII pour un message des moins honorables auprès de Mlle d'Hautefort, et rappelé à l'ordre par le roi même. D'ailleurs, tout ce portrait de son père est d'une grande hauteur. S'il se trompe et s'abuse en faisant de lui une manière de dernier grand seigneur féodal, en le donnant comme issu du plus noble sang et, au moins par les femmes, de la lignée de Charlemagne, cette illusion devient un principe de générosité et de vertu. Les pages où il nous montre ce vieillard, fidèle jusqu'au bout à la mémoire de Louis XIII, ne manquant jamais tous les ans d'aller au service funèbre du feu roi, à Saint-Denis, le 14 de mai, et s'indignant vers la fin d'y être *tout seul;* ces pages respirent une véritable éloquence de cœur et sentent la magnanimité de race. Saint-Simon, ce fils d'un favori de Louis XIII, avait de la noblesse une idée grandiose, antique, conforme à l'indépendance primitive, et, chose bizarre! après Richelieu et sous Louis XIV, il rêvait pour elle un rôle législatif dans l'État, tel qu'elle eût pu l'avoir du temps de Clovis ou de Pepin.

Les premiers récits de Saint-Simon sont ceux de ses campagnes : il débute par le siége de Namur (1692). Ses premières descriptions ont de la fraîcheur et de la vie : le Monastère de Marlaigne près de Namur nous apparaît aussitôt, avec ses ermitages et son paysage, d'une façon dont les choses naturelles n'ont pas coutume de se montrer à nous sous Louis XIV. Saint-Simon ne peut s'empêcher de regarder tout ce qui se présente et de peindre tout ce qu'il voit. Son capitaine Maupertuis, son ami Coesquen, sont touchés en quelques traits heureux, et, en la personne de Maupertuis, il commence déjà à critiquer et à démolir la noblesse de ceux dont il parle, ce qu'il fera ensuite continuellement. Et, en effet, presque toutes ces noblesses si vantées, à y regarder de près, sont (même nobiliairement parlant) des suppositions et des chimères. Mais ce n'est que lors du mariage de son ami le duc de Chartres, le futur Régent, avec une des filles bâtardes de Louis XIV, que la curiosité de Saint-Simon s'avoue tout entière et se déclare : « Il m'en avait depuis quelques jours transpiré quelque chose (de ce mariage), et, comme je jugeai bien que les scènes seraient fortes, la curiosité me rendit fort attentif et assidu. » Louis XIV et sa majesté *effrayante* qui impose à toute sa famille, la faiblesse du jeune prince qui, malgré sa résolution première, consent à tout, la fureur de sa mère, l'orgueilleuse Allemande, qui se voit obligée de consentir elle-même, et qui nous est montrée, son mouchoir à la main, se promenant à grands pas dans la galerie de Versailles, « gesticulant et représentant bien Cérès après l'enlèvement de sa fille Proserpine; » le soufflet vigoureux et sonore qu'elle applique devant toute la Cour à M. son fils, au moment où il vient lui baiser la main, tout cela est rendu avec un tour et un relief de maître. Le peintre est déjà dans le plein de sa veine et dans la largeur de sa manière. Les Princes Lorrains, ces instruments infâmes, employés auprès de Monsieur pour le faire acquiescer à ce mariage déshonorant, y sont qualifiés comme ils le méritent. Saint-Simon n'appartient point à cette école française, discrète, imitatrice, esclave de la ville ou de la Cour, et qui, avant de lâcher une expression, s'informe si c'est convenable et usité. Il a la franchise des Gaulois, ou, si l'on veut, des vieux Franks. Je ne sais qui a dit de Saint-Simon que quand il écrit mal, et quand il force les termes il est déjà dans la langue le premier des Barbares. Non, Saint-Simon, même alors, n'est en réalité que le dernier venu des conquérants.

A toute page, chez lui, les scènes se succèdent, les groupes se détachent, les personnages se lèvent en pied et marchent devant nous. On marie le duc du Maine; M. de Montchevreuil, qui avait été son gouverneur, demeure auprès de lui en qualité de gentilhomme de sa Chambre : « Montchevreuil, dit-il, était un fort honnête homme, modeste, brave, mais des plus épais. Sa femme, qui était Boucher-d'Orsay, était une grande créature, maigre, jaune, *qui riait niais*, et montrait de longues et vilaines dents, dévote à outrance, d'un maintien composé, et à qui il ne manquait que la baguette pour être une parfaite fée. Sans aucun esprit, elle avait tellement captivé Mme de Maintenon, etc. » Tout est ainsi, tout parle et se voit, et chacun se trouve traduit au vif dans sa nature. Un personnage, comme dans le monde, en amène un autre; on accoste, on est accosté; on fend comme on peut la presse. On assiste, et en étouffant par moments, à cette comédie perpétuelle et qui ne cesse pas. Grand peintre d'histoire, Saint-Simon excelle à rendre les individus en pied, les groupes, les foules, à la fois le mouvement général et le détail particulier à l'infini : il a ce double effet et du détail et des ensembles. Son histoire est une fresque à la Rubens, jetée avec une fougue de pinceau qui ne lui permet pas de dessiner soigneusement et d'arrêter sa ligne avant de peindre: mais les physionomies, tant il en est plein, n'en ressortent que plus chaudement. Son œuvre est comme une vaste *Kermesse* historique dont la scène se passe dans la galerie de Versailles. Le peintre abonde et surabonde; il nage et s'en donne partout à cœur joie. Il n'a pas la discrétion de la ligne, et en cela l'artiste en lui fait défaut. Il le sent, et il en demande excuse tout à la fin : « Je ne fus jamais un sujet *académique*, dit-il, je n'ai pu me défaire d'écrire rapidement. » S'il avait voulu retoucher et corriger, il aurait gâté et estropié son œuvre; il a bien fait de la laisser telle, vaste, mouvante, et un peu exorbitante en bien des points.

Devant une peinture de pareille dimension, il faut choisir; je prendrai de préférence deux grandes scènes, pour y démontrer quelques-unes des hautes qualités de Saint-Simon. L'une de ces scènes sera le tableau qu'il trace de la Cour au moment de la mort de Monseigneur, fils de Louis XIV. La seconde scène, qui signale en quelque sorte le plus beau jour de la vie de Saint-Simon, sera celle du Lit de Justice, où fut consommée sous la Régence la dégradation du duc du Maine et la ruine légale des bâtards légitimés.

Dans les deux scènes, Saint-Simon n'est pas un pur curieux; il est intéressé dans l'une et dans l'autre. Mais, dans la première de ces scènes, la passion qu'il y porte ne sort pas de certaines bornes; il y reste encore moraliste et peintre avant tout, et il ne s'y montre pas, comme dans la seconde, avec les excès, les vices, et, si je puis dire, les férocités de sa nature vindicative.

On est en avril 1711, et la famille royale est encore au complet, lorsque tout à coup on apprend que le fils de Louis XIV, Monseigneur, gros homme d'une cinquantaine d'années, et à qui le trône semblait destiné prochainement selon l'ordre naturel, vient de tomber dangereusement malade à Meudon. A l'instant toutes les ambitions, les craintes, les espérances des courtisans s'éveillent et se déclarent. Saint-Simon est sincère et véridique, et ici il va nous prouver par ses aveux qu'il sait *chérir* la vérité au besoin jusque contre lui-même. Il était mal avec Monseigneur et avec ses entours; aussi cette nouvelle soudaine du danger où se trouvait le malade lui fut tout d'abord des plus agréables; il le confesse sans hypocrisie : « Je passai, dit-il, la journée dans un mouvement vague de flux et de reflux, tenant l'honnête homme et le chrétien en garde contre l'homme et le courtisan. » Mais il a beau faire et se tenir de son mieux, l'homme naturel l'emporte, et il se laisse aller à des espérances riantes d'avenir; car il était très-bien avec la petite Cour du duc de Bourgogne, lequel, par la mort de son père, se trouvait ainsi à la veille de régner. Tandis que Monseigneur se meurt à Meudon, « Versailles, dit Saint-Simon, présentait une autre scène. M. et Mme la duchesse de Bourgogne y tenaient ouvertement la Cour, et cette Cour *ressemblait à la première pointe de l'aurore.* » Pendant cinq jours on reste dans ces fluctuations et ces incertitudes dont il ne nous laisse rien perdre. Enfin le malade, qui semblait mieux, a une rechute et meurt. On apprend à Versailles cette extrême agonie, et, à l'instant, toute la Cour se porte d'un flot chez la duchesse de Bourgogne pour y adorer le soleil levant. C'est ici que commence chez Saint-Simon un tableau qui surpasse tout ce qu'on peut imaginer de la sagacité d'observation et du génie d'expression en matière humaine. Saint-Simon, au premier bruit de la rechute et de l'agonie, court donc chez la duchesse de Bourgogne, et y trouve tout Versailles rassemblé, les dames à demi habillées, les portes ouvertes, un pêle-mêle confus, et une des occasions les plus belles qu'il ait jamais rencontrées de lire à livre ouvert dans les physionomies des acteurs : « Ce spectacle, dit-il, attira toute l'attention que j'y pus donner parmi les divers mouvements de mon âme. » Et il se met à exercer sa faculté de dissection et d'analyse sur chaque visage en particulier, en commençant par les deux fils du moribond, par leurs épouses, et ainsi par degrés sur tous les intéressés :

« Tous les assistants, dit-il avec une jubilation de curieux qui ne se peut contenir, étaient des personnages vraiment expressifs, il ne fallait qu'*avoir des yeux*, sans aucune connaissance de la Cour, pour distinguer *les intérêts peints sur les visages*, ou le néant de ceux qui n'étaient de rien; ceux-ci tranquilles à eux-mêmes; les autres pénétrés de douleur, ou de gravité et d'attention sur eux-mêmes pour cacher leur élargissement et leur joie. »

En disant qu'il suffisait d'*avoir des yeux* pour lire toutes ces diversités d'intérêts sur les visages, Saint-Simon prête aux autres quelque chose de sa propre sagacité. Il oublie que cette sagacité, poussée à ce degré, est un don qui, heureusement, n'a été accordé qu'à un petit nombre. Autrement, s'il était donné à tous de lire si aisément dans les cœurs et de pénétrer les motifs cachés, la plupart des liaisons, des amitiés, et la sûreté même du commerce social, y périraient. Car un tel don est difficile à ménager et à conduire avec prudence, avec discrétion, et en n'en abusant jamais. Salomon a dit quelque part dans le livre des *Proverbes* : « Comme on voit se réfléchir dans l'eau le visage de ceux qui s'y regardent, ainsi les cœurs des hommes sont à découvert aux yeux des sages. » Mais il est difficile de rester prudent et sage quand on lit à ce degré jusqu'au fond dans l'âme des autres hommes; il est difficile, même lorsqu'on n'en abuserait point pour des fins intéressées et sordides, de ne point haïr, de ne point mépriser, de ne point marquer ses propres antipathies et ses instincts; et le faible de Saint-Simon comme homme, de même qu'une partie de sa gloire comme peintre, est de s'être livré avec passion et flamme à tous les mouvements de réaction que cette seconde vue, dont il était doué, excitait en lui.

Saint-Simon arrive donc au milieu de toute cette foule en déshabillé, qui lui est la plus agréable des fêtes. Il confesse encore une fois ses propres sentiments secrets sur cette mort de Monseigneur; comme on n'en était encore qu'à savoir l'agonie, il n'est pas complétement rassuré : « Je sentais malgré moi, dit-il, un reste de crainte que le malade en réchappât, et j'en avais une extrême honte. » Il n'y a point d'homme en qui, s'il était bien connu, il n'y ait, à certains moments, de quoi le faire rougir. Saint-Simon le sait, et il le prouve par lui-même. Cela dit, et sa propre confession faite, il arrive délibérément à celle des autres, et il entame en toute conscience cette espèce de dissection universelle, cette ouverture impitoyable des âmes, qui le fait ressembler, au milieu de cette foule éparse, à un loup qui serait entré dans la bergerie, ou encore à un chien de meute qui serait à la curée.

A une certaine heure de la nuit, et la nouvelle positive de la mort s'étant répandue, nous assistons par lui, dans cette grande galerie de Versailles, à un immense tableau dont la confusion apparente laisse apercevoir pourtant une sorte de composition, que je ne ferai qu'indiquer.

Au bout de la galerie, dans un salon ouvert, sont les deux princes, fils du mort, le duc de Bourgogne et le duc de Berry, ayant chacun sa princesse à ses côtés, assis sur un canapé, près d'une fenêtre ouverte, le dos à la galerie, « tout le monde épars, assis et debout, en confusion, et les dames les plus familières par terre à leurs pieds. » Le groupe est jeté : vous voyez le tableau.

Puis viennent les appartements de la galerie, et le spectacle qu'ils renferment. A l'autre bout, dans les *pre-*

mières pièces, c'est-à-dire les plus éloignées du salon des princes, sont les valets, contenant mal leurs *mugissements*, et désespérés de la perte d'un maître si vulgaire, « si fait exprès pour eux. » Parmi ces valets désolés il s'en glisse d'autres plus avisés, envoyés là par leurs maîtres pour voir et observer; les Figaros du temps, accourus aux nouvelles, « et qui montraient bien à leur air *de quelle boutique ils étaient balayeurs.* »

Puis en avant, après les valets, venaient les courtisans *de toute espèce* : « Le plus grand nombre, c'est-à-dire les sots, *tiraient des soupirs de leurs talons,* et avec des yeux égarés et secs louaient Monseigneur, mais toujours de la même louange, c'est-à-dire de *bonté*... » Puis, après les sots, on a les plus fins; on en a même quelques-uns sincèrement affligés ou frappés; on a les politiques et les méditatifs qui réfléchissent dans des coins aux suites d'un tel événement. D'autres affectent la gravité et l'immobilité, pour dissimuler leur peu de douleur; ils ont peur de se trahir par leurs mouvements trop vifs et trop dégagés ·

« Mais leurs yeux suppléaient au peu d'agitation de leur corps. Des changements de posture, comme des gens peu assis ou mal debout; un certain soin de s'éviter les uns les autres, même de se rencontrer des yeux; les accidents momentanés qui arrivaient de ces rencontres; un je ne sais quoi de plus libre en toute la personne, à travers le soin de se tenir et de se composer; un *vif,* une sorte d'*étincelant* autour d'eux les distinguaient, malgré qu'ils en eussent. »

Après avoir ainsi épuisé avec une curiosité avide et subtile, et une richesse de langue inimaginable, toutes les formes, toutes les postures et les attitudes plus ou moins naturelles ou contraintes de cette vaste désolation de Versailles, il revient alors à ses deux princes et princesses du premier salon, et aux physionomies de première qualité qu'il nous livre également dans toutes leurs nuances. A le voir les décrire avec des expressions si particulières et si précises, on dirait d'un Hippocrate au chevet d'un mourant, qui étudie chaque symptôme, chaque crispation de la face, et qui lui assigne son caractère avec l'autorité d'un maître. Mais, ici, l'Hippocrate ne sait pas garder son sang-froid; il laisse échapper la joie qu'il y prend et à quel point sa curiosité se délecte; il s'écrie, en présence de cette multitude de sujets de son observation :

« *La promptitude des yeux à voler partout en sondant les âmes* à la faveur de ce premier trouble de surprise et de dérangement subit, la combinaison de tout ce qu'on y remarque, l'étonnement de ne pas trouver ce qu'on avait cru de quelques-uns, faute de cœur ou d'assez d'esprit en eux, et plus en d'autres qu'on n'avait pensé, *tout cet amas d'objets vifs* et de choses si importantes *forme un plaisir à qui le sait prendre, qui,* tout peu solide qu'il devient, *est un des plus grands dont on puisse jouir dans une Cour.* »

Deux ou trois incidents burlesques, tels que le bras du *gros Suisse endormi*, qu'on voit s'allonger tout à coup près du canapé, ou l'apparition de Madame, en grand habit de Cour, pleurant et hurlant de douleur à tue-tête sans savoir pourquoi, viennent se joindre à ces différentes formes de deuil pour les varier et les égayer; car Saint-Simon n'oublie rien de ce qui est dans la nature. Cette longue nuit étant ainsi plus qu'à demi écoulée, chacun à bout d'émotion et de drame va se coucher enfin, et les plus affligés dorment le mieux; mais Saint-Simon, encore enivré d'une telle orgie d'observation, dort peu. Dès sept heures du matin il est debout : « Mais il faut l'avouer, remarque-t-il, de telles insomnies sont douces, et de tels réveils *savoureux.* »

La seconde scène que je recommande à ceux qui veulent prendre sur le fait le génie pittoresque et la passion inextinguible de Saint-Simon, est celle du Conseil de Régence et du Lit de Justice où fut dégradé le duc du Maine (26 août 1718). Là aussi il ne dort pas de joie durant les nuits qui précèdent, dans l'attente où il est de ce grand jour qui va le venger enfin de tant d'affronts et de colères étouffées. Dans cette seconde scène toute dramatique, notez-le bien, il est le conseiller, l'instigateur; il a monté la machine, et il jouit de la voir jouer, se déployer graduellement, et frapper les coups aux yeux de tous ceux qui sont moins informés à l'avance et qui s'en étonnent, ou qui en gémissent. S'il continue de se montrer grand peintre et observateur implacable, il l'est moins innocemment et d'une façon moins désintéressée que dans la scène de la mort de Monseigneur; sa cruauté vindicative s'y donne trop visiblement carrière et s'y déchaîne trop à outrance. Le pauvre duc du Maine et tous ses adhérents y passent. Quand Saint-Simon s'acharne une fois à quelqu'un, il ne le lâche plus; il vous le saccage de fond en comble. Au moment où, dans le Conseil de Régence, le duc d'Orléans, soufflé par Saint-Simon, est arrivé à déclarer sa résolution de remettre les bâtards de Louis XIV à leur simple rang de pairs, et où la batterie contre ces favoris déchus se démasque, il faut lire cette page étonnante et voir tous ces nuages d'un *brun sombre* qui, à l'instant, s'abaissent sur les visages des assistants, des Villars, des Tallard, des d'Estrées, et autres membres du Conseil : toutes les diversités de ce nuageux et de ce *sombre* y sont marquées. Quant à Saint-Simon, qui tâche de ne point paraître du secret, et de faire le modéré et le modeste dans le triomphe, il faut l'entendre se dépeindre lui-même et nous confesser l'ivresse presque sensuelle de sa joie :

« Contenu de la sorte, dit-il, *attentif à dévorer l'air de tous*, présent à tout et à moi-même, immobile, collé sur mon siége, compassé de tout mon corps, *pénétré de tout ce que la joie peut imprimer de plus sensible et de plus vif, du trouble le plus charmant, d'une jouissance la plus démesurément et la plus persévéramment souhaitée, je suais d'angoisse de la captivité de mon transport*, et cette angoisse même était d'une volupté que je n'ai jamais ressentie ni devant ni depuis *ce beau jour. Que les plaisirs des sens sont inférieurs à ceux de l'esprit*, et qu'il est véritable que la proportion des maux est celle-là même des biens qui les finissent! »

On ne s'aperçoit déjà que trop, et, si je poussais plus loin les citations dans la suite et le développement des scènes, on s'apercevrait de plus en plus que l'auteur ne se contient pas; il déborde : c'est là son défaut. Irrassasiable d'émotions et infatigable à les exprimer, il ne tarde pas à pousser la langue jusqu'à ses dernières limites. Elle est, entre ses mains, comme un cheval qui a fourni sa course : elle est rendue, mais lui il ne l'est pas, et il lui demande encore ce qu'elle ne sait plus comment lui donner. Elle ne peut suffire à porter toute sa joie et toute sa fougue.

Restons-en sur l'incroyable aveu de jubilation qu'on vient de lire, et disons hardiment : Tel était cet homme qui ne ment pas, qui ne dissimule pas, qui ne se fait pas meilleur qu'il n'est, et qui se trahit lui-même par son pinceau comme il traduit les autres. Il n'est pas douteux qu'avec des passions aussi ardentes et aussi opiniâtres que celles que lui-même accuse, il a dû se tromper plus d'une fois, excéder la mesure, prêter du sien aux autres, user et abuser de ce don si rare de sagacité dont il était doué. Toutefois, s'il a dû être injuste, excessif ou téméraire en plus d'une application de détail, je ne pense pas qu'il y ait beaucoup à rabattre dans l'ensemble. Ce qu'il avait surtout en horreur et à quoi il était le plus antipathique, c'était la platitude, la servilité, la bassesse, l'asservissement d'un chacun à ses plus étroits intérêts, la cabale personnelle et sans un but élevé, l'oubli, la ruine de tous et de l'État en vue de soi; en un mot, ce qui faisait le grand fonds de corruption des Cours, et ce qui peut-être n'a pas cessé d'être encore la plus grande plaie des hommes réunis en commun, voire même des Assemblées dites constitutionnelles, nationales ou populaires. Supposez un moment un Saint-Simon non plus à Versailles, mais dans une de ces grandes Assemblées modernes, et demandez-vous ce qu'il y verra.

Ainsi donc, sans prétendre garantir l'opinion de Saint-Simon sur tel ou tel personnage, et en en tenant grand compte seulement en raison de l'instinct sagace et presque animal auquel il obéissait et qui ne le trompait guère, on ne peut dire qu'en masse il ait calomnié son siècle et l'humanité; ou, si cela est, il ne l'a calomniée que comme Alceste, et avec ce degré d'humeur qui est le stimulant des âmes fortes et la séve colorante du talent.

Saint-Simon pourtant, dans son ensemble, n'était point un homme tout à fait supérieur, en ce sens qu'avec des portions et des facultés supérieures de l'esprit, avec des dons singuliers, il n'a point su gouverner, distribuer le tout, et donner à ses points de vue la proportion et l'harmonie qui remettent à leur place les vanités ou les préjugés, et qui laissent régner les lumières. Il était, en quelque sorte, en proie à lui-même, à ses instincts et à ses talents; mais ils en paraissent d'autant plus merveilleux et extraordinaires.

Si l'on avait du temps et de l'espace pour s'égayer, il y aurait mille choses curieuses et piquantes à dire à son sujet; on rirait de son opinion sur Voltaire, sur tout ce qui était *de robe* ou *de plume;* on rirait de ses entichements nobiliaires. Je sais des couplets assez plaisants sur son compte, où on l'appelle *greffier des Pairs, petit huzard du Régent de la France,* et autres représailles plus ou moins spirituelles. Mais il faut en toute matière, quand on a peu d'instants, aller au principal et au sérieux. Saint-Simon aurait voulu l'impossible pour la Noblesse de son temps, déjà si asservie et si décapitée; il aurait voulu, comme Boulainvilliers, lui obtenir et lui rendre crédit, splendeur, indépendance, une part légitime dans l'exercice du pouvoir législatif et de la souveraineté. Il oubliait que cette Noblesse, de tout temps bien légère en France et dès lors sans base, n'était plus qu'une Noblesse de Cour, et il n'allait pas à pressentir que, moins de vingt-cinq ans après sa mort, les plus chevaleresques seraient les premiers à changer d'idole et à faire la cour aux Révolutions. Il s'indignait de voir autour de lui ces types de plate et servile courtisanerie, cette race des Villeroy, des Dangeau, des d'Antin, et il ne prévoyait pas encore, dans un avenir prochain, ces autres extrêmes et qui ne l'auraient pas moins désolé, ces gentilshommes passés à la démocratie et la guidant à l'assaut, les Mirabeau, les La Fayette, les Lameth, et le plus excentriquement démocrate de tous, son propre descendant à lui-même. Qu'importe? Si Saint-Simon n'a pu faire rendre si tard à la Noblesse française une influence politique et aristocratique qui n'était point sans doute dans les conditions de notre génie national et dans nos destinées, il a fait pour elle tout ce qu'il y a de mieux après l'action, il lui a donné, en sa propre personne, le plus grand écrivain qu'elle ait jamais porté, la plume la plus fière, la plus libre, la plus honnête, la plus vigoureusement trempée et la plus éblouissante, et ce Duc et Pair dont on souriait alors se trouve être aujourd'hui, entre Molière et Bossuet (un peu au-dessous, je le sais, mais entre les deux certainement), une des premières gloires de la France (1).

(1) J'ai fait, depuis, un portrait de Saint-Simon plus développé, mais dans les mêmes lignes, pour servir d'introduction à l'Édition correcte des Mémoires, publiée par les soins de M. Chéruel (librairie Hachette).

Lundi 20 janvier 1851.

DIDEROT.

(*Étude sur Diderot*, par M. Bersot, 1851.
— *Œuvres choisies de Diderot,* avec Notice, par M. Génin, 1847.)

Les dernières Études qu'on a faites sur Diderot ont cela de commun qu'elles tendent à le mettre à sa place avec justice, sans colère et sans trop de zèle. Les vives qualités de son talent, de son cœur, de sa riche nature intellectuelle, y sont appréciées; ses écarts y sont réprouvés, expliqués, et l'explication, à quelques égards, les atténue. M. Génin a fait voir que, dans certains passages où on lisait l'expression d'un athéisme positif, c'était le fougueux éditeur de Diderot, Naigeon, qui avait cru devoir prêter à son maître, et qui avait sans façon inséré dans le texte ses propres commentaires. M. Bersot, en discutant philosophiquement les doctrines antireligieuses de Diderot, s'est attaché à démontrer que le philosophe était moins éloigné d'une certaine conception élevée de Dieu qu'il ne le croyait lui-même. Il semble souvent, en effet, qu'il ne manque chez lui qu'un rayon pour tout éclairer, et l'on dirait volontiers de l'athéisme de Diderot comme il disait de ces deux Vues de Vernet, où le moment choisi de la chute du jour avait rembruni et obscurci tous les objets : « *A demain, lorsque le soleil sera levé.* » Avec tout cela, cependant, on ne fera jamais de Diderot un croyant sans le savoir, ni une manière de *déiste* selon le sens et l'esprit du mot; une telle discussion serait ici, d'ailleurs, trop délicate et trop épineuse pour que je l'aborde de près ou de loin. Mais je profiterai avec plaisir de la circonstance pour redire mon mot sur Diderot au point de vue littéraire et moral, qui est celui que nous affectionnons.

Diderot, né à Langres en 1713, fils d'un père coutelier (comme l'était le père de Rollin), eut dès l'enfance le sentiment de famille à un haut degré, et il le tenait des siens : c'était une race d'honnêtes gens. Il était l'aîné; il avait une sœur d'un caractère original, d'un cœur excellent, brave fille qui ne se maria point pour mieux servir son père, « vive, agissante, gaie, décidée, prompte à s'offenser, lente à revenir, sans souci ni sur le présent ni sur l'avenir, ne s'en laissant imposer ni par les choses ni par les personnes; libre dans ses actions, plus libre encore dans ses propos : une espèce de *Diogène femelle.* » On entrevoit en quoi Diderot tenait d'elle, et en quoi il en différait : elle était la branche restée rude et sauvageonne, lui le rameau greffé, cultivé, adouci, épanoui. Il avait de plus un frère avec qui on lui trouverait moins de ressemblance, singulier d'humeur, d'une sensibilité rentrée et contrainte, un peu bizarre d'esprit comme de caractère, de son état chanoine de la cathédrale de Langres, très-dévot et l'un des grands saints du diocèse. Sorti de cette forte souche bourgeoise, mais ayant reçu en propre de la nature une inclination des plus expansives, Diderot fut le mauvais sujet de la famille, et il en devint la gloire. Il étudia d'abord chez les Jésuites de sa ville natale, lesquels l'auraient bien voulu retenir; puis son père le mit à Paris au Collége d'Harcourt. Au sortir de là, il vécut dans ce Paris d'alors (1733-1743) de la vie de jeune homme, aux expédients, essayant de maint état sans se décider pour aucun, prenant de la besogne de toute main, lisant, étudiant, dévorant avec avidité toute chose, donnant des leçons de mathématiques qu'il apprenait chemin faisant; se promenant au Luxembourg en été, « en redingote de pluche grise, avec la manchette déchirée et les bas de laine noire recousus par derrière avec du fil blanc; » entrant chez Mlle Babuti, la jolie libraire du quai des Augustins (qui devint plus tard Mme Greuze), avec *cet air vif, ardent et fou* qu'il avait alors, et lui disant : « Mademoiselle, les *Contes* de La Fontaine, s'il vous plaît, un Pétrone..., » et le reste. Voilà un vilain côté et sûr lequel nous aurons trop de sujet de revenir. En un mot, et avant son mariage (un mariage d'amour qu'il fit à trente ans), et encore après, Diderot continua trop de mener cette vie de hasard, d'occasion, d'expédients, de labeur et d'improvisation continuelle. Son génie, car il en avait, et on ne saurait donner un autre nom à une telle largeur et à une telle puissance de facultés diverses, s'y plia si bien, qu'on ne sait aujourd'hui s'il eût été propre à un autre régime, et qu'on est tenté de croire qu'en se dispersant ainsi et en se versant de toutes parts et à tous venants, il a le mieux rempli sa destinée.

Sa grande œuvre, son œuvre pour ainsi dire individuelle, fut l'*Encyclopédie*. Dès que les libraires qui en avaient conçu la première idée eurent mis la main sur lui, ils sentirent bien qu'ils avaient leur homme; cette idée à l'instant s'étendit, prit corps et s'anima. Diderot s'en empara si vivement et la présenta dans un si beau jour, qu'il sut la faire agréer du pieux Chancelier Daguesseau, et le décider à donner son assentiment, sa protection à l'entreprise : Daguesseau en fut le premier patron. Durant près de vingt-cinq ans (1748-1772), Diderot fut, d'abord avec d'Alembert, et ensuite seul, le soutien, la colonne et comme l'Atlas de cette énorme entreprise, sous laquelle on le voit un peu courbé et voûté, mais toujours serein et souriant. L'Histoire de la Philosophie, qu'il y traite de seconde main il est vrai, la Description des Arts mécaniques, dans laquelle il se montre peut-être plus original; trois à quatre mille planches qu'il fit dessiner sous ses yeux, la charge et la direction du tout enfin, ne purent jamais l'absorber ni émousser sa vivacité de verve. Jetant les regards en arrière, il poussait vers la fin de sa vie un soupir de regret, et il disait : « Je sais, à la vérité, un assez grand nombre de choses, mais il n'y a presque pas un homme qui ne sache sa chose beaucoup mieux que moi. Cette médiocrité dans tous les genres est la suite d'une curiosité effrénée et d'une fortune si modique, qu'il ne m'a jamais été permis de me livrer tout entier à une seule branche de la connaissance humaine. J'ai été forcé toute ma vie de suivre des occupations auxquelles je n'étais pas propre, et de laisser de côté celles où j'étais appelé par mon goût... » Je ne sais s'il ne s'abusait point en parlant ainsi, et si cette diversité d'objets sans cesse renaissants n'était point selon ses goûts mêmes. Il a remarqué que, dans son pays de Langres, les vicissitudes de l'atmosphère sont telles, qu'on passe en vingt-quatre heures du froid au chaud, du calme à l'orage, du serein au pluvieux, et qu'il est difficile que cette mobilité du climat n'aille pas jusqu'aux âmes : « Elles s'accoutument ainsi, dès la plus tendre enfance, dit-il, à tourner à tout vent. La tête d'un Langrois est sur ses épaules comme un coq d'église au haut d'un clocher; elle n'est jamais fixe dans un point; et si elle revient à celui qu'elle a quitté, ce n'est pas pour s'y arrêter. Avec une rapidité surprenante dans les mouvements, dans les désirs, dans les projets, dans les fantaisies, dans les idées, ils ont le parler lent. Pour moi, *je suis de mon pays;* seulement le séjour de la capitale et l'application assidue m'ont un peu corrigé. Je suis constant dans mes goûts... » Constant dans ses goûts, je le veux bien; mais, certes, extrêmement mobile dans ses impressions, et il le dit lui-même en face de son portrait par Michel Vanloo, portrait dans lequel il avait peine à se reconnaître : « Mes enfants, je vous préviens que ce n'est pas moi. J'avais en une journée cent physionomies diverses, selon la chose dont j'étais affecté : j'étais serein, triste, rêveur, tendre, violent, passionné, enthousiaste; mais je ne fus jamais tel que vous me voyez là... » Et il ajoute, car il nous importe dès l'abord de le bien voir : « J'avais un grand front, des yeux très-vifs, d'assez grands traits, la tête tout à fait d'un ancien orateur, une bonhomie qui touchait de bien près à la bêtise, à la rusticité des anciens temps. »

Représentons-nous donc Diderot tel qu'il était en effet, selon le témoignage unanime de tous ses contemporains, et non tel que l'ont fait les artistes ses amis, Michel Vanloo et Greuze, qui l'ont plus ou moins manqué, à ce point que la gravure d'après ce dernier le faisait ressembler à Marmontel : « Son front large, découvert et mollement arrondi, portait, nous dit Meister, l'empreinte imposante d'un esprit vaste, lumineux et fécond. » On ajoute que Lavater crut y reconnaître des traces d'un caractère timide, peu entreprenant; et il y a lieu de remarquer en effet qu'avec l'esprit hardi, Diderot avait le ressort de conduite et d'action un peu faible. Moyennant quelque adresse, on faisait de lui ce qu'on voulait; et, avec toute sa chaleur soudaine et rapide, il manquait de foi en lui-même. « L'ensemble du profil, ajoute le même Meister, se distinguait par un caractère de beauté mâle et sublime; le contour de la paupière supérieure était plein de délicatesse; l'expression habituelle de ses yeux, sensible et douce; mais, lorsque sa tête commençait à s'échauffer, on les trouvait étincelants de feu. Sa bouche respirait un mélange intéressant de finesse, de grâce et de bonhomie. » Voilà l'homme qui n'était tout entier lui-même que lorsqu'il s'animait et s'échauffait, ce qui lui arrivait si aisément. Le port de sa tête alors prenait « beaucoup de noblesse, d'énergie et de dignité. » Celui qui n'a connu Diderot que par ses écrits, affirment tous ses contemporains, ne l'a point connu (1). Lui si affable et si ouvert à tous, il craignait le monde, le beau monde; il ne put jamais s'acclimater aux salons de Mme Geoffrin, de Mme Du Deffand, de Mme Necker et autres belles dames. Il y apparaissait quelquefois, mais il en sortait dès qu'il le pouvait. Mme d'Épinay, aidée de Grimm, eut bien de la peine à l'apprivoiser chez elle; elle méritait d'y réussir par la manière vive dont elle le goûtait : « Quatre lignes de cet homme me font plus rêver, disait-elle, et m'occupent plus qu'un ouvrage complet de nos prétendus beaux-esprits. » L'impératrice de Russie, la grande Catherine, apprivoisa également le philosophe à force de supériorité et de bonne grâce; il alla la voir, comme on sait, à Saint-Pétersbourg, et il n'est pas bien sûr qu'il ne l'ait pas traitée quelquefois, en causant, comme un camarade. « Allez toujours, lui disait-elle

(1) Le Président de Brosses, dans des lettres écrites de Paris (1754), raconte comment il fit la connaissance de Diderot par l'entremise de Buffon : « Je veux connaître, disait-il, cette furieuse tête métaphysique; » et quand il l'a vu, il ajoute : « C'est un gentil garçon, bien doux, bien aimable, grand philosophe, fort raisonneur, mais faiseur de digressions perpétuelles. Il m'en fit bien vingt-cinq hier, depuis neuf heures qu'il resta dans ma chambre jusqu'à une heure. Oh! que Buffon est bien plus net que tous ces gens-là! »

quand elle le voyait hésiter par hasard dans quelque liberté de propos, *entre hommes* tout est permis. » Dans la soirée d'adieux qu'il passa avec elle, il y eut un moment où, sur une parole de bonté et d'amitié qu'elle lui adressa, il se mit à *pleurer à chaudes larmes*, « et elle presque aussi, » assure-t-il. Il fallait se faire avec lui à ces éclats de nature, et s'il se les était interdits, il eût paru un peu affecté. Il n'était tout à fait à son aise que dans une société familière et intime, et alors il se déployait en plein abandon, avec des facultés riches, puissantes, colorées et affectueuses, qui enchaînaient à lui tous ceux qui l'écoutaient : il était impossible de le connaître et de le haïr.

On a dit de l'abbé Morellet, strict observateur de la méthode et de l'exactitude, que, même quand il marchait, « il allait toujours les épaules serrées en devant pour être plus près de lui-même. » Cette attitude était tout le contraire de celle de Diderot, qu'on se représente la tête en avant, les bras tendus, la poitrine ouverte, toujours prêt à être hors de lui et à vous embrasser, pour peu que vous lui plaisiez, à la première rencontre. L'attitude de l'homme était ici l'image même de son esprit.

Si l'*Encyclopédie* fut l'œuvre sociale et principale de Diderot en son temps et à son heure, sa principale gloire à nos yeux aujourd'hui est d'avoir été le créateur de la critique émue, empressée et éloquente : c'est par ce côté qu'il survit et qu'il nous doit être à jamais cher à nous tous, journalistes et improvisateurs sur tous sujets. Saluons en lui notre père et le premier modèle du genre.

Avant Diderot, la critique en France avait été exacte, curieuse et fine avec Bayle, élégante et exquise avec Fénelon, honnête et utile avec Rollin ; j'omets par pudeur les Fréron et les Des Fontaines. Mais nulle part elle n'avait été vive, féconde, pénétrante, et, si je puis dire, elle n'avait pas trouvé son âme. Ce fut Diderot qui, le premier, la lui donna. Naturellement porté à négliger les défauts et à prendre feu pour les qualités, « je suis plus affecté, disait-il, des charmes de la vertu que de la difformité du vice : je me détourne doucement des méchants, et *je vole au-devant des bons.* S'il y a dans un ouvrage, dans un caractère, dans un tableau, dans une statue, un bel endroit, c'est là que mes yeux s'arrêtent; je ne vois que cela, je ne me souviens que de cela, le reste est presque oublié. Que deviens-je lorsque tout est beau!... » Cette disposition de bon accueil, de facilité universelle et d'enthousiasme, avait son péril sans doute. On a dit de lui qu'il était singulièrement heureux en deux points, « en ce qu'il n'avait jamais rencontré ni un méchant homme, ni un mauvais livre. » Car si le livre était mauvais, il le refaisait, et il imputait, sans y songer, à l'auteur quelques-unes de ses propres inventions à lui-même. Il trouvait de l'or dans le creuset, comme l'alchimiste, parce qu'il l'y avait mis. J'indique l'inconvénient et l'abus. Pourtant c'est bien à lui que revient l'honneur d'avoir introduit le premier chez nous la critique féconde des *beautés*, qu'il substitua à celle des *défauts;* et, en ce sens, Chateaubriand lui-même, dans cette partie du *Génie du Christianisme* qui traite éloquemment de la critique littéraire, ne fait que suivre la voie ouverte par Diderot.

L'abbé Arnaud disait à Diderot : « Vous avez l'inverse du talent dramatique : il doit se transformer dans tous les personnages, et vous les transformez tous en vous. » Mais si Diderot n'était rien moins qu'un poëte dramatique, s'il n'était nullement suffisant à ce genre de création souveraine et de transformation tout à fait impersonnelle, il avait en revanche au plus haut degré cette faculté de *demi*-métamorphose, qui est le jeu et le triomphe de la critique, et qui consiste à se mettre à la place de l'auteur et au point de vue du sujet qu'on examine, à lire tout écrit *selon l'esprit qui l'a dicté*. Il excellait à prendre pour un temps et à volonté cet esprit d'autrui, à s'en inspirer et souvent mieux que cet autre n'avait fait lui-même, à s'en échauffer non-seulement de tête, mais de cœur; et alors il était le grand journaliste moderne, l'Homère du genre, intelligent, chaleureux, expansif, éloquent, jamais chez lui, toujours chez les autres, ou, si c'était chez lui et au sein de sa propre idée qu'il les recevait, le plus ouvert alors, le plus hospitalier des esprits, le plus ami de tous et de toute chose, et donnant à tout son monde, tant lecteurs qu'auteurs ou artistes, non pas une leçon, mais une fête.

Tel il se montre dans ses admirables *Salons de Peinture*. Un jour Grimm, qui écrivait à plusieurs souverains du Nord des nouvelles de la littérature et des beaux-arts, demanda à Diderot de lui faire un compte rendu du Salon de 1761. Diderot s'était occupé jusque-là de bien des choses, mais des beaux-arts en particulier, jamais. Commandé par son ami, il s'avisa, pour la première fois, de regarder, d'examiner ce qu'il n'avait jusque-là que vu en passant; et du résultat de son observation et de ses réflexions naquirent ces pages de causeries merveilleuses, qui ont véritablement créé en France la critique des beaux-arts.

Je sais une objection qu'on fait d'ordinaire à ces beaux discours sur les arts, et que les *Salons* de Diderot provoquent en particulier. C'est qu'ils sont *à côté* du sujet, c'est qu'ils le traitent au point de vue littéraire, dramatique, qui est le point de vue cher aux Français.

Mme Necker écrivait à Diderot : « Je continue à m'amuser infiniment de la lecture de votre *Salon : je n'aime la peinture qu'en poésie ;* et c'est ainsi que vous avez su nous traduire tous les ouvrages, même les plus communs, de nos peintres modernes. » Voilà bien l'éloge, et qui, selon quelques gens de goût, est la plus grande critique. « En effet, disent ces derniers, le propre des Français est de tout juger par l'esprit, même les formes et les couleurs. Il est vrai que, comme il n'y a pas de langue qui puisse exprimer les finesses de la forme ou la variété des effets de la couleur, du moment qu'on veut en discourir, on est réduit, faute de pouvoir exprimer ce qu'on sent, à décrire d'autres sensations qui peuvent être comprises par tout le monde. » Diderot échappe moins qu'un autre à ce reproche, et les tableaux qu'il voit ne sont le plus souvent qu'un prétexte et un motif à ceux qu'il refait et qu'il imagine. Chaque article de lui se compose presque invariablement de deux parties : dans la première, il décrit le tableau qu'il a sous les yeux ; dans la seconde, il propose le sien. Pourtant de tels discoureurs, quand ils sont comme lui imbus de leur sujet, pénétrés d'un vif sentiment de l'art et des choses dont ils parlent, sont utiles en même temps qu'intéressants : ils vous conduisent, ils vous font faire attention, et tandis qu'on les suit, qu'on les écoute, qu'on en prend avec eux et qu'on en laisse, le sens de la forme et de la couleur, si l'on en est doué, s'éveille en nous, se fait et s'aiguise : on devient insensiblement bon juge à son tour et connaisseur, par des raisons secrètes qu'on ne saurait dire et que la parole n'atteint pas.

A quel point Diderot est *littérateur* dans sa manière de juger les tableaux, on s'en aperçoit tout d'abord. Un peintre a représenté *Télémaque chez Calypso*[1] : la scène se passe à table; le jeune héros fait le récit de ses aventures, et Calypso lui présente une pêche. Diderot trouve que cette pêche offerte par Calypso est une *sottise*, et que Télémaque a bien plus d'esprit que la nymphe et que son peintre, car il continue le récit de ses aventures sans prendre la pêche qu'on lui offre. Mais si cette pêche était bien offerte, si la lumière y tombait d'une certaine façon, si l'expression de la nymphe y répondait, si en un mot le tableau était d'un Titien ou d'un Véronèse, cette pêche-là aurait pû être un chef-d'œuvre, malgré la *sottise* que l'esprit croit y apercevoir; car ici, dans un tableau, le récit des aventures qu'on n'entend pas, et que l'offre de la pêche court risque d'interrompre, n'est que très-secondaire; nous n'avons que faire de nos oreilles, et nous sommes tout yeux.

Dans un grand nombre de cas, pourtant, Diderot a de ces remarques justes et frappantes de vérité, et qu'il exprime encore moins en critique qu'en peintre. S'adressant à M. Vien, par exemple, qui a fait une Psyché tenant sa lampe à la main, et venant surprendre l'Amour endormi :

« Oh! que nos peintres ont peu d'esprit! dira-t-il; qu'ils connaissent peu la nature! La tête de Psyché devrait être penchée vers l'Amour, le reste de son corps porté en arrière, comme il est lorsqu'on s'avance vers un lieu où l'on craint d'entrer, et dont on est prêt à s'enfuir; un pied posé, et l'autre effleurant la terre. Et cette lampe, en doit-elle laisser tomber la lumière sur les yeux de l'Amour? Ne doit-elle pas la tenir écartée, et interposer sa main pour en amortir la clarté? Ce serait, d'ailleurs, un moyen d'éclairer le tableau d'une manière bien piquante. Ces gens-là ne savent pas que les paupières ont une espèce de transparence; ils n'ont jamais vu une mère qui vient, la nuit, voir son enfant au berceau une lampe à la main, et qui craint de l'éveiller. »

Mais là où Diderot est surtout excellent à entendre, même pour des peintres, c'est quand il insiste sur la force de l'unité dans une composition, sur l'harmonie et l'effet d'un ensemble, sur la *conspiration générale des mouvements*; il comprend d'instinct cette vaste et large unité, il y revient sans cesse; il veut la concordance des tons et des expressions, la liaison facile des accessoires à l'ensemble, la convenance naturelle. A propos d'un saint Benoît mourant et recevant le viatique, par Deshays, il fait voir que si l'artiste avait montré le saint un peu plus proche de sa fin, « les bras un peu étendus, la tête renversée en arrière, avec la mort sur les lèvres et l'extase sur le visage, » en raison de cette seule circonstance changée dans l'expression de la principale figure, il aurait fallu changer par suite toutes les physionomies, y marquer plus de commisération, y répandre plus d'onction attendrie : « Voilà un morceau de peinture, ajoute-t-il, d'après lequel on ferait toucher à l'œil à de jeunes élèves, qu'en altérant une seule circonstance on altère toutes les autres, ou bien la vérité disparaît. On en ferait un excellent chapitre de *la force de l'unité.* » Diderot en tout ceci est grand critique, et dans cet ordre de critique générale auquel aucun art, sous prétexte de technique, ne saurait se dérober : « Il me semble, dit-il, que quand on prend le pinceau, il faudrait avoir quelque idée forte, ingénieuse, délicate ou piquante, et se proposer quelque effet, quelque impression... Il y a bien peu d'artistes qui aient des idées, et il n'y en a presque pas un seul qui puisse s'en passer... Point de milieu, ou des idées intéressantes, un sujet original, ou un faire étonnant. »

Ce *faire étonnant,* qui est la condition sans laquelle l'idée elle-même, après tout, ne peut vivre, cette exécution à part et supérieure qui est le cachet de tout grand artiste, quand Diderot la rencontre chez l'un d'eux. il est le premier à la sentir et à nous la traduire par des paroles étonnantes aussi, singulières, d'un vocabulaire tout nouveau dont il est comme l'inventeur dans notre langue. Il a dans le style de ces reflets révélés. Et, en général, toutes les facultés d'improvisation, d'imagination pittoresque et prompte, dont il était doué ; tous ses trésors d'idées profondes, ingénieuses et hardies; l'amour de la nature, du paysage et de la famille; même sa sensualité, son goût décidé de toucher et de décrire les formes, le sentiment de la couleur, le *sentiment de la chair*, de la vie et du sang, « qui fait le désespoir des coloristes, » et que, lui, il rencontrait au courant de la plume, toutes ces qualités précieuses de Diderot trouvent leur emploi dans ces *feuilles volantes* qui sont encore son titre le plus sûr auprès de la postérité.

Il s'est surpassé lui-même toutes les fois qu'il a parlé de Vernet et de Greuze. Greuze est l'idéal de Diderot comme artiste; c'est un peintre sincère, affectueux, de famille et de drame, touchant et honnête, à la fois légèrement sensuel et moral. Aussi, quand Diderot le rencontre, il s'attache à lui, il le traduit, l'interprète, l'explique, y ajoute et ne le lâche plus : « Je suis peut-être un peu long, dit-il, mais si vous saviez comme je m'amuse en vous ennuyant! c'est comme tous les autres ennuyeux du monde. » Les analyses ou plutôt les peintures que Diderot a données de *l'Accordée de Village*, de *la Jeune Fille pleurant son Oiseau mort*, de *la Mère bien-aimée*, etc., sont des chefs-d'œuvre et de petits poëmes à propos et en regard des tableaux. Diderot dit volontiers de ses peintres : « Il *peint large*, il *dessine large;* » lui, il fait de même en critique : il se répand largement. Sa critique a de l'effusion. Même en nous décrivant avec délices chaque idylle de famille de Greuze, il trouve moyen d'y mêler de ses tons à lui. Dans l'analyse de *la Pleureuse*, il fait plus, il y fait entrer toute une élégie de son invention. Cette jeune enfant, qui a l'air de pleurer son oiseau, elle a son secret, et elle pleure pour autre chose encore : « Oh ! la belle main ! s'écrie en la considérant le critique enivré, la belle main ! les beaux bras ! Voyez la vérité des détails de ces doigts, et ces fossettes, et cette mollesse, et cette teinte de rougeur dont la pression de la tête a coloré le bout de ses doigts délicats, et le charme de tout cela. On s'approcherait de cette main pour la baiser, si on ne respectait cette enfant et sa douleur. » Et, tout en se disant de respecter cette douleur de l'enfant, il s'approche ; il se met à lui parler, à soulever le plus doucement qu'il peut le voile de mystère : « Mais, petite, votre douleur est bien profonde, bien réfléchie. Que signifie cet air rêveur et mélancolique ? Quoi ? pour un oiseau ! Vous ne pleurez pas, vous êtes affligée ; et la pensée accompagne votre affliction. Çà, petite, ouvrez-moi votre cœur : parlez-moi vrai ; est-ce bien la mort de cet oiseau qui vous retire si fortement et si tristement en vous-même ?... » Et il continue, et il pousse son élégie à travers l'idylle. Le tableau, ainsi, ne lui est plus qu'un prétexte à rêverie, à poésie. Diderot est le roi et le dieu de ces demi-poëtes qui deviennent et paraissent tout entiers poëtes dans la critique : ils n'ont besoin pour cela que d'un point d'appui extérieur et d'une excitation. En analysant ce tableau et aussi les autres tableaux de Greuze, Diderot, notez-le, se plaît à y remarquer ou à y introduire une légère veine de sensuel à travers le moral, une veine qui s'y trouve peut-être, mais que certainement il aime à suivre, à indiquer du doigt, et que, plutôt que de l'omettre, il est tenté de grossir et d'exagérer. Les inflexions du sein, les mollesses des contours, même dans ces tableaux de famille, même chez les épouses et chez les mères, il y revient sans cesse, il y porte le regard et la description avec complaisance, non pas en critique ou en artiste, non pas en libertin raffiné non plus (Diderot n'est point pervers), mais en homme naturel et matériel, parfois un peu grossier. C'est là un côté faible chez lui, un côté vulgaire et même un peu bas. Cet homme excellent, cordial, élevé, chaleureux, ce critique si animé, si ingénieux, si fin, et qui a par-dessus tout la manie de prêcher les *mœurs*, ne sait pas, en présence d'un objet d'art, se contenter d'élever et de fixer notre idée du beau, ou de satisfaire même notre impression de sensibilité : il fait plus, il trouble un peu nos sens. Aussi par moments, quand vous lui voyez au front un reflet du rayon de Platon, ne vous y fiez pas, regardez bien, il y a toujours un pied du Satyre.

Quiconque lira Diderot saura bien reconnaître ce que nous voulons indiquer, et dont il est difficile d'administrer des preuves. Voici un exemple entre mille pourtant, et l'un de ceux qui se peuvent citer. Diderot parle d'un jeune paysagiste, Loutherbourg, qui débute par des compositions champêtres, pleines de fraîcheur : « Courage, jeune homme! lui crie-t-il; tu as été plus loin qu'il ne l'est permis à ton âge... Tu as une compagne charmante qui doit te fixer. Ne quitte ton atelier que pour aller consulter la nature... » On se demande ce que vient faire là cette *compagne* du jeune Loutherbourg. Mais Diderot y tient et ne manque pas d'y revenir : « Habite les champs avec elle, continue-t-il; va voir le soleil se lever et se coucher... Quitte ton lit de grand matin, malgré la femme jeune et charmante près de laquelle tu reposes... » La suite de la description du paysage a beau être ravissante de pureté, et comme tout humectée de rosée et de lumière, on sent combien ce coin entr'ouvert de l'alcôve maritale, qui revient à deux ou trois reprises, est déplacé et presque indécent. Ce sera perpétuellement ainsi chez Diderot. Il y a là, au milieu de ses qualités charmantes, délicieuses et suaves, une habitude d'indélicatesse et de sensualisme, un déshabillé libre et bourgeois, par lequel il est bien inférieur à cet autre grand critique des arts, Lessing.

Mais il serait injuste de trop insister, car il a tant d'autres avantages! Ce qu'il a dit si bien des esquisses peut s'appliquer à lui-même et à ses feuilles légères: «Les esquisses ont communément un feu que le tableau n'a pas. C'est le moment de chaleur de l'artiste, la verve pure, sans aucun mélange de l'apprêt que la réflexion met à tout; c'est l'âme du peintre qui se répand librement sur la toile. La plume du poëte, le crayon du dessinateur habile, ont l'air de courir et de se jouer. La pensée rapide caractérise d'un trait. Or, plus l'expression des arts est vague, plus l'imagination est à l'aise.» Voilà le Diderot critique et peintre pris sur le fait dans ses vives ébauches. Il a dit quelque part des pastels de La Tour, «qu'il suffirait d'un coup de l'aile du Temps pour en enlever la poussière,» et pour faire que l'artiste ne fût plus qu'un nom. Bien des années ont passé, et les pastels de La Tour vivent encore; les esquisses de Diderot vivent également.

Sur Vernet et les sept tableaux que le peintre exposa au Salon de 1767, Diderot a fait tout un *poëme,* je ne sais pas un autre nom. Il suppose qu'au moment de commencer l'analyse de ces Vues et Marines de Vernet, il est obligé de partir pour la campagne, pour une campagne voisine de la mer, et que là il se dédommage de ce qu'il n'a pu voir au Salon, en contemplant plusieurs scènes de la réalité. Et ces scènes, il nous les raconte, il nous les décrit avec le détail des conversations, des promenades, des discussions de tout genre qui s'y agitent entre divers interlocuteurs. On y parle de la nature, de l'art, et de leurs rapports délicats; on y parle du monde, de l'ordre universel, et du point de vue relatif à l'optique humaine. Diderot sème à profusion les mille germes d'idées dont il est plein. Puis tout à coup, à la fin, son secret, qui, deux ou trois fois pourtant, est venu au bout de sa plume, lui échappe, et ces paysages naturels auxquels il nous a fait assister se trouvent être tout simplement les toiles de Vernet qu'il s'est plu à imaginer ainsi et à réaliser sur place, se remettant dans la situation et dans l'inspiration même de l'artiste qui les composait. Il y a dans un tel mode de critique toute une création.

Diderot, dans ses *Salons*, a trouvé la seule et vraie manière de parler aux Français des beaux-arts, de les initier à ce sentiment nouveau, par l'esprit, par la conversation, de les faire entrer dans la couleur par les idées. Combien, avant d'avoir lu Diderot, auraient pu dire avec Mme Necker : « Je n'avais jamais vu dans les tableaux que des couleurs plates et inanimées; son imagination leur a donné pour moi du relief et de la vie; c'est presque un nouveau sens que je dois à son génie. » Ce sens nouveau et acquis s'est fort développé chez nous depuis lors; espérons qu'il nous est devenu tout à fait naturel aujourd'hui (1).

Diderot ne fut pas moins secourable et profitable aux artistes qu'au public. On m'a raconté que David, le grand chef d'école, sinon le grand peintre, ne parlait de Diderot qu'avec reconnaissance. Les débuts de David avaient été pénibles, il avait échoué jusqu'à deux et trois fois

(1) Les *Salons* de Diderot ne parurent point de son vivant, et ils n'ont été imprimés pour la première fois que dans la collection de ses *Œuvres* donnée par Naigeon (1798); mais ils étaient connus dans la société, et il en circulait des copies, comme on le voit par la lettre de Mme Necker.

dans ses premières luttes. Diderot, qui hantait les ateliers, arrive dans celui de David : il voit un tableau que le peintre achevait; il l'admire, il l'explique, il y voit des pensées, des intentions grandioses. David l'écoute, et lui avoue qu'il n'a pas eu toutes ces belles idées. « Quoi! s'écrie Diderot, c'est à votre insu, c'est d'instinct que vous avez procédé ainsi; c'est encore mieux! » Et il motive son admiration de plus belle. Cette chaleur d'accueil, de la part d'un homme célèbre, rendit courage à David, et fut pour son talent un bienfait.

On a de Diderot de petites pièces volantes, de petits récits, des contes, des boutades, qu'on s'est accoutumé à appeler des chefs-d'œuvre. Un chef-d'œuvre! il y a toujours un peu de complaisance à employer ce mot avec Diderot. Le chef-d'œuvre proprement dit, la pièce achevée, définitive et complète, où le goût donne la mesure du mouvement et du sentiment, n'est pas son fait : la qualité supérieure, partout diffuse chez lui, n'est concentrée nulle part, nulle part encadrée et nettement rayonnante. Il est bien plutôt, on l'a vu, l'homme de l'*esquisse*. Dans les petits morceaux faits exprès, tels que l'*Éloge de Richardson* ou les *Regrets sur ma vieille Robe de chambre,* il a bien de la grâce, des pensées heureuses, des expressions trouvées; mais l'emphatique revient et perce par endroits, l'apostrophe me gâte le naturel. Il y a, par-ci par-là, des bouffées d'emphase. Il prête légèrement à la caricature par ce côté, et on ne s'en est pas fait faute dans les portraits le plus souvent en *charge* qn'on a donnés de lui. Là où Diderot réussit tout à fait bien et naïvement, c'est quand il ne se prépare point, et quand il ne vise à quoi que ce soit, c'est quand sa pensée lui échappe, quand l'imprimeur est là qui le presse et qui l'attend; ou encore quand le facteur va venir et que, lui, il écrit à la hâte, sur une table d'auberge, une lettre pour son amie. C'est dans sa *Correspondance* avec cette amie, Mlle Voland, c'est dans ses *Salons* écrits pour Grimm, qu'on trouverait ses pages les plus délicieuses, les franches et promptes esquisses où il revit tout entier.

Et n'allez pas croire que, pour écrire vite, il écrive au hasard. Ce style, en ses passages les plus rapides, est savant, nombreux, plein de ces effets d'harmonie qui correspondent aux nuances les plus secrètes du sentiment et de la pensée. Il est plein de reflets de nature et de verdure; il en offre même infiniment plus que le style de Buffon et celui de Jean-Jacques. Diderot a innové dans la langue, et y a fait entrer des couleurs de la palette et de l'arc-en-ciel : il voit déjà la nature à travers l'atelier et par la lunette du peintre. Je l'en louerais plus si l'on n'en avait tant abusé depuis.

On a fort vanté *le Neveu de Rameau*. Goethe, toujours plein d'une conception et d'une ordonnance supérieures, a essayé d'y trouver un dessin, une composition, une moralité : j'avoue qu'il m'est difficile d'y saisir cette élévation de but et ce lien. J'y trouve mille idées hardies, profondes, vraies peut-être, folles et libertines souvent, une contradiction si faible qu'elle semble une complicité entre les deux personnages, un hasard perpétuel, et nulle conclusion, ou, qui pis est, une impression finale équivoque. C'est le cas, ou jamais, je le crois, d'appliquer ce mot que le chevalier de Chastellux disait à propos d'une autre production de Diderot, et qui peut se redire plus ou moins de presque tous ses ouvrages : « Ce sont des idées qui se sont enivrées, et qui se sont mises à courir les unes après les autres. »

Diderot vieillissant se demandait s'il avait bien employé sa vie et s'il ne l'avait point dissipée. Lisant dans Sénèque le Traité *de la Brièveté de la Vie*, et ce chapitre IIIe où le lecteur est pris à partie si vivement : « Allons, repasse tes jours et tes années, fais-leur rendre compte! Dis-nous combien de ce temps as-tu laissé ravir par un créancier, par une maîtresse, par un patron, par un client... Combien de gens n'ont-ils pas mis ta vie au pillage, quand, toi, tu ne sentais même pas ce que tu perdais! » Diderot, ainsi rappelé à son examen de conscience, écrivait pour tout commentaire : « Je n'ai jamais lu ce chapitre sans rougir, *c'est mon histoire.* » Bien des années auparavant, il s'était dit : « Je n'ai pas la conscience d'avoir encore employé la moitié de mes forces; jusqu'à présent, je n'ai que *baguenaudé.* » Il put se répéter la même chose en mourant. Mais, comme correctif et comme adoucissement à ces regrets mal étouffés de l'écrivain et de l'artiste, le philosophe en lui et l'homme moral répondait : « On ne me vole point ma vie, je la donne; et qu'ai-je de mieux à faire que d'en accorder une portion à celui qui m'estime assez pour solliciter ce présent? » C'est dans un sentiment tout pareil qu'il a écrit quelque part encore ces admirables et humaines paroles :

« Un plaisir qui n'est que pour moi me touche faiblement et dure peu. C'est pour moi et pour mes amis que je lis, que je réfléchis, que j'écris, que je médite, que j'entends, que je regarde, que je sens. Dans leur absence, ma dévotion rapporte tout à eux. Je songe sans cesse à leur bonheur. Une belle ligne me frappe-t-elle, ils la sauront. Ai-je rencontré un beau trait, je me promets de leur en faire part. Ai-je sous les yeux quelque spectacle enchanteur, sans m'en apercevoir j'en médite le récit pour eux. Je leur ai consacré l'usage de tous mes sens et de toutes mes facultés; et c'est peut-être la raison pour laquelle tout s'exagère, tout s'enrichit un peu dans mon imagination et dans mon discours; ils m'en font quelquefois un reproche, les ingrats! »

Nous qui sommes de ses amis, de ceux à qui il songeait confusément de loin et pour qui il a écrit, nous ne serons point ingrats. Tout en regrettant de rencontrer trop souvent chez lui ce coin d'exagération que lui-même il accuse, le peu de discrétion et de sobriété, quelque licence de mœurs et de propos, et les taches de goût, nous rendons hommage à sa bonhomie, à sa sympathie, à sa cordialité d'intelligence, à sa finesse et à sa richesse de vues et de pinceaux, à la largeur, à la suavité de ses touches, et à l'adorable fraîcheur dont il avait gardé le secret à travers un labeur incessant. Pour nous tous, Diderot est un homme consolant à voir et à considérer. Il est le premier grand écrivain en date qui appartienne décidément à la moderne société démocratique. Il nous montre le chemin et l'exemple : être ou n'être pas des Académies, mais écrire pour le public, s'adresser à tous, improviser, se hâter sans cesse, aller au réel, au fait, même quand on a le culte de la rêverie; donner, donner, donner encore, sauf à ne recueillir jamais; *plutôt s'user que se rouiller*, c'est sa devise. Voilà ce qu'il a fait jusqu'à la fin, avec énergie, avec dévouement, avec un sentiment parfois douloureux de cette déperdition continuelle. Et pourtant, à travers cela, et sans trop y viser, il a su, de toutes ces choses éparses, en sauver quelques-unes de durables, et il nous apprend comment on peut encore atteindre jusqu'à l'avenir et à la postérité, y arriver, ne fût-ce qu'en débris, du milieu du naufrage de chaque jour.

Lundi 27 janvier 1851.

FONTENELLE,

PAR M. FLOURENS.

(1 vol. in-18. — 1847.)

M. Flourens, l'un des deux Secrétaires perpétuels de l'Académie des Sciences, a eu l'idée heureuse d'écrire avec quelque détail l'histoire de ses devanciers, non pas leur biographie, mais l'histoire de leurs travaux et de leurs vues. Il a, dans ces dernières années, publié une suite d'Études aussi remarquables par la clarté de l'exposition que par la simplicité élégante du style, sur Georges Cuvier, sur Fontenelle, sur Buffon, qui n'était pas Secrétaire perpétuel, mais qui était digne de l'être. M. Flourens promet de continuer cette série consacrée à populariser les méthodes des savants célèbres, et qui, remontant en arrière par les noms les plus en vue, complète très-bien les Éloges qu'il est chargé annuellement de faire des modernes académiciens décédés. Nous avons le plaisir et la facilité de le prendre cette fois pour guide dans ce que nous essayerons de dire sur Fontenelle.

Il y a deux Fontenelle très-distincts, bien que, dans une étude attentive, on n'ait pas de peine à retrouver toujours l'un jusqu'au milieu de l'autre. Il y a le Fontenelle bel-esprit, coquet, pincé, damoiseau, fade auteur d'Églogues et d'Opéras, rédacteur du *Mercure galant*, en guerre ou en chicane avec les Racine, les Despréaux, les La Fontaine; le Fontenelle loué par De Vizé et flagellé par La Bruyère; et à travers ce Fontenelle primitif, à l'esprit mince, au goût détestable, il y en a un autre qui s'annonce de bonne heure et se dégage lentement, patiemment, mais avec suite, fermeté et certitude; le Fontenelle disciple de Descartes en liberté d'esprit et en étendue d'horizon, l'homme le plus dénué de toute idée préconçue, de toute prévention dans l'ordre de la pensée et dans les matières de l'entendement; comprenant le monde moderne et l'instrument, en partie nouveau, de raisonnement exact et perfectionné qu'on y exige, s'en servant avec finesse, avec justesse et précision, y insinuant l'agrément qui fait pardonner la rigueur, et qui y réconcilie les moins sévères; en un mot, il y a le Fontenelle, non plus des ruelles ni de l'Opéra, mais de l'Académie des Sciences, le premier et le plus digne organe de ces Corps savants que lui-même a conçus dans toute leur grandeur et leur universalité quand il les a nommés les États généraux de la littérature et de l'intelligence. C'est ce dernier Fontenelle que M. Flourens nous a offert, tout éclairci, tout épuré de son faux goût, et dont il a comme inauguré le buste. M. Flourens ne s'est attaché dans Fontenelle qu'au grand esprit. Nous reviendrons plus en arrière, et nous verrons ce qu'était d'abord tout l'homme.

Fontenelle, né à Rouen en février 1657, était, comme on sait, neveu des Corneille par sa mère. Il semble, au premier abord, que ce soit une ironie de la nature de l'avoir fait naître neveu de celui qui créa ces âmes héroïques de Polyeucte, du vieil Horace, et de tant d'autres personnages au cœur impétueux et sublime; car il était l'âme la plus égale, la plus froide, la plus exempte de passion et de flamme qui fut jamais. Pourtant il ressemblait beaucoup à sa mère, cette propre sœur des Corneille; il disait, avec cette indifférence qui lui était particulière en toute chose, et que la pudeur filiale elle-même n'atteignait pas : « Mon père était une bête, mais ma mère avait de l'esprit; elle était quiétiste; c'était une petite femme douce qui me disait souvent : *Mon fils, vous serez damné;* mais cela ne lui faisait point de peine. » — Pour maintenir quelque rapport de ressemblance entre Fontenelle et son oncle illustre, une seule remarque est essentielle, et je la livre à ceux qui aiment à réfléchir sur ces liens délicats. Le grand Corneille, à travers ses hautes qualités, avait, je ne dirai pas beaucoup d'esprit, mais prodigieusement de bel-esprit; quand ils ne sont point passionnés et grandioses, et même alors, une fois que leur mot sublime est lâché, ses personnages continuent de raisonner, et ils le font avec subtilité et à outrance; ils parlent de tête; le cerveau chez eux prend la place du cœur; ils raffinent et quintessencient les idées et les choses. Faites un seul moment une supposition : retirez au grand Corneille toute sa chaleur, toute son inspiration de cœur et d'âme, et demandez-vous ce qu'il deviendra avec cette faculté desséchée et refroidie de finesse exacte et de raisonnement. Déjà, dans Thomas Corneille, ces qualités secondaires et purement spirituelles de son illustre frère se montraient plus ouvertement et, pour ainsi dire, sur le premier plan, n'étant plus tenues en bride et comme ramassées à l'ombre du génie; mais, chez Thomas, il s'y mêlait encore de la verve et du feu de poésie. Or, dans Fontenelle, cette partie d'esprit pur et de bel-esprit sans aucun reste de chaleur composa tout l'homme. Le cerveau fut tout chez lui, et la nature, qui avait doublement doué son généreux oncle, oublia ici totalement le cœur.

On vit donc en Fontenelle, presque dès l'enfance, un bel-esprit déjà compliqué et très-compassé, faisant des vers latins ingénieux et subtils, puis des vers français très-galants, n'ayant de goût que pour les choses de l'intelligence et de la pensée, y portant une analyse curieuse, une expression fine et rare (1). Il vint à Paris jeune, et il y fit, depuis l'âge de dix-huit ans, plusieurs voyages; mais il ne s'y établit tout à fait que vers 1687, à l'âge de trente ans. Ses premiers essais et son premier ton eurent un cachet marqué de province. Depuis Villon jusqu'à Molière, jusqu'à Voltaire et Beaumarchais, les Parisiens ne parlent point ainsi. Né dans une famille poétique et bourgeoise, dont l'illustration datait d'avant Louis XIV, Fontenelle resta un peu arriéré au point de vue littéraire, en même temps qu'on va le voir singulièrement en avance pour le point de vue philosophique.

Son oncle et son parrain, Thomas Corneille, dirigea ses premiers pas dans les journaux d'alors (*le Mercure galant*) et au théâtre. Racine et Boileau riaient de ce nouveau débarqué, de ce Normand précieux et en retard, qui arrivait exprès par le coche pour se faire siffler avec une tragédie musquée, ou pour se faire applaudir avec un sonnet d'Oronte. Cependant, dès le premier ouvrage en prose qu'il publia (les *Nouveaux Dialogues des Morts*, 1683), l'esprit philosophique de Fontenelle commençait à se produire et à donner des gages de ce qu'il serait un jour. On y trouvait, sous une forme froide, mais ingénieuse et distinguée, des pensées libres et dégagées sur les sottises humaines, une sagacité indifférente à les démêler à travers les temps, les croyances et les costumes divers. La fameuse querelle sur la supériorité des Anciens ou des Modernes s'agitait déjà et était à la veille d'éclater. Fontenelle, dans le Dialogue

(1) Sur les débuts et sur la famille de Fontenelle et sur toute sa vie en général, on trouvera quelques détails précis et nouveaux dans la *Biographie de Fontenelle*, par M. Charma (1846).

entre Socrate et Montaigne, la touchait en quelques traits supérieurs et comme aurait pu faire un Saint-Évremond. Mais Boileau n'était pas assez de sang-froid ni assez philosophe pour aller chercher et goûter une pensée saine dans une expression qui ne l'était pas : et Fontenelle, à son entrée dans le monde, offrait les vérités, bonbonnière en main, absolument comme on offrirait des dragées ou des pastilles. Ou, si vous voulez, c'était de la philosophie mise en menuet sur les airs de M. de Benserade.

Les *Lettres diverses de M. le Chevalier d'Her...*, que Fontenelle publia en 1683, dans le même temps que ses *Dialogues*, sont du Benserade tout pur, et elles semblaient faites exprès pour donner gain de cause à ses ennemis. On ne connaît pas le premier Fontenelle, ce qu'il était en fait de goût originel et instinctif, quand on n'a pas lu ces *Lettres* du précieux le plus consommé et le plus rance. On a là l'idéal de l'imagination de Fontenelle, les fleurs de son printemps ; et quel printemps ! Tout y est peint, fardé et musqué, et les parfums qui s'exhalent y sentent les épices. Ce sont des Lettres dans le genre de Voiture, adressées à diverses personnes, sur des sujets choisis à dessein, et qui prêtent au sentiment ou à la raillerie. Fontenelle a une singulière façon de raisonner de la galanterie, d'en deviser, de la déduire fil à fil, par le menu, d'en expliquer l'économie et le *ménage* (c'est bien le mot qu'il emploie). Il n'est point pressé d'abord ; son esprit trouve son compte aux lenteurs : « J'attendrai quinze ou vingt ans si vous voulez, écrit le Chevalier aux belles dames ses correspondantes... Le temps ne me coûte rien en fait d'aussi jolies personnes que vous. Faut-il des années ? Eh bien ! des années soit. Je n'ai rien de plus agréable à faire... *Je ferai enrager votre lassitude.* » Fontenelle se sent de bonne heure en fonds d'années, et, dans les siéges qu'il entreprend, il se dit qu'il peut attendre. Pour quelques traits vraiment jolis et fins qu'on rencontre dans ces Lettres, on en trouverait par centaines qui seraient du pur Mascarille; et par exemple : « *L'amour est le revenu de la beauté*, et qui voit la beauté sans amour *lui retient son revenu d'une manière qui crie vengeance.* » Après cet amour qui est proprement le *revenu* et la rente de la beauté, vient tout un détail de l'*acquittement* en style de notaire : « Vous savez que, quand on paye, on est bien aise d'en *tirer quittance* ou de *prendre acte* comme on a payé. Je m'*acquitte* de l'amour que je vous dois, mais je déclare en même temps que je m'en *acquitte.* » Chez Fontenelle, ne l'oublions pas, il y a le Normand encore qui se trahit et perce à travers le galant, l'homme positif qui sait le taux des choses et qui vise au solide. Aussi l'amour, dans ces Lettres, est traité par addition et soustraction; il y met, on vient de le voir, des *quittances*, des *actes*; à un endroit il tient compte aussi des *non-valeurs.* — Mais à quoi bon remarquer ces défauts? dira-t-on. Le grand esprit de Fontenelle les a plus tard recouverts et fait oublier. — Non pas. Prenez le Fontenelle dans le moment le plus élevé et le plus majestueux qu'il vous sera possible, prenez-le faisant l'Éloge de Newton, dans ce morceau capital dont M. Flourens a si bien fait ressortir les parties supérieures. Après l'exposé lumineux des systèmes, après maint trait de biographie touchant et simple, de quelle manière Fontenelle s'avise-t-il de terminer sa Notice et de la conclure?. « Il (Newton) a laissé, dit-il, en biens meubles environ trente-deux mille livres sterling, c'est-à-dire sept cent mille livres de notre monnaie. M. Leibniz, son concurrent, mourut riche aussi, quoique beaucoup moins, et avec une somme de réserve assez considérable. Ces exemples rares, et tous deux étrangers, semblent mériter qu'on ne les oublie pas. » Cette conclusion positive, qui vient couronner si singulièrement l'hommage rendu au plus grand génie scientifique moderne, n'étonnera point ceux qui ont noté dans les *Lettres du Chevalier d'Her*... toutes les supputations et comparaisons financières que Fontenelle, jeune, apportait et prodiguait jusqu'en matière d'amour et de sentiment.

Il portait ces supputations en toute chose et ne s'en cachait pas. Dans son petit traité *du Bonheur*, il veut qu'avant de s'attacher aux objets extérieurs, on évalue ce qu'ils peuvent rapporter en plaisirs ou en peines, et qu'on ne laisse prendre des droits sur soi qu'aux objets dont, tout compte fait, on a plus à espérer qu'à craindre : « Il n'est question que de calculer, dit-il, et la Sagesse doit toujours avoir les *jetons* à la main. » Des jetons pour compter les points. Voilà son idéal de philosophie. On n'a jamais mieux compris qu'en lisant les premiers écrits de Fontenelle ce mot de Vauvenargues : « Il faut avoir de l'âme pour avoir du goût. » Fontenelle manque de goût avec tout l'esprit du monde, parce que le cœur et l'âme sont absents et muets en lui, parce que le *pectus* et l'*affectus* (comme diraient les anciens) ne lui parlent jamais. Le goût, une espèce de goût, ne lui viendra que tard, à force de finesse et de réflexion.

Les trois ou quatre Lettres du Chevalier d'Her..., qui roulent sur le *mariage clandestin* d'une prétendue cousine, offrent encore un trait caractéristique de cette jeunesse de Fontenelle. Il suppose qu'une cousine du Chevalier est obligée de cacher quelque temps le mariage qu'elle contracte avec un galant homme, pour ne pas choquer une vieille tante de ce dernier, de laquelle on attend une grasse succession (toujours des rentes). Mais il faut voir comme le Chevalier, c'est-à-dire Fontenelle, badine sur ce mariage clandestin qui va forcer cette sage cousine à faire la mystérieuse, à garder hypocritement sa première apparence : « Vous serez encore de l'aimable troupe des filles qui paraîtront vos pareilles, et le seront peut-être. » Elle recevra son mari en secret, comme un amant, et elle devra le traiter avec réserve et cérémonie devant le monde : « Voilà des *ragoûts de vertu* que je vous propose, » lui écrit-il. Et il continue de plaisanter avec insistance, et parfois avec indélicatesse, sur cette situation équivoque. Un trait vif, léger et malin, serait pardonnable ; mais quatre lettres dans lesquelles il étend son grain de libertinage, c'est trop. Quelqu'un remarquait très-bien, sur ces Lettres du *mariage clandestin*, que c'est toujours la gaudriole française et gauloise qui en fait les frais ; mais ici la gaudriole est à la glace (1).

On serait trop sévère si l'on s'arrêtait à ce début plus longuement. Mais que l'on comprend bien, après avoir lu cet ouvrage de Fontenelle, les épigrammes de Racine, de Boileau, de Jean-Baptiste Rousseau, sur son compte ! et comme on reconnaît la ressemblance de la physionomie première, dans ce Portrait que La Bruyère a tracé de lui :

« *Ascagne* est statuaire, *Hégion* fondeur, *Eschine* foulon, et *Cydias* (c'est-à-dire Fontenelle) bel-esprit ; c'est sa profession. Il a une enseigne, un atelier, des ouvrages de commande, et des compagnons qui travaillent sous lui... Prose, vers, que voulez-vous ? il réussit également en l'un et en l'autre. Demandez-lui des Lettres de *consolation*, ou sur une *absence*, il les entreprendra ; prenez-les toutes faites et entrez dans son magasin, il y a à choisir. Il a un ami qui n'a point d'autre fonction sur la terre que de le promettre longtemps à un certain monde, et de le présenter enfin dans les

(1) Au tome XX, page 58, des *Œuvres de Frédéric le Grand* (1852), dans la Correspondance de Darget et du roi, on peut lire une gaudriole en vers de Fontenelle, âgé de 95 ans.

maisons comme homme rare et d'une exquise conversation : et là, ainsi que le musicien chante et que le joueur de luth touche son luth devant les personnes à qui il a été promis, *Cydias*, après avoir toussé, relevé sa manchette, étendu la main et ouvert les doigts, débite gravement ses pensées quintessenciées et ses raisonnements sophistiqués. »

Lisez tout ce Portrait, suivez cette conversation du *Cydias*-Fontenelle que La Bruyère nous fait si bien voir tel qu'il était alors dans la société, avec ce premier vernis de la jeunesse et dans tout le lustre de son apprêt naturel, déjà lui-même au complet pour la patience et l'accent, nullement pressé de parler et d'interrompre, attendant paisiblement que chacun ait jeté son feu, puis débitant gracieusement alors, et avec un demi-sourire, des contradictions et des paradoxes que La Bruyère estime des impertinences, qui pourraient bien être souvent des vérités, ou du moins qui pourraient y conduire, ce que La Bruyère ne dit pas. Ce Portrait de Fontenelle par La Bruyère est pour nous une grande leçon : il nous montre comment un peintre habile, un critique pénétrant, peut se tromper en disant vrai, mais en ne disant pas tout, et en ne devinant pas assez que, dans cette bizarre et complexe organisation humaine, un défaut, un travers et un ridicule des plus caractérisés n'est jamais incompatible avec une qualité supérieure.

Pourtant, avant de prononcer tout à fait contre La Bruyère, je prierais qu'on voulût bien lire, au tome premier des *Nouveaux Mélanges* de Mme Necker, l'extrait d'une conversation de Mme Geoffrin sur Fontenelle. Personne certes ne connaissait mieux le Fontenelle définitif que Mme Geoffrin, qui passait sa vie avec lui et qui fut son exécutrice testamentaire. Eh bien ! les traits essentiels qu'elle assigne à cette nature d'exception sont, à bien des égards, exactement les mêmes que ceux qu'on a vus retracés et burinés par La Bruyère : « Il ne riait jamais, dit Mme Geoffrin ; je lui disais un jour : Monsieur de Fontenelle, vous n'avez jamais ri ? — Non, répondit-il, je n'ai jamais fait : *Ah ! ah ! ah !* — Voilà l'idée qu'il avait du rire : il souriait seulement aux choses fines ; mais il ne connaissait aucun sentiment vif. » Je me permettrai d'ajouter, pour prendre le ton du sujet, que, s'il n'avait jamais fait *ah ! ah !* il n'avait jamais fait non plus *oh ! oh ! oh !* c'est-à-dire qu'il n'avait jamais admiré. « Il n'avait jamais pleuré, continue Mme Geoffrin ; il ne s'était jamais mis en colère ; il n'avait jamais couru ; et, comme il ne faisait rien par sentiment, il ne prenait point les impressions des autres. *Il n'avait jamais interrompu personne ; il écoutait jusqu'au bout sans rien perdre ; il n'était point pressé de parler* ; et, si vous l'aviez accusé, il aurait écouté tout le jour sans rien dire. » On reconnaît à quel point le Fontenelle de quatre-vingt-dix ans, et le Fontenelle de La Bruyère qui en avait trente, l'un peint par un ennemi, et l'autre par une amie, sont bien pourtant le même. Je ne pousserai pas plus loin la citation de ce Portrait des plus frappants, et qui est d'original. On y voit à nu cette nature purement spirituelle, qui était comme dépourvue de la plupart des sens et des impressions ordinaires au commun des hommes, et qui, de bonne heure, se gouverna dans la vie en vertu du principe de la moindre action. « Celui qui veut être heureux, disait-il, se réduit et se resserre autant qu'il est possible. Il a ces deux caractères : *il change peu de place, et en tient peu.* » Tel Fontenelle se décelait de son propre aveu, tel nous le montre Mme Geoffrin : « Quand il entrait dans un logement, il laissait les choses comme il les trouvait ; il n'aurait pas ajouté ni ôté un clou. » Rien ne lui faisait de ce qui prend et divertit les autres hommes ; belle musique, beau tableau, il ne se tournait à rien. Tout ce qui n'était pas une idée neuve en réfléchissant, un trait piquant ou une épigramme en causant, ne l'intéressait point. Quand il causait, c'était cette épigramme qu'il semblait attendre toujours des autres et qu'il trouvait tout d'abord le plus souvent; c'est l'homme dont on a cité le plus de jolis mots. Convenance et harmonie singulière! ses maladies elles-mêmes, ses infirmités avaient quelque chose d'indolent et de tranquille : « Il avait la goutte, mais sans douleur; seulement son pied devenait *de coton*; il le posait sur un fauteuil, et voilà tout. » C'était une âme et un corps où n'entra jamais l'aiguillon.

Ce portrait de Fontenelle d'après Mme Geoffrin doit se joindre à un excellent jugement de Grimm (*Correspondance,* février 1757), lequel, tout sévère qu'il semble, porte en plein dans le vrai pour ce qui est du goût. Ces appréciations diverses ne se contredisent point, mais bien plutôt se complètent et concordent. Il n'est pas jusqu'à l'abbé Trublet, à son tour, ce religieux historiographe de Fontenelle, qui ne vienne à l'appui plus qu'il ne croit par ses témoignages. Il convient que son héros n'a guère aimé qu'*une seule fois* avec une sorte de tendresse : c'est dans l'affection qu'il eut pour son ami et camarade d'enfance, M. Brunel, qui était comme un autre lui-même. On le vit pleurer de vraies larmes quand il le perdit. Cette mort fut la seule douleur de sa longue vie, le seul accident qui trouva sa philosophie en défaut; il fut homme un jour par ce côté. Cette amitié avait trouvé moyen, on ne sait comment, de se loger en lui dès sa petite enfance. Les *jetons* de la Sagesse n'eurent tort que cette fois.

Le Portrait offert en passant par La Bruyère nous a mené loin, et nous avons à revenir pour dégager du milieu des fadeurs et des formes frivoles l'esprit sérieux et le philosophe. Fontenelle, de bonne heure, marqua tous les défauts d'une nature privée d'idéal et de flamme, et qui n'avait ni ciel à l'horizon ni foyer intérieur; mais il eut aussi toutes les qualités compatibles avec ces sortes de natures purement intellectuelles. Disciple de Descartes en philosophie, mais disciple libre et qui se permettait de juger son maître, il comprit qu'il y avait un rôle à prendre, un milieu à tenir entre les gens du monde et les savants, et que l'esprit, qui, d'un côté, servait à entendre, pouvait servir, de l'autre, à exprimer. Il crut possible de concilier cette disposition qui le rendait tout propre pour les vérités exactes, avec le goût qu'il avait pour les manières de dire agréables et assaisonnées. Il réalisa et résolut ce délicat problème dans ses *Entretiens sur la Pluralité des Mondes*, qui parurent en 1686 et qui eurent le plus grand succès.

Dans ce singulier ouvrage, et qui reste agréable et encore utile malgré tout, il fit entrer les vérités de Copernic dans une enveloppe à la Scudery; mais ici le mauvais goût a beau faire, la vérité l'emporte et prend le dessus. Boileau et La Bruyère peuvent rire désormais, tant qu'ils veulent, du précieux Fontenelle, il est plus philosophe qu'eux. Fontenelle, en ces *Entretiens*, se suppose, comme on sait, à la campagne après souper, dans un beau parc avec une belle marquise. La conversation tombe sur les étoiles; la marquise en vient à demander des explications astronomiques. Fontenelle fait semblant de vouloir parler d'autre chose : « Non, répliquai-je, il ne me sera point reproché que dans un bois, à dix heures du soir, j'aie parlé de philosophie à la plus aimable personne que je connaisse. Cherchez ailleurs vos philosophes. » Pourtant il serait bien fâché qu'on le prît au mot, car c'est précisément dans ce mélange de philosophie, de physique et de galanterie qu'il va exceller. En s'adressant à sa belle marquise, il s'adresse à *l'esprit de tous les ignorants,* et à la fois il aime à se les figurer sous cette forme coquette et à y mêler ce jeu perpétuel qui va autoriser toutes ses finesses. Il y gagne en même temps d'introduire toutes sortes de vérités sous un air frivole, et sans avoir affaire aux théologiens du temps, qui n'avaient pas encore pris leur parti de bien des choses. Chez Fontenelle, la vérité nouvelle se déguise en madrigal, et elle passe plus sûrement.

Dès la première soirée, il essaie de faire entrevoir à sa marquise le secret des rouages et des contre-poids de la nature, et, pour cela, il ne voit rien de plus commode que de comparer ce grand spectacle qu'il a sous les yeux, à celui de l'Opéra. Le philosophe qui cherche les causes est comme le *machiniste* qui serait assis au parterre de l'Opéra, et qui essaierait de se rendre compte de certains *vols,* de certains effets extraordinaires de *gloire* et de *nuage;* et, à l'aide de cette simple comparaison, Fontenelle trouve moyen d'amener les principaux systèmes physiques qui ont été tour à tour proposés par les philosophes. Rien de plus piquant, rien de plus clair; on assiste à cette suite d'explications provisoires et illusoires, à cette succession naturelle d'erreurs, et l'on comprend si bien comment l'on a dû dès l'abord y donner et les épuiser toutes, qu'on s'en détache déjà. Quand il en vient à l'astronomie en particulier, à la question de savoir si c'est la terre qui est le centre autour duquel tourne l'univers, ou si c'est elle au contraire qui décrit une révolution dans l'espace, il a de ces comparaisons toutes morales et sensibles qui vous remettent d'avance au point de vue : « Il faut que vous remarquiez, s'il vous plaît, que nous sommes tous faits naturellement comme un certain fou athénien, dont vous avez entendu parler, qui s'était mis dans la fantaisie que tous les vaisseaux qui abordaient au port de Pirée lui appartenaient. Notre folie, à nous autres, est de croire aussi que toute la nature, sans exception, est destinée à nos usages; et quand on demande à nos philosophes à quoi sert ce nombre prodigieux d'étoiles fixes, dont une petite partie suffirait pour faire ce qu'elles font toutes, ils vous répondent froidement qu'elles servent à leur réjouir la vue. » C'est ainsi que, pour ne pas ressembler à ce fou du Pirée, on est déjà tenté de se détacher de l'explication de Ptolémée et d'entrer dans celle de Copernic. Je ne puis que toucher cet art d'insinuation scientifique chez Fontenelle; il le possède au plus haut degré. En fait d'astronomie et de physique, on n'a qu'à le laisser faire, et, comme on l'a dit très-bien, il vous *enjôle à la vérité.*

Quelle manière plus opposée à celle dont Pascal embrasse le ciel et la nature! On se rappelle involontairement ce magnifique début des *Pensées :* « Que l'homme contemple donc la nature entière dans sa haute et pleine majesté; qu'il éloigne sa vue des objets bas qui l'environnent; qu'il regarde cette éclatante lumière mise comme une lampe éternelle pour éclairer l'univers; que la terre lui paraisse comme un point au prix du vaste tour *que cet astre décrit...* » Au lieu de ces expressions amples et véritablement augustes, Fontenelle, en parlant de l'ordonnance céleste, n'emploie volontiers que des images et des comparaisons rapetissantes. Signalant le principe essentiel de la Nature, laquelle fait toutes choses à moins de frais possible et use d'une *épargne* extraordinaire dans son *grand ménage,* il vous dira que ce n'est que par là qu'on peut *attraper* le plan sur lequel elle a fait son œuvre. Pascal sentait avec tressaillement, avec effroi, la majesté et l'immensité de la nature, quand

Fontenelle semble n'en épier que l'adresse. Cet homme-ci n'a point en lui cette géométrie idéale et céleste que conçoivent primordialement un Pascal, un Dante, un Milton, ou même un Buffon; il ne l'a pas et il ne s'en doute pas; il amincit le ciel en l'expliquant. Tout cela est vrai, et pourtant il est un point par lequel Fontenelle va reprendre aussitôt sa revanche sur Pascal lui-même; car, dans cette vue admirablement sentie et embrassée tant au physique qu'au moral, Pascal, à un endroit, a corrigé lui-même sa phrase, l'a rétractée et altérée pour faire tourner le soleil autour de la terre et non la terre autour du soleil. Ce grand esprit, atteint en ceci d'un reste de superstition, recule devant la vérité de Copernic et laisse indécise la balance. Si inférieur à Pascal comme imagination et comme âme, et dans un rapport qu'on dirait incommensurable avec lui (nous sommes en style de géomètre), Fontenelle, à titre d'esprit libre et dégagé, d'esprit net, impartial et étendu, reprend lentement ses avantages, et, sur la fin de ce siècle de grandeur, mais certes aussi d'illusion et de timidité majestueuse, il ose voir en réalité et exprimer en douceur les vérités naturelles telles qu'elles sont. Là est son originalité, là est sa gloire.

On commence à sentir en quoi, malgré ses légèretés et ses minauderies d'agrément, malgré cette familiarité affectée d'expressions qui semble par moments une chicane concertée contre la majesté des choses, Fontenelle se différencie profondément des écrivains frivoles qui traitent des sujets graves et qui ne prennent point la vérité en elle-même. Il appartient décidément, dès cette époque (1686), à la famille des esprits fermes, positifs et sérieux, quel que soit son costume. Il est un ennemi de l'ignorance, non pas un ennemi à main armée, mais froid, patient, méprisant dans sa douceur, et irréconciliable à sa façon plus qu'il ne croit. Il est si porté à penser que l'ignorance et la sottise sont un fait des plus naturels et des plus universels, que rien ne l'étonne en ce genre ni ne l'irrite. Pourtant il se rend compte du progrès particulier au monde moderne, et il en est, à sa manière, un organe et un instrument. « En vérité, je crois toujours de plus en plus, dit-il, qu'il y a un certain génie qui n'a point encore été hors de notre Europe, ou qui, du moins, ne s'en est pas beaucoup éloigné. » Ce génie européen, qui est proprement celui de la méthode, de la justesse et de l'analyse, et qui, selon lui, s'étend à tous les ordres de sujets, il croit que c'est à Descartes surtout que nous en devons la découverte et l'usage; mais il s'agit de le mieux appliquer encore qu'il ne l'a fait.

Historiquement, Fontenelle, comme le remarque M. Flourens, a rendu à Descartes le même service que Voltaire a rendu à Newton : il a contribué à le populariser et à le séculariser, à le répandre dans les cercles et les salons. Ce livre des *Mondes* offre, en quelque sorte, deux aspects, et il aboutit par une double influence à deux ordres d'écrits tout différents. Il a donné le premier exemple et le modèle de ces ouvrages où la science est ornée, enjolivée et sophistiquée à l'usage des dames, de ces ouvrages *métis*, tels qu'en ont composé sur divers sujets les Pougens, les Aimé-Martin, ces émules de Demoustier encore plus que de Fontenelle : c'est là le côté frivole. Mais il y a aussi l'influence utile et sensée, prélude de celle que les plus grands esprits n'ont pas dédaigné d'exercer depuis. En recherchant moins l'agrément, mais en ne s'attachant pas moins à l'extrême clarté, les Buffon, les Cuvier, les Humboldt eux-mêmes en français, n'ont pas craint de composer quelques portions de leurs écrits en vue des ignorants, et de les publier à l'usage de toutes les classes de lecteurs. Le premier exemple de ce mode d'exposé lucide et agréable a été donné par Fontenelle dans ses *Mondes* et ailleurs.

Si l'on prenait Fontenelle dans ses autres écrits, vers cet âge de trente ans, à cette date où il était à la fois raillé avec justesse et méconnu avec injustice par La Bruyère, on le trouverait déjà tout formé quant aux idées et aux vues. Dans son *Histoire des Oracles*, si bien appréciée par Bayle (1687), il combat ce reste d'idée du moyen-âge, encore ancrée dans bien des esprits, que les anciens oracles païens étaient rendus par des démons. Il montre que cette explication surnaturelle n'est point nécessaire, et qu'avant de rechercher la cause d'un fait, il importe de bien étudier ce fait en lui-même : « Je ne suis pas si convaincu de notre ignorance, dit-il, par les choses qui sont et dont la raison nous est inconnue, que *par celles qui ne sont point et dont nous trouvons la raison.* » Et il raconte cette fameuse histoire de la dent d'or qui était poussée à un enfant de Silésie en 1593. Tous les savants se mirent à disserter, à disputer sur cette dent d'or; on en écrivit deux ou trois histoires. « Il ne manquait autre chose à tant de beaux ouvrages, dit Fontenelle, sinon qu'il fût vrai que la dent était d'or. Quand un orfévre l'eut examinée, il se trouva que c'était une feuille d'or appliquée à la dent avec beaucoup d'adresse; mais on commença par faire des livres, et puis on consulta l'orfévre. » En tout, le travail de Fontenelle est comme celui de cet orfévre : il s'attache à dépouiller chaque objet de la couche d'illusion qui l'enveloppe et qui trompe.

Dans sa *Digression sur les Anciens et les Modernes* (1688), il a raison sur presque tous les points, excepté sur le chapitre de la poésie et de l'éloquence, surtout de la poésie, qu'il ne sent pas et qu'il croit posséder et pratiquer. Totalement dénué de la forme poétique idéale supérieure et de cette richesse des sens qui en est d'ordinaire l'accompagnement et l'organe, il parle de la poésie en toute occasion comme ferait son ami La Motte, c'est-à-dire comme un aveugle des couleurs. Il ne devine pas qu'il a pu y avoir autrefois, à un certain âge du monde, sous un certain climat, et dans des conditions de nature et de société qui ne se retrouveront plus, une race heureuse qui s'est épanouie dans sa fleur, et que nous pouvons, nous autres modernes, surpasser en tout, excepté en ce premier développement délicat, en ce premier charme divin. Fontenelle n'entend rien à la Grèce. Il y a en toute chose un souffle printanier et sacré qu'il ne sent pas. Hors de là, il est dans le vrai et il a l'œil dans l'avenir : « La Nature, dit-il, a entre les mains une certaine pâte qui est toujours la même, qu'elle tourne et retourne sans cesse en mille façons, et dont elle forme les hommes, les animaux, les plantes. » Et il en conclut que, puisqu'elle n'a point brisé son moule, il n'y a aucune raison pour qu'il n'en sorte point d'illustres modernes aussi grands à leur manière que les anciens. La question littéraire se trouvait ainsi réduite, au grand scandale des érudits, à une question de physique et d'histoire naturelle. Fontenelle comprend avec son esprit tout ce qui peut être, même quand il ne le sentirait pas. On sourit de le voir plaider contre les partisans idolâtres des anciens en faveur de ces puissantes organisations modernes qui sont si peu semblables à la sienne ; il plaide pour Molière en le sachant, et pour Shakspeare sans le savoir. Il suppose avec tranquillité des choses extraordinaires et qui pourront bien arriver un jour : Nous serons un jour des anciens nous-mêmes, remarque-t-il, et il faut espérer qu'en vertu de la même superstition que nous avons à l'égard des autres, *on nous admirera avec excès dans les siècles à venir:* « Dieu sait avec quel mépris on traitera en comparaison de nous les beaux-esprits de ce temps-là, qui pourront bien être des *Américains.* » C'est ainsi que Fontenelle, l'esprit le plus dégagé de soi-même, de toutes ces préventions qui tiennent aux temps et aux lieux, se propose des perspectives, des changements à vue dans l'avenir, et s'amuse à les considérer avec des yeux indifférents. Comme il n'est nullement touché du sentiment des autres, il ose être de son opinion non-seulement avec bonne foi, mais avec une sorte d'audace et d'impudeur tranquille. Cette indifférence, si nettement marquée et affectée dans l'accent, semblait aux partisans de l'antiquité le suprême de l'insolence, et Boileau furieux n'y tenait pas: « C'est dommage, disait-il un jour de La Motte, qu'il ait été *s'encanailler* de ce petit Fontenelle! »

Fontenelle avait quarante ans quand il fut nommé Secrétaire perpétuel de l'Académie des Sciences (1697); il avait publié tous les ouvrages qui le distinguent sous sa première forme littéraire, et il va durer soixante années encore sous sa forme plus épurée, plus contenue, plus sérieuse: le grand esprit va désormais prendre le pas sur le bel-esprit, ou du moins ne plus permettre qu'on l'en sépare. Il y a des moments où ce second Fontenelle, si impartial, si intelligent et si impassible, me fait l'effet d'un Goethe un peu aminci et réduit, mais d'une espèce approchante et qui mène à l'autre. Un Français réfugié, Jordan de Berlin, qui le visita en 1733, parle de lui en des termes qui nous le font entrevoir sous cet aspect universellement respecté: « M. de Fontenelle est magnifiquement logé; il paraît très à son aise, et richement partagé des biens de dame Fortune. Quoique âgé, il a dans l'œil quelque chose de vif et de fin. On voit que ce grand homme a été moulé à plaisir par la Nature...»

M. Flourens a présenté en toute lucidité ce second et dernier Fontenelle; il l'a dépouillé non pas de ses particularités, mais de ses petitesses, et nous l'a fait voir au seuil du sanctuaire, investi de la dignité des Sciences, leur juste interprète aux yeux de tous, sans solennité aucune, et ne les rabaissant pourtant jamais que moyennant une familiarité noble et décente. Il a parfaitement défini cette suite d'Éloges ingénieux, véridiques et succincts, où tout ce qui est obscur est éclairci, tout ce qui est technique généralisé, et où chaque savant n'est loué que pour ce qu'il a laissé d'important et de durable : « *Il loue*, a dit de lui M. Flourens, *par des faits qui caractérisent.*»

Fontenelle est le premier Secrétaire perpétuel de l'Académie des Sciences qui ait écrit en français; son prédécesseur Du Hamel écrivait encore en latin. Fontenelle fut donc novateur et initiateur dans ce mode d'exposition élégante et demi-mondaine. Son travail se composa de deux parties : les Extraits et analyses des travaux académiques, et les Éloges des académiciens. Dans les Extraits, il s'attache, avant tout, à éclaircir et à démêler ce qu'il expose : il avait pour principe que, dans les sciences, la certitude elle-même des résultats ne dispense point de la clarté, et que la raison commune a droit à tout instant d'intervenir et de demander compte, autant qu'il est possible, de ce que les méthodes particulières lui dérobent. Dans les Éloges des académiciens, il sut garder de son ancienne manière quelque chose de perpétuellement ingénieux et fin; mais son amour de l'exactitude y introduisit de plus en plus la simplicité. La simplicité de Fontenelle, comme vous le pensez, est d'un tour qui ne la laisse pas ressembler à celle des autres.

On a remarqué que, dans sa première manière, il y

avait une sorte de contradiction et d'antithèse entre le ton, qui était mesquin et précieux, et le fond de la pensée, qui allait au réel et au solide; il en résultait une disproportion et un manque de concert qui faisait du tissu de son style comme une épigramme continuelle. A la longue, cette prétention (car c'en était bien une), en se réduisant et en s'adoucissant, finit par devenir l'habitude facile, le pas égal et naturel de sa pensée. On a dit de Fontenelle, écrivain, qu'il allait *à l'amble*, là où d'autres couraient et se déployaient avec force ou gravité. Cette sorte d'allure, on le sait, est surtout agréable aux femmes et aux délicats. Sa manière, de même, est toute composée de raisonnements doux et accommodés sans faiblesse à la disposition mondaine des esprits. Dans les deux Préfaces qu'il a mises à l'*Histoire de l'Académie des Sciences* (l'Histoire de 1699 et celle de 1666), il a atteint à une véritable perfection, encore agréable et presque sévère.

C'est ainsi que cette raison éclairée et saine avait fini par triompher chez elle-même d'un goût qui était si malsain à l'origine, et par en tirer un parti tout à fait heureux. L'action de Voltaire put bien être pour quelque chose dans ce correctif qui s'introduisit peu à peu dans la manière de Fontenelle. Grimm a très-bien remarqué que Voltaire avait toutes les qualités de goût opposées précisément aux défauts de Fontenelle, le naturel, la vivacité, la saillie franche et prompte, le jet de source. Fontenelle, avec La Motte, était sur le point de prendre le sceptre sous la Régence, et de donner le ton à la littérature, quand Voltaire parut *à point nommé* pour neutraliser dans le public l'effet de cette influence au moins équivoque, et, tout jeune qu'il était, il avertit insensiblement par son exemple l'académicien raffiné et réfléchi, que le moment était venu d'être plus simple.

Fontenelle, exténué de vieillesse et aussi spirituel que jamais, mourut le 11 janvier 1757, à l'âge de cent ans moins un mois, uniquement parce qu'il fallait mourir. Le siècle était déjà pleinement entré dans la seconde et plus orageuse moitié de sa carrière. Mais n'admirez-vous pas les oppositions des esprits? Je parlais l'autre jour de Diderot. Fontenelle et Diderot : quel contraste plus frappant et plus indiqué ! Fontenelle, qui marque mieux que toute définition (comme l'a si bien dit Fontanes) la limite de l'esprit et du génie; et Diderot, une espèce de génie extravasé et en ébullition, qui ne peut se contenir à une limite ; l'un qui ouvre discrètement le siècle, et qui retient dans sa main à demi fermée plus de vérités qu'il n'en laisse sortir, qui semble dire *Chut!* à tout bruit, à tout éclat ; l'autre qui proclame et prêche à haute voix ses doctrines, qui sème les germes à pleines mains à tous les vents, en apostrophant l'avenir; Fontenelle qui se rattache encore à Descartes et à quelques-uns des grands esprits réguliers du siècle précédent, ou, qui pis est, aux précieuses; et Diderot qui, en ses accès, par le désordre et la fougue de sa parole, semble déjà faire appel aux générations ardentes qui auront à leur tête Mirabeau ou Danton. Je laisse à chacun le soin d'achever le parallèle que chaque détail rendrait plus piquant. Sur Fontenelle, ma conclusion sera précise : c'est que par sa tenue, par sa longévité, par sa multiplicité d'aptitudes et d'emplois, avec ce composé de qualités rares et de défauts qui ont fini par assaisonner ses qualités, il n'a point son pareil, qu'il demeure hors ligne, au-dessous des génies, dans la classe des esprits infiniment distingués, et qu'il se présente, dans l'histoire naturelle littéraire, à titre d'individu singulier et unique de son espèce.

Lundi 3 février 1851.

ŒUVRES

DE

CONDORCET.

Nouvelle Édition, avec l'*Éloge de Condorcet*,

PAR M. ARAGO.

(12 vol. — 1847-1849.)

Cette Édition de Condorcet que le public ne demandait pas, mais que sa famille a cru devoir élever comme un monument à sa mémoire, renferme des parties intéressantes et neuves, notamment la Correspondance avec Turgot, des Lettres de Voltaire, du grand Frédéric, de Mlle de Lespinasse. Le premier volume est à lire pour l'histoire de la société française au XVIIIe siècle. L'édition entière est exécutée non-seulement avec soin, mais avec luxe. M. Arago l'a fait précéder de son Éloge (ou plutôt apologie) de Condorcet. Il y a, comme dans tous les Éloges de M. Arago, des parties fortes et traitées avec cette supériorité qu'il a en matière de science. Quand il apprécie le savant, le géomètre, on s'incline, on accepte ses jugements sans les discuter, et avec le respect qui est dû à sa parole. Mais en ce qui concerne la littérature, la politique et la morale, ces choses plus ouvertes, et sur lesquelles, à ce qu'il semble, tout esprit cultivé et attentif peut se croire en droit d'avoir un avis, son Éloge me paraît prêter à bien des remarques, dont je ne ferai ici que quelques-unes.

Opposant l'Édition des *Pensées* de Pascal, d'après Condorcet, à celle que donnèrent, dans le temps, les amis de Pascal lui-même, M. Arago appelle cette dernière *l'Édition de D'Arnaud*. J'ai cru d'abord que c'était une simple faute d'impression; mais voyant ce nom de *D'Arnaud* revenir à deux reprises, et reparaître le même dans les différentes éditions de l'Éloge, j'ai été forcé de reconnaître, à ma grande surprise, que celui qu'on appelait, au XVIIe siècle, *le grand Arnauld*, était bien moins connu, au XIXe, en pleine Académie des Sciences, et que son nom s'y confondait insensiblement, et sans qu'on s'en rendît bien compte, avec celui de D'Arnaud (Baculard). Que dirait M. Arago d'un écrivain qui, ayant à parler du géomètre *Fontaine*, l'appellerait chaque fois, par mégarde, *La Fontaine?*

En un autre endroit, prenant La Harpe à partie, M. Arago croit justifier contre lui Condorcet, et il en triomphe. Voici le fait. Condorcet n'était pas religieux, ce qui peut paraître un malheur, mais ce qui est permis. Ce qui l'est moins, c'est qu'il était fanatique d'irréligion, et atteint d'une sorte d'hydrophobie sur ce point. Trouvant dans les Œuvres de Vauvenargues deux morceaux qui sont une *Prière* et une *Méditation* religieuse, Condorcet, que ces morceaux gênaient, déclare sans hésiter qu'ils ont été *trouvés dans les papiers de l'auteur*, après sa mort; qu'ils n'ont été écrits, d'ailleurs, que par une sorte de gageure; mais que les Éditeurs ont jugé à propos de les ajouter aux *Pensées* de Vauvenargues, pour faire passer les maximes hardies qui sont à côté. Or, tout cela est inexact et contraire à la vérité, puisque c'est Vauvenargues lui-même qui, dans la première Édition faite sous ses yeux et publiée de son vivant, fit insérer ces deux morceaux. Ainsi il n'y avait pas là de quoi triompher de La Harpe, ni de quoi élever Condorcet sur le pavois.

Ces diverses inexactitudes de détail m'ont mis en doute sur l'ensemble du travail, et, reprenant moi-même l'étude de Condorcet dans les parties qui me sont accessibles ainsi qu'à tout le monde, je suis arrivé à une tout autre appréciation de l'homme et du caractère; et, comme Condorcet a été un personnage politique des plus considérables, un de ceux qui font les révolutions, qui y poussent, qui en espèrent tout, qui ne s'arrêtent qu'au dernier moment, au bord extrême du précipice, et qui y tombent, j'ai cru utile de dégager mon point de vue avec franchise et hardiesse.

Condorcet, né le 17 septembre 1743, en Picardie, d'une famille noble, dont les membres étaient avantageusement placés dans l'armée et dans l'Église, sentit de bonne heure une vocation irrésistible pour les sciences et les lettres. Élevé d'abord chez les Jésuites de Reims, puis au collége de Navarre à Paris, il s'y distingua dans toutes les branches, et y donna surtout des témoignages précoces de cette faculté mathématique qui, chez ceux qui la possèdent, n'attend jamais le nombre des années. Fontaine, le même que nous citions il n'y a qu'un instant, et qui était un grand géomètre, mais un assez mauvais homme, avait remarqué les premiers travaux analytiques de Condorcet et avait pu craindre de voir s'élever en lui un rival : « J'ai cru un moment qu'il valait mieux que moi, disait-il, j'en étais jaloux; mais il m'a rassuré depuis. » C'est Condorcet lui-même qui raconte agréablement cette anecdote dans l'Éloge de Fontaine, et avec bon goût cette fois.

Ce qui devait surtout rassurer Fontaine et les hommes du métier, c'était la curiosité universelle de Condorcet qui le poussait au dehors dans toutes les branches et dans toutes les directions de la connaissance humaine, de telle sorte qu'en s'étendant à tout et même en embrassant tout, elle ne laissait plus guère à son esprit le temps d'inventer sur rien. Aussi, quelle que fût la valeur de ses premiers travaux en analyse mathématique, Condorcet en vint assez vite à n'être plus que le secrétaire le plus fidèle, l'interprète le plus élevé et le plus éclairé des travaux d'autrui. Ses amis d'alors, à cette époque si regrettable de sa jeunesse, au moment où il entrait si brillamment dans le monde (1770), nous l'ont peint sous cette première forme intéressante et expansive, se multipliant à plaisir, se distribuant volontiers à tous : « M. de Condorcet est chez Mme sa mère, écrivait Mlle de Lespinasse à M. de Guibert; il travaille dix heures par jour. Il a vingt correspondances, dix amis intimes; et chacun d'eux, sans fatuité, pourrait se croire son premier objet: jamais, jamais on n'a eu tant d'existence, tant de moyens et tant de félicité. » Un peu d'ironie se mêle, on le voit, à cette esquisse bienveillante. Mlle de Lespinasse, qui n'appelle jamais Condorcet que *le bon Condorcet,* sentait bien pourtant ce défaut caractéristique chez lui, et qui consistait à se doubler, à se centupler, à se trop répandre.

Elle l'a peint, d'ailleurs, dans un *Portrait* officiel et fait pour être montré. Quand on vient, comme moi, de lire les écrits du Condorcet révolutionnaire, non pas les écrits recueillis dans cette édition de famille, et les seuls dont M. Arago paraisse avoir eu connaissance, mais les écrits-pamphlets du moment, ceux dans lesquels il distribuait à droite et à gauche *ses petits coups de stylet empoisonné* (comme le lui disait André Chénier); quand on vient de parcourir la suite d'articles qu'il a donnés à la *Chronique de Paris*, par exemple, depuis le 15 novembre 1791 jusqu'à la journée du 10 août 1792 et au delà, on éprouve un sentiment de tristesse et presque de commisération. Quoi! cet homme dont Mlle de Lespinasse disait : « La figure de M. de Condorcet annonce la qualité la plus distinctive et la plus absolue de son âme, c'est la bonté; » celui dont Grimm disait encore : « C'est un très-bon esprit, plein de raison et de philosophie; sur son visage résident le calme et la paix; la bonté brille dans ses yeux : il aurait plus de tort qu'un autre de n'être pas honnête homme, parce qu'il tromperait davantage par sa physionomie, qui annonce les qualités les plus paisibles et les plus douces...; » quoi! c'est ce même homme qui, après 1791, ayant fait défection à son premier parti et entraîné par ses systèmes, supérieurs ici à ses affections, se rangera à la suite de Brissot, et, devenu l'un des meneurs de la presse, y manœuvrera avec une habileté souvent perfide; qui mettra sous ses pieds tous vains scrupules pour le triomphe de sa cause, saura conniver aux excès tant qu'il les croira utiles, ne répudiera aucun auxiliaire, prendra un jour en pleine Assemblée législative la défense de Chabot, et, racontant pour l'édification des lecteurs l'insurrection du 20 juin, célébrant le *bonnet rouge* dont on affubla Louis XVI, écrira (*Chronique de Paris*, 22 juin 1792) : « Cette couronne en vaut une autre, et *Marc-Aurèle ne l'eût pas dédaignée!* » Quand on voit, au seul point de vue moral, de telles métamorphoses, on maudit les révolutions, on les redoute, non pas pour sa vie, mais pour son propre caractère; on se demande si l'on n'aurait point en soi quelque travers, quelque fausse vue ou quelque passion maligne, quelque fanatisme caché, qu'elles se chargeraient de développer ensuite et de mettre en lumière pour notre abaissement et notre honte.

Le sentiment qui m'anime ici envers Condorcet n'a rien d'hostile; sa mort a racheté, a expié sans doute quelques-uns de ses torts, et je révère, à bien des égards, sa vaste capacité d'esprit; mais c'est un trop grand exemple, et trop orgueilleux pour qu'on ne l'approfondisse pas et qu'on n'en tire point une partie des leçons qu'il renferme, leçons humiliantes, et dont une erreur pareille à la sienne pourrait seule aujourd'hui s'aviser de faire un trophée pour la raison humaine.

Déjà pourtant, dans le premier Condorcet, un trait distinctif perçait sous cette apparente bonhomie et jusque dans cette bonté réelle : « Il a le tact le plus sûr et le plus délié pour saisir les ridicules et pour démêler toutes les nuances de la vanité; il a même une sorte de *malignité* pour les peindre, » disait Mlle de Lespinasse. Grimm, de même, relève chez lui « cette *amertume de plaisanterie* qui, mêlée aux apparences d'une douceur et d'une bonhomie inaltérables, l'a fait appeler, dans la société même de ses meilleurs amis, *le mouton enragé.* » C'est d'Alembert, son intime ami, qui lui avait donné ce surnom, en voyant sa colère désordonnée contre M. Necker. Condorcet aimait et admirait Turgot, rien de mieux; mais il abhorrait et détestait M. Necker, au point d'écrire à Voltaire (25 octobre 1776) : « Vous savez, mon illustre maître, ce qui vient de nous arriver. Necker succède à M. Turgot : *c'est l'abbé Dubois qui remplace Fénelon.* » M. Necker comparé au cardinal Dubois! voilà ce que Condorcet seul pouvait imaginer. Et remarquez que ce n'était point pour quelque injure personnelle que Condorcet en voulait ainsi à M. Necker; il le détestait uniquement parce qu'il le savait contraire à quelques-unes de ses idées en économie politique.

C'est cette même haine *rationnelle* qui porte Condorcet à insulter du même coup Colbert, dont M. Necker avait écrit l'Éloge : « Comme de l'admiration à l'imitation, dit-il, il n'y a qu'un pas, je me rappelle avec tremblement que Colbert commença son ministère par une *banqueroute* et le finit par de la *fausse monnaie.* » Le bon sens de Voltaire se révolte pourtant à une telle injustice, et il rappelle Condorcet à l'ordre : « Je n'ai jamais été de l'avis de ceux qui dénigrent *Jean-Baptiste* (Colbert)...» Mais on entrevoit déjà un coin de jugement faux chez Condorcet, car ce n'est qu'un esprit en partie faussé par la passion et par le système, qui peut comparer M. Necker à la fois au cardinal Dubois et à Colbert, et faire une égale injure de ce double rapprochement. On a fort loué, dans cette Correspondance de Condorcet avec Voltaire, quelques témoignages de véracité et de franchise, mais il y fallait remarquer aussi ces premiers indices d'un esprit dénigrant, et surtout l'espèce d'adresse avec laquelle Condorcet, très-mécontent que Voltaire ait fait des vers pour Mme Necker, cherche à exciter l'illustre maître contre le financier genevois : « D'ailleurs, je ne puis rien espérer, lui écrit-il, d'un homme (M. Necker) qui croit que les tragédies de Shakspeare sont des chefs-d'œuvre...» Ce n'était pas si maladroit d'agacer la colère de Voltaire par cet endroit-là, le sachant plus irritable en fait de tragédies qu'en matière d'économie politique.

Une analyse bien faite des Lettres de Condorcet à Voltaire et à Turgot dégagerait de plus en plus cette veine maligne : ses jugements sur Buffon, sur le maréchal du Muy (pour prendre des noms bien opposés), et sur bien d'autres, sont imprégnés d'acrimonie et décèlent une injustice, une prévention profonde. Il y a parfois de l'esprit dans ces lettres, mais un ton en général commun, et même grossier dans la plaisanterie. Tout ce qui n'est pas de l'avis et du bord de celui qui écrit, est vite appelé *canaille* en toutes lettres. En un mot, au sein de cette prodigalité amicale et sensible, et de ces lumières intellectuelles de Condorcet, on entrevoit distinctement un grain de fanatisme qui ne demande qu'à lever.

Nous avons tous de la vanité, remarquait Mlle de Lespinasse, mais « je ne sais pas, ajoutait-elle, où s'est placée celle de M. de Condorcet : je n'en ai jamais pu découvrir en lui ni le germe ni le mouvement. » Cette vanité (la suite l'a fait voir) s'était toute concentrée dans un point chez Condorcet, dans la confiance absolue qu'il avait en l'excellence de ses idées et de son système relativement au perfectionnement de l'humanité. Il croyait tenir la clef du bonheur des hommes et des races futures; il distribuait et prêtait volontiers cette clef à tous; mais quand on a une telle confiance dans la justesse d'une seule de ses propres vues, qui embrasse l'avenir du monde, on peut être ensuite facile et sans trop de prétentions sur le reste : la vanité, sous un air de bienveillance, a en nous un assez bel et assez haut endroit où se loger.

Le système de Condorcet lui venait de Turgot, et il n'en fut nullement inventeur; il le développa seulement, l'étendit et s'attacha de plus en plus à le réaliser, à le propager. Pour bien étudier Condorcet, et sur le terrain le plus pacifique et le moins brûlant, il faut lire sa *Vie de M. Turgot*. En exposant le vaste système de vues et d'idées de cet ami et de ce maître, son aîné de quinze ans, et pour qui il avait un véritable culte, il expose le plus souvent ses propres pensées; mais ici, plus voisines de leur source, elles ont gardé quelque chose de plus net et de plus lumineux. Turgot croit à une intelligence suprême et ordonnatrice du monde; il croit à une continuation d'existence au delà de cette vie; il croit à une morale plus ferme et plus fondée en principe que ne le fait Condorcet. Turgot, de plus, a, dans le style, des images et quelque couleur. Turgot, c'est Condorcet plus idéal et plus original, c'est Condorcet resté moral et innocent. Plus tard, en reprenant et en exposant pour son propre compte un système semblable, Condorcet retranchera toute idée divine, toute espérance d'une vie ultérieure, et aussi toute lumière de style. Il forcera les vues de Turgot en croyant les préciser et les étendre; il y mettra beaucoup de gris et une teinte de plomb.

L'idée de Turgot et de Condorcet, et qui d'ailleurs, dans ses termes les plus généraux, ne leur est point particulière, est celle-ci : L'humanité, considérée dans son ensemble et depuis ses origines, peut se comparer à un homme qui a passé successivement par un état d'enfance, puis par un état de jeunesse et de virilité. Aujourd'hui elle est arrivée à sa maturité. Et il n'y a pas de raison pour que cette maturité ne se maintienne avec vigueur, en héritant des résultats accumulés des âges précédents, et en y ajoutant sans cesse des acquisitions nouvelles. Bacon, Pascal lui-même, Fontenelle, Lessing, tous ces grands esprits, ont eu cette vue-là. L'originalité propre à Turgot et aussi à Condorcet est dans la nature et la mesure de progrès extrême et indéfini dont ils croient cette maturité du genre humain susceptible. S'ils ne faisaient qu'assigner les caractères généraux de la société moderne, la prédominance de la science et de l'industrie sur la guerre, une certaine égalité de culture et de bien-être pour le plus grand nombre, égalité qui doit être désormais le but principal des institutions; s'ils ne faisaient que recommander enfin à l'humanité, qui est désormais une personne mûre, de prendre en tout l'esprit de son âge, on n'aurait guère à les contredire, et on les louerait sans réserve d'avoir été des précurseurs dans la recherche et l'indication des voies et moyens. Mais ce qui me frappe surtout chez Condorcet, et ce qui constitue sa plus grande originalité, c'est l'abus, c'est la foi aveugle dans les méthodes, c'est cette idée, si contraire à l'observation, que toutes les erreurs viennent des institutions et des lois, que personne ne naît avec un esprit faux, qu'il suffit de présenter directement les lumières aux hommes pour qu'à l'instant ils deviennent bons, sensés, raisonnables, et qu'il n'y a rien de plus commun, de plus facile à procurer à tous, que la justesse d'esprit, d'où découlerait nécessairement la droiture de conduite. De la part d'un homme si habile à saisir les ridicules et les défauts des gens qu'il avait sous les yeux, on ne s'explique point une pareille crédulité; ou plutôt on se l'explique très-bien par l'esprit de système, qui sait concilier ces sortes de contradictions. On dénigre, on méprise les gens en détail, et tout à coup on se met à exalter l'humanité en masse et à tout en espérer. Le dernier chapitre de l'*Esquisse des Progrès de l'Esprit humain*, par Condorcet, est l'exemple le plus frappant, chez un homme éclairé, des illusions et des chimères possibles en ce genre de raisonnement aride et sombre. L'auteur supprime en idée tout ce qui est du caractère et du génie particulier aux diverses races, aux diverses nations; il tend à niveler dans une médiocrité universelle les facultés supérieures et ce qu'on appelle les dons de nature; il se réjouit du jour futur où il n'y aura plus lieu aux grandes vertus, aux actes d'héroïsme, où tout cela sera devenu inutile par suite de l'élévation graduelle du niveau commun. On n'a jamais vu d'idéal plus tristement placé.

C'est là le dernier rêve, et le plus fastidieux, de la pure raison entêtée d'elle-même; c'est l'idéal encyclopédique dans toute sa beauté opaque. Condorcet nous en offre la dernière expression. Il pousse quelque part l'espérance du progrès jusqu'à conjecturer qu'il pourra arriver un temps où il n'y aura plus de maladies, et « où la mort ne sera plus que l'effet ou d'accidents extraordinaires, ou de la destruction de plus en plus lente des forces vitales. Sans doute, ajoute-t-il naïvement, l'homme ne deviendra pas immortel; mais la distance entre le moment où il commence à vivre, et l'époque commune où naturellement, sans maladie, sans accident, il éprouve la difficulté d'être, ne peut-elle s'accroître sans cesse? » Et tout cela par suite des progrès de la médecine! O Molière, où es-tu?

Condorcet, dans son rêve d'Élysée terrestre, oublie un genre de mort qui pourrait devenir fréquent si la chose se réalisait jamais, c'est qu'on y mourrait d'ennui.

Au sortir de ce livre terne et soi-disant consolateur, où pas une expression, pas une pensée ne vient, chemin faisant, dérider l'esprit et réjouir le regard, il faut bien vite ouvrir les Mémoires du Cardinal de Retz et *Gil Blas :* ce sont les deux livres qui guérissent le mieux du Condorcet.

Encore une fois, ce n'est pas l'idée même que nous soyons à un âge de maturité, à une époque d'égalité et même de nivellement, et qu'il faille tirer le meilleur parti de la société moderne en ce sens-là, ce n'est pas cette idée qui est la fausse vue de Condorcet; son erreur propre, c'est de croire qu'on n'a qu'à vouloir et que tout est désormais pour le mieux, qu'en changeant les institutions on va changer les mobiles du cœur humain, que chaque citoyen deviendra insensiblement un philosophe raisonnable et rationnel, et qu'on n'aura plus besoin, dans les travaux de l'esprit, par exemple, d'être excité ni par l'espoir des récompenses ni par l'amour de la gloire. Refaire le cœur humain à neuf, telle est la prétention exorbitante de cette école finale du XVIIIe siècle, issue de l'*Encyclopédie*, et dont Condorcet, je l'ai dit, est le produit extrême et comme le cerveau monstrueux. Jamais il ne s'est vu de délire plus éclairé en apparence et mieux enchaîné, de délire plus raisonneur : « Mais ces gens-là ont beau faire, disait quelqu'un assez gaiement, ils oublient toujours que les sept péchés capitaux subsistent, et que c'est eux, sous un nom ou sous un autre, qui mènent ou agitent le monde. »

On était à la veille du 20 juin (1792) et de cette insurrection hideuse à laquelle les Girondins poussaient ou prêtaient les mains, afin de se ressaisir du pouvoir. On préludait au mouvement par des pétitions. Plusieurs des sections de Paris se présentaient à la barre de l'Assemblée législative. Écoutons Condorcet rendant compte de ces mouvements précurseurs, dans la *Chronique de Paris* du 18 juin :

« Plusieurs Sections de Paris se sont présentées à la barre; leurs pétitions avaient toutes le même objet en vue, celui d'écarter les dangers qui menacent la chose publique... Ce sont les mêmes hommes qui en 89, et à peu près à cette époque, délibéraient avec autant de calme que de fermeté sur les moyens de réprimer l'insolence de la tyrannie... Mais, familiarisés aux principes politiques par trois années de révolution, ce n'est plus par le sentiment seul que produisent les événements qu'ils se laissent entraîner. Ils remontent aux causes par les effets... A la manière dont le peuple rend compte des événements que certaines gens voudraient bien présenter encore comme des phénomènes inexplicables, *on serait presque tenté de croire qu'il consacre chaque jour quelques heures à l'étude de l'analyse.* »

Les voilà prises sur le fait les conséquences pratiques de ces fausses théories spéculatives. Ainsi Condorcet imprime sans rire, le 18 juin, que les hommes de l'insurrection du surlendemain, et bientôt de celle du

10 août, ont l'air, tant ils sont devenus raisonnables, de se livrer chaque matin dans leur cabinet à une petite opération d'analyse et d'idéologie. Le sophiste Garat, qui repassait son Condillac tout en allant à la Convention, n'aurait pas trouvé mieux.

Condorcet, je l'ai noté d'après tous ses amis, avait un fonds de bonté naturelle; il avait de la sensibilité, et même une sensibilité toute physique. Il avait cru observer dans sa première jeunesse « que l'intérêt que nous avons à être justes et vertueux était fondé sur la peine que fait nécessairement éprouver à un être sensible l'idée du mal que souffre un autre être sensible. » Partant de là et pour mieux conserver ce sentiment naturel dans toute son énergie et sa délicatesse : « J'ai renoncé, disait-il, à la chasse pour laquelle j'avais eu du goût, et je ne me suis pas même permis de tuer les insectes, à moins qu'ils ne fassent beaucoup de mal. » Turgot, avec qui il entre dans cet ordre de confidence, lui répond admirablement sur le chapitre de la morale, et il marque les points sur lesquels il diffère avec lui. Il est évident que Turgot admet bien plus que Condorcet le sentiment moral intime et direct, et c'est en effet par là que Condorcet a péché. Turgot ne s'en tient pas, en fait de morale, à une pure impression mobile de sensibilité physique, il a des principes plus fixes : « Je suis en morale, dit-il d'une manière charmante, grand ennemi de l'indifférence et grand ami de l'indulgence, dont j'ai souvent autant besoin qu'un autre. » Condorcet, dans son besoin d'activité et de propagation extérieure, paraît croire qu'on ne peut éviter certains vices peu dangereux sans risquer de perdre de plus grandes vertus : « En général, les gens scrupuleux, pense-t-il, ne sont pas propres aux grandes choses. » Turgot ici l'arrête tout court; il semble deviner l'homme de parti et de propagande qui perce déjà, et il lui dit : « La morale roule encore plus sur les devoirs que sur les vertus actives... Tous les devoirs sont d'accord entre eux. *Aucune vertu, dans quelque sens qu'on prenne ce mot, ne dispense de la justice.* » Et il déclare ne pas avoir trop bonne idée « de ces gens qui font de *grandes choses* aux dépens de la justice. » Le point en quoi Condorcet se sépare de Turgot est ici très-net et très-sensible : nous touchons à l'anneau par lequel devra se briser entre eux la ressemblance et la similitude des âmes. Turgot, en 93, on peut l'affirmer, serait mort comme M. de Malesherbes, sur l'échafaud; il serait mort en rendant justice encore à ce roi faible, trompé, mais honnête homme, et qui avait dit en 1776, à la nouvelle des Remontrances que préparait le Parlement en faveur des corvées : « Je vois bien qu'il n'y a que M. Turgot et moi qui aimions le peuple. » — « *Ce discours est très-vrai,* » écrivait Condorcet à Voltaire à cette date, en lui rapportant le mot de Louis XVI.

Ami le plus intime de Turgot, de ce ministre de qui Condorcet lui-même était censé dire dans une Épître en vers de Voltaire :

> Quand un *Sully* renaît, espère un *Henri-Quatre*,

Condorcet, de raisonnement en raisonnement, de sophisme en sophisme, et faute d'être averti par ce sens moral direct qui dit *Non* énergiquement au mal et à la l'injustice dès la première vue, en viendra à émettre, dans le Procès de Louis XVI, ce vote unique, ce vote hypocrite qui reste à jamais attaché à son nom, et dans lequel il cherchait à concilier encore ce qu'il appelait ses principes philanthropiques et sa prétention à la sensibilité avec l'excessive dureté de la conclusion : « Je vote pour la peine la plus grave dans le Code pénal, et qui ne soit pas la mort. » Il y avait dans cette réticence un sophisme de plus.

On entrevoit assez comment et en quel sens Condorcet, malgré ses mérites, a été un grand esprit faux, et n'a pas toujours été un cœur droit. Sa carrière se partage en deux portions distinctes. Arrivé à la célébrité dès l'âge de trente ans, Secrétaire perpétuel de l'Académie des Sciences, bientôt membre de l'Académie française, honoré par toute l'Europe, aucun savant, aucun homme de Lettres n'eut certes moins que lui à se plaindre de l'ancienne société, et il en était, avant 89, l'un des plus sérieux ornements. Ses Éloges académiques, quoiqu'on n'y rencontre presque jamais la couleur, la sensibilité, l'agrément ni le bonheur de l'expression, et que trop souvent la déclamation les dépare, se recommandent par des analyses fidèles, des jugements élevés et fermes, des observations fines et parfois mordantes : « On ne peut rien lire, dit M. Biot, de plus intéressant, de plus digne, de plus noble, que ses Éloges de Linné, d'Euler et de Haller. » L'extrême faveur dont jouissait alors la philosophie faisait qu'on passait volontiers à Condorcet quelques petits pamphlets anonymes et satiriques, dont il se donnait parfois le plaisir sous divers déguisements. Jusqu'en 89, Condorcet n'avait donc rien fait qui démentît positivement ce titre de *l'homme de l'ancienne chevalerie et de l'ancienne vertu* dont l'avait un jour qualifié Voltaire, en osant le mettre au-dessus de Pascal. Voltaire lui avait dit encore, en lui pronostiquant le plus bel avenir pour la philosophie : « Laissez faire, il est impossible d'empêcher de penser ; et plus on pensera, moins les hommes seront malheureux. *Vous verrez de beaux jours, vous les ferez : cette idée égaie la fin des miens.* » Tel était le Condorcet heureux, florissant, illustre, généralement honoré et aimé dans la société, avant 89.

La Révolution ne le porta point d'abord à l'Assemblée constituante, et il resta sur le second plan, en se contentant d'écrire et de publier ses idées sur tous les sujets à l'ordre du jour. Il était dans sa ligne encore, et, en ces temps d'exaltation, il y avait une large part à faire aux essais et aux audaces en tout genre. Sa déviation tout à fait fausse et fatale date de 1791. M. Arago l'a noté; mais, lorsqu'il nous représente Condorcet membre de la seconde législature, de cette Assemblée législative où les dissensions personnelles s'envenimaient chaque jour, et *ne voulant jamais prendre part à tous ces combats,* il est dans une erreur complète. Ouvertement ou sourdement, Condorcet, au contraire, ne cessa de se mêler à ces combats, et ne négligea rien de ce qu'il fallait pour les envenimer. Membre de l'Assemblée, et en même temps rédacteur des séances, d'abord dans le *Journal de Paris,* et ensuite dans la *Chronique de Paris,* il y juge ses collègues, il les raille, il les dénonce quelquefois : « A la suite de la démission de MM. Daveyroux, La Faye, etc. (écrit-il à la date du 2 août 1792), il faut joindre celle de M. Jaucourt... On dit aussi le bon M. Raimond absent depuis quelque temps. Ainsi, l'on voit à la veille d'une bataille les *poltrons,* les *traîtres* ou les *demi-traîtres* prendre la fuite, et ceux qui restent ne s'en trouvent que plus forts. » Par une inconvenance qu'il ne paraît pas avoir sentie, il ne discontinua point, dans le temps même où il était président de l'Assemblée (février 1792), de rendre compte des séances et d'analyser, comme journaliste, les débats qu'il était censé diriger comme président. Sa rédaction toutefois, à cette époque, était encore modérée dans les termes, ou n'était hostile que par insinuation. On peut lire, dans le numéro du 5 juillet 1792, une lettre de M. Pastoret à Condorcet, lettre des plus vives, et qui prouve du moins que les analyses que ce dernier publiait des séances de l'Assemblée n'étaient pas faites pour y entretenir l'union. L'esprit général de sa rédaction, tel qu'il l'avouait, était tout dirigé contre le Pouvoir exécutif qu'on minait de toutes parts : « dévoiler la conduite des agents du pouvoir exécutif..., défendre le Pouvoir législatif contre une nuée de *surveillants* payés pour lui faire perdre la confiance du peuple...,» tels étaient les premiers points de son programme. Toutes les fois que le peuple *en personne* se met en communication avec l'Assemblée, Condorcet y applaudit : « On sait, écrivait-il le 21 novembre 1791, que les séances du dimanche sont consacrées au saint et indispensable devoir d'entendre les pétitionnaires... L'Assemblée doit aimer à se sentir quelquefois électrisée par les expressions que l'enthousiasme d'un peuple libre et généreux vient porter dans le sein même de ses séances. Il est utile autant que juste que les citoyens ne perdent pas l'habitude de témoigner, en présence de l'Assemblée, l'impression de joie ou d'inquiétude qu'ils reçoivent de ses lois ; et le peuple pourra dire qu'il a perdu sa liberté quand il ne jouira plus de cet avantage. » Il favorise donc tant qu'il peut, il excuse les applaudissements ou les murmures des tribunes. Il s'étonne que quelques-uns de ses collègues s'inquiètent de cette tendance des tribunes à dominer l'Assemblée : « Cette police sur les mains de la partie du public qui assiste aux séances est pour certaines gens une affaire de la plus haute importance, dit-il (31 janvier 1792); on croirait que leurs commettants ne les ont envoyés à Paris que pour s'en occuper. » Quand les clameurs s'élèvent sur la terrasse des Tuileries pour intimider ou stimuler les législateurs,

Condorcet ne s'en plaint que très-doucement (10 janvier 1792). Cette terrasse, qui peut donner accès à l'insurrection populaire et à l'invasion des Tuileries, lui est très-chère, et il applaudit au décret de l'Assemblée qui porte que l'accès en sera ouvert au peuple (29 juillet 1792). Si quelques-uns de ses collègues, qu'il appelle des *factionnaires habitués des Tuileries,* se plaignent d'avoir été insultés par le peuple en entrant dans la salle des séances, il trouve ces réclamations *ridicules.* La première fois qu'il voit apparaître le bonnet rouge, il plaisante des craintes qu'on en a, et très-agréablement (16 mars 1792). Il est impossible, pour un savant qui sait la physique, de mieux noter qu'il ne le fait chaque éclair avant-coureur, et de se montrer moins effrayé de l'orage.

Son opposition, du reste, est cauteleuse et ne se démasque qu'avec mesure et par degrés. Il commence par nier qu'il y ait dans l'Assemblée telle chose qu'un parti républicain, un parti ennemi de la Constitution, ennemi de l'ordre et de la paix (3 décembre 1791) : « Rien, dit-il, ne l'a prouvé jusqu'ici. Quelques patriotes pensent, il est vrai, qu'il importe de laisser l'esprit public *développer toute son énergie...*; qu'il n'est pas temps encore de douter du *pouvoir de la raison.* » Dans ses attaques contre les ministres, il en est qu'il excepte avec un soin particulier et qu'il ménage, notamment M. de Narbonne. Les Girondins comptaient sur lui pour se saisir du pouvoir. Condorcet eut à se justifier plus tard de ces éloges donnés à M. de Narbonne, et on allégua comme excuse qu'il les avait signés sans qu'ils fussent de lui (6 septembre 1792). Pendant le ministère même des Girondins, Condorcet est en parfait accord avec eux, et ce n'est qu'après leur sortie du ministère qu'il pousse visiblement à l'insurrection qui doit les reporter au pouvoir. J'ai déjà touché quelque chose de ce qu'il dit sur la procession insurrectionnelle du 20 juin, sur ce bonnet rouge qu'on mit sur la tête de Louis XVI, et dans lequel il ose voir une *couronne* à la *Marc-Aurèle*. Le récit que Condorcet fait de cette journée est odieux et vraiment dérisoire :

« L'espérance de ces sages magistrats (le maire et les municipaux), dit-il, n'a point été trompée. Cette journée, que les intrigants avaient espéré parvenir à rendre sanglante, a été *paisible*. A dix heures du soir, *rien ne la distinguait plus d'un jour ordinaire*. Il ne s'est commis aucun désordre dans le château, car une ou deux portes forcées, quelques vitres cassées, ne peuvent être comptées, lorsque vingt ou trente mille hommes pénètrent à la fois dans une habitation dont ils ne connaissent pas les issues. »

Dans l'intervalle du 20 juin au 10 août, Condorcet ne cesse, par ses articles, de chauffer ou du moins de caresser l'opinion exaltée, et de témoigner hautement son désir de la voir se porter jusqu'au dernier éclat. On accusait Chabot d'être allé, dans la nuit du 19 au 20 juin, ameuter le peuple du faubourg Saint-Antoine: « M. Condorcet demande la parole pour observer qu'une ouvrière de ce faubourg, qu'il avait vue le mercredi matin, lui avait dit que M. Chabot s'y était rendu et avait exhorté les citoyens à ne pas se rassembler en armes. » (*Chronique de Paris*, 26 juin 1792). Voilà Chabot justifié par Condorcet. On sait comment ce même Chabot, témoin à charge et dénonciateur de Condorcet dans le Procès des Girondins, le lui a rendu.

Et les massacres de septembre, savez-vous comment Condorcet les présente et les introduit? « Nous tirons le rideau, écrit-il, sur les événements dont il serait trop difficile, en ce moment, d'apprécier le nombre et de calculer les suites. Malheureuse et terrible situation que celle où le caractère d'un peuple naturellement bon et généreux est *contraint* de se livrer à de pareilles vengeances! » (4 septembre 1792) (1).

Assez de ces honteuses faiblesses et de cette tactique misérable! On se demande ce qu'aurait ressenti à un pareil spectacle, à cette vue de son ami dégénéré, l'âme intègre et généreuse de Turgot. Malesherbes s'en indignait, et, dans sa colère d'honnête homme, il a proféré sur Condorcet des paroles d'exécration qu'on a retenues. Noble vieillard, ces paroles n'étaient pas dignes d'une bouche telle que la vôtre; mais le vrai coupable est celui qui a pu vous les arracher!

André Chénier, témoin des mêmes actes, et jugeant Condorcet dans la mêlée comme un transfuge de sa cause, de la cause des honnêtes gens, s'écriait :

« C...,homme né pour la gloire et le bien de son pays, s'il avait su respecter ses anciens écrits et su rougir devant sa propre conscience; homme dont il serait absurde d'écrire le nom parmi cet amas de noms infâmes, si les vices et les bassesses de l'âme ne l'avaient redescendu au niveau ou même au-dessous de ces misérables, puisque ses talents et ses vastes études le rendaient capable de courir une meilleure carrière; qu'il n'avait pas eu besoin, comme eux, de chercher la célébrité d'Érostrate, et qu'il pouvait, lui, parvenir aux honneurs et à la fortune, dans tous les temps où il n'aurait fallu pour cela renoncer ni à la justice, ni à l'humanité, ni à la pudeur. »

Il serait curieux d'un autre côté de voir Mme Roland accueillir Condorcet, à son entrée dans le parti, avec

(1) Quelques personnes (et il en reste encore), qui aiment mieux Condorcet que la vérité, ont essayé d'insinuer que, dans ces citations, j'avais pu me méprendre en imputant à Condorcet des articles qui n'étaient pas de lui. Que ces personnes prennent la peine d'ouvrir la *Chronique de Paris* aux dates indiquées, et elles y verront tous ces articles signés en toutes lettres de son nom. Il est possible que cela ne les convainque pas encore : permis à elles de croire que Condorcet écrivait et signait ce qu'il ne pensait pas. Laissons ces dévots et ces idolâtres avec leur dieu.

méfiance malgré ses mérites, et l'estimer médiocrement recommandable, et Robespierre ensuite le foudroyer avec sévérité du haut de son puritanisme farouche (discours du 7 mai 1794). Depuis M. de Malesherbes jusqu'à Robespierre, on aurait ainsi épuisé le cercle des jugements les plus disparates, et tous concorderaient sur un même point de condamnation à l'égard du personnage : quelque chose de louche dans la conduite, et de peu net dans le caractère.

Le grand sophisme de Condorcet et son malheur, c'est de n'avoir pas senti en lui le cri du sens moral immédiat, et de s'être trop longtemps tenu pour absous de toutes les manœuvres de parti en vue du plus grand bonheur futur de l'espèce humaine. Cet homme était si parfaitement sûr du résultat de ses idées et du bienfait qui allait en rejaillir sur l'humanité entière, qu'il croyait qu'on pouvait bien l'acheter par quelques capitulations du moment. Mais quelles capitulations ! Mme de Staël l'a désigné comme offrant au plus haut degré le caractère de l'*esprit de parti*, et elle a eu raison.

Condorcet avait, je l'accorde, la passion et la *religion du bonheur du genre humain* ; cela ne suffit pas. Il devait ne pas imiter ces grands-prêtres à qui il en voulait tant, et ne pas se dévouer à faire prévaloir sa religion aux dépens de la justice.

Après la révolution du 10 août et quand il eut cause gagnée contre la royauté, on vit Condorcet ralentir son mouvement et essayer de modérer, à son tour, celui des autres. La *Chronique de Paris* nous le montre, dans les derniers mois de 1792, s'élevant avec une sorte de fermeté contre les idées d'anarchie, contre « les idées immorales et destructives de tout ordre social qu'on travaille sourdement à accréditer parmi le peuple » (18 septembre). Il trouve d'énergiques paroles pour flétrir Marat ; il fait appel à la concorde et à l'union au sein de la Convention naissante. Il croit, en un mot, que ce qui était permis avant le 10 août ne l'est plus après. C'est l'éternelle histoire. Mais les passions des masses, une fois émues, n'obéissent pas ainsi au mot d'ordre des philosophes. A peine se laisseraient-elles un moment charmer à la voix de cette Sirène qu'on appelle le génie.

De talent véritable, au sens littéraire du mot, n'en demandez point à Condorcet dans tous les écrits sortis de sa plume pendant la Révolution. Orateur, il avait un langage abstrait, terne et monotone comme son débit ; journaliste, il ne rencontre jamais un trait brillant, jamais une image vive ni une étincelle ; la précision et une certaine ironie froide sont, en ce genre, les seules qualités qu'on puisse lui trouver. Quand il s'anime d'un sentiment patriotique sincère, sa chaleur elle-même n'arrive jamais au rayon. Son vrai talent d'écrivain doit encore se chercher en arrière, dans ses Éloges académiques ; depuis lors il n'a jamais eu qu'un style de plus en plus gris.

« Condorcet, il est vrai, ne dit que des choses communes, a remarqué finement M. Joubert, mais il a l'air de ne les dire qu'après y avoir bien pensé. » Ce cachet de *réfléchi dans le commun* (littéralement parlant) est ce qui le distingue. L'impression qu'il produit sur tout lecteur d'un goût délicat et prompt est bien celle-là.

Quant au fond même des choses pourtant, il serait injuste de méconnaître, dans les travaux publics de Condorcet à cette époque, des témoignages multipliés de sa grande capacité d'intelligence. Sa faculté principale était de combiner, d'enchaîner et d'organiser. Il avait sur l'ensemble et sur chaque branche, sur chaque point de l'ordre scientifique et du mécanisme social, des idées arrêtées, méditées, ingénieuses parfois; et, dans cette refonte universelle qui se tentait alors de la société et de l'esprit humain, il pouvait rendre de vrais services à l'instruction publique. J'ai eu souvent, dans ma jeunesse, l'occasion d'apprécier et d'étudier ce genre de mérite de Condorcet dans la personne de M. Daunou, qui était comme un Condorcet un peu réduit et diminué, un Condorcet de seconde main, mais pur et irrépréhensible, et aussi plus orné littérairement. Laissant de côté ce qui pouvait être discutable dans la conduite, M. Daunou ne parlait jamais de Condorcet que comme du type de l'homme éclairé (style du XVIIIe siècle).

Condorcet, proscrit avec les Girondins, mourut à Bourg-la-Reine, dans la nuit du 7 au 8 avril 1794; il s'empoisonna lui-même en se voyant arrêté. Cette fin malheureuse et les circonstances touchantes qui l'accompagnèrent, le long deuil, le mérite et la beauté de sa noble veuve, cette pitié et cette indulgence mutuelle dont chacun avait besoin après tant d'erreurs et tant d'excès, ont pu recouvrir les torts de ses dernières années et faire remonter peu à peu son nom au rang d'où il n'aurait jamais dû le laisser déchoir. Mais qu'on sache bien que c'est là finalement une amnistie, et qu'on n'essaie point d'en tirer une apothéose.

Condorcet restera, quoi qu'on fasse, le plus manifeste exemple de ce que peuvent engendrer de funeste *un coin d'esprit faux et d'esprit de système opiniâtrément logé* au sein des plus vastes connaissances et de ce qu'on appelle lumières, un germe de fanatisme et de malignité développé au cœur d'une nature primitivement bienveillante, l'application indiscrète et outrée des *méthodes mathématiques transportées* dans les sciences sociales et morales, l'abus de l'analyse et une crédulité, une superstition abstraite, d'un genre tout nouveau chez ceux même qui se proclament le plus affranchis de toute illusion et de toute croyance. De telles orgies de rationalisme amènent à leur suite des réactions en sens contraire, et Condorcet donne beau jeu, le lendemain, aux Bonald et aux de Maistre.

Lundi 10 février 1851.

BUSSY-RABUTIN.

M. Walckenaer, dans ses abondants et excellents *Mémoires sur Madame de Sévigné*, a remis tellement sur le tapis Bussy-Rabutin, qu'on le connaît comme on ferait un de nos contemporains mêmes, qu'on vit avec lui, qu'on est dans le secret de ses amours, de ses vanités, de ses faiblesses; et comme Bussy, tout gentilhomme et grand seigneur qu'il se piquait d'être avant toute chose, est un bon écrivain, un de ceux qui ont aidé en leur temps à polir la langue, et que La Bruyère l'a placé en cette qualité à côté de Bouhours, nous en parlerons à ce titre aujourd'hui.

Roger de Rabutin, comte de Bussy, né à Épiry près Autun, en avril 1618, eut beaucoup en lui de cette veine railleuse et mordante, de cet esprit de saillies dont on fait honneur à sa province, et dont on retrouve maint témoignage direct chez les Piron, les La Monnoye, les Du Deffand. On a dit qu'il serait mieux né Gascon que Bourguignon; je ne le trouve pas. Bussy appartient à cette génération des Saint-Évremond, des La Rochefoucauld, des Retz, tous trois plus âgés que lui de quelques années à peine, génération qui était déjà produite et mûrie avant la majorité de Louis XIV. Il fut précoce, et, bien qu'il ait commencé le métier des armes à treize ans, dit-il, ou du moins à quinze (car les dates qu'il donne souffrent quelque difficulté), il avait déjà fait de bonnes études, d'abord chez les Jésuites d'Autun, et ensuite au Collége de Clermont à Paris. De bonne heure il lut Ovide, il aima les vers. Le poëte Racan était l'ami de son père et avait fait pour lui une de ses plus belles Odes, dans laquelle il l'exhortait à la retraite :

> Bussy, notre printemps s'en va presque expiré;
> Il est temps de jouir du repos assuré
> Où l'âge nous convie :
> Fuyons donc ces grandeurs qu'insensés nous suivons,
> Et, sans penser plus loin, jouissons de la vie
> Tandis que nous l'avons.

Notre Bussy, dans l'abrégé de ses Mémoires qu'il adressa à ses enfants sous le titre de l'*Usage des Adversités,* a cité cette pièce de Racan, mais en l'altérant notablement. Le poëte ne donnait à son ami que des conseils de paresseux et de sage, et Bussy y substitue des conseils chrétiens; là où Racan avait dit :

> Qu'Amour soit désormais la fin de nos désirs;
> Car pour eux seulement les Dieux ont fait la gloire,
> Et pour nous les plaisirs;

Bussy, dans sa version corrigée et tout édifiante, suppose qu'il faut lire :

> Que *Dieu* soit désormais l'objet de nos désirs;
> Il forma les mortels *pour jouir de sa gloire,*
> *Et non pas des plaisirs.*

Quoi qu'il en soit, quand Bussy, jeune, lisait cette Ode qui faisait partie à ses yeux de l'héritage et de l'illustration domestique, il la lisait bien dans le premier texte, et son objet le plus cher fut, tant qu'il put, d'associer les deux choses que séparait le poëte, les plaisirs et la gloire, les entreprises de guerre et celles d'amour.

Il s'est peint à nous avec sincérité dans ses *Mémoires*, et, en général, si l'on peut lui reprocher la vanité, on ne lui reprochera pas de manquer d'une certaine franchise et même d'une ingénuité d'aveux qui ne saurait se contraindre à la dissimulation. Quand il parle de lui, il est déjà de ceux qui se confessent, et qui se confessent non pas en toute humilité, mais en toute fierté. Il donna, dès ses débuts, dans tous les vices et tous les travers de son temps : duelliste, joueur, débauché, un raffiné en toute chose : avec cela un tour d'esprit qui sentait l'homme poli jusque dans l'homme de guerre et qui sauvait ses actions de la brutalité.

« Roger de Rabutin, a-t-il dit de lui-même, avait les yeux grands et doux, la bouche bien faite, le nez grand tirant sur l'aquilin, le front avancé, le visage ouvert et la physionomie heureuse, les cheveux blonds, déliés et clairs (*tous les signes de haute et fine race*). Il avait dans l'esprit de la délicatesse et de la force, de la gaieté et de l'enjouement. Il parlait bien ; il écrivait juste et agréablement. Il était né *doux*... » Ici nous l'arrêtons, et nous disons avec tous ceux qui l'ont connu : Il était né mordant, médisant à l'excès, et ne pouvant retenir le sel qui s'échappait de ses lèvres et qu'il prenait soin le plus souvent de fixer dans ses écrits. Il se passait tout d'abord l'épigramme comme un homme d'esprit, et il aimait encore à en tenir registre comme un homme de Lettres (1).

(1) Il s'est toujours vanté de cette douceur naturelle, antérieure et secrète : « Il est vrai, écrivait-il à Mme de Scudery (16 juillet 1672), que je suis naturellement doux et tendre ; aussi ai-je pris pour ma devise une ruche de mouches à miel, avec ce mot :

Sponte favos, ægre spicula ;
La douceur naturelle, et l'aigreur étrangère.

Mais la pratique du monde, qui, la plupart, ne vaut rien, m'a

Ses aventures d'amour sont racontées dans ses *Mémoires* avec gaieté et un naturel extrême. On peut lire sa première intrigue avec la jeune veuve de qualité qu'il rencontre à Guise, son autre intrigue avec la belle comtesse qu'il voit à Moulins, et les scènes bizarres et un peu grotesques du château délabré qu'il décrit avec complaisance et avec un véritable talent littéraire. Il y a, chemin faisant, de très-bonnes et très-justes remarques sur le cœur et les passions. Bussy, tout léger qu'il est, a connu la vraie passion en effet, mais il ne l'a connue que tard; il convient que, dans toutes ces premières et folles épreuves, il n'avait rien de sérieux d'engagé : « Pour revenir à mes amours, dit-il plaisamment en un endroit, il est à remarquer que je ne pouvais plus souffrir ma maîtresse, tant elle m'aimait. » — «Mon heure d'aimer fortement et longtemps n'était pas encore venue, » dit-il encore ; et, parlant d'une séparation qui eut lieu alors, et qui lui fut moins pénible qu'elle n'aurait dû l'être : « C'est que la grande jeunesse, ajoute-t-il, est incapable de réflexions; elle est vive, pleine de feu, emportée et *point tendre;* tout attachement lui est contrainte; et l'union des cœurs, que les gens raisonnables trouvent le seul plaisir qu'il y ait dans la vie, lui paraît un joug insupportable. » Le véritable attachement de Bussy ne fut que tout à la fin pour la comtesse de Montglat, qui l'en paya si mal, et qui lui laissa au cœur, par sa perfidie, une plaie ulcérée et envenimée dont on voit qu'il eut bien de la peine à guérir.

Homme de guerre, Bussy se distingua durant vingt-cinq ans (1634-1659) par des qualités hardies et de brillants services qui, joints à plus de conduite et de

donné de l'aigreur aux occasions où il en faut avoir... » Sa douceur était donc, de son aveu, une douceur *très-corrigée*.

ménagement du côté de l'esprit, lui auraient valu presque immanquablement le bâton de maréchal de France. Mais il s'aliénait vite par ses médisances et par son caractère les généraux qu'il était le plus fier d'avoir pour ses juges. Au siége devant Mardick (août 1646), les ennemis ayant fait une sortie, non content de les repousser de sa tranchée, Bussy, sur un mot du duc de Nemours, tint une sorte de gageure que lui-même appelle une folie, et il s'aventura à vouloir rejeter et relancer avec une faible élite le gros des assaillants jusque sur leurs palissades, si bien qu'aux premières décharges la plupart des siens, et les plus marquants, étaient hors de combat ; mais lui, qui n'avait eu encore que deux chevaux tués, tenait ferme dans cette attaque sans but et se faisait un point d'honneur de voir l'ennemi se retirer le premier : il fallut que le duc d'Enghien (le grand Condé) lui fît donner l'ordre de se retirer, ajoutant que, « s'il avait à prendre un second dans l'armée, il n'en choisirait point d'autre. »

C'est bien dans cette occasion qu'on pourrait appliquer et détourner à notre Bussy ce que Saint-Évremond a dit de son homonyme (le Bussy d'Amboise du seizième siècle), qu'il paraissait quelque chose de *vain* et d'*audacieux* dans sa bravoure.

Cet éloge du grand Condé transporta Bussy, et il faut lui rendre cette justice que, si maltraité qu'il fût de ce prince en d'autres occasions, nul ne l'a peint avec plus d'enthousiasme et de feu dans sa beauté martiale. A cette même tranchée devant Mardick, au moment où il fallait en déloger les ennemis, Bussy, qui est entré par un côté, se rencontre tête à tête avec le duc d'Enghien, qui montait de l'autre, faisant main basse sur tout ce qui se présentait à lui :

« Je ne songe point, dit-il, à l'état où je trouvai ce prince, qu'il ne me semble voir un de ces tableaux où le peintre a fait un effort d'imagination pour bien représenter un Mars dans la chaleur du combat. Il avait le poignet de sa chemise ensanglanté, de la main dont il tenait l'épée. Je lui demandai s'il n'était point blessé. — Non, me dit-il, c'est du sang de ces coquins... »

Et jusque dans cette satirique *Histoire des Gaules*, il nous le représente ainsi :

« Le prince Tiridate (*le grand Condé*) avait les yeux vifs, le nez aquilin et serré, les joues creuses et décharnées, la forme du visage longue, et la physionomie d'*une aigle* (1) ; les cheveux frisés, les dents mal rangées et malpropres, l'air négligé, et peu de soin de sa personne, la taille belle. Il avait du feu dans l'esprit, mais il ne l'avait pas juste. Il riait beaucoup et fort désagréablement. Il avait le génie admirable, et particulièrement pour la guerre : le jour du combat, il était fort doux à ses amis, fier aux ennemis; il avait une netteté d'esprit, une force de jugement et une facilité sans égale. Il avait de la foi et de la probité aux grandes occasions, et il était né insolent et sans égards; mais l'adversité lui avait appris à vivre... »

On voit que Bussy avait le talent de peindre les physionomies et les caractères, et d'assembler les contraires dans un même point de vue, sous un même coup-d'œil. « Ses Portraits surtout, a dit Saint-Évremond, ont une grâce *négligée*, *libre* et *originale*, qu'on ne saurait imiter. » On peut, par ce seul exemple, vérifier l'éloge.

Mécontent du prince de Condé, Bussy ne sut pas se tenir mieux avec M. de Turenne : il servit sous ce dernier après la Fronde (1653-1659). Bussy paraît croire qu'il manqua de se concilier l'amitié du grand capitaine, faute d'un compliment qui eût été de convenance le premier jour, et il fait son *Meâ culpâ* là-dessus. Mais il semble bien que ce qui lui nuisit auprès de Turenne comme auprès de tous les supérieurs dont il approcha, ce fut son penchant à la raillerie, à l'épigramme, au couplet malin. *Diseur de bons mots, mauvais caractère*,

(1) *Aquila* en latin; à cette date, *aigle* était encore féminin en français.

a dit Pascal: Bussy vint à point pour expliquer cett pensée. C'est le grief qu'avait contre lui précisémen Louis XIV, quand il disait : « M. de Bussy a fait de plaisanteries de quelques personnes que j'aime. » C'est ce que M. de Turenne lui reprocha également, un jour que Bussy se plaignait de n'être pas traité par lui avec plus d'amitié dans les diverses rencontres : « Il (*M. de Turenne*) me répondit qu'on l'avait assuré que je n'étais point de ses amis, et que même, contre la parole que je lui donnerais d'en être, s'il lui arrivait un malheur à la guerre, j'étais un homme à en plaisanter. » Il était fâcheux à Bussy d'avoir donné une pareille idée de lui à tout le monde, et à M. de Turenne en particulier, et d'être jugé incapable de résister au plaisir de faire une chanson. Maintenant reconnaissons dans Bussy une qualité : il a du glorieux, du vaniteux, du goguenard et du railleur, du bel-esprit et du malin esprit, mais au fond, tout au fond de tout cela, si l'on ose le dire, il y a du bon esprit. Il triomphe de ses mécontentements et de ses rancunes personnelles dans le jugement qu'il fait des hommes. Et sur M. de Turenne par exemple, il l'a peint dans un très-beau et très-ferme Portrait, nullement flatté, mais nullement injuste. On a dit, dans le temps, que ce Portrait n'était pas de nature à plaire à la maison de Bouillon. Qu'importe ! il est digne que l'histoire l'accueille, et que le moraliste le médite. Je ne puis m'empêcher de le donner ici presque en entier, après celui de Condé, qu'on vient de lire :

« Henri de La Tour, vicomte de Turenne, était d'une taille médiocre, large d'épaules, lesquelles il haussait de temps en temps en parlant; ce sont de ces mauvaises habitudes que l'on prend d'ordinaire, faute de contenance assurée. Il avait les sourcils gros et assemblés, ce qui lui faisait une physionomie malheureuse.

« Il s'était trouvé en tant d'occasions à la guerre, qu'avec un bon jugement qu'il avait et une application extraordinaire au métier, il s'était rendu le plus grand capitaine de son siècle.

« A l'ouïr parler dans un conseil, il paraissait l'homme du monde le plus irrésolu; cependant, quand il était pressé de prendre son parti, personne ne le prenait ni mieux ni plus vite.

« Son véritable talent, qui est, à mon avis, le plus estimable à la guerre, était de rétablir une affaire en méchant état. Quand il était le plus faible en présence des ennemis, il n'y avait point de terrain d'où, par un ruisseau, par une ravine, par un bois, ou par une éminence, il ne sût tirer quelque avantage.

« Jusqu'aux huit dernières années de sa vie, il avait été plus circonspect qu'entreprenant... Sa prudence venait de son tempérament, et sa hardiesse de son expérience (1).

« Il avait une grande étendue d'esprit capable de gouverner un État aussi bien qu'une armée. Il n'était pas ignorant des belles-lettres; il savait quelque chose des poëtes latins, et mille beaux endroits des poëtes français : il aimait assez les bons mots et s'y connaissait fort bien.

« Il était modeste en habits et même en expressions. Une de ses grandes qualités, c'était le mépris du bien. Jamais homme ne s'est si peu soucié d'argent que lui...

« Il aimait les femmes, mais sans s'y attacher; il aimait assez les plaisirs de la table, mais sans débauche; il était de bonne compagnie; il savait mille contes; il se plaisait à les faire, et il les faisait fort bien.

« Les dernières années de sa vie, il fut honnête (c'est-à-dire *accueillant, affable*) et bienfaisant; il se fit aimer et estimer également des officiers et des soldats; et, sur la gloire, il se trouva enfin si fort au-dessus de tout le monde, que celle des autres ne pouvait plus l'incommoder. »

La causticité de Bussy se retrouverait dans ce dernier trait, si on la voulait chercher; mais il faut reconnaître qu'ici elle semble bien d'accord avec la vraie observation humaine.

Pour commenter en quelque sorte, et démontrer

(1) Un an avant la mort de ce grand homme, Bussy écrivait à l'évêque de Verdun (19 juillet 1674) : « On me mande que M. de Turenne vient encore de pousser l'arrière-garde des ennemis. C'est un vrai conquérant, il n'est plus reconnaissable; Fabius est devenu Alexandre. »

cette supériorité distinctive du talent de Turenne, qui consistait à tirer bon parti d'une affaire déjà compromise, et à la rétablir à force d'habileté de détail, de ténacité et de prudence, Bussy, dans ses *Mémoires*, se plaît à exposer en ce sens les opérations de la campagne de Flandre de 1656, pendant laquelle Turenne fit preuve de toutes ces qualités combinées qui caractérisent sa première manière militaire. Bussy tient à honneur de nous faire entrer dans l'esprit de cette campagne, l'une des plus glorieuses pour Turenne, quoiqu'il y en ait eu de bien plus brillantes : « Il ne tiendrait qu'à moi de ne rien dire de cette action, écrit-il au sujet d'une des affaires de cette campagne; et peut-être que les flatteurs du Maréchal ne l'ont pas sue ou n'ont pas été assez habiles pour la remarquer; mais ni l'amitié ni la haine ne me feront jamais manquer à ce que je dois à la vérité. » En général, Bussy peut être frondeur et imprudent, mais il n'est pas menteur : « Et pour faire voir, dit-il encore, que c'est plutôt par amour pour la vérité que je parle, que par aucune malignité de naturel, *je dis du bien, quand j'en trouve, de la même personne de qui j'ai dit du mal.* » C'est en ce point que le jugement de Bussy vaut mieux que son caractère.

Ce même amour de la vérité, de la réalité historique et humaine, lui fait retrancher toutes ces exagérations auxquelles on se laisse emporter si aisément en racontant les grandes actions où l'on a été témoin ou acteur. La veille de la bataille des Dunes, dans la nuit qui précéda, il est couché sur le sable, dans son manteau, tout à côté de M. de Turenne. Tous les deux s'endorment. Une heure après on vient réveiller le Maréchal, en lui amenant un page qui s'est échappé du camp des ennemis, et sur le rapport duquel il se confirme dans l'idée de livrer bataille le lendemain : « Et après, dit Bussy, il se recoucha pour se reposer seulement; car j'ai trop bonne opinion de lui pour croire qu'ayant une bataille à donner six heures après, où sa vie était la moindre chose dont il s'agît, il pût dormir aussi tranquillement que si le lendemain il n'eût eu rien à faire. Et quand on nous vient conter que, le jour de la bataille d'Arbelles, on eut peine à éveiller Alexandre, je crois que, si cela fut, il faisait semblant de dormir par vanité, ou qu'il était ivre. Pour moi, *qui suis naturel*, je ne dormis qu'une heure. Après qu'on m'eut éveillé, je ne pus me rendormir... » On saisit bien en quoi le Turenne de Bussy ne ressemble point au Condé de l'Oraison funèbre, duquel Bossuet a dit avant Rocroy: « On sait que le lendemain, à l'heure marquée, il fallut réveiller d'un profond sommeil cet autre Alexandre.» Je laisse à ceux qui ont eu l'honneur de se trouver à pareille fête à côté des héros, le soin de décider lequel des deux récits leur paraît le plus voisin de la vérité.

De tous les généraux sous lesquels il servit, il n'en est aucun avec qui Bussy s'entendît si bien qu'avec le prince de Conti, frère du grand Condé. Il nous le peint, selon son usage, en quelques coups de crayon rapides et heureux:

« Il avait la tête fort belle, tant pour le visage que pour les cheveux, et c'était un très-grand dommage qu'il eût la taille gâtée; car, à cela près, c'était un prince accompli. Il avait été destiné à l'Église; mais les traverses de sa maison l'ayant jeté dans les armes, il y avait trouvé tant de goût, qu'il n'en était pas revenu. Cependant il avait étudié avec un progrès admirable. Il avait l'esprit vif, net, gai, *enclin à la raillerie;* il avait un courage invincible; et, s'il y avait quelqu'un au monde aussi brave que le prince de Condé, c'était le prince son frère. Jamais homme n'a eu l'âme plus belle sur l'intérêt que lui : il comptait l'argent pour rien. Il avait de la bonté et de la tendresse pour ses amis, et, comme il était persuadé que je l'aimais fort, il m'honorait d'une affection très-particulière. »

Tel était le prince sous qui Bussy voulait aller servir en Catalogne pendant la campagne de 1654; il s'accommodait très-bien de ce général qui aimait la raillerie, et qui mêlait le badinage et le bel-esprit jusque dans les ordres de service qu'il donnait. Mais le prince de Conti n'était qu'un généralissime manqué : les vrais généraux et les hommes d'État ne purent jamais passer à Bussy ce tour d'esprit si contraire à l'ordre et au commandement, et qui déjouait le respect dans les choses sérieuses.

En l'année 1648, Bussy s'était lancé dans une singulière affaire, et qui n'avait pas peu contribué à sa réputation d'aventurier et d'audacieux en amour comme en toute chose. Veuf d'une première femme et voulant se remarier, « cherchant du bien, dit-il, parce qu'il savait qu'il sert beaucoup à faire obtenir les grands honneurs, » il s'était laissé persuader par quelques entremetteurs intrigants qu'une jeune veuve fort riche, Mme de Miramion, ne demandait pas mieux que de l'épouser, mais qu'elle avait besoin d'y paraître contrainte pour donner un consentement que sa famille n'aurait pas approuvé. Là-dessus Bussy, entreprenant comme il était, et à qui il ne fallait pas répéter deux fois qu'une femme l'aimait, ni conseiller deux fois une témérité, résolut d'enlever la veuve. Il quitta l'armée de Flandre exprès pour cela, non sans s'être auparavant assuré de la protection du prince de Condé, et il vint faire son coup de main en plein jour près de Saint-Cloud, à la tête d'une troupe de cavaliers. Mme de Miramion fut enlevée malgré ses cris; Bussy l'emmena jusqu'à un château-fort, à vingt-cinq lieues de là, et ne lâcha prise qu'à la dernière extrémité, et quand il fut plus que persuadé que son *Hélène* (comme il l'appelle) n'était nullement consentante à l'entreprise. Ce scandaleux guet-apens, qui rappelait toutes les violences des époques féodales, et où Bussy avait joué, de plus, le rôle de dupe, lui fit manquer la bataille de Lens qui se livra dans cet intervalle. Il en témoigne du regret, mais il ne ressentit jamais assez la honte de ses torts envers une faible et courageuse femme qui faillit en mourir sur le coup, et qui devint, à partir de là, une mère de charité et une sainte.

Quoi qu'il en soit, avec tous ses défauts, son inclination aux plaisirs, son goût connu et son talent irrésistible pour les épigrammes et les chansons, avec ses désordres de conduite, son grain de libertinage et d'esprit-fort, sa fureur du jeu, où il avait un bonheur insolent, Bussy, vers 1659, était en passe d'arriver à la plus haute fortune militaire, lorsque la paix vint le livrer sans distraction à ses périlleux penchants. Dans une orgie célèbre qu'il fit, lui homme de plus de quarante ans, avec quelques débauchés de sa connaissance, durant la Semaine sainte de 1659, il fut accusé, non sans vraisemblance, d'avoir composé des couplets, d'horribles *Alleluia* qui offensaient à la fois la majesté divine et les majestés humaines; et, à dater de ce moment, devenu particulièrement suspect à la reine-mère et au roi, bien loin de se surveiller, il accumula les imprudences. La plus grande fut d'écrire en 1660, sous des masques très-légers, l'*Histoire amoureuse* de deux ou trois dames de la Cour, de prêter à d'autres dames de son intimité ce manuscrit, dont plusieurs copies circulèrent, et qui fut imprimé à l'étranger en 1665. Treize mois de Bastille, une carrière brisée, dix-sept ans d'un exil contraint, dix autres années d'un exil soi-disant volontaire, une disgrâce perpétuelle, dans laquelle il mourut en 1693, telles furent les suites de cette grave faute morale et littéraire, qui, par le malheur et les résultats, a fait comparer la destinée du pauvre Bussy à celle d'Ovide.

On n'est point surpris, quand on lit aujourd'hui le livre, qu'un roi comme Louis XIV ait jugé avec cette sévérité une telle faute qui venait en confirmer tant d'autres. De pareils livres, en réalité, sont contraires aux fondements de l'ordre et de la stabilité même des États. Dans cette *Histoire amoureuse des Gaules,* Bussy s'est proposé Pétrone pour modèle et pour idéal ; il y a des moments où il ne fait que le traduire, et (chose étrange!), même en le traduisant, il a pu paraître ne raconter que des vérités et des particularités contemporaines. Disons notre pensée bien sincère : ces désordres, ces turpitudes de mœurs se retrouveraient de tout temps ; les meilleures époques sont celles où elles se dérobent. Elles s'étalaient presque ouvertement du temps de Bussy. Toutefois, venir les choisir pour en faire une œuvre, une histoire, un *monument à toujours,* comme dirait Thucydide, c'était donner témoignage d'un goût corrompu et d'un esprit gâté. Là est le grand tort, encore subsistant, de Bussy, et ce qui le classe à son rang et le rabaisse dans l'échelle d'élévation des esprits et dans l'ordre des vocations naturelles. Ce glorieux a trahi par là ce qui, en définitive, l'occupait et l'amusait le plus, ce qui faisait son régal le plus cher (1). Ajoutons qu'une telle entreprise, de la part d'un homme d'autant d'esprit, et la vogue qui s'ensuivit pour le genre même, nous donnent une idée peu haute de la moralité *moyenne* du temps et du monde où il écrivait. Sans nous en prévaloir pour ce qui est du fond des âmes, il nous faut ici reconnaître que nous avons infiniment gagné depuis

(1) Une simple remarque résume les goûts littéraires un peu gâtés de Bussy : il aimait fort Ovide, il n'avait pas lu Horace, et il s'amusait, dans l'extrême vieillesse, à traduire un petit Conte latin et libertin du poëte Théophile.

lors en moralité sociale et publique, en moralité extérieure.

A ne juger les choses que littérairement, la façon de Bussy, seul point qui nous intéresse encore, laisse voir, au milieu des incorrections et des négligences, bien de la distinction, de la délicatesse, et se relève d'un tour fin, qui est déjà celui d'Hamilton. Pour peindre la comtesse de Fiesque, par exemple, il dira : « Elle avait les yeux bruns et brillants, le nez bien fait, la bouche agréable et de belle couleur, le teint blanc et uni, la forme du visage longue : *il n'y avait eu qu'elle au monde qui s'était embellie d'un menton pointu.* » Ce n'est qu'un rien, mais remarquez-vous comme cela est dit? Les Portraits de Mme de Châtillon, de Mme de Montglat, ont de cette même grâce demi-fine et demi-naïve. Cette Mme de Montglat, qu'il a le plus aimée, est présentée avec une complaisance toute particulière : « Mme *Bélise* a les yeux petits, noirs et brillants, la bouche agréable, le nez un peu troussé, les dents belles et nettes, le teint trop vif, les traits fins et délicats, et le tour du visage agréable. Elle a les cheveux noirs, longs et épais. Elle est propre au dernier point, et l'air qu'elle souffle est plus pur que celui qu'elle respire... » On remarquera ce mot de *propre* qui revient assez souvent chez Bussy, qu'on n'emploierait plus à présent, mais qui se disait alors avec convenance et dans le sens antique (*simplex munditiis*). Ce langage de Bussy est un joli langage ; il est brillant et comme reluisant, non par les couleurs, mais à force de poli et de netteté. Son style, aux bons endroits, a le *nitor* des anciens. On a, vers ce même temps, appliqué le mot et l'éloge d'*urbanité* à trois écrivains qu'on rapprochait volontiers, Bussy, Pellisson et Bouhours. Mais je me permettrai de trouver que l'urbanité de Bouhours ne fut jamais que celle d'un homme de collége qui fait le sémillant; l'urbanité de Pellisson, que celle d'un bourgeois élégant et resté un peu sur l'étiquette et sur la cérémonie à la Cour; l'urbanité de Bussy, à son bon moment, était la seule qui sentît tout à fait le courtisan aisé et l'homme du monde.

On a mille fois entendu vanter, disait-on de lui en son temps, la politesse de son esprit, la délicatesse des pensées, un noble enjouement, une naïveté fine, un tour toujours naturel et toujours nouveau, *une certaine langue qui fait paraître toute autre langue barbare.* » C'est beaucoup dire, et je dois avertir aussi que c'est d'une harangue d'Académie que je tire ces louanges. On comprendra pourtant qu'on les ait pu faire, si on veut bien entrer dans les aperçus de style que nous indiquons.

Pour ce qui est de l'Écrit qui nous les suggère, cette délicatesse, encore une fois, n'est que dans la façon du narrateur et dans un certain tour de parole; car la grossièreté fait le fond de presque tous les personnages qu'il décrit. Sans parler des hommes qui, en fait de procédés, s'y montrent capables de tout, les femmes qu'il met en scène sont emportées, violentes, surtout intéressées et cupides. Bussy, dans l'exil, en se souvenant des femmes qu'il avait connues, disait: « Elles aimaient, de mon temps déjà, l'argent et les pierreries plus que l'esprit, la jeunesse et la beauté. » On doit plaindre Bussy de n'avoir su rencontrer que de pareilles femmes à l'époque où vivaient les Sévigné, les La Fayette et bien d'autres. Mais que dis-je? dans cette indigne Histoire ou Chronique scandaleuse de son temps, n'avait-il pas trouvé moyen de mettre, à côté de Mme d'Olonne et de Mme de Montglat, sa propre cousine, cette charmante Mme de Sévigné elle-même!

Il appartenait à celui qui avait outragé en Mme de Miramion la mère future des pauvres et presque une Mère de l'Église, d'outrager en Mme de Sévigné la plus vertueuse des Grâces.

Le Portrait que Bussy a tracé de Mme de Sévigné dans ce vilain livre, est à la fois ressemblant et calomnieux; c'est le chef-d'œuvre d'un peintre malicieux et caustique qui donne à chacun des traits qu'il observe et qu'il accuse, je ne sais quelle expression particulière qui noircit le tout et le dénature. Bussy, au reste, paya cher ce sanglant et cruel Portrait. Réconcilié avec Mme de Sévigné pendant son exil, gracié et amnistié par elle, il dut recommencer à lui crier *merci* bien souvent. Elle lui avait pardonné son injure, mais à condition de s'en ressouvenir et de la lui rappeler toujours: « Levez-vous, Comte, je ne veux point vous tuer à terre, lui écrivait-elle quand il faisait semblant de se mettre à genoux : ou reprenez votre épée pour recommencer notre combat... » En pleine paix, en pleine amitié, un mot, une saillie soudaine de cette innocente railleuse, laissait deviner son ancienne rancune, et montrait bien qu'elle se sentait désormais sur lui tous les avantages. Bussy, vraiment, aurait été humilié s'il avait pu l'être. Il avait commencé par convenir franchement de tous ses torts, mais il exprimait ses regrets d'une manière qui prouve combien en ceci il tenait plus encore aux choses de l'esprit qu'à celles du cœur : « Ne trouvez-vous pas, écrivait-il à sa cousine, que c'est grand dommage que nous ayons été brouillés quelque temps ensemble, et que *cependant* (1) il se soit perdu des folies que nous aurions relevées, et qui nous auraient réjouis? car, bien que

(1) *Cependant*, c'est-à-dire pendant ce temps-là. La langue de Bussy retarde déjà un peu.

nous ne soyons pas demeurés muets chacun de notre côté, *il me semble que nous nous faisons valoir l'un l'autre, et que nous nous entredisons des choses que nous ne disons pas ailleurs.* » Et, en effet, Bussy avait été excellent, dans le principe, pour mettre sa jolie cousine en humeur et en veine de style épistolaire : il était l'homme qu'il lui fallait pour lui renvoyer le volant, comme on dit ; mais il ne s'apercevait pas, en avançant, qu'elle pouvait très-bien se passer de lui, dire à d'autres les mêmes jolies choses, en répandre de tous côtés et en retrouver sans cesse, et qu'il n'était plus lui-même assez vif et assez alerte pour ne pas perdre au vis-à-vis devant cette grâce supérieure et naturelle.

L'esprit de Bussy n'était point de ceux que la Fée a touchés en naissant, et qui se renouvellent jusqu'à la fin par une immortelle jeunesse. Il pouvait avoir sa force et son cachet marqué de virilité dans l'observation et dans cette manière, qu'on a louée en lui, de *laisser voir tout d'un coup sa pensée*, et de *ne laisser voir qu'elle uniquement*; mais il n'avait pas cette source vive de grâce et d'imagination qui rafraîchit et fertilise à jamais le fonds d'où elle sort.

La dernière fatuité de Bussy avec Mme de Sévigné était de se croire un partner essentiel à tout l'esprit qu'elle avait.

La Correspondance que Bussy entretint pendant son long exil avec un nombre assez considérable d'amis, hommes et femmes, restés pour lui attentionnés et fidèles, a du prix pour l'histoire du temps, et il ne lui manque, pour être tout à fait intéressante, que de trouver un éditeur, un Walckenaer ou un Monmerqué qui en répare le texte, y restitue, s'il est possible, bien des noms propres marqués par de simples et impatientantes *étoiles*, et qui donne des éclaircissements sur les personnages. Telle qu'elle est, elle se fait lire avec plaisir encore. Le premier soin de Bussy, une fois retiré dans sa Bourgogne, c'est de persuader à ses amis de Paris qu'il ne souffre pas trop de son malheur; il tâche de croire qu'il ne s'ennuie pas et de le faire croire à tout le monde : « Je suis ici très-commodément, écrit-il de son château de Bussy (19 janvier 1667); j'y fais bonne chère; j'embellis tous les jours une belle maison. Je n'y ai ni maître ni maîtresse, parce que je n'ai ni ambition ni amour; et j'éprouve, ce que je croyais impossible il y a deux ans, qu'on peut vivre heureux sans ces deux passions. » On ne tarde pas à s'apercevoir que c'est là son idée fixe de convaincre le monde qu'il n'est pas trop malheureux; il sait le cas que le monde fait des malheureux; il craint qu'on ne le plaigne ou qu'on ne sourie de lui là-bas en le nommant. Sa vanité domine encore son malheur.

Ce serait peu intéressant, si, tout à côté, il n'y avait des contradictions, des démentis, et si, dans l'exemple de Bussy, on ne pouvait étudier le cœur humain et ses misères parfaitement à nu. Au même moment où il se dit guéri de l'ambition et sans maître, il écrit au duc de Saint-Aignan, qui est son principal recours auprès de Louis XIV, des louanges du roi qui sont faites pour être redites et montrées, et pour lui ménager peut-être un retour. Le duc de Saint-Aignan avait perdu son fils, et Louis XIV lui avait fait je ne sais quelle faveur pour le consoler : « J'ai su si bon gré au roi, écrit Bussy au duc, de la manière dont Sa Majesté vous a consolé, que ce maître-là m'a paru digne du service de toute la terre. *Ce n'est qu'auprès de lui seul au monde qu'on peut trouver des douceurs à perdre ses enfants*, quelque honnêtes gens qu'ils soient. » Cela nous semble dénaturé et révoltant d'adulation et de platitude, mais au moins Bussy est net et ne marchande pas sur l'expression.

Un sentiment plus honorable, plus excusable, est celui que Bussy conserve à l'égard de la femme qu'il avait le plus aimée (Mme de Montglat), et qui l'avait tout à coup lâché dans le malheur. Il en souffre, il en est ulcéré; il va jusqu'à s'en étonner, lui qui paraissait estimer si peu le sexe. Il a sur cette infidèle des retours douloureux, presque touchants. Je recommande notamment une certaine lettre du 20 janvier 1668, adressée à Mlle d'Armentières, et dont le refrain est, à trois ou quatre reprises :

> Cela soit dit en passant
> Pour celle que j'aimais tant.

Un bon juge me faisait remarquer qu'il y a un peu de Musset dans cette lettre-là, quelque chose du Musset accusant son infidèle, moins le cri de poésie. De poésie, notre raffiné n'en eut jamais ni en prose ni même en vers. On sent ici du moins une plainte vraie, un soupir, quelque chose d'humain. Honneur à Bussy pour cette note du cœur! C'est une de ces lettres comme Fontenelle n'en eût jamais écrit.

Mais ce qui est moins beau et moins touchant, Bussy avait dans l'un de ses châteaux une galerie de portraits, parmi lesquels on voyait les diverses femmes qu'il avait connues et aimées. Il y avait fait mettre Mme de Montglat, et au bas du portrait une inscription sanglante. Puis c'étaient, à son adresse, des devises épigrammatiques à n'en plus finir. Bussy, par un reste de mauvaise habitude, ne pouvait s'empêcher, même dans l'exil, dans la solitude, d'afficher ses amours et ses vengeances.

La guerre éclate (avril 1667). Quel crève-cœur pour Bussy! « Tout ce que vous connaissez de vieux et de jeunes courtisans, lui écrit-on, vont à la guerre. » Bussy veut faire comme les autres; il écrit au duc de Noailles :

« Est-il possible que je la voie sans y être! » Ici on excuse presque ses bassesses de ton pour rentrer en grâce auprès du maître qu'il voudrait servir : c'est moins le courtisan que le soldat qui se réveille en lui. Mais quand Louis XIV en personne traverse la Bourgogne à la tête de son armée, dans l'hiver de 1668, quand on va faire la conquête de la Franche-Comté sous les yeux de Bussy et *à sa porte*, il n'y tient plus, il laisse s'exhaler sa douleur : « Je suis presque au désespoir, s'écrie-t-il, quand je songe que j'aurai vécu dans un règne plein de merveilles, auxquelles le moindre soldat des Gardes aura plus de part que moi. »

Louis XIV était implacable et glacé; il remettait Bussy de campagne en campagne : « Pas encore pour celle-ci, nous verrons pour une autre, » répondait-il aux sollicitations perpétuelles qui lui venaient de la part du pauvre disgracié; et les années s'écoulaient, et Bussy, toujours déçu, espérait toujours. Il y eut de petites faveurs, ou du moins qu'il croyait telles, et qui le tenaient en haleine. En 1673, le roi lui permit de venir passer quelque temps à Paris pour ses affaires. En 1676, de même. En 1681, il put prolonger ce séjour de Paris à volonté; et en 1682, le 12 avril, le roi lui fit la grâce de le rappeler à la Cour! Écoutons l'aveu naïf de ce glorieux humilié :

« Je me jetai donc ce jour-là aux pieds du roi, qui me reçut si bien, que ma tendresse pour lui me serra le cœur au point de ne parler et de n'exprimer ma joie et ma reconnaissance que par mes larmes.

« Je fus huit jours fort content de ma Cour, après lesquels je m'aperçus que le roi évitait de me regarder; lorsque j'eus fait encore deux mois durant de pareilles observations, je voulus éprouver si je ne m'éclaircirais pas davantage en parlant à Sa Majesté. Il est vrai qu'il me répondit si froidement, que je ne doutai pas de quelque nouvelle disgrâce.

« Vous pouvez juger, mes enfants, quelle fut ma douleur en cette rencontre; elle fut telle, que je m'absentai cinq ans de la Cour, ne pouvant supporter les froideurs d'un maître dont le bon accueil avait encore augmenté ma tendresse... »

Telle était la condition et l'âme du courtisan du temps de Bussy, du temps de Sosie dans l'*Amphitryon* de Molière. Qu'on se rappelle cette première scène délicieuse où le spirituel valet, en exposant ses misères, ne fait que décrire la servitude et les attaches du courtisan d'alors auprès des Grands :

Cependant notre âme insensée
S'acharne au vain honneur de demeurer près d'eux,
Et s'y veut contenter de la fausse pensée
Qu'ont tous les autres gens, que nous sommes heureux.
Vers la retraite en vain la raison nous appelle,
En vain notre dépit quelquefois y consent,
Leur vue a sur notre zèle
Un ascendant trop puissant,
Et la moindre faveur d'un coup-d'œil caressant
Nous rengage de plus belle.

Grands cœurs d'aujourd'hui, ne souriez pas tant du courtisan d'autrefois. N'avez-vous point votre idolâtrie aussi et votre Louis XIV, le culte de la popularité? Vous n'avez fait que changer de maître.

Il y a, dans chaque époque, des espèces de maladies morales et d'affections régnantes qui atteignent généralement les âmes : il faut une grande force et une grande santé d'esprit pour y résister. Ces âmes plus ardentes que hautes, telles que celle de Bussy, avaient les maladies de leur temps; demandons-nous, avant de les trop mépriser, si nous n'aurions point celles du nôtre.

Saint-Évremond, dès lors même, était plus sage. Voyant Bussy essayer ainsi de reparaître à la Cour, vieilli, usé, hors de mode, et venir remettre en question, devant une génération nouvelle de courtisans, jusqu'à sa réputation d'homme d'esprit : « Quand on a, disait-il, renoncé à sa fortune par sa faute, et quand on a bien voulu faire tout ce que M. de Bussy a fait de propos délibéré, on doit passer le reste de ses jours dans la retraite, et soutenir *avec quelque sorte de dignité* un rôle fâcheux dont on s'est chargé mal à propos. » Saint-Évremond avait le droit d'être sévère; car, placé dans la même condition que Bussy et tombé dans une pareille disgrâce, il résista à la tentation d'un retour; il vécut et mourut en philosophe.

Bussy n'était point de cette étoffe-là. Il trouvait « qu'une dose d'adversité est quelquefois salutaire; » mais cette dose n'opérait sur lui que par instants, et elle ne le guérissait point à fond. A demi chrétien, à demi philosophe, à demi superstitieux, toujours emporté par ses passions, il ne sut jamais prendre un parti décisif; mais ce qu'il était de plus en plus en vieillissant, c'était homme de Lettres. Il avait été nommé de l'Académie française à temps, un mois juste avant sa disgrâce et sa prison (mars 1665). Il fit son entrée dans la Compagnie par un compliment qu'il nous a conservé et qui avait tout le *délibéré* d'un mestre de camp de Cavalerie légère. « Si j'étais à la tête de la Cavalerie et que je fusse obligé de lui parler pour la mener au combat, etc., etc., » disait-il au début, et il continuait sur se ton, faisant semblant d'être plus étonné d'avoir à parler devant l'Académie que devant un front de bataille. Cet exorde, d'une modestie toute cavalière, réussit fort. Les Lettres, que Bussy avait aimées dès son enfance, lui furent fidèles : elles le lui devaient, car elles étaient, on peut l'affirmer, pour une grande part dans son malheur. Dans cette indiscrétion si coupable qui avait causé sa ruine, il entrait beaucoup de cette sollicitude paternelle de l'homme de Lettres qui ne veut rien laisser perdre de ce qu'il a une fois écrit, et qui entend bien en retirer louange, même au prix de quelque estime.

Quand Bussy eut son semblant de retour auprès du roi en 1682, l'Académie lui envoya une députation pour l'en féliciter. M. Bazin, dans une excellente Notice sur Bussy, en relevant cette démarche, y a trouvé occasion de railler et s'est plu à y voir une gaucherie. J'aime mieux y reconnaître, pour mon compte, une attention délicate, et qui, même en prenant le change sur son objet apparent, avait sa consolation réelle. Tout à cheval qu'il était sur sa naissance et ses aïeux, Bussy tenait à l'esprit et y était sensible autant qu'à chose du monde. Il fut des premiers à se déclarer contre les *sots de qualité* « qui auraient bien voulu persuader, s'ils avaient pu, que c'était déroger à noblesse que d'avoir de l'esprit. » Il garda toujours de grandes mesures avec les gens de Lettres, et, tout en affectant bien de s'en distinguer, il les traita avec une déférence parfaite. Trouvant son nom placé par Boileau au bout d'un vers et dans un sens un peu équivoque, lui, si chatouilleux et médiocrement flatté au fond, il n'eut pas l'air de s'en formaliser : « D'ailleurs, ajoutait-il, Despréaux est *un garçon d'esprit et de mérite que j'aime fort.* » Lié avec les Sarasin, les Benserade, et ces anciens beaux-esprits qu'il appelait encore les *virtuoses*, il eut le tact et le bon goût d'accepter, de deviner les mérites originaux et naissants : il fut l'un des premiers à sentir et à pousser La Bruyère. « Il avait, a dit de Bussy sa compatriote et son émule en satire, Mme Du Deffand, il avait beaucoup d'esprit, très-cultivé, le goût très-juste, beaucoup de discernement sur les hommes et sur les ouvrages, raisonnait très-conséquemment; le style excellent, sans recherche, sans tortillage, sans prétention (*il y aurait bien ici quelque chose à contester*); jamais de phrases, jamais de longueurs, rendant toutes ses pensées avec une vérité infinie; tous ses Portraits sont très-ressemblants et bien frappés. » Ce sont des louanges, et qui comptent de la part d'une personne qui ne les prodiguait pas. Bref, pour conclure littérairement sur Bussy, il a sa date dans l'histoire de la langue; il est grammairien, puriste, cherchant et trouvant la propriété des termes : « Il écrivait avec peine, a dit quelqu'un qui l'a bien connu (1), mais les lecteurs n'y perdaient rien; *ce qu'il écrivait ne coûtait qu'à lui.* » Il y a du Vaugelas en Bussy; et de plus, dans le genre épistolaire, il fait le lien de Voiture à Mme de Sévigné. Il tient tête à Mme de Sévigné dans sa première manière; il la provoque avec bonheur. Enfin, il reste attaché à jamais, comme un coupable et comme un vaincu, à son char; et cet homme si vain, si épris de sa qualité et de lui-même, vivra surtout par cet endroit, qui est celui de ses torts et de sa défaite, et il vivra aussi parce qu'il a eu l'honneur, à son moment, en s'en défendant peut-être, et à la fois en y visant un peu, d'être non pas un simple amateur, mais un des *ouvriers* excellents de notre langue. De toutes ses vocations à demi manquées, et dont aucune n'a eu pleine carrière, c'est encore son instinct littéraire qui l'a le moins trompé.

Tout ce qui resterait à dire sur Bussy, on le trouvera et chez M. Walckenaer et dans la Notice déjà citée de M. Bazin. Je n'ai voulu qu'ajouter quelques impressions de lecture à leur travail exact et suivi, aux développements si complets de l'un, et au résumé si net de l'autre.

(1) M. de La Rivière, gendre de Bussy.

Lundi 17 février 1851.

MADAME ÉMILE DE GIRARDIN.

(*Poésies.* — *Élégies.* — *Napoline.* — *Cléopâtre.* — *Lettres parisiennes, etc., etc.*)

Et d'abord je tracerai un cercle autour de mon sujet, et je dirai à ma pensée et à ma plume : *Tu n'iras pas plus loin.* A l'intérieur de ce cercle, de ce cadre indispensable dont il faut entourer toute figure de femme belle et spirituelle, n'entreront point du tout, ou du moins n'entreront qu'à peine et à mon corps défendant, les éclats, les ricochets de la politique, de la satire, les réminiscences de la polémique, toutes choses du voisinage et auxquelles, si on se laissait faire, un si riche sujet pourrait bien nous convier. Je ne prendrai en Mme de Girardin que la femme, le poëte de société et de théâtre, le moraliste du monde et de salon, Delphine, Corinne, et le vicomte Charles de Launay, rien que cela. Vous voyez que je suis modeste, que j'élude hardiment les difficultés, et que je ne suis pas homme à me mettre de grosses affaires sur les bras.

Mlle Delphine Gay, qui devait être de bonne heure célèbre, est née au plus beau matin du soleil de l'Empire, à Aix-la-Chapelle, où son père était receveur-général, et elle a été baptisée, dit-on, sur le tombeau de Charlemagne. Ne voyez-vous pas déjà d'ici le siècle en perspective, avec sa prétention grandiose d'une part, et sa vocation positive de l'autre : le tombeau de Charlemagne pour décoration et fond de théâtre, et une caisse de receveur-général tout à côté? Enfant, elle fut nourrie au sein du luxe, des élégances et d'un certain idéal poétique extérieur et militaire que l'Empire favorisait. Elle grandissait sous l'œil d'une mère femme d'esprit, toute au monde, qui portait de la verve et une sorte d'imagination dans la plaisanterie, qui a eu de la finesse et de la sensibilité dans le roman, et qui a compté à son heure, comme dirait notre vieux Brantôme, à la tête de l'*escadron* des plus belles femmes de son temps. La jeune fille, aussi blonde que sa mère était brune, n'était pas moins belle, de cette beauté qui apparaît d'abord et qu'on ne s'aviserait pas plus de contester qu'on ne conteste le soleil. On eut de bonne heure auprès d'elle, et elle éprouvait elle-même, en l'inspirant, le culte et l'idolâtrie de la beauté. L'Empire était tombé; la Restauration s'inaugurait avec de nouvelles modes et un changement complet de décoration, bien qu'avec bon nombre des mêmes personnages : c'était l'heure de la dévotion de salon, de l'aristocratie plus fine, de l'élégance plus assaisonnée d'esprit. Mlle Delphine Gay, à quinze ans, débuta dans ce monde factice; elle en fit ses premiers et uniques horizons, et s'y déploya (chose piquante!) avec naturel, gaieté, et une certaine abondance et richesse de nature qui ne demandait qu'à s'épanouir. Elle s'est regardée et peinte elle-même bien des fois dans cette première attitude et ce premier éclat de jeunesse florissante :

Mon front était si fier de sa couronne blonde,
Anneaux d'or et d'argent tant de fois caressés!
Et j'avais tant d'espoir quand j'entrai dans le monde
Orgueilleuse et les yeux baissés!

Ajoutons vite que si elle se dit fière et orgueilleuse, que si elle se sait belle, et que si elle se regardait souvent, elle restait gaie, franche d'abord, sans grimace aucune, vive et même naïve dans les mouvements, bonne enfant, disent tous ceux qui l'ont connue alors (Lamartine disait bien d'elle un jour : *C'est un bon garçon !*); enfin, aussi naturelle dans le factice, aussi vraie dans le faux qu'on le peut être. C'est alors qu'on la vit, qu'on la *fit* poser et se dessiner en muse, et qu'on la salua sous sa forme de Corinne.

« Oui, me répète avec conviction un témoin aimable et des plus spirituels de ce moment, oui, elle était à la fois belle, simple, inspirée comme la Muse, rieuse et bonne-enfant (c'est le mot unanime), et telle qu'elle a peint plus tard sa *Napoline*, c'est-à-dire encore elle-même,

> Naïve en sa gaieté, rieuse et point méchante;

disant les vers avec élégance et un air de grandeur comme elle les faisait alors. Ceci est ressemblant, tenez-vous-en pour sûr, autant que le portrait d'Hersent, où elle a cette écharpe *bleu-clair* couleur de ses yeux. »

C'est ainsi qu'elle est longtemps restée dans l'idée de ceux qui l'ont vue sous le rayon. Représentez-vous à une grande soirée de la duchesse de Duras, ou mieux à une brillante matinée du château de Lormois, chez la duchesse de Maillé, en plein soleil d'été, cette enfant rieuse, avec sa profusion de cheveux blonds et ce luxe de vie qui donne la joie, échappée dans le parc, bondissant et courant, puis rappelée tout à coup, et dans le plus élégant des salons, devant le plus recherché des mondes, récitant des vers d'un air grave, avec un front d'inspirée, un profil légèrement accusé de Muse antique, avec un timbre de voix précis et sonore, récitant ou un chant de *Madeleine*, ou son Élégie (tant de fois refaite) sur *le Bonheur d'être belle*, et dites s'il n'y avait pas de quoi rendre les armes et de quoi être ébloui..

Les poëtes surtout, ceux qui se groupaient dans le Recueil de *la Muse française*, Guiraud, Vigny, Hugo, Deschamps, aimaient alors à prédire à Delphine, comme on l'appelait tout fraternellement, la couronne de l'*Élégie lyrique* : « Son talent tout jeune, me dit un de ces fidèles témoins que j'ai voulu interroger pour être juste, nous paraissait devoir être un mélange de vigueur masculine avec une sensibilité de *femme du monde*, plus affectée des choses de la société que des spectacles de la nature; plus nerveuse que tendre, plus douloureuse que mélancolique : le tout marchant de concert avec beaucoup d'esprit réel, sans prétentions, et se manifestant sous une forme de versification pure, correcte, savante même et assez neuve alors. Soumet paraissait être son modèle. » Et l'on répétait autour d'elle ce nom de Corinne qu'elle invoquait sans cesse :

> Elle chante, et, devant son écharpe légère,
> Corinne courberait l'orgueil de son laurier.

La Corinne de Mme de Staël était, en effet, le grand idéal alors pour toute femme célèbre. Mlle Delphine Gay, qui était déjà par son nom de baptême une sœur de Corinne, voulait plus et mieux; elle voulait égaler et rivaliser en tout cette sœur de génie, et elle s'y appliqua avec une sincérité visible en ces années du début. Distinguée et couronnée par l'Académie française en 1822 pour avoir chanté le dévouement des Sœurs de Sainte-Camille pendant la peste de Barcelone, Mlle Gay ne cessa de célébrer depuis en vers tous les événements publics importants, les solennités monarchiques ou patriotiques, la mort du général Foy, le sacre de

Charles X, l'insurrection de la Grèce, tous les beaux thèmes du moment. On la vit un jour, au haut de la coupole du Panthéon, réciter son Hymne à sainte Geneviève, en l'honneur des peintures de Gros. Dans un voyage qu'elle fit à Rome en 1827, elle fut reçue au Capitole membre de l'*Académie du Tibre;* elle fit ensuite, comme Corinne toujours, le pèlerinage du Cap Misène. Tout cela donna prétexte de dire autour d'elle et lui donna l'idée à elle-même qu'elle n'était pas seulement une Muse élégiaque, mais aussi la *Muse de la Patrie*, Quelques pièces de vers publiées par elle dans ces dernières années nous montrent qu'elle n'est pas encore complétement guérie de cette idée-là, et qu'il y a des moments où elle parle comme si elle avait réellement manié dès le berceau l'épée de Charlemagne.

Revenons et demandons-nous, quand on relit aujourd'hui ces Poésies de la première manière de Mme de Girardin, ce qu'il en faut penser.

Je dis première manière, car Mme de Girardin a déjà eu trois manières, s'il vous plaît, trois formes poétiques distinctes : la première forme, régulière, classique, brillante et sonore, qu'on peut rapporter à Soumet; la seconde forme, qui date de *Napoline*, plus libre, plus fringante, avec la coupe moderne, et où Musset intervient ; la troisième forme enfin, qu'elle a déployée dans *Cléopâtre*, et où elle ose au besoin tout ce que se permet en versification le drame moderne. Il est remarquable que les femmes, si habiles et si maîtresses qu'elles soient, trouvent rarement leur forme elles-mêmes ; elles en usent bien, mais elles l'ont empruntée à un autre. De ces trois formes, disons que la première, celle de Racine vu à travers Soumet, serait celle que suivrait de préférence et le plus naturellement Mme de Girardin, si elle était livrée à elle-même.

Mme de Girardin, avant tout, a le sentiment du monde extérieur, de la beauté qui y est conforme, de la régularité de lignes et de contours, de l'élégance : c'est ce qu'on trouve dans ses Élégies. Car, pour les pièces consacrées à célébrer des événements publics, il n'en faut point parler. Mais, dans ses Élégies premières (*Ourika, Il m'aimait, Natalie,* etc.), il y a quelque mouvement, des vers heureux, parfois brillants ; d'autres fins ou spirituels. Ourika, la négresse, dira très-bien de celui qu'elle aime et qui ne s'en aperçoit pas :

Et si parfois mes maux troublaient son âme tendre,
L'ingrat ! il m'appelait sa sœur !

Dans le monde, il suffit d'un de ces jolis vers, d'un de ces jolis mots (*l'ingrat !*) pour défrayer de poésie toute une soirée, et surtout quand le poëte est là brillant lui-même, spirituel et beau, et qui paie de sa présence.

Il est remarquable comme la préoccupation perpétuelle de la beauté physique domine dans toutes les Élégies de Mlle Delphine Gay, et en est comme l'inspiration directe et déclarée. Cette belle jeune fille ne sait pas, en général, dégager son imagination des types convenus (Chevalier français, Beau Dunois, Muse de la Patrie) ; elle se prend à ces types naturellement, de bonne foi, mais trop en idolâtre et par les dehors. On sent que, dès l'origine, la source intérieure, intime, n'est pas très-abondante, et que cette chevalerie de tête et de cœur, dont le poëte s'exalte un moment, ne saurait longtemps tenir devant l'esprit qui est tout à côté dans la même personne, et qui va tout déjouer. Il y a en Mme de Girardin un homme de beaucoup d'esprit (celui qui sera le vicomte de Launay), et qui a tué le poëte; tué, non, car le poëte apparaît encore parfois avec son masque, sa cuirasse, son casque de Clorinde, son escrime habile, aisée et large de jeu, ses poussées de beaux vers dans la tirade, et comme ses éclairs dans la mêlée; mais tout cet appareil et cette mise en scène ne sauraient imposer à ceux qui ont une fois connu ce que c'est que la poésie véritable. Elle n'a guère jamais été ici qu'en passant et en se jouant, comme dans un tournoi.

Et, avec cela, cet homme de tant d'esprit qui s'intitule le vicomte de Launay aura beau faire, il y aura toujours en Mme de Girardin un certain type, un certain moule chevaleresque primitif qu'il ne parviendra pas à renverser. Elle aura jusque dans son époque la plus spirituelle et la plus consommée en connaissance du monde et en raillerie, elle aura, dis-je, de ces retours singuliers et impétueux de Jeanne d'Arc et d'amazone, qui ne seraient concevables que chez une muse restée naïve. Elle a, jusqu'en plein journal, des reprises de dithyrambe. Elle fera, par exemple, ces vers contre un certain vote de la Chambre des Députés (13 avril 1839), vote que je ne prétends point d'ailleurs approuver; et elle a écrit en novembre 1848 ces autres fameux vers contre le général Cavaignac, où, le voulant exterminer et pourfendre, elle ne trouve rien de plus fort à lui appliquer dans sa colère, parce que le digne général a dormi une heure pendant une des nuits de juin, que ce dernier coup accablant :

> Vive l'Endymion de la guerre civile!

Singulière injure, de la part d'une belle femme, que d'appeler un homme *Endymion*. C'était assurément la seule chance qu'ait eue dans sa vie le général Cavaignac d'être comparé au pasteur Endymion.

Mme de Girardin est cause que je me suis souvent posé ces deux problèmes embarrassants :

Comment, avec tant d'esprit et d'élégance, n'a-t-on

pas toujours du goût, de ce goût qu'elle-même a si bien défini quelque part *la pudeur de l'esprit?*

Et aussi comment, avec un sentiment si vif et si fin de la raillerie, n'est-on pas toujours averti de celle à laquelle on peut prêter soi-même par le temps qui court?

Pour trouver la réponse à ces problèmes, il était nécessaire de remonter à ce faux idéal primitif dont elle s'est éprise une fois.

Ainsi, une première sensibilité élégiaque dont elle s'est guérie, et, à côté, une certaine idole chevaleresque dont elle n'est pas encore revenue, telle ressort en définitive, à nos yeux, au milieu de tout son esprit d'aujourd'hui, Mme Émile de Girardin.

Rien n'est piquant pour un instant comme de se reporter à ses premiers vers, aux éditions de ses premiers chants qui ont pour vignette une *Harpe,* quand on vient de relire tout fraîchement les jolis feuilletons dans lesquels se joue, en un sens si différent, un talent également sûr, une plume ferme et fine, une de celles vraiment qui font le mieux les armes. A y bien regarder, la contradiction n'est pas si grande qu'elle paraît; l'un, je le sais, menait à l'autre; mais qu'il y a donc à rêver sur les sinuosités du chemin!

Par moments (c'était la mode sous la Restauration) elle faisait des vers religieux; elle chantait Madeleine et un des touchants miracles du Sauveur. Sa première pièce couronnée commence par une invocation aux Séraphins:

> Bienheureux Séraphins, vous, habitants des cieux,
> Suspendez un moment vos chants délicieux!...

Ces Séraphins, qui tombent du ciel ou du plafond, viennent là comme, en d'autres temps, seraient venus les Amours et les Cupidons ; on les introduisait sans y croire ; c'est fâcheux, même en poésie. Quand une fois on s'est accoutumé à ce factice, on ne peut plus s'en passer désormais, et, qui pis est, on ne s'en aperçoit pas. On perd le sentiment du vrai, du vrai réel comme du vrai idéal. On finit par croire qu'avec de l'esprit, beaucoup d'esprit, et un tour de main extrêmement habile, on peut tout faire, tout contrefaire : contrefaire, je ne le nie pas ; mais avec de l'esprit seul, on ne fera jamais ni du sentiment, ni de la passion, ni de la nature, ni du drame, ni de la religion. *Judith*, tragédie sacrée, s'est ressentie, à vingt ans de distance, de ce genre faux du poëme de la *Madeleine* et de ces premiers Séraphins de convention et de salon, qui étaient si dignes de figurer dans la chapelle de Mgr l'abbé duc de Rohan. Et en général l'écueil, le malheur de Mme de Girardin comme écrivain, ç'a été qu'une organisation aussi forte, qui semble même puissante par accès, et qui, dans tous les cas, est si pleine de ressources, s'est jouée toujours dans un cercle artificiel et factice duquel, plume en main, ou lyre en main, elle n'est point sortie.

Nous n'en sommes encore qu'à ce qu'on appelle la lyre. Un grand sage, Confucius, disait, et je suis tout à fait de son avis quand je lis nos écrivains *à belles phrases*, quand j'entends nos orateurs *à beaux discours*, ou quand je lis nos poëtes *à beaux vers :* « Je déteste, disait-il, ce qui n'a que l'apparence sans la réalité ; je déteste l'ivraie, de peur qu'elle ne perde les récoltes ; je déteste les hommes habiles, de peur qu'ils ne confondent l'équité ; je déteste une bouche diserte, de peur qu'elle ne confonde la vérité... » Et j'ajoute, en continuant sa pensée : Je déteste la soi-disant belle poésie qui n'a que forme et son, de peur qu'on ne la prenne pour la vraie et qu'elle n'en usurpe la place, de peur qu'elle ne simule et ne ruine dans les esprits cette réalité divine, quelquefois éclatante, d'autres fois modeste et humble, toujours élevée, toujours profonde, et qui ne se révèle qu'à ses heures. Mme de Girardin a fait, dans *Napoline*, un vers qui la trahit :

> Ah! c'est que l'élégance est de la poésie.

Certes, je ne voudrais pas exclure de la poésie l'élégance, mais quand je vois celle-ci mise en première ligne, j'ai toujours peur que la façon, le *fashion*, ne prime la nature, et que l'enveloppe n'emporte le fond.

Ce que je dis là, Mme de Girardin elle-même semble l'avoir senti, et elle l'a exprimé à sa manière bien mieux que moi. Dans ce poëme de *Napoline*, qui marque sa seconde époque (1834), elle suppose une jeune fille, une amie intime, qui se croit fille du grand homme du siècle, Napoléon, et qui l'est grâce à une faute de sa mère, et c'est bien pourquoi on l'appelle Napoline. Cette jeune fille que Mme de Girardin décrit avec une complaisance de sœur,

> Ayant un peu d'orgueil peut-être pour défaut,
> Mais *femme de génie*, et *femme comme il faut*,

a tous les enthousiasmes d'abord, tous les cultes et les amours d'un cœur de jeune fille, et il est permis de supposer que le poëte lui en a prêté quelques-uns des siens. Le cadre idéal est toujours la fête mondaine, l'éclat, la parure, la féerie du bal éblouissant, du bal de l'ambassade, et au milieu de tout cela le guerrier beau, jeune, pâle, blessé, intéressant, un Alfred quelconque. Mais, à la manière dont Mme de Girardin décrit les alentours, les personnages secondaires, et l'oncle fat, et la duchesse coquette, et l'héritière parée, il est évident qu'elle a déjà passé au portrait, à l'observation fine et satirique. Le vicomte de Launay est majeur en elle; elle traite le monde comme un champ de bataille où elle sent qu'elle a désormais le pied ferme et qu'elle sait frapper. Que de jolis vers et de spirituelles malices! Tandis que le poëte désabusé observe ainsi et raille, Napoline aime encore et croit : voilà le piquant de ce petit poëme, qui n'a pas été, ce me semble, assez compris ni goûté. Napoline, c'est la jeune fille aimante, croyante, enthousiaste, qui va essuyer ses premiers échecs et recevoir ses premières blessures dont elle mourra. Napoline aime, elle se croit aimée, et, à un mot qu'elle surprend, elle s'aperçoit qu'on la trompe, qu'elle a une rivale, et qu'on lui est infidèle :

> La vierge la plus pure a cet instinct sauvage
> Qui lui fait deviner une infidélité.
> Tout l'enfer s'allume dans son cœur agité...

Napoline pourtant est femme, et elle se contient dans le premier moment :

> . . . . Elle cause, elle rit;
> Comme une femme heureuse, elle fait de l'esprit;
> Elle jette des mots piquants; chacun l'écoute;
> Elle est un peu moqueuse et méchante, sans doute;
> *Son esprit excité venge son cœur souffrant :*
> *Le mal que l'un reçoit, c'est l'autre qui le rend.*

Tout cela est à merveille, bien senti, bien frappé. Je ne suivrai pas plus loin l'idée. Dans un dernier chapitre qui termine le poëme, Mme de Girardin dégage cette idée à nu et donne elle-même la clef à qui ne l'aurait pas saisie. Cette Napoline qui se tue et s'asphyxie de désespoir, c'est le génie éteint, énervé par le monde; c'est l'amour et la foi qui expirent dans un cœur. Dans une lettre finale en prose qui est censée le testament ou la confession de

Napoline, mais où chaque ligne atteste le prosateur et l'observateur le plus exercé, l'auteur est le premier à dénoncer cette *lèpre d'égoïsme* et de vanité qui envahit si vite dans le monde un talent et une âme :

Les ennuyeux, dit Mme de Girardin (elle qui a si peur des ennuyeux), endorment le génie et ne le dénaturent point; mais le monde!... le monde!... il nous rend comme lui-même; il nous poursuit sans cesse de son ironie, il nous atteint au cœur; son incrédulité nous enveloppe, sa frivolité nous dessèche; il jette son regard froid sur notre enthousiasme, et il l'éteint : il pompe nos illusions une à une, et il les disperse; il nous dépouille, et quand il nous voit misérables comme lui, faits à son image, désenchantés, flétris, sans cœur, sans vertus, sans croyance, sans passions, et glacés comme lui, alors il nous lance parmi ses élus, et nous dit avec orgueil : Vous êtes des nôtres, allez ! »

Certes, on ne saurait plus dire ni mieux; et quand j'ai entendu, à travers ce masque léger de Napoline, comme le dernier cri et la dernière protestation du poëte, j'ai cru sentir alors qu'il y en avait un bien réellement dans cette première forme de Delphine.

Toute la lettre dont je parle est d'un style bien net, bien franc, bien *adapté*; l'expression déjà prend et serre exactement la pensée : c'est une des grâces du vicomte de Launay. Cette lettre est peut-être ce que Mme de Girardin a écrit de plus sérieux comme moraliste; car, plus tard, dans ses feuilletons sur le monde parisien, elle s'en tiendra volontiers aux surfaces et à l'épiderme social; elle se jouera, elle se plaira à ne voir et à ne décrire la nature humaine que depuis le *Boulevard* jusqu'au *Bois*. Le fond chez elle se dérobe; elle glisse; mais ici elle enfonce, elle souffre, elle crie. C'est quelque chose pour un cœur que d'avoir une fois crié.

J'aperçois déjà dans cette lettre ce genre de plaisanterie pittoresque qui est familier à Mme de Girardin. Napoline déclare qu'elle ne veut pas de tous ces petits bon-

Leurs secondaires, qu'elle pourrait grouper ensemble pour se composer un bonheur total et compenser celui qu'elle a perdu. Je pensai un moment, dit-elle, « que je pourrais arriver à un bonheur négatif qui ne serait pas sans douceur. Je me composais une sorte de *paradis de neige* assez agréable... » Un *paradis de neige*, ce sont de ces mots qui indiquent de l'imagination dans l'esprit, et comme il en échappe si souvent à Mme de Girardin en causant; sa conversation en est toute semée. Quand elle ne veut avoir que beaucoup d'esprit (et elle n'a pas même à vouloir pour cela), elle paraît avoir assez d'imagination dans l'expression.

Ces cris du premier poëte expirant, que Napoline nous rend à l'état d'emblème et de demi-ironie, on les trouverait encore avec un peu de sagacité, et sous forme directe, dans les pièces de vers intitulées *Découragement*, *Désenchantement*, *Désespoir*, dans les Vers à Mme la marquise de La B... Ces élégies mises à la suite et isolées de ce qui les entoure, donneraient une espèce de fil d'Ariane, s'il en était besoin dans un labyrinthe qui n'en est pas un; ici le fil d'Ariane est peu nécessaire, et il est assez vite brisé.

Je voudrais pourtant, puisque je parle de poésie et que j'ai paru mettre la poésie toute vraie, toute sincère, en opposition avec celle qui ne l'est pas ou qui ne l'est qu'à demi, je voudrais donner de la première un exemple qui fasse bien sentir ce que j'entends. Et cet exemple, pour éviter tout parallèle voisin et désobligeant, je le prendrai chez un poëte-femme d'une autre nation. Mistriss Félicia Hemans, poëte anglais d'une grande distinction, d'une moralité profonde, d'une sensibilité naturelle, toujours revêtue d'imagination et voilée de modestie, a voulu exprimer aussi ce moment amer et cruel, deux fois amer pour un poëte et pour une femme, où le cœur déplore la fleur première d'espérance et d'illusion qui s'est à jamais flétrie. Elle l'a fait dans une pièce dont voici la traduction littérale, et qui est intitulée

LES CHOSES QUI CHANGENT.

« Sais-tu que les mers s'étendent et passent là où ont été autrefois les cités? Quand la vague est calme et dormante, on peut encore voir les tours qu'elle recouvre. Au fond, tout au fond, sous la marée transparente, la demeure de l'homme s'aperçoit encore là où la voix de l'homme a expiré.

« Sais-tu que les troupeaux sont paissants au-dessus de ces tombes antiques, que les rois eux-mêmes, à la tête de leurs armées, s'arrêtaient à contempler? Un mol et court gazon est tout ce qui marque désormais la place où les héros ont versé leur sang.

« Sais-tu que le seul témoin des temples autrefois renommés n'est plus qu'une colonne brisée, que l'herbe et la giroflée couronnent? et que le serpent solitaire élève ses petits là où chanta la lyre triomphante?

« Oui, oui, je sais trop bien l'histoire des âges écoulés et les lamentables débris que la gloire a abandonnés à la lente destruction. Mais tu as encore une autre histoire à apprendre, et bien plus remplie d'enseignements tristes et sévères.

« Ton œil méditatif ne fait que se promener sur les temples et les palais en ruines. Hélas! l'*âme*, dans sa profondeur, a des changements bien plus amers que ceux-là. Ne viens point, quand tu les as en foule devant toi, ne viens point parler de ce silence de mort qui a succédé à des chants.

« Vois le mépris, là où a péri l'amour; la méfiance, là où croissait l'amitié; l'orgueil, là où autrefois une nature aimante nourrissait tous les sentiments de vérité et de tendresse! Vois les ombres de l'oubli répandues sur la trace de chaque idole qui s'en est allée.

« Ne pleure point pour des tombes dispersées, ni pour des temples renversés à terre. Plus renversés encore sont dans ton propre cœur les autels qu'il s'était dressés. Va, sonde ses profondeurs avec doute et crainte. Ne place plus tes trésors *ici-bas!* »

Respirons le sentiment discret et profond qui fait l'âme de cette admirable plainte, recueillons la moralité qui en sort, et passons.

Cléopâtre me représente la troisième forme poétique de Mme de Girardin. Jouée pour la première fois au Théâtre.

Français, le 13 novembre 1847, cette tragédie eut quelques soirs de succès. J'étais à cette première représentation, et j'en jouis encore, ainsi que de toute cette salle brillante, de cette foule d'élite, de cette jeunesse élégante et empressée à un triomphe que personne n'avait le mauvais goût de contester. L'actrice était belle et dans son rôle; il y avait des scènes à effet, bien théâtrales, des tirades éblouissantes, un vernis tout frais et tout nouveau, quelques mouvements qui accusaient la force et l'impétuosité de la muse, un peu de Sapho, pas mal de Phèdre. Pour un premier jour, n'était-ce pas assez? Hors de la scène et à la lecture, ç'a été différent.

Et d'abord ne cherchez point dans *Cléopâtre* la vérité historique, la Rome ni l'Égypte de ce temps-là. Dès le commencement du second acte où Cléopâtre est en scène, qu'est-ce que ce prêtre avec sa démonstration mythologico-allégorique? Qu'est-ce que ce savant bibliothécaire, à qui la reine parle du *front du penseur*, de l'indépendance et quasi de la royauté littéraire? Voilà une reine d'Égypte bien au fait des grandes phrases de nos gens de Lettres de Paris. Je remarque aussi que, plus loin, elle parle bien en détail de Cicéron et a l'air de le connaître par ses harangues. En toute occasion, elle parle du climat d'Égypte comme n'y étant pas accoutumée, et comme ferait une Parisienne qui a trop chaud. Des voyageurs qui revenaient d'Égypte m'ont assuré qu'elle confondait d'ailleurs les climats, celui d'Alexandrie avec celui de Thèbes, qui est à cent cinquante lieues au delà: ce sont des bagatelles. Quant aux grands intérêts du monde alors en conflit, ils ne se trouvent nulle part représentés. Si l'on ne savait un peu l'histoire par avance, on ne comprendrait pas. Ce caractère d'Antoine est faible, disparate, et n'est pas suffisamment posé ni expliqué. Le Nil, le climat d'Égypte, le soleil d'Afrique, deviennent successivement des thèmes à des tirades plus ou moins magnifiques : mais cette vérité qui sort, qui par endroits éclate d'une époque bien comprise ou de la nature humaine vue dans tous les temps, ne la demandez pas.

Faut-il presser la contexture de la pièce? Dès le début, à quoi sert cet esclave admis aux faveurs de la reine, et qui devait mourir, et qu'on sauve pour en faire un témoin contre elle? Mais quand on est amoureux, quand on l'est surtout comme Antoine l'est de Cléopâtre, de telles découvertes d'infidélité ne détachent pas, elles irritent; elles font plutôt qu'on veut rester, qu'on veut punir. « On bat sa maîtresse, me disait mon voisin qui paraissait s'y connaître, on la surveille, et on l'aime plus fort. » Et puis toute cette machine, tout ce premier nœud n'aboutit à rien. Mais on a eu au début des scènes vives et risquées, des scènes où la passion de l'esclave heureux est hardiment produite. Je ne sais pourquoi j'appelle cela des scènes *risquées;* autrefois elles eussent en effet compromis la pièce; aujourd'hui elles l'assurent. Ce sont des scènes d'entrain et qui promettent.

Elles promettent même plus que la suite ne tient. Un homme d'esprit remarquait que, dans cette pièce, « Cléopâtre commence comme Messaline et finit comme Artémise. »

Je ne vais pas suivre la pièce dans la composition ni dans les caractères. Le style en est assurément le côté le plus remarquable, le seul même vraiment remarquable : non pas que la trame m'en paraisse de qualité solide, subsistante et sincèrement louable; mais il est éclatant, souvent ferme et toujours habile. Le grand moment est celui du troisième acte, lorsque Cléopâtre, saisie d'un sentiment de jalousie et de remords à la vue de ce qu'elle croit le bonheur de la chaste Octavie, s'en prend à cette nature de feu qui l'a égarée, et lance son apostrophe au soleil d'Afrique, sa longue invective en l'honneur de la vertu. C'est l'air de *bravoure,* et qui est un motif à déployer quelques beaux accents. L'auteur, dans l'ensemble du style, a changé, ou du moins modifié sa manière. Au lieu de l'ancien vers classique tout noble et tout pur, on a du comique parfois, des mots hardis ou même vulgaires, et mis à dessein. Évidemment le premier genre Soumet est détrône ; on sent que Théophile Gautier est venu, et que, tout à côté de l'auteur, il s'est beaucoup moqué de l'ancienne tragédie. Et pourtant, au fond, malgré ces déguisements, malgré ces greffes étrangères, je crois reconnaître encore beaucoup du même style d'autrefois, le vers sonore, spécieux, tout extérieur, se permettant parfois l'enflure et parfois la manière. Je n'y trouve pas plus de ce naturel véritable qui, né de la pensée ou du sentiment, et jaillissant de la passion même, pénètre dans tout le langage et y circule comme la vie.

On a remarqué qu'il y a de curieux développements et des jeux d'esprit à la Sénèque : par exemple, l'endroit du quatrième acte où Antoine désespéré s'attache à se démontrer à lui-même qu'il a donné raison après coup à toutes les philippiques de Cicéron, et qu'il s'est conduit de telle sorte que les invectives de ce grand ennemi sembleront désormais les propos d'un *flatteur* :

Flatteur!... j'ai dépassé les rêves de ta haine!...

Tout ce développement est à la Sénèque, et si on le juge de mauvais goût, c'est du moins d'un mauvais goût très-distingué. Bien peu de personnes seraient capables d'en faire autant.

Après cela, est-ce une tragédie que *Cléopâtre?* L'auteur est-il parvenu à donner un démenti à certain mot bien impertinent de Diderot sur les femmes et sur ce qu'elles auront toujours d'incomplet? Je ne le crois pas. Malgré le talent viril de détail et de versification, *Cléopâtre* n'est pas encore ce qu'on peut appeler *mascula proles*. Ce n'est pas conçu d'un jet; je puis admirer le métier, mais je ne vois pas l'œuvre.

Dans la comédie, c'est différent; il y a tel genre de comédie où Mme de Girardin pourrait très-bien réussir. On dit qu'elle nous en prépare une nouvelle. Elle sait le monde à fond, elle a le sentiment et l'observation de tous les travers de la société; elle a l'art des portraits; elle a le vers satirique, piquant et gai; elle peut et elle ose tout dire : ce n'est pas assez encore, mais c'est beaucoup. Attendons.

Moraliste de salon et journaliste, Mme de Girardin a créé un genre qui est à elle et où elle a excellé du premier jour. Il y eut un moment voisin de *Napoline*, où elle s'aperçut que ce siècle de fer ne s'accommodait pas de l'élégie, surtout quand celle-ci est trop prolongée. Et l'Élégiaque antique ne l'avait-il pas remarqué déjà de son temps :

Ferrea non Venerem, sed prædam sæcula laudant.

Le vicomte de Launay sentit cela, et le dit tout bas à sa sœur Delphine, afin de la remplacer : « Eh quoi! le sentiment, le roman, la nature; ô ma sœur, en seriez-vous là encore? Il y a longtemps que j'ai traversé ces misères. » Elle entendit et comprit le génie du temps; elle se figura que le beau Dunois lui-même, de nos jours, n'irait plus en Syrie, mais qu'il fonderait un journal. Elle se dit que la force, le péril, l'influence, étaient là. On n'est pas moins adoré, et l'on est plus craint. Elle prit la plume dans son *Courrier de Paris*, et fit la chronique, la police des salons. Le vicomte de Launay est, à mes yeux, comme un beau chevalier de

Malte qui combat les corsaires tout en l'étant un peu. Et qui donc ne l'est pas un peu aujourd'hui?

Notez bien, je vous prie, les deux points extrêmes de la carrière. Partie des salons de la haute aristocratie sous la Restauration, de ces salons exclusifs où elle gardera toujours un pied et où elle aura ses entrées franches, Mme de Girardin se trouve, à un moment, jetée dans le monde tout artiste, tout littéraire et, à sa manière, artificiel aussi, du journalisme. Elle veut allier les deux mondes, les deux tourbillons, les deux *genres;* elle y réussit, mais elle supprime et ne compte pour rien bien des choses vraies, générales et naturelles à ce temps-ci, qui sont dans l'entre-deux. C'est ainsi qu'avec tant de qualités de l'observateur, elle s'est toujours circonscrit, comme à plaisir, ses horizons.

Si on laisse de côté certains traits lancés à satiété et sans bonne grâce contre les gens qu'elle a pris en déplaisance (contre une certaine dame des *sept petites chaises*, par exemple, qui revenait sans cesse comme souffre-douleur et comme victime), le feuilleton créé par Mme de Girardin, en 1836, sous le titre de *Courrier de Paris*, était piquant, léger, gai, paradoxal et pas toujours faux. En général, il ne faut pas appuyer en la lisant. La société parisienne est observée à fleur de peau; elle est saisie dans son travers, dans son caprice d'une saison, d'un seul jour, d'une seule classe qui se dit élégante par excellence. Une course de chevaux, une chasse, une mode nouvelle, une chose frivole prise au sérieux, une sérieuse prise au frivole, ce sont là ses sujets, ses triomphes ordinaires et faciles. Elle arrive, elle entre dans son sujet comme dans un salon, ayant d'avance ses partis-pris d'être gaie, aimable, éblouissante, au rebours du lieu-commun (je n'ai pas dit du sens commun), et elle tient sa gageure. Des mots heureux, imprévus, tout à fait drôles, font oublier l'absence du fond; elle a du facétieux. On rit, on est déconcerté, on oublie un moment, par les finesses et les saillies de détail, ce qui souvent est une complète moquerie ou mystification de la nature humaine. Le blanc et le noir, le vrai et le faux, elle vous retourne tout cela, et ce serait du vrai pédantisme, auprès d'elle, que de s'en préoccuper. L'auteur écrit ces petits feuilletons si légers, d'un style des plus nets, et les compose avec un art parfait; l'imagination aussi s'en mêle. Quelle plus folle idée, par exemple, quelle invention plus plaisante, que, dans la description d'une chasse à Chantilly, de supposer que le pauvre cerf a eu le bon goût, dans sa fuite, de parcourir les vallons les plus pittoresques, les sites les plus célèbres : « Il a traversé tout le parc d'Ermenonville, dit-elle; il a salué en passant, *rapidement, il est vrai*, la tombe de Jean-Jacques, ce mortel qui, comme lui, se croyait toujours poursuivi... Après six heures de course, la victime ingénieuse (*voyez-vous la curiosité de l'expression?*) est allée tomber dans le bel étang de Mortfontaine; elle a choisi le site le plus poétique pour y mourir. Si nous croyions à la métempsycose, nous dirions que l'âme de quelque peintre de paysage, malheureux en amour, avait passé dans le corps de ce noble cerf, tant il s'est montré artiste dans toutes ses promenades et jusque dans sa chute... » Tout cela est poussé un peu loin, un peu marivaudé peut-être; le conteur s'amuse et abuse : il tient à son joli dire, et, une fois mis en train, il ne le lâche pas. Pourtant c'est gai, surtout si c'est dit plutôt qu'écrit, si c'est lu une première fois plutôt que relu. A certains jours, le moraliste en Mme de Girardin rencontre plus vrai, et il ne tiendrait qu'à lui d'être profond. Je ne sais pas, dans ce genre semi-sérieux, de plus agréable feuilleton que celui du 29 mars 1840. Mlle Rachel avait paru à la Chambre des Députés, puis à un bal de ministre, et elle avait été accueillie avec toutes sortes d'égards. Mme de Girardin se demande : « Ces grands égards que témoigne pour Mlle Rachel le monde parisien, sont-ils accordés à son talent?... à son caractère?... » Et elle finit par répondre qu'on les accorde surtout à son *rang*. Vous vous étonnez! C'est qu'il y a deux sortes de rangs, le rang *social*, et le rang *natif* ou *naturel :* « Non-seulement, dit-elle, la nature nous désigne un rang, mais ce rang est une vocation. Il y a de très-grandes dames qui sont nées *actrices*, et qui cependant n'ont jamais joué la comédie. » Et elle développe cette idée dans toutes ses variétés et ses bizarreries de contrastes que vous voyez d'ici. Il y a de très-grandes dames qui sont nées *portières*, il y en a d'autres qui sont nées *gendarmes*, *colonels*, que sais-je? Elle continue de s'amuser, et pas si à faux, ce me semble. Et les hommes, il y en a qui sont nés *troubadours*, d'autres *chevaliers*, d'autres *bouffons*, quelques-uns *grands seigneurs*. Quand la condition sociale et le rang naturel se rencontrent, tout est bien, on a l'harmonie. « Il y a, dit-elle encore, des hommes nés *moines*, qui sont chauves à vingt-cinq ans, qui passent leurs jours à compulser de vieux livres, et qui transforment en cellule tout appartement de garçon. » Ce feuilleton m'est toujours resté depuis, dans la mémoire, comme un petit chef-d'œuvre dans l'espèce. Il devrait porter pour épigraphe ces vers de *Bérénice :*

> En quelque obscurité que le sort l'eût fait naître,
> Le monde, en le voyant, eût reconnu son maître.

Dans les romans de Mme de Girardin, on retrouverait le même genre d'esprit que dans ses feuilletons, des portraits et des scènes de société, des observations fines, force paradoxes, quelque charge, peu d'émotion, peu d'action, une grande science du monde à la mode, l'art et jusqu'au métier de l'élégance. De tous ses romans, celui (s'il m'en souvient) qui m'a paru offrir les qualités de l'auteur avec le plus d'avantage, est *le Lorgnon.*

Il est temps de le dire, Mme de Girardin comme femme, et là où elle se montre de sa personne, paraît bien supérieure, jusqu'ici, à ce qu'elle a été comme auteur. De l'esprit proprement dit, on n'en a pas plus qu'elle. Dans une soirée, à un dîner, dans un cercle, on n'est pas plus vif, plus amusant, plus inépuisable en mots piquants et en étincelles. De l'aplomb, de l'aisance, de la dextérité, de l'attaque et de la repartie, on n'en saurait charitablement désirer davantage. Si elle semble apporter, au début de la conversation, quelques plaisanteries préméditées et qui font comme partie de sa mise du jour, elle en a d'autres qui lui sortent à l'improviste à chaque instant, et ce ne sont pas les moins bonnes. Elle s'amuse elle-même, on le sent, de ce qu'elle dit et de ce qu'elle entend, pour peu que ce qu'elle entend soit spirituel. Elle joue franc jeu, et son esprit y va de bon cœur. Je ne sais si elle a des ennemis, ou du moins des ennemis qu'elle déteste, mais je crois qu'à un dîner qu'on lui ferait faire avec eux, s'ils l'écoutaient avec plaisir, et s'ils ne lui répliquaient pas trop sottement, elle cesserait de leur en vouloir. Ses bonnes qualités se retrouvent là en nature, à leur source, et quand on la voit, on comprend encore cet éloge que lui accordent unanimement ceux qui l'ont beaucoup vue sous sa première forme de Delphine, « que, connaissant comme elle faisait ses avantages naturels, elle n'en usait ni pour tourmenter les hommes, ni pour accabler les femmes. » Plume en main, elle n'est pas toujours ainsi.

Pour ceux qui, comme nous, ont la manie de chercher

encore autre chose et mieux que ce qu'on leur offre, il reste à regretter que l'esprit, chez Mme de Girardin, si brillant qu'il soit, ait pris dès longtemps une prédominance si absolue sur toutes les autres parties dont se compose l'âme du talent, et qu'elle se soit perfectionnée comme écrivain dans un sens qui n'est pas précisément celui du sérieux et du vrai. Telle qu'elle est, il manquerait quelque chose d'essentiel à la société, à la poésie et au journalisme de ce temps-ci, et les trois ensemble n'auraient pas donné leur dernier mot, s'ils ne s'étaient entendus pour produire ce composé singulier, étrange, élégant, qui, dans sa forme habile et précise, se jouant du fond, associe à son gré avec malice, avec gaieté, naturel et même un reste de naïveté, la femme d'esprit, le cavalier à la mode, l'écrivain consommé, et l'amazone parfois encore et la muse.

Mme Émile de Girardin est morte le 29 juin 1855. Sa perte a été vivement sentie. *La Joie fait peur*, jolie comédie, représentée au Théâtre-Français, et où, d'un bout à l'autre, le rire étincelle à travers les larmes, a été son dernier adieu au public. Cette femme avait bien de l'esprit. C'est ce qu'on se prend à dire plus que jamais depuis qu'on l'a perdue.

Lundi 24 février 1851.

HISTOIRE
DU
CHANCELIER DAGUESSEAU,
PAR M. BOULLÉE.
(1848.)

Cette Histoire qui est à la seconde édition, et dont l'auteur, M. Boullée, avait autrefois débuté avec distinction dans le ministère public, est digne de son sujet et représente avec fidélité la noble et belle figure de Daguesseau. Rien n'y est négligé de ce qu'une telle vie renferme d'instructif du côté de la magistrature et de la justice. Les faiblesses dont l'illustre chancelier donna plus d'une fois l'exemple quand il fut entré dans la carrière politique, n'y sont pas dissimulées. Cette timidité et cette vacillation en politique n'est point rare chez de grands magistrats, qui ne retrouvent toute leur force et leur autorité que sur leur siége et sous les garanties extérieures qui laissent à leur jugement toute sa balance Mais les faiblesses mêmes d'un Daguesseau observent des principes et ont leurs limites; elles naissent d'un fonds de scrupules, et elles méritent encore les respects. Voyons donc à profiter, dans notre étude, de l'estimable travail de M. Boullée; voyons s'il n'y a pas à ajouter, à retrancher peut-être quelque chose à ce qu'il dit du Daguesseau littéraire, et à faire entrer aussi dans l'idée générale de l'homme quelques traits essentiels que le biographe a jugés incompatibles avec l'ensemble du caractère, et qui, selon moi, ne le sont pas. On ne peut que gagner et s'honorer en s'approchant, même en toute liberté d'examen et de critique, d'un personnage tel que Daguesseau.

Daguesseau naquit en 1668 à Limoges, où son père était alors intendant, un père vénérable dont il nous a retracé la vie; et il reçut de lui une éducation domestique forte et tendre, qui rencontra le naturel le plus docile et le plus heureux. Dès son enfance, le jeune Daguesseau apprit toute chose, il continua d'apprendre toute sa vie, et l'on serait assez embarrassé de dire quelle science, quelle langue et quelle littérature il ne savait pas. Une mère demandait un jour à Fontenelle de lui indiquer un précepteur pour son fils, mais elle exigeait que ce précepteur fût savant, érudit en toute matière, antiquaire, physicien, métaphysicien, enfin qu'il sût tout, et quelque chose encore au delà. Après y avoir un peu rêvé, Fontenelle répondit: « Madame, plus j'y songe, et plus il me semble qu'il n'y a que M. le Chancelier Daguesseau qui soit capable d'être le précepteur de Monsieur votre fils. » Tel Daguesseau parut de bonne heure et presque dès la jeunesse. En même temps, la netteté et la justesse des méthodes introduisait avec facilité et disposait avec ordre tout ce savoir dans ce jeune, dans ce bel et à la fois solide esprit. Son père, le plus pacifique, le plus prudent et le moins novateur des hommes, était pourtant attaché, par des affinités de vertu et de mœurs comme de pensée, à cette école qu'on désignait alors sous le nom de Port-Royal, et son fils en devint sous ses yeux comme un élève extérieur et libre, et tout littéraire, au moins par les méthodes qu'on lui fit suivre, et par l'esprit général qui présida à son éducation. Tout se faisait autant que possible de vive voix, de manière que l'attention de l'enfant fût tenue constamment en haleine. Aucun moment n'était perdu, et les voyages mêmes de l'intendant procuraient des occasions variées d'exercices et de conférences : M. Daguesseau emmenait ses enfants avec lui, et son carrosse devenait une espèce de *classe*, où l'étude exacte et régulière s'entremêlait doucement avec l'entretien. « Après la prière des voyageurs, par laquelle ma mère, raconte Daguesseau, commençait toujours la marche, nous expliquions les auteurs grecs et latins, qui étaient l'objet actuel de notre étude...» Grec, latin, et plus tard hébreu, anglais, italien, espagnol, portugais, mathématiques, physique, et surtout belles-lettres (sans parler de la jurisprudence qui était son domaine propre), le jeune Daguesseau apprenait tout, et, doué de la plus vaste mémoire, il retenait tout : «... L'admirable avocat-général Daguesseau qui sait toutes mes chansons, et qui les retient comme s'il n'avait autre chose à faire, » écrivait de lui à Mme de Sévigné M. de Coulanges. On raconte qu'un jour Boileau lui ayant récité quelque épître ou satire qu'il venait de composer, Daguesseau lui dit tranquillement qu'il la connaissait déjà, et, pour preuve, il se mit à la lui réciter tout entière. Boileau, étonné, se fâcha presque ; puis, quand il vit que ce n'était qu'un prodige de mémoire, il admira. Faut-il maintenant s'étonner qu'au milieu d'une si perpétuelle discipline et sous une couche ainsi accumulée de connaissances les plus diverses, la nature ait été, sinon opprimée, du moins recouverte, et que l'originalité chez Daguesseau ne se fasse jamais jour sous l'extrême culture ?

Je le dirai tout d'abord, il n'y a d'original et de tout à fait particulier en lui comme écrivain, que ce que les anciens appelaient les *mœurs*, ce je ne sais quoi non-seulement de doux et de paisible (*mite ac placidum*), mais de prévenant et d'humain (*blandum et humanum*), de discrètement aimable et de lentement persuasif qui monte et s'exhale d'une âme pure, et qui, pénétrant l'ensemble du discours, gagne insensiblement jusqu'aux autres âmes.

Daguesseau nous offre avec plus de distinction et d'élégance ce qu'a Rollin, un style d'honnête homme, d'homme de bien, et qui, si on ne se laisse pas rebuter par quelque lieu-commun apparent, par quelque lenteur de pensée et de phrase, vous paie à la longue de votre patience par un certain effet moral auquel on n'était pas accoutumé. On y voit paraître et reluire, après quelques pages de lecture continue, l'image de la vie privée, des vertus domestiques, de la piété et de la pudeur de l'écrivain, ce qu'une de ses petites-filles a si excellemment appelé ses *charmes intérieurs*. Tel est, aux bons endroits, le mérite littéraire et moral de Daguesseau.

Jeune, il eut une passion, il n'en eut qu'une, les belles-lettres. Il faut voir, dans les *Instructions* qu'à son tour il adressa plus tard à son fils, avec quelle affection et quelle tendresse il aborde ce chapitre intéressant. Il ne le place qu'après l'étude de l'histoire, après celle de la jurisprudence et de la religion; il lui a fallu quelque courage, on le sent, pour ajourner le moment de parler de cette étude pour lui la plus attrayante et la plus chère :

« Il me semble, dit-il, qu'en passant à cette matière je me sens touché du même sentiment qu'un voyageur qui, après s'être rassasié pendant longtemps de la vue de divers pays, où souvent même il a trouvé de plus belles choses, et plus dignes de sa curiosité, que dans le lieu de sa naissance, goûte néanmoins un secret plaisir en arrivant dans sa patrie, et s'estime heureux de pouvoir respirer enfin son air natal. On aime à revoir les lieux qu'on a habités dans son enfance... Je crois rajeunir en quelque manière; je crois voir renaître ces jours précieux, ces jours irréparables de la jeunesse... »

On est assez embarrassé d'avoir à citer avec Daguesseau, car rien en particulier n'est original, ni bien vif, ni bien neuf, et il convient d'attendre et de prolonger la lecture jusqu'à ce que l'*affection* dont j'ai parlé opère; mais alors l'agrément se fait sentir, un agrément honnête et sûr, et salubre. Que vous dirai-je? là où la rhétorique ne paraît pas trop, il y a de l'onction en lui, et l'impression qu'on reçoit est comme douce au toucher de l'esprit.

Un mot charmant qui exprime bien cette passion de Daguesseau pour les Lettres, c'est ce qu'il dit un jour au savant Boivin avec qui il lisait je ne sais quel poëme grec : « Hâtons-nous, s'écria-t-il; si nous allions mourir avant d'avoir achevé! » Ce trait m'en rappelle un autre d'un homme qui a laissé un vif souvenir chez ceux qui l'ont connu, l'abbé Mablini, le plus exquis et le plus attique des maîtres que notre École normale ait jamais eus. La Vénus de Milo venait d'arriver de Grèce; elle était au Louvre, et M. Mablini sortait un matin de la Sorbonne pour l'aller voir. Mais, tout à coup, cet homme épris de l'antique beauté se mit à courir en descendant la rue de la Harpe, pour arriver plus vite, et aussi de peur que quelque accident imprévu ne vînt, dans l'intervalle du trajet, lui dérober le chef-d'œuvre. Il se disait comme Daguesseau : *Si nous allions mourir avant de l'avoir vu!* Voilà la passion, elle donne des ailes. Daguesseau n'eut jamais des ailes et de la passion véritable qu'en cette matière des belles-lettres.

Il vit beaucoup dans sa jeunesse Racine et Despréaux;

il mérita une place honorable dans les vers de ce dernier; il donnait quelquefois au poëte vieillissant, qui lui lisait ses vers, des conseils de prosateur un peu timide et auxquels Despréaux ne se rendait pas. Daguesseau porta dès l'abord ses scrupules de timidité dans le goût comme dans tout le reste. Venu sur la fin de Louis XIV, il essuya en plein la chaleur et les rayons du beau siècle à son couchant. Son talent, comme un fruit d'extrême automne, naquit tout mûr en quelque sorte, et n'eut à aucun moment cette verdeur première qui, en se corrigeant, relève plus tard la saveur et le parfum.

Porté par son mérite, et par l'autorité que lui conférait la vertu paternelle, à la charge d'avocat-général à vingt-deux ans, il fit, disent ses biographes, une révolution dans le Palais par le caractère nouveau de son éloquence. Parlons avec franchise : tous ces éloges qu'on accorde à l'éloquence judiciaire de Daguesseau nous semblent aujourd'hui fort exagérés. On est étonné quand on lit ses *Plaidoyers*, ses *Mercuriales*, d'apprendre que cela fit quelque part une *révolution complète.* Pour se rendre compte de cet effet, et même en le réduisant à sa valeur, il convient de se rappeler que le Parlement, à cette date comme toujours, était un peu en retard sur le reste du siècle; aussi, en y apparaissant avec sa bonne mine, sa gravité tempérée d'affabilité et décorée de politesse, sa diction facile, nombreuse et légèrement fleurie, son élégance un peu concertée, l'élève adouci et orné de Despréaux fit une sorte de révolution relative; il eut le mérite d'introduire et de naturaliser au Parquet ce qui régnait déjà partout ailleurs; et lui, le moins novateur des jeunes gens, il entra si à propos dans la carrière, que son premier pas fit époque.

Aujourd'hui, quand on relit chez son dernier biographe les morceaux qui sont donnés pour les plus éloquents, quand on relit dans les Œuvres mêmes de l'auteur ces *Mercuriales* tant vantées, on ne peut y rien voir que l'exercice d'un talent distingué sachant se servir habilement d'une rhétorique heureuse. Il n'est question que de *sénateurs*, de *familles patriciennes*, de *pourpre*, d'*images des ancêtres ;* la superstition romaine est complète ; c'est du latin de Cicéron ou de Tite-Live, réduit et assorti aux mœurs et aux prétentions parlementaires. En se servant de tous ces grands mots, la gravité magistrale du jeune homme ne se permet pas un sourire, c'est tout simple ; mais elle ne paraît pas non plus soupçonner le sourire qui pourrait bien naître au dehors. En général, il y a une foule de choses déjà imminentes ou existantes, desquelles Daguesseau ne paraît pas se douter dans son honorable candeur. Et, par exemple, je ne trouve nulle part Voltaire nommé dans ses Œuvres, et je ne vois pas non plus qu'il ait nommé une seule fois Molière. Molière et Voltaire semblent avoir été pour lui comme non avenus et comme inconnus, avec tout ce que ces deux noms représentent.

Avocat-général à vingt-deux ans, je l'ai dit, et procureur-général à trente-deux, Daguesseau eut à se prononcer dans les affaires ecclésiastiques qui n'occupèrent que trop cette fin du règne de Louis XIV. Dans un très-beau Mémoire de lui, où il y a des portraits historiques très-bien touchés, il nous a exposé sa conduite et ses vues. Dès l'origine, on le voit attentif à ne donner dans aucun extrême ; il s'oppose aux excès du Jansénisme, mais il ne s'opposait pas moins énergiquement alors à ce qu'il croyait dangereux du côté de la puissance ultramontaine. Daguesseau eut même, en 1715, un moment presque héroïque, et qui, plus tard, lorsqu'il se fut attiédi et qu'il eut faibli, lui fut souvent rappelé comme un reproche de sa conduite présente.

Il s'agissait de la fameuse bulle *Unigenitus*, que le roi voulait faire enregistrer au Parlement et accepter sans restriction par tout le royaume. Le chancelier Voysin (à la fois secrétaire d'État de la guerre) avait rédigé, à cet effet, une déclaration précise et rude, qu'il prétendait imposer au Parlement : mais Daguesseau, procureur-général, et *qui avait alors*, dit Voltaire, *ce courage d'esprit que donne la jeunesse* (1), refusa absolument de s'en charger. On disait tout haut de lui à la Cour : « M. le procureur-général est un *séditieux*. » Mandé un jour à Marly avec les autres membres du Parquet, il crut que l'orage allait enfin éclater sur sa tête, et qu'il pourrait bien aller coucher le soir à la Bastille. Sa femme (née d'Ormesson), digne de lui, fit ce jour-là comme une Romaine, et, embrassant son mari au départ, elle l'exhorta à oublier qu'il avait femme et enfants, et à ne songer qu'à son honneur et à sa conscience. L'état de Louis XIV au lit de mort, et qui n'avait plus que quelques jours à vivre, rendait cet héroïsme un peu moins compromettant.

Devenu Chancelier de France et ministre en 1717, sous la Régence, Daguesseau laissa trop voir alors ce qui lui manquait comme homme politique, et sa vertu, égarée entre Law, Dubois et le Régent, rencontra plus d'un piége qu'elle ne sut point éviter. C'est ici qu'il convient de restituer à Saint-Simon toute la part qui lui est due dans l'étude de ce caractère. L'estimable biographe de Daguesseau, M. Boullée, paraît croire que Saint-Simon, en jugeant l'illustre Chancelier, a cédé à je ne sais quelle antipathie naturelle et instinctive contre les gens de robe ; il conteste l'exactitude et la sagacité du redoutable moraliste qui n'a été ici, comme en

(1) Une jeunesse relative, car il avait quarante-sept ans.

bien des cas, que très-clairvoyant. Pour nous, nous sommes dès longtemps accoutumé à comprendre que Saint-Simon puisse être un témoin passionné et, néanmoins, des plus véridiques, et, si l'on peut dire, des plus authentiques. Il a de la véracité jusque dans la violence, une véracité qui, en quelque sorte, ne dépend point de lui. Ici, d'ailleurs, en ce qui concerne Daguesseau, Saint-Simon n'est point du tout violent; il rend au grand magistrat toutes les sortes d'hommages : « Beaucoup d'esprit, d'application, de pénétration, dit-il, de savoir en tout genre, de gravité et de magistrature, d'équité, de piété et d'innocence de mœurs, firent le fond de son caractère. On peut dire que c'était un bel esprit et un homme incorruptible... Avec cela doux, bon, humain, d'un accès facile et agréable, et, dans le particulier, ayant de la gaieté et de la plaisanterie salée, mais sans jamais blesser personne; extrêmement sobre, poli sans orgueil, et noble sans la moindre avarice, naturellement paresseux, dont il lui était resté de la lenteur. » Cette *paresse* a besoin d'explication quand le mot s'applique à un homme aussi constamment et aussi diversement laborieux que l'était Daguesseau; mais je crois qu'il la faut prendre dans le sens de *lenteur* de tempérament, d'absence de verve et de longueur de phrases, ce qui est incontestable quand on lit Daguesseau ; on sent qu'il a dû passer bien du temps à limer, à polir ce qui paraît encore un peu traînant à la lecture, et qu'aussi il s'est amusé à bien des études d'inclination et de fantaisie qui peuvent ressembler à de la paresse aux yeux des hommes d'action et d'affaires. Après ces premiers éloges, Saint-Simon se demande comment un magistrat orné de tant de vertus et de talents, qui avait été un si admirable avocat-général, un si accompli procureur-général, et qui aurait fait sans doute *un Premier*

Président sublime, s'est trouvé un Chancelier et un ministre faible et insuffisant. Il en donne une première raison : c'est que Daguesseau est parlementaire avec excès, avec superstition, qu'il a été élevé, comme le disait également de lui le cardinal de Fleury, dans la *crainte de Dieu et des Parlements*. Une autre raison très-fine, très-judicieuse, et qui va au fond du caractère, c'est que, dans ce long usage du Parquet, Daguesseau, esprit étendu et lumineux, s'était accoutumé à ramasser, à examiner, à peser et à comparer en tout les raisons des deux parties, « à étaler, dit Saint-Simon, cette espèce de *bilan* devant les juges avec toutes les grâces et les fleurs de l'éloquence, » et de plus, selon la recommandation voulue, « avec tant d'art et d'exactitude, qu'il ne fût rien oublié d'aucune part, et qu'aucun des nombreux auditeurs ne pût augurer de quel avis l'avocat-général serait, avant qu'il eût commencé à conclure. » C'est ce qu'on réputait la perfection du métier. Or, cette sorte de résumé développé et alternatif et de balance continuelle que l'avocat-général faisait en parlant, et qu'aussi le procureur-géneral faisait alors par écrit, avait donné à l'esprit de Daguesseau sa forme définitive ; et comme il s'y joignait chez lui une grande conscience et peu de décision naturelle, il ne pouvait se résoudre en quoi que ce fût à conclure, à saisir en définitive ce glaive de l'esprit qui doit toujours en accompagner l'exacte balance pour trancher à temps ce qui autrement courrait risque de s'éterniser. Saint-Simon cite les exemples les plus curieux de cette indécision d'un si vaste esprit, laquelle se prolongeait jusqu'au dernier moment. Le marquis d'Argenson, dans ses excellents Mémoires, ne dit pas autre chose et le dit avec des détails piquants et nouveaux, à ce point que le Chancelier en était quelquefois réduit, dans son indétermination, à appeler à son aide un de ses enfants pour l'aider à prendre un parti. Le cardinal de Fleury, dans ses Dépêches, n'a pas jugé Daguesseau autrement lorsqu'il a écrit: « M. le Chancelier est certainement très-habile, et a de grandes lumières; mais, à force d'en avoir, il trouve des difficultés à tout. »

Pourquoi un grand magistrat n'est-il pas nécessairement un bon politique? Pourquoi est-il si souvent le contraire? L'exemple éminent de Daguesseau est peut-être le cas le plus singulier et le plus frappant qu'on puisse produire de cette sorte de différence et presque d'incompatibilité entre les deux talents. Mais, pour bien étudier un tel exemple et en tirer toute la leçon qu'il renferme, il faut oser introduire dans l'idée de ce caractère de Daguesseau tous les vrais éléments tels que les donnent les témoins les plus clairvoyants et les plus sagaces.

Moins encore en raison des difficultés qu'on rencontrait dans son genre d'esprit que par l'*incommodité* que causait sa vertu, Daguesseau fut exilé deux fois dans sa terre de Fresnes. Son premier exil dura deux ans et demi (1718-1720), le second ne dura pas moins de cinq ans et demi (1722-1727). C'est dans cette retraite heureuse que, rendu à ses goûts naturels, il nous apparaît avec toutes ses qualités douces, tempérées, ingénieuses, et le plus à son avantage. N'y cherchez point l'homme d'État qui souffre ou qui regrette tout au moins le bien qu'il aurait pu faire. Soumis, résigné et comme délivré, Daguesseau jouit en paix de lui-même, il converse avec sa propre pensée et il en disserte au plus avec quelques amis. S'il lui arrive, dans les commencements, de traiter quelque sujet politique et économique à l'ordre du jour, ce n'est que par acquit de conscience et par manière de passe-temps, et il compare avec une grâce toute chrétienne ce travail inutile à ces *corbeilles* que tressaient les solitaires de la Thébaïde pour occuper leurs loisirs, et qu'ils jetaient souvent au feu à la fin de la semaine, quand ils ne trouvaient pas à en faire usage. Tel il s'offre à nous d'une manière riante dès le début de son exil. La Correspondance qu'il entretint durant ces années, et les ouvrages qu'il composa, nous le peignent bien dans toute la vérité de sa nature morale et littéraire.

Un de ses correspondants les plus ordinaires était M. de Valincour, cet ancien ami de Boileau et de Racine, amateur de toutes sciences et de toutes belles-lettres, esprit délicat, un peu singulier, d'une religion extrême, et qui, par la sévérité dont il était à l'égard de la métaphysique (tout en la possédant très-bien), forçait souvent Daguesseau à en prendre la défense. Là où Daguesseau me paraît supérieur et presque original par la combinaison et la mesure qu'il y apporte, c'est dans les considérations philosophiques dont il ne sépare jamais la morale et la religion. Daguesseau est pour la raison humaine, et il lui fait en tout une juste part. Il est également pour la liberté morale, pour la liberté d'examen, et il aime à l'exercer pour son compte et à s'en donner le plaisir dans un cercle à l'avance tracé. M. de Valincour, en discutant avec Daguesseau, avait beaucoup de la méthode de Pascal, qui méprisait la raison, la poussait à outrance, et qui lui contestait de pouvoir trouver seule le commencement et l'ébauche des hautes vérités. Daguesseau, grand lecteur de Platon et nourri des antiques lectures, pense qu'il n'est pas besoin d'imputer à la philosophie païenne plus d'imperfections qu'elle n'en a eu en effet : « La véritable religion, dit-il, n'a pas besoin de supposer dans ses adversaires ou dans ses émules des défauts qui n'y sont pas. » L'Évangile sera toujours assez hors de comparaison : laissons à la morale purement humaine la part légitime qui lui revient. Pourquoi aller donner la main à Hobbes ou aux Pyrrhoniens, à ces ennemis des premières vérités naturelles? faut-il se servir de la religion pour attaquer des idées *qui en sont au moins le préliminaire?* Car, suivant lui, « la religion n'est autre chose, dans ses préceptes moraux, que la perfection de la raison, » et les coups téméraires qu'on porte à l'une retombent sur l'autre. Daguesseau explique très-ingénieusement comment il se rencontre de ces hommes d'esprit qui haïssent la raison (il les appelle, d'après Platon, *misologues*), comme il s'en trouve d'autres qui sont *misanthropes* et qui haïssent les hommes. Ceux qui haïssent ainsi les hommes sont le plus souvent les mêmes qui les ont d'abord le plus recherchés et aimés, et qui n'ont trouvé dans leur commerce qu'amertume et dégoût. Ainsi pour les sciences : « Un homme d'esprit, dit-il, veut tout lire et tout savoir ; il y goûte pendant longtemps un plaisir infini : mais après avoir bien lu, plus il a de lumières, plus il fait aussi de réflexions qui corrompent, pour ainsi dire, et qui empoisonnent pour lui toute la douceur de la science. » Et cet homme passe à un excès contraire, et il se met, de dépit, à condamner toutes les sciences en général, comme le misanthrope condamne tous les hommes. On ne saurait mieux penser ni plus modérément; c'est spirituel et fin, avec une légère réminiscence socratique. Voilà de l'excellent Daguesseau. Il apporte dans ces matières toutes les qualités de son tempérament et de son esprit, et qui ailleurs seront des défauts. Il examine tout, il ne laisse rien passer : « Vous reconnaissez à ces doutes, dit-il quelque part en se confessant lui-même, le caractère d'un esprit *difficultueux* qui, pour vouloir saisir son objet avec trop d'évidence, va souvent au delà du but. » Nous retrouvons là, et sur son propre aveu, celui qui *coupe un cheveu en quatre,* et que Saint-Simon appelle *le père des difficultés.*

Il rapporte et balance longuement et avec une complaisance marquée, en chaque question philosophique, toutes les raisons de part et d'autre; il va jusqu'à entrer dans les idées de l'adversaire, pour mieux les rectifier et les redresser. Il honore en tout sujet, il accepte et croit la religion, sans même songer à en discuter le fond, et, d'autre part, il venge et maintient la métaphysique et le droit de recherche spéculative dans de justes bornes. On est loin, avec Daguesseau, de la méthode de Pascal; ce serait plutôt celle de Nicole, et encore très-adoucie : ou mieux, c'est la méthode du sage apologiste anglais, le docteur Clarke, à laquelle, dans ses *Méditations métaphysiques*, il veut donner plus de développement et un plus beau jour.

Daguesseau est un chrétien qui lit souvent du Platon; c'est un disciple de Descartes, mais qui lit tous les jours de l'Écriture sainte.

Les dix *Méditations sur les vraies ou les fausses Idées de la Justice* sont une belle lecture. Daguesseau, comme Platon, comme Cicéron, croit à une certaine idée naturelle de la justice, qui n'est pas l'intérêt ni l'utilité, mais le droit; il croit, indépendamment de la révélation positive, au triomphe de cette idée dans les lois des grands législateurs et des grands peuples, à la *conscience du genre humain*. Il combat Hobbes, il combat d'avance Bentham, il réfute son ami janséniste M. de Valincour, qui refusait à la raison de l'homme, sans la Grâce, cette faculté de justice. Il marche et s'élève avec largeur dans la voie ouverte par le grand jurisconsulte Domat. Nous faisons plus qu'entrevoir, nous embrassons déjà fort clairement, dans ces nobles pages de Daguesseau, la théorie de plus d'un illustre moderne, ce qui sera la métaphysique de M. Royer-Collard, celle de M. le duc de Broglie en législation, ou encore ces hautes idées de justice primordiale que l'ancien Portalis léguait à son fils. Le Christianisme ajoute et confirme : mais, antérieurement au Christianisme, selon eux, il y a une vraie et large base à la loi dans l'âme humaine. Le Traité *de Officiis* est possible avant l'Évangile : seulement il se perfectionne après, il s'humanise de plus en plus et se divinise.

Il est curieux de voir comment Daguesseau, par ses efforts modérés de raison, et tout en ne songeant qu'à s'appuyer aux anciens, penche déjà plus qu'il ne croit du côté de l'avenir.

Dans les *Instructions* contenant un plan général d'études à l'usage de son fils, et qui sont datées de Fresnes, mais d'une date antérieure à ses exils, on saisit Daguesseau au complet avec tous ses goûts, ses principes et ses jugements littéraires régulièrement exposés. Il se reproche en un endroit assez vivement de n'avoir pas étudié, comme il aurait dû, l'histoire; malgré les emplois importants dont il fut de bonne heure chargé, il aurait certes pu le faire encore: « Mais, d'un côté, les charmes des belles-lettres qui ont été pour moi, dit-il, une *espèce de débauche d'esprit*, et, de l'autre, le goût de la philosophie et des sciences de raisonnement, ont souvent usurpé chez moi une préférence injuste... » Pourtant, il s'en fallut de peu, nous raconte-t-il agréablement, qu'il ne se ruinât tout à fait dans l'esprit du Père Malebranche, qui avait conçu une bonne opinion de lui par quelques entretiens sur la métaphysique; mais ce Père le surprit un jour un Thucydide en main, *non sans une espèce de scandale philosophique*. « Évitez, mon cher fils, s'écrie Daguesseau, de tomber dans le même inconvénient (la négligence de l'histoire), et fuyez *comme le chant des Sirènes* les discours séducteurs de ces philosophes abstraits, etc., etc.... » On voit déjà, à ce ton, quel est le goût littéraire fleuri et cicéronien de Daguesseau.

En littérature, à proprement parler, je le définirai un élève de Racine, de Boileau et de *l'Art poëtique*, mais qui a gardé quelque façon complaisante de périphrase que Pascal qu'il admire tant ne lui aurait guère passée. C'est, en diction, du Bourdaloue très-assaisonné de Fléchier. Il caresse sa phrase, il soigne la cadence, il sacrifie au nombre. Aimant passionnément les Lettres et n'ayant pu exclusivement s'y livrer, il en parle avec un redoublement de forme et de fleurs, comme dans une fête cérémonieuse. Il est *académiste* enfin, lui que sa modestie empêcha toujours d'être de l'Académie française. Quoiqu'il ne soit plus de ces magistrats antiques qui se lèvent à quatre heures du matin, dînent à dix heures et soupent à six, il y a un peu d'arriéré et de suranné, quelque chose du galant d'autrefois dans certaines de ses grâces. Quand il s'agit de *madame la Chancelière*, son épouse, et des hommages poétiques qu'on lui adresse, M. Daguesseau semble complimenteur un peu à l'ancienne mode. Dans la belle lettre à M. de Valincour sur l'incendie d'une bibliothèque, et où il cite tant Cicéron, il parle d'*Astrée*, c'est-à-dire de Mme la Chancelière elle-même, célébrée sous ce nom par M. de Valincour dans je ne sais quelle Idylle qui sentait son âge d'or. S'il écrit au même M. de Valincour au sujet du jeune Racine qui est à Fresnes, on voit quelle idée solennelle Daguesseau se forme volontiers d'un poëte : « Que dites-vous du jeune poëte que nous avons ici depuis plus de quinze jours, et qui n'a jamais voulu lui prêter sa muse (à Mme la Chancelière) pour vous répondre? Peut-être faut-il louer en cela sa prudence; mais la prudence n'est guère une vertu de poëte; plus j'étudie son caractère, plus il me paraît singulier; à le voir, à l'entendre parler, on ne se défierait jamais qu'il pût sortir de sa tête d'aussi beaux vers que les siens, *adeo ut plerique*, etc. » Toujours le petit bout de citation latine, le bout de la toge romaine. Daguesseau était encore de cette race d'hommes qui ne pouvaient avoir une pensée sans en demander la permission et l'expression à quelque ancien. Toute cette lettre, au fond, ne signifie autre chose, sinon que Racine fils, qui faisait d'assez beaux vers, ne paraissait nullement un homme d'esprit.

Ce goût cicéronien du magistrat à demi Romain, ce faible du Chancelier de France qui se croyait à Tusculum dans ses exils de Fresnes et qui voyait partout des reflets consulaires, se retrouve, avec une naïveté revêtue d'élégance et animée d'onction, dans la belle et touchante Vie que Daguesseau a donnée de son père. Évidemment, il s'est quelquefois souvenu en l'écrivant de la Vie d'Agricola par Tacite, mais il se souvient encore plus et avant tout qu'il est fils et chrétien, et c'est ce qui l'inspire. Cette Biographie, destinée d'abord au seul cercle de la famille, a conservé le caractère d'une douce et sainte solennité domestique. La piété, la modestie, la pudeur, la délicatesse morale la plus exquise, en font l'âme et les traits. On n'en pourrait donner idée par une sèche analyse. C'est dans les pages mêmes du fils qu'il faut apprendre à aimer l'expression modérée, continue et pleine, de cette belle vie antique de M. Daguesseau le père; c'est là qu'il faut voir briller, sous des cheveux de plus en plus blancs, la vertu toujours égale du vieillard dans toute la fleur de sa première innocence.

« Il avait reçu de la nature, nous dit son fils, un cœur délicat et sensible, avec un sang vif qui s'allumait aisément; et, comme la promptitude n'est pas incompatible avec la plus grande bonté, il aurait pu être fort prompt, s'il se fût laissé aller à son tempérament; mais ce n'était que son visage qui trahissait, malgré lui, une émotion entièrement involontaire. On le voyait rougir et se taire dans le même moment, la partie supérieure de son âme laissant passer ce premier feu sans rien dire, pour rétablir aussitôt le calme et la tranquillité dans la partie sensible, qu'une longue habitude rendait toujours également docile aux lois de la raison et de la religion. »

Tout le tissu du discours est rempli et comme nuancé de ces distinctions morales si senties et si touchantes.

Il me faut pourtant y faire une remarque critique sur une phrase souvent citée, et qui a fort étonné de la part d'une plume aussi correcte que celle de Daguesseau. Son père avait débuté par la magistrature, par une charge de conseiller au Parlement de Metz; mais la mort d'un frère aîné ayant laissé vacante une charge de maître des requêtes, M. Daguesseau en demanda l'agrément, et l'obtint à l'âge de vingt-trois ou vingt-quatre ans. M. Daguesseau aurait préféré, nous dit son fils, rester dans la pure et véritable magistrature, et passer ses jours dans une charge de conseiller au Parlement de Paris, et il ajoute, en des termes qui rappellent l'hôtel Rambouillet plus subtilement qu'il ne convenait à un ami et à un disciple de Boileau : « Les maîtres des requêtes ressemblent aux désirs du cœur humain, ils aspirent à n'être plus; c'est un état qu'on n'embrasse que pour le quitter... » Or, cette phrase étrange sur les maîtres des requêtes, comparés aux désirs du cœur qui *aspirent à n'être plus*, serait inexplicable chez un aussi bon esprit sans une phrase de saint Augustin qui dit cela, en effet, des désirs du cœur humain (*sunt ut non sint.*) C'est à quoi Daguesseau fait allusion; il aimait à citer ce mot de saint Augustin, et si, dans le cas présent, il s'est permis un trait de mauvais goût, ç'a été à condition encore que ce fût d'après un ancien et d'après un Père de l'Église. Saint Augustin est de moitié avec lui dans ce péché littéraire.

Nous savons les défauts et nous avons pu apprécier aussi les qualités de Daguesseau écrivain et homme. De la modération, du ménagement en toutes choses, une intelligence vaste et tempérée, un sincère et ingénu désir de conciliation, une mémoire prodigieuse, immense, une expression pure, élégante et soignée, cette politesse affectueuse qui naît d'un fonds d'honnêteté et de candeur; c'est ce que témoignent tous ses écrits, et ce qu'on lirait aussi, jusqu'à un certain point, dans les traits de son noble et beau visage, dans ce sourire discret, dans cet œil fin, bienveillant et doux, et jusque dans ces contours si ronds et sensiblement amollis, où rien n'accuse la vigueur. Sa majesté paisible tenait à un ensemble de mérites et de vertus, difficiles à définir quand on ne veut pas excéder cette mesure qu'il observait si bien. La bonté morale y dominait avec l'aménité civile. Il était vénérable et aimable à tout ce qui l'approchait. Ses répréhensions mêmes, assure-t-on, et on n'a pas de peine à se le figurer, avaient plutôt l'air d'une effusion que d'une réprimande. On peut lui appliquer ce qu'il a dit de son père, qu'il avait conservé jusqu'à la fin *cette précieuse timidité d'une conscience vertueuse et tendre*, qui répugne aux partis et même aux paroles sévères.

Il avait de l'esprit proprement dit, de la plaisanterie et du badinage en causant. On cite de lui de jolis vers, de jolis mots. A un ami qui faisait de la métaphysique à la veille du mariage, il écrivait finement : « Vous êtes peut-être le premier homme qui, à la veille de se marier, n'ait été occupé que de la spiritualité de l'âme. » Au cardinal Quirini, qui le visitait à Fresnes, et qui lui disait dans sa bibliothèque : « C'est donc ici qu'on forge des armes contre le Vatican? » — « Vous voulez dire des boucliers, » lui répliqua Daguesseau. Au chirurgien La Peyronie, qui voulait qu'on élevât un mur infranchissable de séparation entre la chirurgie et la médecine, il demandait : « Mais de quel côté du mur mettra-t-on le malade? » Ce qu'il disait en causant semble avoir été plus vif, comme il arrive d'ordinaire, que ce qu'il s'est permis en écrivant; dans ce qu'il écrit il est plutôt encore subtil et ingénieux que spirituel.

Quelques Ordonnances que le Chancelier Daguesseau a fait rendre dans l'exercice de sa longue magistrature ont été justement célébrées; on s'accorde en même temps à dire qu'il est loin d'avoir réalisé en législation tout ce qu'il concevait d'utile, et qu'on aurait pu naturellement attendre de sa haute capacité et de ses lumières. Sa circonspection autant que son humanité se refusait à toute réforme un peu décisive, qui aurait profondément changé la condition des choses et celle des personnes. La responsabilité attachée à toute innovation l'effrayait. Il avait, à titre de Chancelier, la haute main sur la librairie, et sur la littérature qui aspirait à se produire régulièrement; cette direction, dépendante de sa charge, lui demeura jusqu'en novembre 1750, peu de mois avant sa mort. On peut juger que la philosophie du temps ne trouvait guère son compte avec lui, et qu'elle frémissait souvent d'impatience et de colère de se sentir ainsi contenue. Tandis qu'il favorisait les entreprises de Collections purement historiques ou érudites, il refusait, par exemple, un privilége à Voltaire pour les *Éléments de la Philosophie de Newton* : « Ce demi-savant et demi-citoyen Daguesseau, écrivait Voltaire à d'Alembert en un jour de rancune, était un tyran: il voulait empêcher la nation de penser. » On assure que le scrupuleux Chancelier ne donna jamais de privilége pour l'impression d'aucun roman nouveau, et qu'il n'accordait même de permission tacite que sous des conditions expresses; qu'il ne donna à l'abbé Prévost la permission d'imprimer les premiers volumes de *Cléveland* que sous la condition que le héros se ferait catholique à la fin. Et ce même Chancelier pourtant, séduit par le plan que lui déroula Diderot, et par le pur amour des sciences, accorda en dernier lieu le Privilége de l'*Encyclopédie*, dont les premiers volumes ne parurent, il est vrai, qu'après sa mort. Il aida, sans s'en douter, à introduire le cheval fatal dans les murs de Troie.

Malgré ces incertitudes, malgré ces tâtonnements et ces faiblesses, et bien que la plupart de ses qualités se tiennent elles-mêmes en échec, le nom de Daguesseau s'est transmis l'un des plus beaux et l'un des plus vénérés dans la mémoire française; les années lui ont ajouté plutôt qu'enlevé de cet éclat et de cette fleur de renommée que, vers la fin, tous les contemporains ne lui reconnaissaient plus avec un égal respect. Dans ce culte un peu confus et vaguement défini dont l'illustre Chancelier est aujourd'hui l'objet, il entre après tout de la justice; c'est un hommage public rendu à cette inspiration paisible, permanente et modeste, qui fut celle de toute sa vie, et qui, sauf quelques éclipses passagères, s'échappait, comme par un doux rayonnement, d'un fonds de droiture, de mansuétude et de vertu. Puisqu'il faut de loin des auréoles aux hommes, il est bon, il est louable qu'elles entourent quelquefois ces figures pacifiques où l'âme respire plus que le génie, et où le ton excellent de l'ensemble n'est que l'expression des mœurs elles-mêmes.

Lundi gras, 3 mars 1851.

L'ABBÉ DE CHOISY.

L'abbé de Choisy aimait à se déguiser; dans son enfance et dans sa jeunesse on l'avait accoutumé à s'habiller en fille; il en garda le goût, et l'on assure que bien plus tard même, et à l'âge où il rougissait le plus de cette manie efféminée, il s'enfermait encore pour se mettre en douairière, soupirant, hélas! de ne plus pouvoir s'étaler en marquise galante ou en bergère. Dans tous les états où il parut successivement, on le vit d'ailleurs porter le même esprit de légèreté, de grâce, d'étourderie spirituelle. Sa vie ressemble à une comédie des plus diverses et des moins vraisemblables, et l'on ne saurait dire avec lui où finit le déguisement. Abbé tonsuré dès l'enfance, mais surtout voué à la cornette et aux chiffons, coquette comme une nonne de *Vert-Vert* et libertin comme un perroquet, tour à tour comtesse de Sancy dans la paroisse Saint-Médard, et comtesse des Barres en Berry, puis pénitent, mais toujours léger, une manière d'Apôtre à Siam, converti et convertisseur sans tristesse, écrivain agréable et même délicat, finalement historien de l'Église, et doyen de l'Académie française, sa carrière, qui dura quatre-vingts ans, compose une mascarade complète, et, dans chacun de ses rôles, il fut au naturel, au sérieux, avec sincérité, et à la fois avec un air d'amusement et de badinage. Jolie créature dans son enfance, vieillard très-agréable et très-goûté malgré les années, il ne put jamais réparer les fautes de sa première vie ni couvrir les frivolités de son caractère. Eût-il vécu cent ans, il n'aurait jamais obtenu ce qui s'appelle considération, autorité; mais il sut mériter l'indulgence et l'affection, et il peut encore être étudié aujourd'hui comme une curiosité du grand siècle et comme une gentille bizarrerie de la nature.

François-Timoléon de Choisy, prieur de Saint-Lô de Rouen, de Saint-Benoît-du-Sault et de Saint-Gelais, grand-doyen de la cathédrale de Bayeux, etc., etc., naquit à Paris, en 1644, d'une de ces hautes familles bourgeoises qui avaient le privilége de fournir à l'ancienne monarchie ses meilleurs secrétaires d'État, ses conseillers et ministres les plus laborieux et les plus fidèles. Son père avait passé sa vie dans les intendances, dans les ambassades, et il était, en dernier lieu, Chancelier de Gaston, frère de Louis XIII. Sa mère, femme de beaucoup d'esprit, une *précieuse* en son temps (avant que le mot fût devenu ridicule), belle, active, intrigante, était arrière-petite-fille de l'illustre et grave Chancelier de L'Hôpital. Il est curieux qu'une folle branche issue de cette souche antique et vénérable soit venue ainsi aboutir à l'abbé de Choisy. La nature, en créant des femmes, se trompe quelquefois et fait des *virago* qui ne rêvent qu'exercices virils, tournois et jeux de guerre. Elle se trompa en sens inverse à l'égard de l'abbé de Choisy, et elle lui donna, avec la gentillesse du visage, les goûts futiles de l'esprit et l'amour inné du miroir. La mère de l'abbé fit tout pour prolonger et pour cultiver en lui cette erreur de la nature. Il reçut la plus funeste éducation qui se puisse imaginer, celle qui pouvait le plus aider au développement de sa nature féminine et puérile; il fut élevé dans la ruelle de sa mère. Si cette mère idolâtre s'occupait, par ses conversations et par les lettres qu'elle lui dictait, à lui façonner l'esprit au bon langage et à la politesse du monde, elle lui apprenait encore mieux à idolâtrer sa petite personne :

« Ma mère, dit-il, avait tant de faiblesse pour moi, qu'elle était continuellement à m'ajuster. Elle m'avait eu à quarante ans passés; et, comme elle voulait absolument encore être belle, un enfant de huit à neuf ans qu'elle menait partout la faisait paraître encore jeune. On m'habillait en fille toutes les fois que le petit Monsieur (frère de Louis XIV) venait au logis, et il y venait au moins deux ou trois fois la semaine. J'avais les oreilles percées, des diamants, des mouches, et toutes les autres petites afféteries auxquelles on s'accoutume fort aisément, et dont on se défait fort difficilement. »

En même temps qu'elle réussissait, sans trop de peine, à faire ainsi de son fils une petite-maîtresse, elle s'attachait à lui inculquer les principes et l'art du *courtisan*, et elle semble avoir réduit à ce point toute la morale :

« Écoutez, mon fils, lui disait cette petite-fille amollie du Chancelier de L'Hôpital, ne soyez point glorieux, et songez que vous n'êtes qu'un bourgeois... Apprenez de moi qu'en France on ne reconnaît de noblesse que celle d'épée... Or, mon fils, pour n'être point glorieux, ne voyez jamais que des gens de qualité. Allez passer l'après-dînée avec les petits de Lesdiguières, le marquis de Villeroy, le comte de Guiche, Louvigny : vous vous accoutumerez de bonne heure à la *complaisance*, et il vous en restera toute la vie un air de civilité qui vous fera aimer de tout le monde. »

Tels étaient les préceptes de cette bonne mère, et desquels son fils nous assure ingénument avoir bien profité, car « il est arrivé, nous dit-il, qu'à la réserve de mes parents, *qu'il faut bien voir malgré qu'on en ait,* je ne vois pas un homme de robe. Il faut que je passe ma vie *à la Cour* avec *mes amis*, ou dans mon cabinet avec mes livres. » Ainsi, par principe, il ne va chercher des amis qu'à la Cour, et nulle part ailleurs; la méthode est nouvelle. D'amitié, d'attachement véritable, Mme de

Choisy n'en admettait pas qui ne fût à ce point de vue du courtisan et dans l'unique but du crédit et de la fortune. Un jour, le petit abbé (depuis cardinal) de Bouillon, le neveu de Turenne, avait eu querelle au collége avec l'abbé d'Harcourt; cela fit bruit. Le lendemain, Mme de Choisy demanda à son fils s'il était allé rendre visite à l'abbé de Bouillon : « Je lui dis que non, nous raconte Choisy, et que l'abbé d'Harcourt était de mes amis. Elle me pensa manger : *Comment,* dit-elle, *le neveu de M. de Turenne! Courez vite chez lui, ou sortez de chez moi.* C'était une maîtresse femme, qui voulait être obéie et qui faisait ma fortune. » Choisy, comme on voit, ne sait pas cacher son admiration pour tant de sagesse. C'est ainsi qu'elle le morigénait dès l'enfance et lui enseignait le code de l'*honneur* du courtisan. Une autre recommandation de cette vertueuse mère, et qu'elle ramenait souvent, était de ne point s'attacher, en définitive, aux princes ou membres de la famille royale, mais au roi seul : « Attachez-vous, mon fils, non aux branches, mais au *tronc de l'arbre.* » Hors de là, point de salut. L'abbé de Choisy fut de tout temps fidèle à ces articles du catéchisme de sa mère, et on le vit jusqu'à la fin idolâtre du roi, courtisan jusqu'à l'indiscrétion, d'ailleurs un modèle de complaisance et de civilité avec tous, et meilleur homme au fond, plus fidèle à ses amis dans la disgrâce qu'on n'eût pu l'attendre d'une pareille discipline.

Cette mère égarée tint près d'elle son fils presque toujours habillé en fille jusqu'à l'âge de dix-huit ans. Il en avait vingt-deux quand elle mourut (1666). Dans le partage qu'il fit de la succession avec ses deux frères, il choisit de préférence les pierreries, ce qui brillait; il se jeta naturellement là-dessus comme Achille sur les armes : « Nous fûmes tous trois contents, dit-il; j'étais ravi d'avoir de belles pierreries; je n'avais jamais eu que des boucles d'oreilles de 200 pistoles et quelques bagues, au lieu que je me voyais des pendants d'oreilles de 10,000 francs, une croix de diamants de 5,000 francs, et trois belles bagues : c'était de quoi me parer et *faire la belle.*» Et en effet, pendant les années qui suivirent, l'abbé de Choisy, livré à lui-même, et hors de toute contrainte, *fit la belle* tant qu'il voulut, et s'abandonna follement à toute la bizarrerie de ses goûts. On sait la charmante scène du *Mariage de Figaro,* quand Chérubin, aux pieds de la comtesse, est entre les mains de la folâtre Suzanne, qui lui arrange le collet : « Là! mais voyez donc ce morveux, comme il est joli en fille! j'en suis jalouse, moi. — Voulez-vous bien n'être pas joli comme ça? » L'abbé de Choisy, jeune, auprès de sa mère, avait bien des fois été l'objet d'un pareil propos, et cette situation lui était restée en idée comme la plus ravissante et la plus désirable. Il aurait voulu éterniser ce moment, et il le prolongea, il le renouvela dans sa vie tant qu'il put. Un jour que Mme de La Fayette le rencontra dans un accoutrement qui tenait des deux sexes, en habit d'homme et avec des pendants d'oreilles et des mouches, cette femme d'esprit et de raison lui dit, sans doute en plaisantant et pour lui faire honte, que ce n'était guère la mode pour les hommes, et qu'il serait mieux tout à fait en femme. Les passions ne se font pas répéter deux fois ce qui les flatte. L'abbé de Choisy prit au mot l'ironie de Mme de La Fayette, et *sur une si grande autorité,* dit-il, il adopta l'habillement complet, coiffure et le reste. Il faut l'entendre décrire ses toilettes et ajustements dans le plus grand détail; il s'y délecte, il s'y étend, il y excelle. C'est là le trait le plus saillant, le plus original de cette vaine et futile nature, et qui trahit à quel point chez lui la coquetterie de femme était innée. On a vu mainte fois le travestissement être un moyen de licence et de désordre, et servir à faciliter des passions, des intrigues; c'est le cas le plus ordinaire. Pour l'abbé de Choisy, qui n'est certes pas exempt de coupables désordres, le travestissement toutefois semble être encore la chose principale, l'attrait le plus vif; il aime le miroir pour le miroir, la toilette pour elle-même, la bagatelle pour la bagatelle. Être devant une glace à s'adoniser et à faire des mines avec une mouche ou une boucle qui lui sied, ayant autour de lui un cercle qui l'encense et qui l'admire, et qui lui dit sur tous les tons: *Vous êtes belle comme un ange !* c'est là son idéal et son suprême bonheur.

M. de La Mennais, dans l'écrit intitulé *Affaires de Rome,* racontant le voyage qu'il y fit en 1832, a dépeint en quelques traits satiriques, et plus fins qu'on ne l'attendrait d'une plume si énergique, le caractère du cardinal de Rohan, qui s'y trouvait alors : « Extrêmement frêle de complexion et d'une délicatesse féminine, dit M. de La Mennais, jamais il n'atteignit l'âge viril : la nature l'avait destiné à vieillir dans une longue enfance; il en avait la faiblesse, les goûts, les petites vanités, l'innocence; aussi les Romains l'avaient-ils surnommé *il Bambino.* Un homme tel que celui-là est toujours conduit par d'autres qui ne le valent pas... » Tous ceux qui ont connu, ou même qui n'ont fait qu'entrevoir le cardinal de Rohan, savent à quel point ces quelques traits sont fidèles. C'est un exemple que j'aime à prendre, parce que c'est, comme l'a remarqué M. de La Mennais, un exemple *innocent,* et où il ne se mêle à la coquetterie aucunes mauvaises mœurs. Mais cette coquetterie féminine de toilette que j'ai relevée dans l'abbé de Choisy, le cardinal de Rohan l'avait au plus haut degré, et une riche dentelle qu'il revêtait avec grâce était pour lui un sujet de satisfaction et de triomphe. Il l'essayait longtemps devant son miroir, et il avait la faiblesse de s'en souvenir jusqu'en montant les degrés de l'autel. Je le vois encore à Besançon, au début d'une cérémonie pontificale, dans toute sa splendeur d'ornements et presque d'atours, lançant au passage une œillade riante et coquette, parce qu'on lui avait dit que quelques personnes, arrivées de Paris la veille, y assistaient.

Ici toute comparaison s'arrête. L'abbé de Choisy poussait les choses beaucoup plus loin, et je me garderai bien de le suivre dans les incroyables épisodes de sa jeunesse. Il fallait, pour se les permettre, que la police alors fût bien mal faite et l'autorité bien complaisante. Ne nous plaignons jamais des mœurs de notre temps, quand nous lisons le récit de celles qu'on n'interdisait pas absolument à l'abbé de Choisy. Il put, pendant des mois ou des années, s'établir dans le faubourg Saint-Marceau, y prendre maison, carrosse, avoir un banc à la paroisse, y suivre les offices avec honneur, être même un jour prié de faire en cérémonie *la quêteuse*, et tout cela sous l'habit et le nom de *la comtesse de Sancy*, bien qu'on soupçonnât fort ce qu'il était réellement. Il ne fut admonesté par l'autorité ecclésiastique supérieure qu'à la dernière extrémité. Au sortir de là, tout averti qu'il était, il s'obstina à garder son habillement favori, à le promener en plein monde, en plein théâtre. Un jour, à l'Opéra, il se trouvait dans la loge du jeune Dauphin, fils de Louis XIV, quand M. de Montausier entra : « J'étais à la joie de mon cœur, dit-il; *Rabat-Joie* arriva. » Le Chancelier de L'Hôpital en personne, voyant en cet état son indigne descendant, n'aurait pas ressenti plus de mépris : « Madame ou Mademoiselle, car je ne sais comment vous appeler, lui dit M. de Montausier en le saluant ironiquement, j'avoue que vous êtes belle, mais, en vérité, n'avez-vous point de honte de porter un pareil habillement, et de faire la femme, puisque vous êtes assez heureux pour ne l'être pas? Allez, allez vous cacher : M. le Dauphin vous trouve fort mal comme cela. » Ce dernier point n'était pas exact, et le petit Dauphin, au contraire, ne se trouvait pas du tout scandalisé. L'abbé de Choisy, fort surpris de ce qu'il appelle la *bizarrerie* de M. de Montausier, mais à qui rien n'était sensible comme une désapprobation royale ou ce qui en approchait, crut là-dessus qu'il était bon de s'éclipser, et, durant deux ou trois ans, il alla vivre incognito dans un château du Berry qu'il acheta tout exprès, se faisant appeler *la comtesse Des Barres,* jouant la comédie, s'habillant, se déshabillant, se coiffant et se mirant tout le jour, entouré de la noblesse et de la gentilhommerie du pays, curés, intendants, évêques, Mme la lieutenante-générale, tous honnêtes gens qui raffolaient de lui comme d'une élégante Parisienne, et en usant sous main de telle sorte, qu'en d'autres temps il aurait pu avoir affaire au procureur du roi pour séduction de mineures. Vieux et soi-disant converti, l'abbé de Choisy trouvait encore un indicible plaisir à raconter ces aventures de sa jeunesse à de graves amis, tels que d'Argenson, qui l'écoutaient avec étonnement, ou même à des dames philosophes, telles que Mme de Lambert, qui le questionnaient avec indulgence.

Il poussa cette indigne vie aussi longtemps qu'il lui fut possible, et il n'avait guère moins de trente-trois ans quand il la quitta. La barbe ne lui était pas venue, car il l'avait fait passer de bonne heure, au moyen de je ne sais quelle eau, mais la beauté et le visage s'en étaient allés. Une passion chasse l'autre, dit-il. Il voyagea en Italie et y devint joueur. Il se ruina, s'endetta, et il en était à regretter d'un air sérieux ses premiers désordres, car « le ridicule, pensait-il, est préférable à la pauvreté. »

Le pauvre homme, enfin, avec de l'esprit et bien des qualités aimables, était plus qu'en chemin de se rendre à tout jamais ridicule et méprisable dans la société, quand il commença à faire quelques réflexions sérieuses, auxquelles une maladie grave vint prêter appui. Le 3 août 1683, il tomba malade à la Place-Royale, où il demeurait alors. Il vit la mort de près, il entendit les médecins dire de lui : « Il n'en a pas pour deux heures. » L'image de sa vie passée lui apparut sous son vrai jour; l'approche des jugements de Dieu le jeta dans l'épouvante. Il guérit, et ne quitta son lit de moribond que pour passer au Séminaire des Missions étrangères, et du Séminaire aux Indes comme une espèce d'Apôtre.

L'abbé de Choisy a consigné les circonstances et les motifs de sa conversion dans quatre *Dialogues* sur l'*Immortalité de l'Ame*, l'*Existence de Dieu*, la *Providence* et la *Religion*, qu'il publia dès l'année suivante (1684) : c'était ne pas perdre de temps. Le caractère de l'abbé de Choisy, en toute chose, est de ne pouvoir se contenir, et, dans le bien comme dans le mal, il est prompt, naturel et volontiers indiscret. Ces Dialogues ne sont pas entièrement de lui; c'est le résultat des conversations sérieuses qu'il eut avec un de ses amis, l'abbé de Dangeau, homme distingué, estimable, métaphysicien aussi exact qu'on peut l'être, grammairien philosophe, et qui, à dater de ce jour, prit sur l'abbé de Choisy un ascendant des plus salutaires. Dangeau trouvait même que son ami, qui avait pour point de départ une certaine incrédulité légère, allait vite en besogne, et qu'avec sa vivacité d'imagination il passait vite sur les intermédiaires, toujours en deçà ou au delà. Faites-moi voir qu'il y a un Dieu *aussi clairement que je vois qu'il est jour*, demandait le *Timoléon* des Dialogues à *Théophile* (c'est-à-dire Choisy à Dangeau). « Dès que je serais persuadé de la puissance et de la bonté de Dieu, rien ne me serait difficile à croire. » — « Je n'ai donc, lui répondait Théophile, qu'à vous prouver qu'il y a un Dieu et que votre âme est immortelle, et vous êtes capucin. » Et Dangeau disait encore, en parlant de cette conversion facile et un peu fragile de l'abbé de Choisy, et quand on lui en faisait compliment : « Hélas! à peine ai-je eu prouvé à cet étourdi l'existence de Dieu, que je l'ai vu tout prêt à croire au baptême des cloches. »

Pourtant la conversion de l'abbé de Choisy nous offre quelques traits aimables et sincères, et on n'a qu'à les relever dans le *Journal* qu'il fit, et qu'il publia bientôt après, de son voyage à Siam. Vers 1684, il était venu à Louis XIV une ambassade de Siam, de laquelle il semblait résulter qu'il suffisait d'envoyer au roi siamois un ambassadeur et quelques missionnaires pour le convertir au christianisme, lui et ses sujets. L'abbé de Choisy apprit, au Séminaire où il était alors, ce projet d'une mission pour Siam : la palme de saint François-Xavier brilla aussitôt à ses yeux, et, avec le zèle d'un néophyte, il pensa que ce serait beau à lui d'aller, pour coup d'essai, évangéliser ce royaume lointain. Il n'était que tonsuré, il est vrai, et point prêtre. Mais qu'importe ! il ferait sa retraite en voyage, il se ferait ordonner prêtre là-bas en débarquant. Il courut chez M. de Seignelay, ministre de la marine, pour solliciter l'ambassade apostolique ; la place était déjà donnée à un officier de marine, homme de religion et de vertu, le chevalier de Chaumont ; Choisy ne put obtenir que la *coadjutorerie* de l'ambassade, terme bizarre et qui semblait fait pour lui. Ce coadjuteur de nouvelle sorte s'embarqua donc à Brest, le 3 mars 1685, le plus joyeux, le plus allègre des hommes, obéissant à ses curiosités, à ses inconstances, fuyant peut-être ses créanciers, et croyant suivre un rayon de la Grâce. On a l'agréable Relation de son voyage et de ses impressions diverses jour par jour ; il l'adressait à ce même ami qui l'avait converti l'année précédente, l'abbé de Dangeau. L'abbé de Choisy avait alors quarante-et-un ans.

Dans ce *Journal,* il est un peu trop question des vents et des hauteurs ; mais les lettres où l'auteur parle de lui sont divertissantes et des plus naturelles. L'abbé de Choisy est le plus aimable et le plus commode des voyageurs, ne s'ennuyant jamais, ne se repentant pas un moment, voyant le bon côté de tout. Il est en compagnie de missionnaires et de jésuites, dont quelques-uns sont de grands mathématiciens : il en profite pour s'instruire. A peine remis du mal de mer, il apprend le portugais, l'astronomie ; il parle marine, il jase latitude et longitude. Dès les premiers jours, il sait tous les termes en usage à bord : « Il faut bien s'y accoutumer, écrit-il ; je dis à mon valet-de-chambre : *Amarrez mon collet.* » On prêche, et il trouve tout le monde éloquent : « Il n'y a pas un mousse sur notre vaisseau qui ne veuille aller en Paradis : cela supposé, le moyen que les sermons ne soient pas bons ? » — « Oh ! qu'aisément tout nous porte à Dieu, s'écrie-t-il encore avec un sentiment très-vif et très-sincère, quand on se voit au milieu des mers sur cinq ou six planches, toujours entre la vie et la mort ! Que les réflexions sont touchantes quand les occasions de mal faire sont éloignées !... Pour moi, je ne crois pas qu'il y ait un meilleur Séminaire qu'un vaisseau. » Les jours de calme, et quand la mer lui paraît « comme un grand étang frisé par les zéphyrs, » on donne bal à bord du vaisseau pour se distraire ; ce sont des luttes entre les matelots bretons et les provençaux. M. l'ambassadeur, assisté des missionnaires, est juge des coups. On crie *Vive le roi !*

Choisy n'a garde de l'oublier, car, après Dieu et à côté de Dieu, le roi a tous les honneurs : « On respecte beaucoup Sa Majesté sur la terre, mais on l'aime bien sur mer, » ajoute-t-il avec une sorte de tendresse qui n'est pas jouée. On donne aussi des concerts, on chante. Le facile Choisy se prête à tout, admire tout. A terre, il ne trouvait qu'un Dangeau, un *Théophile* (comme il le désigne dans ses Dialogues); à bord, il trouve une demi-douzaine de *Théophiles* :

« J'explique du portugais avec le Père Visdelou; M. Basset m'apprend ce que c'est que les Ordres sacrés; je regarde dans la lune avec le Père de Fontenei ; je parle du pilotage avec notre enseigne Chammoreau, qui en sait beaucoup; et tout cela en passant, sans empressement, en se promenant. Et quand je me veux faire bien aise, je fais venir M. Manuel, l'un de nos missionnaires, qui a la voix fort belle, et qui sait la musique comme Lully. Vous savez si j'aime la musique; et cela ne s'oppose point au Séminaire. Qu'est-ce que le Paradis, qu'une musique éternelle? »

On s'explique déjà quel est ce genre d'esprit vif, badin, curieux, étourdi, plein de grâce, et se faisant beaucoup pardonner quand on l'approche une fois et qu'on le connaît. Sa première vie ne l'a point dépravé autant qu'il semble qu'elle aurait dû faire; il devient évident qu'il y a eu dans son fait plus de frivolité que de débauche; il est resté très-naturel, très-capable de bonnes impressions; il suffit qu'il soit entouré de bons exemples : il les imite et les réfléchit. C'est une de ces natures qui sont en tout des échos, des reflets fidèles et variés de leur temps et de leurs entours: excellents témoins de la langue courante, toutes les fois que leur parole se fixe par écrit.

L'expression de l'abbé de Choisy est gaie, légère, et a quelque chose des grâces de l'enfance. Son esprit et sa plume semblent avoir gardé l'âge de Chérubin. Il a pour les langues la facilité de mémoire d'un enfant. Du portugais, en un clin-d'œil, il passe au siamois : il en est bientôt maître, et peut jargonner et caqueter dans les deux langues. Il sent bien son faible, qui est de ne pas réfléchir beaucoup, de ne pas assez mûrir ses connaissances : « Je veux toujours écrire et ne jamais lire ; j'avoue que ce n'est pas le moyen d'être savant. Chacun a son faible. Il faut que je barbouille, aussi aise quand j'ai ma plume à la main, que quand M. le Prince y a son épée. Heureuse postérité, si ces deux instruments étaient, chacun dans sa sphère, également bien employés ! » C'est un charmant causeur, trouvant de jolies paroles qui précèdent quelquefois la pensée, mais qui atteignent souvent la nuance fugitive. Il a l'esprit à la fois fin et crédule ; il pressent le dessous de cartes de bien des choses, mais en même temps sa mobilité le retient à la superficie. Il est prêt, en toute rencontre, à croire à l'apparence, à accepter le merveilleux. Un M. Basset prêche sur le vaisseau et lui fait l'effet d'un Bourdaloue : « Il y a un peu de miracle à son affaire, dit Choisy ; et, à mesure qu'il approche du lieu de sa mission, Dieu lui fait de nouvelles grâces et lui donne de nouveaux talents. Car enfin, nous le connaissons ; il parlait comme un autre dans les Conférences au Séminaire ; il avait même quelque peine à s'expliquer. Ici, c'est un torrent d'éloquence... » Si l'on allait à une vraie mission apostolique, j'y regarderais à deux fois avant de contester cette subite infusion d'éloquence à M. Basset ; mais, dans le cas présent, on ne va qu'à une mystification (ce voyage de Siam ne fut pas autre chose), et il est bien clair pour tous que Choisy, en voyant du miracle, y met du sien.

Et ce même homme qui est si crédule sur l'article de M. Basset, saisira très-bien, tout à côté, et nous rendra d'une manière charmante l'art et l'esprit habile des

Jésuites qui, à peine débarqués dans un endroit, au Cap de Bonne-Espérance ou à Batavia, chez les Hollandais protestants, se hâtent d'établir leur Observatoire et de se faire bien venir en mettant du premier jour leur science, leurs lunettes astronomiques, au service de la curiosité populaire : « Ils vont dresser leurs machines, dit Choisy, pour au moins payer leur hôte avec un peu de Jupiter et de Mercure. » Et il ajoute comme moralité : « C'est une bonne chose, par tout pays, que l'esprit. »

Pourtant, cette nature fine et mobile de Choisy a bien saisi, par éclairs, le vrai sentiment de l'inspiration apostolique. Parlant d'un saint prêtre qu'il rencontre à Batavia, il le peindra avec une expression heureuse et simple : « C'est un vénérable vieillard qui a été près de trente ans à la Cochinchine ou au Tonquin : *sa vie passée lui met sur le visage une gaieté perpétuelle.* »

Choisy est modeste, il ne se fait point valoir, et c'est une des grâces de son esprit de ne jamais prétendre à plus qu'il ne doit. Tandis que les Jésuites, à bord, s'appliquent à l'astronomie, les autres missionnaires font des Conférences; Choisy y assiste :

« Pour moi, je tâte un peu de tout, écrit-il à Dangeau, et si je ne deviens pas savant, ce qui n'est pas possible puisque je ne le suis pas devenu à votre école, j'aurai au moins une légère teinture de beaucoup de choses. J'ai une place d'écoutant dans toutes leurs assemblées, et je me sers souvent de votre méthode : une grande modestie, point de démangeaison de parler. Quand la balle me vient bien naturellement, et que je me sens instruit à fond de la chose dont il s'agit, alors je me laisse forcer et je parle à demi-bas; modeste dans le ton de la voix aussi bien que dans les paroles. Cela fait un effet admirable : et souvent, quand je ne dis mot, on croit que je ne veux pas parler; au lieu que la bonne raison de mon silence est une ignorance profonde, qu'il est bon de cacher aux yeux des mortels. Encore est-ce quelque chose d'avoir profité de vos leçons. »

A un moment il se met en tête d'étudier Euclide; il

faut bien faire un peu de tout. Arrivé au Cap, on rectifie la longitude, qui est en défaut; il raconte cette opération et il ajoute : « Je n'y ai pas été tout à fait inutile; pendant que le Père de Fontenei était à sa lunette, et que les autres avaient soin des pendules, je disais quelquefois, *Une, deux, trois, quatre*, pour marquer les secondes. » Le moyen d'en vouloir à un aimable esprit qui fait ainsi les honneurs de lui-même?

Son ton partout est vif, son style leste, espiègle, éveillé; mais ne lui demandez rien de grave ou de profond. Il parle gaiement des zéphyrs, et même très-familièrement de la tempête. En approchant du Cap de Bonne-Espérance, on croirait qu'il va essayer de se mettre à la hauteur du sujet et de proportionner sa pensée à la majesté des horizons : « La mer commence à être fort creuse, c'est-à-dire qu'on se voit quelquefois dans une vallée entre deux montagnes blanchissantes d'écume. Cela paraît d'abord ridicule; mais quand, un moment après, on se trouve sur la montagne, et tout l'horizon humilié, on se tient en paix : *mirabiles elationes maris*. » Il y a là comme une velléité de profondeur et de réflexion : ne comptez pas avec lui qu'elle se soutienne. Lorsqu'après avoir doublé ce Cap des Tempêtes, il en essuie une à son tour, quand il est enveloppé dans le choc des éléments, il ne trouve rien de mieux à dire sinon que la mer a là un autre *minois* que les jours précédents. Celui qui trouve à placer le mot de *minois* en présence de pareils spectacles est jugé par cela même. L'abbé de Choisy regarde encore par le bout rapetissant de sa lorgnette quand il contemple l'Océan.

Ceux qui ont fait de longues traversées sur mer assurent que rien n'égale l'ennui qu'on ressent à la longue et de soi et de ses compagnons. On devient aisément insupportable les uns aux autres; les petits défauts s'exagèrent. On a besoin de se quitter quelque temps, afin de se retrouver plus tard sans trop de déplaisir. Il n'en est pas ainsi de notre abbé, et rien ne prouve mieux à quel point son caractère est facile, bienveillant et foncièrement sociable. Non-seulement il ne s'ennuie pas, mais il ne se plaint jamais de ses compagnons; plus le voyage dure, et plus il est enchanté d'eux. Quand ils sont prêts à se décourager, il est le premier à les remettre en train et à leur donner bon espoir : « Tout ira bien; nous avons trop bien commencé pour ne pas achever de même. Si nous n'arrivons pas à Siam, nous passerons l'hiver à Surate, à Bantam, dans de beaux pays; *nous nous aimons tant! nous en serons plus longtemps ensemble...* » Il dit cela après trois mois de traversée, il le redit après cinq mois; il ne trouve pas assez d'expressions pour se féliciter de ce voyage; il y voit le doigt de Dieu qui a voulu le retirer du péril. Quoi qu'il arrive, pense-t-il, « j'aurai toujours fait un beau voyage, j'aurai appris bien de petites choses; je n'aurai guère offensé Dieu pendant deux ans. Hélas! peut-être que par là ce seront les deux plus belles années de ma vie. Eh! comment ferions-nous pour offenser Dieu sur ce vaisseau? On n'y parle que de bonnes choses; on n'y voit que de bons exemples. Les tentations sont à trois ou quatre mille lieues d'ici. » Et il continue de tout voir en beau et de démontrer à son ami de France comme quoi les journées passent comme des instants, et qu'il est à bord le plus heureux des hommes : « Le Bréviaire, les Conférences, l'Écriture Sainte, le portugais, le siamois, la sphère, un peu d'échecs, bonne chère sur le tout, et de la gaieté : faites mieux si vous le pouvez. »

Nous commençons, n'est-ce pas? à connaître un peu le caractère, la légèreté et aussi l'esprit gracieux de l'abbé de Choisy, et peut-être à lui pardonner. Duclos l'a bien défini un écrivain agréable, et dont le style a *les grâces négligées d'une femme.*

Choisy a, de plus, cette espèce de courage d'esprit qui s'allie très-bien avec la légèreté. Sous air de missionnaire, il est tout à fait de cette race de Français d'autrefois, qui ne doutaient de rien, s'en allaient au bout du monde à l'étourdie, à l'aventure, que leur gaieté soutenait dans les traverses, et qui s'en remettaient de leur salut, en chaque occasion, à Dieu, à leur étoile, à la première inspiration du moment. « Nous faisons bien ce voyage-ci *à la française,* » dit-il quelque part, donnant à entendre qu'on n'avait rien prévu à l'avance; et il a raison.

Quand il est arrivé au terme de son voyage, dans ce royaume de Siam où il rêvait une si belle conquête, et que d'autres voyageurs nous montrent si misérable, Choisy devient un guide très-superficiel, peu exact, se prenant en tout aux dehors, aux *idoles*, comme dirait Platon, et tout amusé au détail des parades, cérémonies et harangues. La seule chose sérieuse qu'il y fait, c'est d'entrer au Séminaire et d'y recevoir les Ordres sacrés en *quatre* jours, des mains d'un évêque *in partibus.* Le roi de Siam était gouverné par un aventurier favori, Grec de nation, appelé Constance, homme habile, rusé, et qui, sentant qu'il était haï des naturels, avait appelé les étrangers sous prétexte de religion, et dans l'idée de s'en faire un appui. Après avoir parlé de ce M. Constance, qui ne négligea rien pour l'attirer et l'éblouir, Choisy le résume très-joliment : « En un mot, c'est un drôle qui aurait de l'esprit à Versailles. » Toujours la traduction à la française.

Plus tard, et seulement après son retour, Choisy s'aperçut qu'il n'avait joué là-bas qu'un rôle de parade, et que le Père Tachard, jésuite, était celui qui avait noué avec Constance la négociation secrète et réelle. Choisy se trouva même lésé par ce Père et privé de certain beau présent qui aurait dû lui revenir : « Je ne sus tout cela bien au juste, dit-il, qu'après être arrivé en France ; mais, quand je me vis dans mon bon pays, je fus si aise que je ne me sentis aucune rancune contre personne. » Choisy revient plus d'une fois sur cette idée qu'il est sans rancune et qu'il n'a point d'ennemis : « Si je savais quelqu'un qui me voulût du mal, j'irais tout à l'heure lui faire tant d'honnêtetés, tant d'amitiés, qu'il deviendrait mon ami en dépit de lui. » On retrouve là encore cette nature officieuse, gentille et complaisante, et qui chercherait vainement en elle la force de haïr. En tout, le contraire d'Alceste et de M. de Montausier.

Ce voyage de Siam réhabilita jusqu'à un certain point l'abbé de Choisy dans l'opinion et acheva de le rendre singulier, mais d'une singularité moins compromettante que celle qu'il s'était faite dans sa jeunesse. Revenu à la Cour, il essuya pourtant quelque mortification d'abord, au lieu des compliments auxquels il s'attendait. Au moment où il avait quitté la France, son ami le cardinal de Bouillon, grand-aumônier, était en faveur, et Choisy jugea à propos de lui faire adresser quelques présents par le roi de Siam. Par malheur, dans cet intervalle du voyage, le cardinal de Bouillon avait encouru la disgrâce de Louis XIV, et les présents arrivèrent à Versailles à l'adresse d'un exilé. Ce contre-temps fit scandale. Choisy dut s'en excuser auprès du roi, qui lui dit pour toute parole : *Cela suffit*, et qui lui tourna brusquement le dos : « Je crus qu'il fallait laisser passer l'orage, ajoute le pauvre mortifié, et je m'en allai à Paris m'enfermer dans mon Séminaire, où une demi-heure d'oraison devant le Saint-Sacrement me fit bientôt oublier tout ce qui venait de m'arriver. » Il ne fallait pas moins que cette oraison devant le Saint-Sacrement pour soulager l'abbé courtisan de la douleur d'avoir pu déplaire un instant à son maître, — à son autre maître.

Quelques mois après, l'abbé de Choisy, pour faire sa paix, offrait et dédiait à Louis XIV une *Vie de David*, puis une *Vie de Salomon*, avec toutes sortes d'allusions flatteuses et magnifiques; et, en général, toutes les Histoires qu'il composa depuis lors, soit celle de l'Église, soit celle de divers rois de France, paraissaient invariablement avec des Dédicaces à Louis XIV, conçues en des termes où toutes les formes de l'idolâtrie sont épuisées. L'Académie française nomma Choisy au nombre de ses membres en 1687; M. Bergeret, qui le reçut, lui parla d'abord de son *trisaïeul* le Chancelier de L'Hôpital, et ne craignit pas de comparer Mme de Choisy, celle même qui avait élevé si singulièrement son fils, aux illustres *Cornélies* de Rome. Cornélie, mère des Gracques, et la mère de l'abbé de Choisy! heureusement que, dans ce sujet, nous sommes déjà faits aux disparates.

Durant trente-sept ans que l'abbé de Choisy vécut encore (1687-1724), il ne cessa de composer et d'écrire sur toute espèce de sujets; il le faisait sans prétention, avec un agrément qui ne sentait pas l'érudition ni l'étude, et qui n'excluait pourtant pas certaines recherches. Ses in-quarto historiques sur saint Louis, Philippe de Valois, Charles V, etc., etc., réussissaient fort bien à leur moment; on les voyait sur les toilettes des dames, auxquelles ils étaient plus particulièrement destinés: c'étaient de ces livres qui *se laissent fort bien lire*, comme disait Mme de Sévigné. Le talent de Choisy consistait à introduire en tout sujet une facilité familière et une rapidité qui gagnait et entraînait le lecteur. Histoire sacrée, histoire profane, historiettes morales ou de sainteté, peu lui importait; il avait la plume toujours taillée et prête à tout. Proposez-lui de traiter la morale en action ou la Légende dorée, et dites-lui d'en tirer de quoi faire concurrence aux Contes des Fées de Mme d'Aulnoi ou de Perrault; il est homme à tenir la gageure. Il mène et conduit les narrations les plus sérieuses avec le même dégagé qu'il ferait Peau-d'Ane : c'est un talent. Un peu de folâtre de temps en temps s'y fait sentir; le naturel perce et revient. C'est bien lui qui, lorsqu'il eut terminé son *Histoire de l'Église*, en onze volumes in-4o, se prit à dire pour dernier mot : « Grâce à Dieu, mon Histoire est faite, je vais me mettre à l'apprendre. »

De ses nombreux Écrits que je ne songe même pas à énumérer, il n'en est qu'un seul qui mérite aujourd'hui d'être relu : ce sont ses *Mémoires*. Ils se composent d'une suite de morceaux qui ne sont pas toujours terminés. L'abbé de Choisy écrit comme il cause, comme il entend causer; il aime à ouvrir des parenthèses, et quand un nouveau sujet l'intéresse, il interrompt et laisse le précédent. Il promet de parler beaucoup du roi, et il nous parle aussi de lui-même : « Je suis un peu jaseur la plume à la main, dit-il; vous sentez bien que je n'y fais pas grande façon, et que je ne songe guère à ce que j'ai à vous dire. Je vous promets pourtant bien sérieusement de vous entretenir presque toujours du roi, ce sera ma basse continue; et si, de temps en temps, vous me trouvez à quelque coin, passez par-dessus moi. » Tels quels, ces Mémoires sont très-vifs, très-amusants, et, sauf les inexactitudes de faits et de dates qu'on y peut relever, très-fidèles quant au ton et à l'esprit des choses et des gens qu'il y représente. L'abbé de Choisy avait l'art de faire causer les personnages bien informés, ceux qu'il appelait de *vieux répertoires*. Il ne se vantait pas qu'il écrivait ses Mémoires; il était censé s'occuper des vieux âges de l'histoire de France, ou bien de l'histoire de l'Église, ne s'intéresser qu'au comte Dunois et à la belle Agnès, et les politiques ne se contraignaient pas devant lui. Il faisait ses questions sans empressement, dit-il, avec un air ingénu et de simple curiosité : « Je fais parler M. Roze sur le temps du cardinal Mazarin ; j'entretiens M. de Brienne... Je laisse jaser la bonne femme Du Plessis-Bellière, qui ne radote point... Je tire quelquefois une parole du bonhomme Bontemps ; j'en tire douze de Joyeuse, et vingt de Chamarante, qui est ravi qu'on lui aille tenir compagnie : il n'y a rien qui délie si bien la langue que la goutte aux pieds et aux mains. » On comprend que des Mémoires, ainsi écrits au sortir des conversations, peuvent offrir des inexactitudes de détail, et cependant être très-vrais par l'impression de l'ensemble. Anecdotes, bons mots, de ces choses qui se content en société et qui plaisent, ils en abondent. Comme la plupart des écrivains d'alors, Choisy excelle à faire des portraits. Ceux de Fouquet, de Le Tellier, de Lyonne et de Colbert, de ces quatre hommes qui prirent rang après la mort de Mazarin, sont admirablement saisis et passent même la portée ordinaire de l'écrivain : Choisy a eu affaire à de bons causeurs les jours où il les a peints d'une main si sûre. Mazarin une fois mort, ces quatre hommes qui s'étaient contenus sous lui, et qui avaient masqué leurs prétentions ou leurs faiblesses pour mieux pousser leur fortune, crurent n'avoir plus les mêmes mesures à garder, et *chacun se déclara :* « L'ambitieux (Fouquet) se distilla en projets et eut l'insolence de dire : *Où ne monterai-je point?* L'avare (Le Tellier) amassa de l'argent; l'orgueilleux (Colbert) fronça le sourcil ; le voluptueux (Lyonne) ne se cacha plus dans les ténèbres. » Suivent les portraits détaillés de Fouquet, de Le Tellier et de Lyonne. Voici le début de celui de Colbert :

« Jean-Baptiste Colbert avait le visage naturellement renfrogné. Ses yeux creux, ses sourcils épais et noirs, lui faisaient une mine austère, et lui rendaient le premier abord sauvage et négatif; mais, dans la suite, en l'apprivoisant, on le trouvait assez facile, expéditif et d'une sûreté inébranlable. Il était persuadé que la bonne foi dans les affaires en est le fondement solide. Une application infinie et un désir insatiable d'apprendre lui tenaient lieu de science; plus il était ignorant, plus il affectait de paraître savant, citant quelquefois hors de propos des passages latins qu'il avait appris par cœur, et que ses docteurs à gages lui avaient expliqués. Nulle passion depuis qu'il avait quitté le vin; fidèle dans la surintendance, où avant lui on prenait sans compter et sans rendre compte; riche par les seuls bienfaits du roi, qu'il ne dissipait pas, prévoyant assez, et le disant à ses amis particuliers, la prodigalité de son fils aîné... Esprit solide, mais pesant, né principalement pour les calculs, il débrouilla tous les embarras que les Surintendants et les trésoriers de l'épargne avaient mis exprès dans les affaires pour y pêcher en eau trouble... »

Il faut lire le reste dans l'original. On voit que tout n'était pas mollesse chez Choisy, ou que du moins sa cire molle savait quelquefois recevoir de fortes empreintes. Si Choisy trace si bien les portraits d'hommes, à plus forte raison il excelle à ceux des femmes. Il en a fait un délicieux de Mme de La Vallière, qu'il est juste de mettre en regard de celui de Colbert, où l'on vient de voir les plis du front :

« Elle avait le teint beau, les cheveux blonds, le sourire agréable, les yeux bleus, et le regard si tendre et en même temps si modeste, qu'il gagnait le cœur et l'estime au même moment : au reste, assez peu d'esprit, qu'elle ne laissait pas d'orner tous les jours par une lecture continuelle. Point d'ambition, point de vues : plus attentive à songer à ce qu'elle aimait qu'à lui plaire; toute renfermée en elle-même et dans sa passion, qui a été la seule de sa vie; préférant l'honneur à toutes choses, et s'exposant plus d'une fois à mourir, plutôt qu'à laisser soupçonner sa fragilité; l'humeur douce, libérale, timide; n'ayant jamais oublié qu'elle faisait mal, espérant toujours rentrer dans le bon chemin; sentiments chrétiens qui ont attiré sur elle tous les trésors de la miséricorde, en lui faisant passer une longue vie *dans une joie solide, et même sensible, d'une pénitence austère*. J'en parle ici avec plaisir : j'ai passé mon enfance avec elle... »

Ici Choisy a vu et senti, il parle de source et n'a eu besoin de personne pour s'inspirer. Tels étaient les écrivains qui passaient presque pour médiocres du temps de Louis XIV. Mais quelle agréable langue, familière, fine, légère, pleine de ces tours inachevés et de ces négligences qui sont dans le génie même de la conversation et qui entrent mieux, si l'on peut dire, dans les plis de la pensée ! Choisy, comme écrivain de Mémoires, a beaucoup de Mme de Caylus ; et peut-être que, des deux, Mme de Caylus est encore la plus ferme, la plus exacte de plume, et la plus contenue. C'est lui qui trahit le plus la femme.

Je n'aurais jamais fini si je voulais tout dire sur un écrivain si abondant et si épars. Mais c'est assez l'avoir fait connaître par ses traits principaux et par ses meilleurs côtés. D'Alembert dans ses *Éloges*, le marquis d'Argenson dans ses *Mémoires*, ont donné sur Choisy des Notices parfaites. Puisque nous sommes en un jour de récréation, ne nous montrons pas trop sévère; Choisy a des titres à l'indulgence : il fut plus frivole et léger que corrompu : il resta naturel au milieu de ses bizarreries les plus étranges; il eut, à un certain jour, des sentiments sincères de piété qu'il tâcha de nourrir; il fit tout, dans ses trente dernières années, pour devenir sérieux et grave, il ne put jamais s'empêcher d'être amusant et aimable. Enfin il parla, il écrivit familièrement une langue excellente, et de cette multitude d'ouvrages qu'il composa, il en est un du moins qui a mérité de survivre, de prendre place dans la série respectable des témoignages historiques. Sa vie elle-même a son coin dans l'histoire comme une des anecdotes les plus singulières du grand siècle.

Lundi 10 mars 1851.

MADAME DE LA VALLIÈRE.

L'abbé de Choisy nous conduit assez naturellement à Mme de La Vallière par le gracieux portrait qu'il a tracé d'elle et que nous avons cité. Mme de La Vallière est un de ces sujets et de ces noms qui ont toujours jeunesse et fraîcheur en France : elle représente l'idéal de l'amante avec toutes les qualités de désintéressement, de fidélité, de tendresse unique et délicate, qu'on se plaît à y rassembler; elle ne représente pas moins en perfection la pénitence touchante et sincère. Vue de près et dans la réalité, sa vie répond bien à l'idée qu'on s'en fait de loin et à travers l'auréole; la personne ressemble de tout point à la réputation charmante qu'elle a laissée. Sans prétendre rien découvrir de nouveau en elle, donnons-nous le plaisir de la considérer un moment.

Françoise-Louise de La Baume Le Blanc de La Vallière fut baptisée le 7 août 1644, en la paroisse Saint-Saturnin de Tours; elle était née la veille probablement. Elle perdit son père de bonne heure; sa mère, qui s'était remariée à un homme qui avait une charge à la Cour, la plaça en qualité de fille d'honneur auprès de Madame lorsque cette sœur de Charles II épousa le frère de Louis XIV (1661). Cette Cour de Madame n'était que jeunesse, esprit, beauté, divertissement et intrigue.

Mlle de La Vallière, âgée de dix-sept ans, n'y paraissait d'abord que comme « fort jolie, fort douce et fort naïve. » Le jeune roi était occupé plus qu'il ne convenait de Madame, sa belle-sœur. La reine-mère, Anne d'Autriche, jalouse de l'amitié de son fils que lui ôtait Madame, trouvait fort à redire, au nom des mœurs, à une telle intimité : pour la mieux entretenir et pour la couvrir, il fut convenu entre Madame et Louis XIV que le roi ferait l'amoureux de quelqu'une des filles d'honneur de la princesse, ce qui lui serait un prétexte naturel à se mettre de toutes les parties et à venir à toutes les heures. On voulut prendre jusqu'à trois de ces personnes de parade pour mieux cacher le jeu, Mlle de Pons, Mlle de Chemerault, et Mlle de La Vallière. Cette dernière fut particulièrement une de celles que le roi s'était choisies pour en paraître amoureux. Mais, tandis qu'il ne songeait ainsi, en affichant cette jolie personne, qu'à donner le change au monde et à *éblouir* d'elle le public, le roi s'éblouit lui-même et devint sérieusement amoureux.

La beauté de Mlle de La Vallière était d'une nature, d'une qualité tendre et exquise, sur laquelle il n'y a qu'une voix parmi les contemporains. Les portraits gravés, les portraits peints eux-mêmes, ne donneraient pas aujourd'hui une juste idée de ce genre de charme qui lui était propre. La fraîcheur et l'éclat, un éclat fin, nuancé et suave, en composaient une partie essentielle. « Elle était aimable, écrit Mme de Motteville, et sa beauté avait de grands agréments par l'éclat de la blancheur et de l'incarnat de son teint, par le bleu de ses yeux qui avaient beaucoup de douceur, et par la beauté de ses cheveux argentés qui augmentait celle de son visage. » Ce blond d'argent de ses cheveux, joint à cette blancheur transparente et vive, cette douceur bleue de son regard, s'accompagnaient d'un son de voix touchant et qui allait au cœur; tout se mariait en elle harmonieusement. La tendresse, qui était l'âme de sa personne, s'y tempérait d'un fonds visible de vertu. La modestie, la grâce, une grâce simple et ingénue, un air de pudeur qui gagnait l'estime, inspiraient et disposaient à ravir tous ses mouvements. « Quoiqu'elle fût un peu boiteuse, elle dansait fort bien. » Un peu lente à marcher, tout d'un coup, quand il le fallait, elle se retrouvait des ailes. Plus tard, au Cloître, une de ses plus grandes gênes et mortifications sera pour la chaussure que, dans le monde, elle faisait accommoder à sa légère infirmité. Très-mince et même un peu maigre, l'habit de cheval lui seyait fort bien; le justaucorps faisait ressortir la finesse de la taille, et « les cravates la faisaient paraître plus grasse. » En tout, c'était une beauté touchante et non triomphante, une de ces beautés qui ne s'achèvent point, qui ne se démontrent point aux yeux toutes seules par les perfections du corps, et qui ont besoin que l'âme s'y mêle (et l'âme avec elle s'y mêlait toujours); elle était de celles dont on ne peut s'empêcher de dire à la fois et dans un même coup-d'œil : « C'est une figure et une âme charmantes. »

Le roi l'aima donc, et pendant des années uniquement et très-vivement : pour elle, elle n'aima en lui que lui-même, le roi et non la royauté, l'homme encore plus que le roi. Née modeste et vertueuse, elle eut une grande confusion de son amour, tout en s'y abandonnant, et elle résista le plus qu'elle put à tous les témoignages d'honneur et de faveur qui tendaient à le déclarer. Louis XIV se prêta et conspira à ce secret tant que vécut la reine-mère. On a, par une note de Colbert (1),

(1) Voir la *Revue rétrospective* de 1834, tome IV, page 251.

le détail circonstancié des deux premiers accouchements de Mme de La Vallière, qu'on retira, à cet effet, de l'appartement des filles de Madame, pour la loger dans le jardin du Palais-Royal. Colbert fut chargé de pourvoir à tout dans le plus grand mystère. Les deux premiers enfants qui naquirent de cette liaison, deux garçons qui vécurent peu, furent présentés au baptême par d'anciens domestiques, de pauvres gens, parmi lesquels un vrai *pauvre* de paroisse. Mais ce qui doit étonner davantage, c'est qu'en octobre 1666, lors de la naissance d'une fille qui fut Mlle de Blois, Mme de La Vallière, qui était alors à Vincennes auprès de Madame, dissimula si bien jusqu'au dernier moment, qu'elle ne fit presque que passer de la chambre de la princesse entre les mains de la sage-femme qui était cachée tout près de là, et que, le *soir même* de son accouchement, elle reparut dans l'appartement devant toute la compagnie, veilla et fut la tête découverte, en coiffure de bal, comme si de rien n'était. On peut conjecturer ce qu'elle devait moralement souffrir pour que la honte l'obligeât à une telle contrainte. La reine-mère, en effet, était morte à cette date, et rien n'assujettissait plus à ce degré Mme de La Vallière qu'elle-même. Les maîtresses du roi, après elle, ne se contraignirent pas tant.

Parlant un jour de Mme de Fontanges, cette maîtresse un peu sotte et glorieuse, Mme de Sévigné écrivait, en l'opposant à Mme de La Vallière : « Elle est toujours languissante, mais si touchée de la grandeur, qu'il faut l'imaginer précisément le contraire de cette *petite violette qui se cachait sous l'herbe*, et qui était honteuse d'être maîtresse, d'être mère, d'être duchesse : jamais il n'y en aura sur ce moule. »

Dès les premiers temps de sa liaison avec le roi, Mme de La Vallière avait déjà songé au Cloître; elle s'y réfugia jusqu'à deux fois avant la troisième retraite, qui fut la définitive et la suprême. La première fois qu'elle prit la fuite, ce fut dans le premier et le plus beau temps de ses amours. Cette Cour de Madame était, je l'ai dit, un labyrinthe d'intrigues et de galanteries entre-croisées. Mme de La Vallière avait appris, par la confidence d'une amie, quelque chose des manéges de Madame et de son jeu avec le comte de Guiche; elle ne le dit point au roi. Mais elle était trop simple et trop naturellement droite pour savoir dissimuler longtemps: le roi s'aperçut qu'elle lui cachait quelque chose, et il entra dans une grande colère. La Vallière, timide, et qui avait promis le secret à son amie, continua de se taire, et le roi sortit de plus en plus irrité. « Ils étaient convenus plusieurs fois, dit Mme de La Fayette, que, quelque brouillerie qu'ils eussent ensemble, ils ne s'endormiraient jamais sans se raccommoder et sans s'écrire. » La nuit se passa sans nouvelles et sans message; le matin, Mme de La Vallière, croyant tout perdu, sortit des Tuileries au désespoir et s'en alla se cacher dans un couvent, non de Chaillot cette fois, mais de Saint-Cloud. Le roi fut hors de lui quand on lui dit qu'on ne savait ce qu'était devenue La Vallière; il fit si bien qu'il apprit pourtant où elle était; il courut à toute bride, lui quatrième, pour la ramener aussitôt, prêt à commander de brûler le couvent, si on ne la lui rendait. Il ne fallut point tant d'effort: il trouva La Vallière couchée à terre, tout éplorée, dans le parloir du dehors du couvent; on n'avait point voulu la recevoir au dedans. Il lui dit en fondant en larmes: « Vous ne m'aimez point, et vous n'avez guère de soin de ceux qui vous aiment. » Il lui dit cela ou à peu près, ou dut le lui dire. Le roi, à cette époque, était amoureux fou d'elle, au point même d'être jaloux dans le passé, de s'inquiéter s'il était bien le premier qui se fût logé dans son cœur, et si elle n'avait point eu quelque première inclination en province pour un M. de Bragelone. La seconde fuite de Mme de La Vallière au couvent eut lieu dans des circonstances bien différentes. Les années du bonheur s'étaient écoulées; Mme de Montespan, spirituelle, altière, éblouissante, avait pris place et trônait à son tour dans le cœur du maître, et la pauvre La Vallière pâlissait. Il y avait eu, au mardi-gras de 1671, un bal à la Cour, où elle ne parut point; on apprit qu'elle était allée se réfugier dans le couvent de Sainte-Marie à Chaillot. Cette fois le roi ne courut point la chercher lui-même, il envoya Lauzun, et Colbert qui la ramena. On dit qu'il pleura encore, mais ce ne furent que quelques larmes, et les dernières. Mme de La Vallière revint, non plus en triomphe, mais comme une victime. Les trois années qu'elle resta depuis à la Cour ne furent pour elle qu'une longue épreuve et un supplice.

Elle disait souvent à Mme de Maintenon, dans cet intervalle où elle se disposait et s'aguerrissait à sa dernière retraite : « Quand j'aurai de la peine aux Carmélites, je me souviendrai de ce que ces gens-là (le roi et Mme de Montespan) m'ont fait souffrir. »

Elle souffrait, de la part d'une rivale, ce qu'elle-même, si douce et si indulgente, avait pourtant fait souffrir à une autre. La reine, épouse de Louis XIV, avait été très-sensible en effet à cette faveur de Mme de La Vallière, qui datait de si peu de temps après son mariage, et elle en avait versé plus de larmes qu'on ne le supposait généralement de son apparente froideur : « Voyez-vous cette fille qui a des pendants de diamants? c'est celle que le roi aime, » disait un jour en espagnol la reine à Mme de Motteville en lui montrant du doigt

Mlle de La Vallière, qui traversait l'appartement. Le cœur de la reine, à ce moment, ne faisait que soupçonner l'infidélité; quand elle en fut informée plus tard à n'en plus douter, cette certitude lui fit verser beaucoup de larmes. En mai 1667, le roi, avant de partir pour l'armée, avait envoyé un Édit au Parlement, avec un préambule qu'on dit écrit de la belle plume de Pellisson; il avait, par cet Édit, reconnu une fille qu'il avait eue de Mme de La Vallière, et conféré à la mère le titre et les honneurs de duchesse. La reine et les dames de la Cour allèrent faire visite au roi, qui était au camp à l'armée de Flandre. Mme de La Vallière, toute confuse et désespérée qu'elle était de sa grandeur nouvelle, mais entraînée par son amour, arriva sans être mandée par la reine, et presque malgré elle. Quand on fut en vue du camp, malgré la défense expresse que la reine avait faite que personne ne la précédât, Mme de La Vallière n'y put tenir, et elle fit courir son carrosse à toute bride à travers champs, tout droit au lieu où elle croyait trouver le roi : « la reine le vit; elle fut tentée de l'envoyer arrêter et se mit dans une effroyable colère. » Voilà ce que la modeste La Vallière s'était permis en vue de toute la Cour. Tant il est vrai que les plus timides ne le sont plus quand leurs passions sont une fois déchaînées et les emportent. N'a-t-elle donc pas eu raison plus tard de dire en s'accusant, dans ses *Réflexions sur la Miséricorde de Dieu,* que sa gloire et son *ambition* (il faut entendre son ambition et sa joie d'être aimée et préférée) avaient été comme des *chevaux furieux* qui entraînaient son âme dans le précipice? Cette phrase a paru trop forte pour être de Mme de La Vallière. J'en crois voir ici la justification.

Parmi les dames qui se montrèrent le plus scandalisées de cette audace inaccoutumée de Mme de La Vallière, on en remarquait surtout une qui disait : « Dieu me garde d'être maîtresse du roi ! mais si j'étais assez malheureuse pour cela, je n'aurais jamais l'effronterie de me présenter devant la reine. » Cette dame si scrupuleuse, et qui le disait si haut, était Mme de Montespan, celle même qui, dès ce moment, allait chercher, par tous les brillants de la coquetterie et toutes les saillies de l'esprit, à supplanter la pauvre La Vallière dans la faveur du maître.

Il est temps d'arriver aux sentiments de douleur et de repentir qui ont épuré la passion de Mme de La Vallière, et qui ont donné aux trente-six dernières années de sa vie la consécration sans laquelle elle n'eût été qu'une maîtresse de roi assez touchante, mais ordinaire. Lorsqu'elle revint à la Cour en 1671, après sa fuite au couvent de Chaillot, la raillerie fut grande. Toutes les femmes du monde, toutes les femmes d'esprit, Mme de Sévigné elle-même, trouvèrent qu'elle manquait de dignité. C'est que la dignité et l'amour ne vont guère ensemble, et que tant qu'on aime, tant qu'on espère encore, si peu que ce soit, on fait bon marché de tout le reste. On souriait donc de Mme de La Vallière et de ses velléités de religion qui ne tenaient pas : « A l'égard de Mme de La Vallière, écrivait Mme de Sévigné à sa fille (27 février 1671), nous sommes au désespoir de ne pouvoir vous la remettre à Chaillot ; mais elle est à la Cour beaucoup mieux qu'elle n'a été depuis longtemps ; il faut vous résoudre à l'y laisser (1). » Et encore (15 dé-

(1) On lit dans les Mémoires du chanoine Maucroix, à l'occasion d'un voyage qu'il fit à Fontainebleau, au mois d'août 1671 :

« M. Barrois (un autre chanoine) et moi ayant vu les carrosses de Sa Majesté qui étaient dans la cour de l'Ovale, nous attendîmes près d'une heure, et enfin nous vîmes le roi monter dans sa calèche ; Mme de La Vallière placée la première, le roi après et ensuite

cembre 1673) : « Mme de La Vallière ne parle plus d'aucune retraite ; c'est assez de l'avoir dit : sa femme-de-chambre s'est jetée à ses pieds pour l'en empêcher : peut-on résister à cela ? » On voyait la pauvre immolée figurer, non-seulement à la Cour, mais à la suite de sa rivale et dans son cortége : « Mme de Montespan, abusant de ses avantages, dit Mme de Caylus, affectait de se faire servir par elle, donnait des louanges à son adresse, et assurait qu'elle ne pouvait être contente de son ajustement si elle n'y mettait la dernière main. Mme de La Vallière s'y portait de son côté avec tout le zèle d'une *femme-de-chambre*, dont la fortune dépendrait des agréments qu'elle prêterait à sa maîtresse. » Tels étaient les propos du monde, qui aime à rabaisser et à dénigrer tout ce qui a brillé, sauf à s'apitoyer plus tard sur l'objet même de sa rigueur : on a ainsi joué de toutes les cordes de l'émotion et de la conversation. Faut-il croire ce qu'ajoute Madame, mère du Régent, qui nous dit avec sa franchise toute germanique : « La Montespan, qui avait plus d'esprit, se moquait d'elle publiquement, la traitait fort mal, et obligeait le roi à en agir de même. Il fallait traverser la chambre de La Vallière pour se rendre chez la Montespan. Le roi avait un joli épagneul appelé *Malice*. A l'instigation de la Montespan, il prenait ce petit chien et le jetait à la duchesse de La Vallière, en disant : *Tenez, Madame, voilà votre*

Mme de Montespan, tous trois sur un même siége, car la calèche était fort large. Le roi était fort bien vêtu d'une étoffe brune avec beaucoup de passements d'or ; son chapeau en était bordé ; il avait le visage assez rouge. La Vallière me parut fort jolie, et avec plus d'embonpoint qu'on ne me l'avait figuré. Je trouvai Mme de Montespan fort belle, surtout elle avait le teint admirable. Tout disparut en un moment. »

Voilà la vie de Mme de La Vallière à la Cour depuis 1671, le roi entre elle et Mme de Montespan, un martyre de tous les jours : et les badauds qui admirent !

compagnie, c'est assez. Cela était d'autant plus dur, qu'au lieu de rester chez elle, il ne faisait que passer pour aller chez la Montespan. Cependant, elle a tout souffert en patience. » Que se passait-il, durant ce temps-là, dans l'âme sincère et tendre, dans l'âme repentante qui s'abreuvait ainsi comme à plaisir de l'amertume du calice, afin de se laisser punir par où elle avait péché? Elle-même a consigné les sentiments secrets de son cœur dans une suite de *Réflexions sur la Miséricorde de Dieu*, qu'elle écrivait au sortir d'une grave maladie qu'elle fit en ces années.

Ce petit écrit, qui parut pour la première fois en 1680, du vivant même de Mme de La Vallière, a été souvent réimprimé depuis : mais nous avertissons les lecteurs qui croient le connaître d'après l'édition donnée par Mme de Genlis, et en général d'après les dernières éditions, que le style en a été continuellement altéré, affaibli, et qu'ils n'ont pas entre les mains la pure et vraie confession de Mme de La Vallière.

Elle s'y compare, dès l'abord, à ces trois grandes pécheresses, la Cananéenne, la Samaritaine et la Madeleine. Parlant de la première, de la *Cananée,* elle s'écrie : « Regardez-moi quelquefois en m'approchant de vous comme cette humble étrangère, j'entends, Seigneur, comme une *pauvre chienne*, qui s'estime trop heureuse de ramasser les miettes qui tombent de la table où vous festinez vos Élus. » L'expression est franche jusqu'à la crudité, mais elle est sincère, et, en reproduisant le texte de Mme de La Vallière, il ne fallait pas la supprimer, surtout quand on assure qu'*on ne s'est pas permis d'y changer un seul mot* (1).

(1) On m'avertit que la Bibliothèque du Louvre possède un exemplaire des *Réflexions sur la Miséricorde de Dieu* (5e édition, 1688) corrigé à la main, et dont les corrections sont attribuées à *Bossuet*

Tout à côté on retrouve des pensées plus douces, plus conformes à l'idée qu'on se fait de cette âme délicate et timide : « Car, hélas ! je suis si faible et si changeante, que mes meilleurs désirs ressemblent à cette fleur des champs dont parle votre Prophète-roi, qui fleurit le matin et qui sèche le soir. » Pour se préserver de ses rechutes, de ses faiblesses, « du doux poison de plaire à ce monde et de l'aimer, » elle invoque un de ces *coups de miséricorde* qui affligent, humilient, et à la fois retournent vers Dieu une âme. Ce mot de *miséricorde*, qui est au titre du livre, revient à tout instant ; il abonde sur ses lèvres, c'est son cri ; c'est le nom aussi sous lequel elle entrera dans la vie religieuse, *sœur Louise de la Miséricorde*. On a essayé, dans ces derniers

lui-même. En parcourant cet exemplaire, comme je viens de le faire, grâce à l'obligeance de M. Barbier, je vois avec étonnement que la plupart des corrections qui altèrent et affaiblissent le texte primitif proviennent de ce volume, d'où elles auront passé dans les éditions subséquentes : les derniers Éditeurs, et Mme de Genlis en particulier, ne seraient coupables alors que de les avoir accueillies et empruntées. Mais comment se peut-il que Bossuet ait agi en ceci comme Mme de Genlis ou tout autre écrivain esclave d'une élégance timide eût été capable de faire, qu'il ait partout affaibli et atténué ce qui donnait à l'expression de l'accent et du caractère, et que sa plume, en raturant et en corrigeant autrui, soit allée au rebours de ce qu'elle pratique si hautement elle-même ? Qu'on se rappelle seulement tout ce qu'il a osé introduire et citer de hardiment familier dans l'Oraison funèbre de la princesse Palatine, Pourquoi aurait-il refusé la même familiarité à Mme de La Vallière ? Je ne puis entrer ici dans la discussion de ce point, ni approfondir mes doutes : je me borne à maintenir, à mes risques et périls, mon impression de goût, et à dire, quel que puisse être le correcteur, que la véritable et entière confession de la pénitente doit se chercher dans les Éditions premières.

En un mot, l'exemplaire du Louvre donne lieu à deux questions : 1° Les corrections sont-elles en effet de Bossuet ? 2° Sont-elles dignes de Bossuet ? Je laisse l'examen du premier point aux experts en écriture ; et, sur le second, je réponds sans hésiter pour plus d'un passage : *Non*.

temps, de douter que ce petit écrit fût en effet de Mme de La Vallière (1); mais ce seul mot de *miséricorde*, ains placé avec une intention manifeste, ne devient-il pas comme une signature?

On trouve, on devine des allusions plus ou moins couvertes à ses humiliations, à ses souffrances : « Que si pour m'imposer, dit-elle, une pénitence en quelque façon convenable à mes offenses, vous voulez (ô mon Dieu!) que, par des devoirs indispensables, je reste encore dans le monde, pour y souffrir *sur ce même échafaud où je vous ai tant offensé*, si vous voulez tirer de mon péché ma punition même, en faisant devenir les bourreaux de mon cœur ceux que j'en avais faits les idoles : *Paratum cor meum, Deus* (mon cœur est tout prêt, ô Seigneur!). » En attendant le grand coup qu'elle espère, elle se fait une résolution de profiter des moindres secours intérieurs pour s'acheminer dans la voie du retour : « Je n'attendrai donc pas, ô mon Dieu! à sortir de mon dangereux assoupissement, que tout le soleil de votre justice soit levé. Aussitôt que l'aurore de votre Grâce commencera à poindre, je commencerai d'agir et de travailler à l'œuvre de mon salut... en me contentant d'avancer et de croître dans votre amour comme l'aurore, *doucement et imperceptiblement*... » Il est naturel de rapprocher ces paroles de celles mêmes que Bossuet écrivait au sujet de Mme de La Vallière, à la veille de son entière conversion : « Il me semble, disait-il, qu'elle avance un peu ses affaires à sa manière, *doucement et lentement*. » Ainsi sa démarche habituelle, même dans le chemin du salut, était une douce lenteur, et comme un air de molle nonchalance, jusqu'à ce que l'amour lui eût donné les ailes qui enlèvent.

(1) Voir le *Bulletin du Bibliophile*, publié chez Techener, 1850, n° 17, page 611.

« Celui qui aime, court, vole et se réjouit; il est libre et rien ne l'arrête. » C'est *l'Imitation de Jésus-Christ* qui le dit : Mme de La Vallière, qui avait si bien senti cela dans l'ordre des sentiments humains, put bientôt se le redire à elle-même dans la suite de son progrès céleste.

On reconnaît vers la fin des *Réflexions* les vifs élans de cet amour tendre qui est en voie de se transformer en passion divine et en charité. La *demi-pénitente* (comme elle s'appelle) est tout occupée à obtenir de son âme de transporter, de *transposer* son amour; il faut que cette âme se tourne à rendre désormais à Dieu seul ce qu'elle avait égaré ailleurs sur un des dieux de la terre : « Qu'elle vous aime (ô Seigneur!) avec une *vive et amoureuse douleur* de ses infidélités passées, et avec tout le respect et le religieux tremblement que mérite votre souveraine Majesté. »

De talent, d'imagination proprement dite, il ne saurait en être convenablement question, en appréciant un écrit de cette simplicité. Deux ou trois passages dénotent seulement une expression assez figurée et assez vive :

« Il est vrai, Seigneur, que si l'oraison d'une Carmélite qui est retirée dans la solitude, et qui n'a plus qu'à se remplir de vous, est comme une douce cassolette qu'il ne faut qu'approcher du feu pour rendre une odeur très-suave, celle d'une pauvre créature qui est encore attachée à la terre, et qui ne fait proprement que ramper dans le chemin de la vertu, est comme ces eaux bourbeuses qu'il faut distiller peu à peu pour en tirer une utile liqueur. »

Ce petit écrit, dans lequel deux ou trois traits au plus ne s'accorderaient pas entièrement avec l'idée classique qu'on se fait de Mme de La Vallière, lui a été attribué par la tradition la plus constante et lui a été compté dans l'estime de ses contemporains : « Il est certain, dit Mme de Caylus, que le style de la dévotion convenait mieux à son esprit que celui de la Cour, puisqu'elle a paru en avoir beaucoup de ce genre. » Mlle de Montpensier dit également : « Elle est une fort bonne religieuse et passe présentement pour avoir beaucoup d'esprit : la Grâce fait plus que la nature, et les effets de l'une lui ont été plus avantageux que ceux de l'autre. » Si Mme de La Vallière, à qui on avait refusé l'esprit du monde, passait pour en avoir beaucoup dans le genre de la dévotion, ce devait être en grande partie à cause de ce petit écrit qu'on avait lu et qu'on avait cru d'elle.

Les lettres de Mme de La Vallière au maréchal de Bellefonds, et celles de Bossuet à ce même maréchal au sujet de Mme de La Vallière, complètent le tableau intérieur de sa conversion. Le maréchal de Bellefonds, homme de mérite et de piété, avait une sœur religieuse aux Carmélites du faubourg Saint-Jacques, où Mme de La Vallière avait dessein de se retirer. Il exhortait et fortifiait de son mieux la pauvre âme en peine, que Bossuet soutenait et excitait de son côté :

« J'ai vu M. de Condom (Bossuet), et lui ai ouvert mon cœur, écrivait Mme de La Vallière au maréchal (21 novembre 1673) : il admire la grande miséricorde de Dieu sur moi, et me presse d'exécuter sur-le-champ sa sainte volonté ; il est même persuadé que je le ferai plus tôt que je ne crois. Depuis les deux jours que je ne l'ai vu, le bruit de ma retraite s'est si fort répandu, que tous mes amis et mes proches m'en ont parlé. Ils s'attendrissent d'avance sur mon sort : je ne sais pas pourquoi l'on parle, car je n'ai rien fait qui soit marqué : je crois que c'est Dieu qui le permet pour m'attirer à lui plus vite. »

On ne trouve pas, dans les lettres de Mme de La Vallière, un seul mot qui ne soit naturel, humble et doux d'une reconnaissance vive pour ceux qui lui veulent du bien, d'une parfaite indulgence pour les autres : « Mes affaires n'avancent point, écrit-elle (11 janvier 1674), et je ne trouve nul secours dans les personnes dont j'en pouvais attendre : il faut que j'aie la mortification d'importuner *le maître*, et vous savez ce que c'est pour moi... » Et ailleurs : « Quitter la Cour pour le Cloître, ce n'est point là ce qui me coûte; mais parler au roi, oh! voilà mon supplice. » La vue de sa fille, Mlle de Blois, l'attendrit, mais sans l'ébranler : « Je vous avoue que j'ai eu de la joie de la voir jolie comme elle était ; je m'en faisais en même temps un scrupule; je l'aime, mais elle ne me retiendra pas un seul moment; je la vois avec plaisir, et je la quitterai sans peine : accordez cela comme il vous plaira; mais je le sens comme je vous le dis. » Ces luttes, ces difficultés dernières traînent encore et se prolongent quelque temps, jusqu'à ce que la résolution persévérante vienne à son terme, et qu'éclate un matin l'accent de délivrance :

« Enfin je quitte le monde, s'écrie-t-elle le 19 mars 1674 : c'est sans regret, mais ce n'est pas sans peine; ma faiblesse m'y a retenue longtemps sans goût, ou, pour parler plus juste, avec mille chagrins; vous en savez la plus grande partie, et vous connaissez ma sensibilité; elle n'est point diminuée, je m'en aperçois tous les jours, et je vois bien que l'avenir ne me donnerait pas plus de satisfaction que le passé et le présent. Vous jugez bien que, selon le monde, je dois être contente, et, selon Dieu, je suis transportée. Je me sens vivement pressée de répondre aux grâces qu'il me fait, et de m'abandonner absolument à lui.

« Tout le monde part à la fin d'avril; je pars aussi, mais c'est pour aller dans le plus sûr chemin du Ciel. Dieu veuille que j'y avance, comme j'y suis obligée, pour obtenir le pardon de mes fautes! Je me trouve dans des dispositions si *douces* et si *cruelles*, mais en même temps si *décidées* (accordez cette opposition qui est en moi), que les personnes à qui j'ouvre mon cœur admirent de plus en plus l'extrême miséricorde de Dieu à mon égard. »

Parlant de Bossuet, elle dit : « Pour M. de Condom, c'est un homme admirable par son esprit, sa bonté et son amour de Dieu. » Et, en effet, quand on lit en même temps les lettres de Bossuet sur Mme de La Vallière, on est touché de ce caractère de bonté, de charité parfaite, et même d'humilité, dans le grand directeur et le sublime orateur. Il avait commencé par trouver que Mme de La Vallière allait un peu lentement : « Un naturel un peu plus fort que le sien aurait déjà fait plus de pas, écrivait-il ; mais il ne faut point l'engager à plus qu'elle ne pourrait soutenir. » Sa résolution extrême, une fois qu'elle l'eut déclarée, ne manquait pas de contradicteurs, et surtout de moqueurs. Mme de Montespan, particulièrement, raillait fort ce projet des Carmélites, et on craignait que le roi n'y mît opposition : il fallait tout ménager. Bossuet suivait cette alternative de retards et de progrès avec une sollicitude paternelle : « Il me semble, disait-il de l'humble convertie, que, sans qu'elle fasse aucun mouvement, ses affaires avancent. Dieu ne la quitte point, et, sans violence, il rompt ses liens. » Puis tout à coup, quand le dernier fil est usé et se rompt, quand la colombe prend son essor, il est dans la joie et le triomphe, il est dans l'admiration à son tour :

« Je vous envoie, écrit-il au maréchal de Bellefonds, une lettre de Mme la duchesse de La Vallière, qui vous fera voir que, par la grâce de Dieu, elle va exécuter le dessein que le Saint-Esprit lui avait mis dans le cœur. Toute la Cour est édifiée et étonnée de sa tranquillité et de sa joie, qui s'augmente à mesure que le temps approche. En vérité, ses sentiments ont quelque chose de si divin, que je ne puis y penser sans être en de continuelles actions de grâces : et la marque du doigt de Dieu, c'est la *force* et l'*humilité* qui accompagnent toutes ses pensées ; c'est l'ouvrage du Saint-Esprit... cela me ravit et me confond ; *je parle, et elle fait ; j'ai les discours, elle a les œuvres. Quand je considère ces choses, j'entre dans le désir de me taire et de me cacher... pauvre canal où les eaux du Ciel passent, et qui à peine en retient quelques gouttes !* »

C'est ainsi que parlait et pensait sur lui-même, avec une simplicité touchante, ce grand évêque, l'oracle de son siècle et le plus élevé des hommes par le talent.

La veille du jour où elle quitta la Cour, Mme de La

Vallière alla souper chez Mme de Montespan; elle voulut boire le calice jusqu'à la dernière goutte de la lie et savourer le *rebut du monde,* comme dit Bossuet, jusque dans le dernier reste de son amertume. Le lendemain, 20 avril 1674, elle entendit la messe du roi qui partait pour l'armée; au sortir de la messe, elle demanda pardon à genoux à la reine pour ses offenses, puis monta en carrosse et se rendit aux Carmélites du faubourg Saint-Jacques, où une grande foule de peuple rangée sur son passage l'attendait. En entrant, elle se jeta aux genoux de la Supérieure, en lui disant : « Ma Mère, j'ai toujours fait un si mauvais usage de ma volonté, que je viens la remettre entre vos mains. » Sans attendre la fin de son noviciat, et le jour même de son entrée dans le Cloître, elle fit couper ses cheveux, « autrefois l'admiration de tous ceux qui ont parlé de sa personne. » L'arbre charmant ne voulut pas attendre le terme de la saison sacrée, et il avait hâte de se dépouiller de sa dernière couronne. — Mme de La Vallière, en entrant au Cloître, n'avait que trente ans.

Bossuet ne put prononcer le Sermon pour la *vêture* ou prise d'habit, qui eut lieu en juin 1674, mais il le prononça pour la *profession*, c'est-à-dire l'engagement irrévocable, qui se fit en juin 1675. Mme de La Vallière, devenue sœur Louise de la Miséricorde, reçut solennellement le voile noir des mains de la reine. Qu'on juge de l'attente en pareille occasion : « Cette belle et courageuse personne, écrit Mme de Sévigné, fit cette action comme toutes les autres de sa vie, d'une manière noble et charmante : elle était d'une beauté qui surprit tout le monde; mais ce qui vous étonnera, c'est que le Sermon de M. de Condom (Bossuet) ne fut point aussi divin qu'on l'espérait. » Quand on lit aujourd'hui le Sermon de Bossuet, on comprend et l'on partage un peu, je l'avoue, l'impression de Mme de Sévigné, on se dit qu'on s'attendait à autre chose. Tant pis pour ceux qui s'y attendaient et pour nous-même! Bossuet, avant d'être un orateur, était un homme religieux, un véritable évêque, et, dans la circonstance présente, il sentit à quel point il convenait d'être grave, de ne prêter en rien au sourire, ni à l'allusion, ni à la malice secrète des cœurs, qui se serait complu à certains souvenirs et à certains tableaux. Il transporta tout d'abord son auditoire dans la région la plus élevée et la plus pure. Il avait pris pour texte la parole de Celui qui est assis sur le trône, dans l'Apocalypse : *Je renouvelle toutes choses*, et il l'avait appliquée au cas présent. Plus il avait vu Mme de La Vallière dans le temps de son noviciat, plus il avait été frappé de sa force et de son essor, de son entier renouvellement de cœur. Ce qu'il voulait avant tout, en prêchant devant elle, c'était de porter à cette âme une *bonne parole*, et non de briller aux yeux des mondains par un de ces miracles d'éloquence qui lui étaient si faciles et si familiers :

« Mais prenez bien garde, Messieurs, qu'il faut ici observer plus que jamais le précepte que nous donne l'Ecclésiastique : « Le sage qui entend, dit-il, une parole sensée, la loue et se l'applique à lui-même. » Il ne regarde pas à droite et à gauche, à qui elle peut convenir ; il se l'applique à lui-même, et il en fait son profit. Ma sœur, ajouta-t-il en se tournant vers la nouvelle religieuse, parmi les choses que j'ai à vous dire, vous saurez bien démêler ce qui vous est propre. Faites-en de même, Chrétiens... »

C'est en ces termes simples et qui coupaient court à toute curiosité vaine et étrangère, que Bossuet aborde son sujet et qu'il s'attache à définir et à décrire les deux amours, le profane et le divin, « l'amour de soi-même poussé jusqu'au mépris de Dieu, » et « l'amour de Dieu poussé jusqu'au mépris de soi-même. »

Ce n'est pas à nous ici de le suivre. Dans le tableau qu'il traçait du second amour et des efforts de l'âme repentante pour se dégager et revenir à son divin principe, il y avait pourtant bien des traits d'une application directe et délicate. Faisant allusion à cette chevelure coupée qui est le premier sacrifice de la vie religieuse et qui n'est pas le moindre, Bossuet empruntait la parole d'Isaïe :

« J'ai vu les filles de Sion, la tête levée, marchant d'un pas affecté, avec des contenances étudiées, en faisant signe des yeux à droite et à gauche : pour cela, dit le Seigneur, *je ferai tomber tous leurs cheveux.* » — « Quelle sorte de vengeance! poursuivait le grand prédicateur à son tour. Quoi! fallait-il foudroyer et le prendre d'un ton si haut pour abattre des cheveux? Ce grand Dieu, qui se vante de déraciner par son souffle les cèdres du Liban, tonne pour abattre les feuilles des arbres! Est-ce là le digne effet d'une main toute-puissante? Qu'il est honteux à l'homme d'être si fort attaché à des choses vaines, que les lui ôter soit un supplice! »

Et montrant l'âme qui se dépouille peu à peu des ornements extérieurs, colliers, bracelets, anneaux, parure, et qui *commence à être plus proche d'elle-même*, il ajoutait : « Mais osera-t-elle toucher à ce corps *si tendre, si chéri, si ménagé?* » Il répondait avec vigueur au nom de cette âme généreuse qui va, au contraire, s'en prendre au corps comme à son plus dangereux séducteur, qui déclare une guerre immortelle et irréconciliable à tous les plaisirs, puisqu'ils l'ont trompée une fois, et qui, venant enfin à s'assiéger elle-même, s'impose de toutes parts des bornes, des clôtures et des contraintes, de peur de laisser à sa liberté le moindre jour par où elle puisse s'égarer : « Ainsi resserrée de toutes parts, disait-il, elle ne peut plus respirer que du côté du Ciel. »

Une fois entrée dans cette voie de prière et de pénitence, Mme de La Vallière ne se retourna pas en arrière un seul instant. Elle était quelquefois visitée par la reine, par Mme de Montespan elle-même : elle se dérobait le plus qu'elle pouvait à ces communications avec le dehors. Un jour que Mme de Montespan lui demandait si, tout de bon, elle était aussi aise qu'on le disait : « Non, répondit-elle avec un tact que l'esprit emprunte au cœur, je ne suis point aise, je suis contente. » *Content* est bien, en effet, le mot chrétien, celui qui exprime la tranquillité, la paix, la soumission, une joie sans dissipation, quelque chose de contenu encore.

Mme de La Vallière, en entrant au Cloître, avait deux enfants vivants. Son fils, le comte de Vermandois, mourut à la fleur de l'âge (1683), atteint déjà et souillé par les vices de la jeune Cour. Ce fut Bossuet qui fut chargé d'annoncer à la mère cette perte sensible. Elle n'eut dans le premier moment que des larmes; dès qu'elle fut en état de répondre, la pénitente en elle reprenant le dessus, elle dit : « C'est trop pleurer la mort d'un fils dont je n'ai pas encore assez pleuré la naissance. » Sa fille, Mlle de Blois, qui épousa le prince de Conti, était un modèle de grâce; c'est d'elle que La Fontaine a dit, pour peindre sa démarche légère et comme aérienne :

> L'herbe l'aurait portée; une fleur n'aurait pas
> Reçu l'empreinte de ses pas.

Quand elle épousa le prince de Conti (1680), on s'empressa de toutes parts de venir faire compliment à la mère, et celle-ci soutint ce dernier hommage du monde, qui lui était bien plutôt une humiliation, avec une modestie, une bonne grâce et une décence accomplie, qui ont été fort célébrées. Mme de Sévigné avait d'abord commencé par plaisanter là-dessus comme les meilleures personnes du monde ne peuvent s'empêcher de faire : « On dit qu'elle (Mme de La Vallière) a parfaitement bien accommodé son style à son voile noir, et assaisonné sa tendresse de mère avec celle d'épouse de Jésus-Christ.» Mais quand elle fut allée elle-même à la grille et qu'elle eut vu Mme de La Vallière, elle n'eut plus qu'un cri d'admiration pour une simplicité si véritablement humble et si noble encore :

« Mais quel Ange m'apparut à la fin!... Ce fut, à mes yeux, tous les charmes que nous avons vus autrefois; je ne la trouvai ni bouffie, ni jaune; elle est moins maigre et plus contente; elle a ses mêmes yeux et ses mêmes regards; l'austérité, la mauvaise nourriture et le peu de sommeil ne les lui ont ni creusés, ni battus; cet habit si étrange n'ôte rien à la bonne grâce, ni au bon air; pour la modestie, elle n'est pas plus grande que quand elle donnait au monde une princesse de Conti; mais c'est assez pour une Carmélite. Elle me dit mille honnêtetés, et me parla de vous (de Mme de Grignan) si bien, si à propos, tout ce qu'elle dit était si assorti à sa personne, que je ne crois pas qu'il y ait rien de mieux. »

Et elle finit son hymne d'éloges par cette réflexion toute mondaine : « En vérité, cet habit et cette retraite sont une grande dignité pour elle. »

Mme de La Vallière ne pensait certes point à s'en faire une dignité. Tout entière aux douceurs et aux consolations de la vie cachée, elle ne croyait pas trop les acheter par les austérités et les mortifications qu'elle s'imposait avec ardeur et avec une sorte de raffinement. Ceux qui ont écrit le récit de sa vie pénitente se sont plu à en citer des exemples singuliers, qui nous toucheraient trop peu aujourd'hui; mais le principe qui les lui inspirait, et le but dont elle s'approchait par ces moyens, sont à jamais dignes de respect dans tous les temps, et de quelque point de vue qu'on les envisage : « *J'espère, je crois et j'aime*, disait-elle; c'est à Dieu à perfectionner ses dons. » — « *Espérer* et *croire*, ce sont deux grandes vertus; mais qui n'a point la *charité* n'a rien : il est comme une plante stérile que le soleil n'éclaire point. » Cette belle âme, réalisant désormais en elle les qualités de l'amour divin, se considéra jusqu'à la fin comme l'une des dernières devant Dieu : « Je ne lui demande pas, disait-elle, de ces grands dons qui ne sont faits que pour les grandes âmes qu'il a mises dans le monde pour l'éclairer, je ne pourrais pas les contenir; mais je lui demande qu'*il incline mon cœur,* selon sa parole, à rechercher sa loi, à la méditer nuit et jour. » De telles dispositions, quelle que soit la forme dont elles s'enveloppent, sont à jamais précieuses, et elles mènent dans tous les temps à la sublimité de la morale.

Mme de La Vallière mourut le 6 juin 1710, après trente-six années de Cloître. Louis XIV l'avait vue entrer au couvent d'un *œil sec.* Il avait conservé pour elle *une estime et une considération sèche,* dit Saint-Simon. Voilà bien des sécheresses, et qui en disent encore trop peu. Il avait dès longtemps cessé de l'aimer; mais quand elle lui avait prouvé qu'elle pouvait s'arracher à lui et lui en préférer un autre, cet autre ne fût-il que Dieu seul, elle l'avait entièrement détaché et aliéné d'elle; il ne le lui avait point pardonné : « Elle m'a souvent dit, raconte Madame, mère du Régent, que si le roi venait dans son couvent, elle refuserait de le voir et se cacherait de manière qu'il ne la trouverait point. Elle a été dispensée de cette peine, car le roi n'est jamais venu. Il l'a oubliée comme s'il ne l'avait pas connue. »

Des trois femmes qui ont véritablement occupé Louis XIV, et qui se sont partagé son cœur et son règne, Mme de La Vallière, Mme de Montespan et Mme de Maintenon, la première reste de beaucoup la plus intéressante, la seule vraiment intéressante en elle-même. Fort inférieure aux deux autres par l'esprit, elle leur est incomparablement supérieure par le cœur : on peut dire qu'à cet égard elle habite dans une autre sphère, où ces deux femmes d'esprit (et la dernière qui fut de plus une femme de raison) n'atteignirent jamais. Toutes les fois qu'on voudra se faire l'idée d'une amante parfaite, on pensera à La Vallière. Aimer pour aimer, sans orgueil, sans coquetterie, sans insulte, sans arrière-pensée d'ambition, ni d'intérêt, ni de raison étroite, sans ombre de vanité, puis souffrir, se diminuer, sacrifier même de sa dignité tant qu'on espère, se laisser humilier ensuite pour expier; quand l'heure est venue, s'immoler courageusement dans une espérance plus haute, trouver dans la prière et du côté de Dieu des trésors d'énergie, de tendresse encore et de renouvellement; persévérer, mûrir et s'affermir à chaque pas, arriver à la plénitude de son esprit par le cœur, telle fut sa vie, dont la dernière partie développa des ressources de vigueur et d'héroïsme chrétien qu'on n'aurait jamais attendues de sa délicatesse première. Elle rappelle, comme amante, Héloïse ou encore la Religieuse portugaise, mais avec moins de violence et de flamme : car celles-ci n'eurent pas seulement le génie de la passion, elles en eurent l'emportement et la fureur; La Vallière n'en a que la tendresse. Ame et beauté toute fine et suave, elle a plus de Bérénice en elle que ces deux-là. Comme religieuse, comme Carmélite et fille de sainte Thérèse, ce n'est point à nous à nous permettre de lui chercher ici des termes de comparaison. Disons seulement, de notre ton le moins profane, que, quand on vient de relire l'admirable chapitre V du livre III de *l'Imitation*, où sont exprimés les effets de l'amour divin, qui n'est dans ce chapitre que l'idéal de l'autre amour, Mme de La Vallière est une de ces figures vivantes qui nous l'expliquent en leur personne et qui nous le commentent le mieux.

Lundi 17 mars 1851.

M. DE LATOUCHE.

Il est de ceux dont il convient de parler à l'heure où ils disparaissent, car il est compliqué, difficile à comprendre, et la postérité n'a le temps de se souvenir que de ce qui se détache avec unité et netteté. Chacun à sa manière lui a déjà rendu hommage, un hommage mêlé, dans lequel les restrictions et les correctifs entrent pour une grande part, mais qui s'est trouvé unanime sur un point, la distinction de l'esprit. Nous ferons comme les autres, et nous dirons notre mot sur l'homme d'esprit, sur l'homme de talent disparu, en tâchant d'être juste, et en adoucissant par endroits cette justice d'un peu de cette indulgence dont chacun de nous a besoin le jour où il tombe.

J'ai cru d'abord que je ne saurais pas dire où et quand était né M. de Latouche. Il y a des livres commodes où nous tous, gens de Lettres, sommes rangés depuis longtemps par ordre alphabétique, avec les titres et les dates de nos productions, avec la date de notre naissance; il n'y manque plus que celle de notre mort. M. de Latouche, l'un des hommes de nos jours qui ont le plus écrit depuis quarante ans et de tous les côtés, avait eu l'art d'échapper en partie à cet enregistrement et à ce cadastre littéraire. Vous le chercheriez vainement dans la *Biographie Rabbe-Boisjolin*. Ses œuvres sont mentionnées au long dans *la France littéraire* de Quérard, mais la date de sa naissance ne s'y trouve pas. Le coquet avait toujours eu soin de cacher son âge : le soi-disant démocrate ne dérobait pas moins soigneusement son nom. Il s'appelait en réalité *Hyacinthe* (et non Henri) *Thabaud* de Latouche. Il paraît bien qu'il était né au Blanc, petite ville du Berry (1), en février 1785 : ce qui le fait mourir à l'âge de soixante-six ans accomplis. Les messieurs Thabaud étant plusieurs frères, chacun d'eux avait pris, selon l'usage de l'ancien régime, un surnom de forme nobiliaire pour se distinguer des autres; le père d'Hyacinthe avait surnom *de Latouche*. Il n'y avait rien à tout cela que de très-simple. Pourquoi donc en faire tant de mystère? C'est que M. de Latouche n'était pas seulement mystérieux par nature et par caractère, il était clandestin.

Je ne sais où il fit ses études (2), et cela est peu important, car un de ses malheurs fut de les avoir faites d'abord très-incomplètes et très-faibles. Avec tant d'esprit et des parties de talent si réelles, mais sans invention originale et sans génie, il était de ceux qui auraient eu dès l'abord besoin de l'étude, d'une bonne direction, d'une éducation vraiment classique. Il péchait par là, par la base. Son style s'en ressentit toujours; ce style, semé de bien des traits heureux, manquait foncièrement par la trame. N'oublions pas que Latouche avait vingt ans en 1805 : on ne saurait s'étonner que son adolescence et sa première jeunesse, passées sous le Directoire et le Consulat, aient souffert des études si négligées de cette époque. Il lui a fallu une rare valeur personnelle pour y suppléer plus tard, comme il fit, par le sentiment.

(1) D'autres disent à La Châtre.
(2) On me dit que ce fut à Pont-le-Voy.

Sous l'Empire il fut dans l'administration ; il avait un oncle, M. Thabaud, administrateur de la Loterie ; il était aussi neveu de M. Porcher, comte de Richebourg, sénateur. Il fut envoyé à Rome, je ne sais en quelle qualité, et il voyagea durant trois années à cheval par toute l'Italie : ce furent là ses véritables études, et auxquelles il dut les couleurs si vraies et si senties avec lesquelles il a su peindre depuis, en toute occasion, ces belles contrées.

Comme tous les jeunes gens de Lettres du temps de l'Empire, il fut à un certain moment placé dans les Droits-réunis, sous la direction de M. Français (de Nantes) (1). Dans l'une des rares rencontres où j'ai eu le plaisir de voir M. de Latouche, je lui ai entendu raconter une petite anecdote que je retrouve consignée par lui-même dans un de ses nombreux écrits ; car s'il contait bien, il n'aimait point à perdre ses récits ni ses jolis mots. Voici l'histoire : le jeune employé était peu exact à son bureau ; il n'arrivait guère qu'à deux heures pour repartir à quatre. Le chef de bureau se plaignit et fit son rapport au directeur-général, le comte Français, qui manda dans son cabinet le coupable : — « Eh bien ! Monsieur, on dit que vous ne venez qu'à deux heures à votre bureau... » — « Il est vrai, Monsieur le Comte ; j'arrive un peu tard ; la rue Sainte-Avoie est si loin du faubourg Saint-Honoré où je demeure ! » — « Mais,

(1) Je lis dans un article du *Journal de l'Indre* du 21 mars 1851, où M. E. Périgois célèbre M. de Latouche au nom des *démocrates de l'Indre :* « Il eût pu mettre à profit, dans l'intérêt de sa carrière, la haute position et le crédit de son oncle (M. Thabaud) ; mais son insouciance de poëte et l'indépendance de ses convictions répugnaient également au *servage officiel des fonctionnaires.* » Ce sont là de bien grandes phrases et qui font anachronisme. C'est faire remonter bien haut le républicanisme du jeune employé des Droits-réunis. Tout l'article de M. Périgois est affecté de cette illusion rétroactive.

Monsieur, on part une heure plus tôt. » — « C'est ce que je fais, Monsieur le Comte : mais ces boulevards, avec les caricatures, vous arrêtent à chaque pas; une heure est bientôt passée : j'arrive devant le café *Hardi*, mes amis me font signe; il faut bien déjeuner. » — « Mais enfin, en deux heures, Monsieur, on a raison de tout cela; et, parti à neuf heures de chez vous, vous pourriez encore être rendu à onze. » — « Oui, Monsieur le Comte : mais, au boulevard du Temple, on rencontre les parades, les marionnettes. » — « Les marionnettes ! reprend vivement Français (de Nantes). Comment, Monsieur, vous vous arrêtez aux marionnettes ! » — « Hélas ! oui, Monsieur le Comte. » — « Eh ! mais, comment cela se fait-il ? je ne vous y ai jamais rencontré. » C'est ainsi que la mercuriale administrative se termina.

En 1811, M. de Latouche faisait représenter sur le Théâtre de l'Impératrice (Odéon) une petite comédie en un acte et en vers, *les Projets de Sagesse*; c'était là vie de jeune homme, d'étudiant en droit d'alors, esquissée dans des vers légers et assez bien tournés. Delmont, le jeune homme, après mainte fredaine, faisait le projet de quitter la Chaussée-d'Antin pour le quartier latin, et d'y devenir absolument sage :

> La raison doit enfin disposer de ma vie ;
> Je ne veux plus du temps follement abuser,
> Et je n'ai pas vingt ans, Monsieur, pour m'amuser.

Ces beaux projets, comme on le pense bien, ne tenaient pas. Quelques années après, M. de Latouche, de société avec M. Émile Deschamps, donnait au Théâtre-Favart (1818) *Selmours*, comédie en trois actes et en vers, qui eut un succès honnête, et *le Tour de Faveur* à Favart d'abord, puis à l'Odéon (1818), un seul acte en vers qui eut un succès de vogue, jusqu'à cent représentations.

Ce petit acte, où il s'agissait d'auteurs, d'acteurs et de journalistes, a été comme le germe de deux grandes comédies, *les Comédiens* de Delavigne, et *le Folliculaire* de Delaville. L'idée en est agréable. On apprend qu'il va se jouer au Théâtre-Français un *Philopœmen*, tragédie d'un jeune homme de dix-sept ans, et là-dessus une jeune fille s'est déjà monté la tête pour l'auteur. Mais il se trouve que ce jeune auteur, ami du père de la jeune personne, est un vieillard de soixante ans qui a fait dans sa jeunesse (à dix-sept ans, il est vrai, et il y en a plus de quarante) cette pièce qu'un *tour de faveur* si tardif vient d'exhumer. Il a eu tout le temps depuis d'oublier sa tragédie et de faire sa fortune dans le commerce. La jeune fille est d'abord un peu désappointée; heureusement, le fils du négociant-poëte est là tout auprès, fort amoureux d'elle; c'est un jeune officier à demi-solde, qui a fait la guerre et qui a été licencié :

Il était militaire avant qu'on fît la paix.

Ce vers bien simple, qui faisait allusion à l'armée de la Loire, était toujours couvert d'applaudissements. Il faut entendre M. Émile Deschamps, cet aimable et vif esprit, s'effacer lui-même dans cette collaboration pour faire plus belle la part de M. de Latouche. C'est par le style, par l'exécution, que ce dernier surtout laissait des regrets :

« Je ne saurais vous rendre, m'écrit M. Deschamps, ce qu'il y avait de finesse de vues, de distinction de plaisanteries, quand M. de Latouche *disait* le plan des scènes et certains détails improvisés. Puis il écrivait, et quelques jolis traits seulement surnageaient dans une phraséologie négligée, incorrecte, obscure. Il fallait refaire. C'était une souffrance de voir un si fin esprit si mal servi par son talent, et il était le premier à en souffrir. En tout, on ne le connaît que bien imparfaitement si on ne l'a pas vu, écouté et cultivé dans l'intimité. Sa conversation était séduisante comme sa voix, plus séduisante encore que brillante, parce qu'il avait plus de poésie native que de bel-esprit. Quand il vous racontait un ouvrage qu'il faisait, l'ouvrage était adorable : puis le livre paraissait, on cherchait en vain, et on y trouvait à peine le quart du charme rêvé!... »

Tel M. de Latouche était dans son bon temps, en sa *verte jeunesse* et avant l'âcreté soi-disant patriotique et tout à fait incurable des dernières années.

On me le peint encore, dans cette même demi-teinte à la fois fidèle et adoucie, arrivant tard à la littérature sérieuse, ne s'y naturalisant qu'avec effort, s'en distrayant souvent; s'essayant de bonne heure à des sujets de poésie plus ou moins imités de l'anglais, de l'allemand, à de petites pièces remarquables de ton et de coloris, mais où l'expression trahissait la pensée, et qu'il a corrigées et retravaillées depuis, sans les rendre plus parfaites et plus faciles; « nature exquise pour l'intelligence, avec des moyens de manifestation insuffisants; point d'amour-propre en tête-à-tête, humble aux observations dans le cabinet, douloureux et hargneux devant le public; généreux de mœurs et désintéressé, mais faisant mille tours à ses amis et à lui-même. »

D'un cœur ardent, passionné, d'un tempérament vif et amoureux, il avait un grand souci de sa personne et de tout ce qui mène à plaire. Il n'était pas beau, et il plaisait pourtant. Il inspira plus d'un dévouement de femme, sans parler de la sienne (car il était marié, et à une femme de mérite, ce qu'il cachait aussi tant qu'il pouvait); il se fit plus d'une fois aimer. Une balle, en jouant, lui avait atteint un œil dès le collége; il ne parlait jamais de cet accident. Il avait la main fine et petite, et il ne haïssait pas de la montrer. Son esprit, sa grâce, sa distinction, suppléaient à ses défauts physiques. Le son de sa voix, on vient de nous le dire, était flatteur, insinuant; il avait de la sirène dans la voix. On avait peine à quitter sa conversation caressante, trop caressante, voluptueuse, bien que le perfide se plût toujours à vous lancer à la fin quelque parole amère qui corrompait le miel de ses cajoleries. Il avait la passion de l'épigramme. Marie-Joseph Chénier et Chamfort étaient ses maîtres en ce dernier point.

Si, dans sa vie, il songea beaucoup à la poésie et à la gloire, il commença par beaucoup écrire pour les libraires. J'ai sous les yeux quantité de volumes anonymes ou pseudonymes de sa façon : l'*Histoire du procès Fualdès* (1818); les *Mémoires de Madame Manson* (il fit le voyage de Rhodez exprès pour aller la voir); des *Lettres à David sur le Salon de* 1819 (en collaboration avec M. Deschamps); la *Biographie pittoresque des Députés* (1820, en collaboration avec M. Bert); les *Dernières Lettres de deux Amants de Barcelone* (1821), supposées écrites pendant la peste de cette ville. On voit à quel point M. de Latouche était à la piste de la circonstance et de tout ce qui pouvait donner de la vogue. Il est permis de croire que, dans ce temps-là, il songeait aussi au positif et au débit; on dit que ce fut avec le produit de la vente de ces *Mémoires de Madame Manson* qu'il put assurer sa modeste aisance et acquérir sa petite maison d'Aulnay, cet ermitage de la *Vallée-aux-Loups*. Quoi qu'il en soit, de tout temps, et même quand il n'en eut plus besoin pour le nécessaire, M. de Latouche continua trop de vivre dans l'instant présent, de guetter l'occasion qui passe, de la poursuivre, de la harceler sans cesse et de s'aigrir en la manquant. Son indépendance d'artiste en souffrit. Lui qui a tant parlé de sa retraite de paysan au sein de sa vallée, il avait bien souvent la tête à la fenêtre pour écouter de là-bas ce qui se faisait à Paris, et si ce vague bruit auquel il prêtait l'oreille n'était pas celui de la gloire qui lui venait.

Il passa des *Mémoires de Madame Manson* (1818) à la publication des *Poésies* d'André Chénier (1819); la transition était brusque. La publication des Poésies d'André Chénier est le grand titre de M. de Latouche, le grand fait littéraire auquel restera attaché son nom. Rendons-lui en ceci la justice qu'il mérite, sans rien exagérer. Le nom d'André Chénier n'était pas tout à fait inconnu en 1819; quelques mois après sa mort, *la Décade philosophique* avait publié de lui *la Jeune Captive*; M. de Chateaubriand, dans une note du *Génie du Christianisme*, Millevoye, dans une note de ses *Élégies*, avaient donné aussi des fragments qui avaient vivement excité l'intérêt des rares amis de la Muse. Depuis la mort de Marie-Joseph Chénier, M. Daunou était dépositaire des ouvrages inédits d'André; mais, de ce côté, Marie-Joseph avait de beaucoup le pas sur André, et ce ne fut qu'après que les *Poésies diverses* du premier eurent réussi dans le public, qu'on se décida à faire imprimer du second ce qui semblait une suite d'ébauches informes et incorrectes. Les libraires Foulon et Baudouin, qui traitèrent des Œuvres d'André Chénier avec la famille, dirent qu'ils connaissaient un jeune littérateur qui saurait prendre tous les soins nécessaires à une première édition; ce jeune littérateur, âgé de trente-quatre ans déjà, était M. de Latouche. Les papiers lui furent remis, et, au premier coup d'œil, il porta un jugement dont on ne saurait assez lui savoir gré, et qui est aujourd'hui son premier titre d'honneur. Il comprit à l'instant qu'il avait affaire, non pas, comme on le disait dans le monde des purs classiques et de Marie-Joseph, à un jeune poëte intéressant, qui promettait beaucoup et qui avait laissé des fragments incorrects qu'il aurait perfectionnés avec l'âge, mais à un maître déjà puissant, novateur, hardi et pur à la fois, pur jusque dans ses négligences. En un mot, M. de Latouche, en cette occasion, fit un acte de goût, original et courageux, ce qui est aussi rare et plus rare encore qu'un acte de courage dans l'ordre civil.

Maintenant, comment s'y est-il pris dans les détails de la publication? A-t-il été assez scrupuleux, aussi scrupuleux qu'on le serait aujourd'hui? Ne s'est-il pas accordé plus d'une liberté excessive? Ne s'est-il pas permis çà et là quelques retouches dont il s'est vanté ensuite et dont il s'est laissé louer en les exagérant (1)? N'a-t-il pas fait, d'autorité, des suppressions, ou même des altérations, notamment dans une Ode adressée par André Chénier à Marie-Joseph? On peut discuter sur tous ces points, et arriver à lui reprocher quelques légèretés, sans diminuer pour cela l'importance du service capital qu'il a rendu à la littérature et à la poésie du XIXe siècle. Ce que seraient devenues ces adorables Poésies d'André Chénier si elles étaient tombées en d'autres mains, en des mains acadé-

(1) Béranger, dans sa *Biographie* posthume, a essayé, on ne sait pourquoi, de donner crédit à ces vanteries de Latouche : ce n'est pas en causant avec nous que Latouche se les serait permises, il n'était et ne voulait être qu'un adorateur d'André Chénier : mais je dois dire que j'ai toujours remarqué que le succès d'André Chénier contrariait Béranger, et, de ce côté, l'éditeur plus ou moins scrupuleux de ces rares et neuves Poésies profitait de l'ouverture qu'il trouvait pour glisser ses insinuations malignes. Il est fâcheux pour Béranger qu'il ait persisté publiquement dans une opinion aussi contraire, je ne dis pas seulement aux faits, mais au goût et à la saine critique, que de croire Latouche *co-auteur* des Poésies d'André Chénier et de l'en déclarer capable. Il n'a fait en cela, au reste, que trahir une fois de plus ce grain de taquinerie et de caprice qui se mêlait en lui à tant de belles et bonnes qualités. — Quand je dis qu'on ne sait pourquoi Béranger avait une légère dent contre André Chénier, je me trompe; c'est sans doute à cause de ces abeilles de l'Hymette : *J'ai sur l'Hymette éveille les abeilles.* Il se trouvait qu'André Chénier les avait éveillées auparavant; l'essaim était déniché. — (Voir dans le *Journal général de l'Instruction publique*, du 17 février 1858, la lettre de M. G. de Chénier.)

miques de ce temps-là, ce qu'elles auraient subi de retranchements, de corrections, de rectifications grammaticales, on n'ose y songer. Honneur donc à M. de Latouche de les avoir senties tout d'abord, de les avoir reconnues en poëte et en frère, et de nous les avoir rendues (sauf quelques points de détail) telles qu'il les avait reçues !

Pendant les onze années suivantes, et jusqu'à la fin de la Restauration (1819-1830), M. de Latouche se montre comme appartenant décidément à l'école poétique qu'on qualifiait alors de romantique, en même temps qu'il tenait par ses opinions très-prononcées au parti libéral, qui ne songeait pas alors à s'intituler démocratique. Journaliste, romancier, poëte, on le voit passer tour à tour de la rêverie au pamphlet; il fait la petite guerre en tous sens et se disperse. Je dirai ce qui me semble de lui comme poëte : c'est l'endroit qui lui était le plus sensible et le plus cher, et aussi par lequel, tout incomplet qu'il est, il nous touche le plus.

Il avait commencé par des espèces de ballades imitées de l'anglais, de l'allemand, par des descriptions de printemps, de paysages, qui paraissaient dans les journaux littéraires d'alors, dans *la Muse française* ou *le Mercure*, et qui se recueillaient chaque année dans les *Annales romantiques*. Il disait du Printemps, par exemple, qu'il représentait sous la figure d'un jeune enfant :

> De ses doigts teints de pourpre, il touche en souriant
> Le frêle abricotier, l'amandier qui sommeille,
> Le pêcher frissonnant sous sa robe vermeille.

Et encore :

> Qu'il repose un moment sur l'émail de la plaine,
> On voit renaître au feu de sa féconde haleine
> La brune violette, amour du villageois,
> Et la fraise odorante aux lisières des bois.

Ce sentiment de fraîcheur et de nature, certaine description ingénieuse de quelques superstitions rurales, avaient fait donner à M. de Latouche le surnom d'*Hésiode de l'École romantique,* il nous le dit du moins; c'était un bien grand nom. Ce qu'il faisait ressemblait plutôt à du Delille rajeuni, à du Chênedollé plus vif, plus coquet; il avait de très-jolis vers descriptifs :

> Quand la fleur de Noël, au fond de nos vallées,
> Frémira sous le dard des premières gelées,
> Nous irons de l'automne entendre encor la voix.

Mais ce qui manque à toutes ces pièces, c'est l'invention d'abord, puis le dessin, la composition, même cette toute petite et bien courte composition qui est celle d'une idylle ou d'une élégie. Cela ne se tient pas, ne se suit pas. Il a des vers isolés charmants, des alliances de mots heureuses, poétiques, élégantes; il a les éléments de tout, « mais le tissu manque sous ses fleurs brodées. » Dès que le trait lui fait défaut, il ne sait plus écrire; il vous dira dans une pièce intitulée *Amertume :*

> Plus le calme a dompté ma fiévreuse énergie,
> Plus je sens m'envahir le *néant oppresseur.*

Vous figurez-vous ce que c'est qu'un *néant oppresseur?* Dans une pièce de vers *Au Roitelet,* qui est en grande partie une satire dirigée contre les rois (la satire, avec M. de Latouche, s'infiltre aisément partout, même dans le nid du roitelet), il nous montre les petits du gentil oiseau :

> . . . . à peine éclos au jour,
> D'invisibles *infants,* qui sont ta dynastie,
> Aux premiers feux de *mai opèrent* leur sortie.

Je laisse de côté l'intention *politique,* je passe par-dessus l'hiatus du dernier vers; mais *opérer une sortie,* est-ce possible en poésie, et dans un autre style que celui du bulletin? Chez M. de Latouche, à tout *moment*, il y a de ces malheurs et de ces travers d'expression, qui gâtent ce qu'un vers charmant faisait espérer. La source s'annonçait déjà, ce semble, sous le gazon; elle allait sourdre et jaillir, mais je ne sais quel obstacle tout à coup s'interpose et l'empêche d'arriver. Difficulté, souffrance et lutte, et bientôt amertume, colère et rage, le secret poétique et moral de M. de Latouche est là tout entier.

Se promenant un jour avec un de ses amis, la veille de la première et de l'unique représentation de sa comédie, *la Reine d'Espagne,* il disait, en proie à une vive agitation : « Je suis comme une femme enceinte, qui voit le volume de son ventre, et qui ne sait si l'enfant sortira. — Et pourtant, reprenait-il avec énergie et frémissement, il faut bien que *ça sorte.* » Mais trop souvent, chez lui, les membres du poëte ne sortaient qu'en pièces et dispersés.

Il lui manquait dans le talent le *ramis felicibus arbos* de Virgile, cette facilité du talent qui en est la félicité.

Ses vers sont comme les tronçons coupés du serpent, brillants et palpitants sous le soleil, et qui se tordent, mais qui ne peuvent se rejoindre. Il avait le sentiment du brillant de ces anneaux et de je ne sais quelle puissance interne qui les animait : sa colère était de ne pouvoir les rejoindre et en faire un seul corps.

Cet homme a pourtant des accents qui sortent du cœur, bien qu'ils ne durent pas. Je recommande la pièce intitulée *Rupture* et qui commence ainsi : *Brisons des nœuds dont l'étreinte vous blesse...;* mais j'aime mieux citer la pièce qu'il a appelée *Dernière Élégie*. Le poëte a vu mourir un être chéri, une femme adorée, et il ne peut se résigner à croire qu'elle soit à jamais ensevelie sous le marbre du tombeau; il se figure que les éléments de cette âme légère sont dispersés dans la nature, dans les objets les plus vaporeux et les plus riants, et qu'il peut s'en emparer, s'en envelopper encore; il s'écrie :

Oh! dites-moi, qu'est-elle devenue?
Dort-elle encor dans la paix des tombeaux?
Ou, compagne des vents et de l'errante nue,
Voit-elle un autre ciel et des astres plus beaux?
Quand le printemps en fleurs a couronné ces arbres,
Les chants du rossignol hâtent-ils son réveil?
Son sein gémirait-il pressé du poids des marbres?
L'écho du vieux torrent trouble-t-il son sommeil?
Et quand Novembre au cyprès solitaire
Suspend la neige et nous glace d'effroi;
Lorsque la pluie a pénétré la terre,
Sous son linceul se dit-elle : « J'ai froid! »
Non : sa vie est encore errante en mille atomes...
Objet de mes chastes serments,
Tu n'as point revêtu la robe des fantômes,
Et tes restes encor me sont doux et charmants.

Vagues parfums, vous êtes son haleine;
Balancements des flots, ses doux gémissements;
Dans la vapeur qui borde la fontaine,
J'ai vu blanchir ses légers vêtements;
Oh! dites-moi, quand sur l'herbe fleurie
Glissent, le soir, les brises du printemps,
N'est-ce pas un accent de sa voix si chérie,
N'est-ce pas dans les bois ses soupirs que j'entends?

Ceux qui ont trouvé en leur vie quelques-uns de ces accents, eussent-ils ensuite poussé bien des cris de colère et de rancune, il doit leur être beaucoup pardonné.

M. de Latouche, en quelques-unes de ses pièces, a des éclairs de flamme et un sentiment vif de la beauté physique (voir l'élégie intitulée *Apparition*). Il a poussé ce sentiment plus loin qu'il n'est permis, même à l'artiste, dans quelques élégies lascives qui font partie de ce qu'il appelle son *Portefeuille volé* (1845). Je n'en parle que parce que c'est là encore un coin essentiel de son caractère et de son talent : ce prétendu démocrate se délectait en effet, soit en vers, soit en prose, aux peintures aphrodisiaques les plus raffinées. On voit qu'il commence à se compléter à nos yeux par bien des points, esprit coquet, chatoyant, inquiet, furtif, lascif et fascinateur.

Il nous faut pourtant en venir à quelques-unes de ses malices si vantées. Une des plus innocentes, c'est l'Épître en vers qu'il adressait à notre ancien ami M. Ulric Guttinguer, un jour que ce poëte aimable demandait à M. de Latouche ses conseils et peut-être une préface pour un Recueil de vers qu'il allait publier (1824). M. de Latouche, en ayant l'air de s'excuser, lui insinua une satire anodine déguisée en épître indulgente, et qui se terminait par ce vers :

Imprimez-les, vos vers, et qu'on n'en parle plus.

Ce trait, du reste, était pris d'une épigramme de Millevoye (1), qui l'avait pris lui-même je ne sais où. L'Épître à double fin fut imprimée en tête du Recueil de M. Guttinguer, qui, au premier moment, l'avait reçue dans le sens amical et favorable. Les malices couvertes qu'elle recélait ne sortirent qu'au grand jour de l'impression. Cependant, M. de Latouche se frottait les mains et en triomphait.

Un tour plus grave est celui que M. de Latouche joua au *Constitutionnel* en juillet 1817. On était alors sous le

(1) L'épigramme de Millevoye est adressée à *un Lecteur de société*; la voici :

Vos vers tant lus, tant relus,
Ont fait émeute au Parnasse;
Publiez-les donc, de grâce,
Afin qu'on n'en parle plus.

premier ministère de M. de Richelieu, et il y avait Censure. M. de Latouche rendait compte du Salon de peinture dans le journal; à propos d'un dessin d'Isabey, il fit une allusion trop directe au roi de Rome. La Censure biffa le passage; M. de Latouche revint dans la soirée au journal, reprit sa phrase et la remit sous main sans en rien dire. La voici; il faut être bien averti en effet, pour deviner qu'il s'agit là-dedans du roi de Rome et de l'emblème tricolore :

« On remarque parmi les plus jolis dessins de M. Isabey la figure en pied d'un enfant qui porte dans ses deux mains un énorme paquet de *roses*. Cette association des couleurs du printemps et des grâces de l'enfance rappelle et rassemble des idées d'espérance. Au milieu du bouquet, l'auteur a jeté de jolies fleurs *bleues :* l'ensemble de cette composition est du plus riant effet. Ces fleurs se nomment en allemand *Wergiss mein nicht*, *Ne m'oubliez pas!*

L'article passa le lendemain 16 juillet 1817, et *le Constitutionnel* fut supprimé du coup. Il ne reparut que quelques jours après, avec le secours et sous le couvert du *Journal du Commerce*. M. de Latouche riait du bon tour et se frottait les mains (1).

Au *Mercure du XIX*e *siècle,* dont il fut le principal rédacteur à dater de 1825, il fit ses plus grandes malices au vicomte Sosthène de La Rochefoucauld, son voisin d'Aulnay. Ce personnage ouvert et chevaleresque, qui dirigeait les beaux-arts et l'Opéra dans un sens moral,

(1) Une réclamation m'est venue sur ce point, et de la part d'une personne qui, par sa position au *Constitutionnel* de 1817, devait être bien informée. Selon cette personne, l'article de M. de Latouche, qui fit supprimer le journal, ayant été soumis au censeur le docteur Regnault, médecin en chef de l'hôpital du Gros-Caillou, avait paru inoffensif; l'honnête docteur, en lui tâtant le pouls, n'avait rien deviné de malin; rien n'avait été biffé, et par conséquent M. de Latouche n'aurait rien eu à rétablir. L'allusion n'aurait paru que le matin à la clarté du soleil, après la publication du numéro. — D'un autre côté, la personne de qui je tiens ma première anec-

était chaque semaine très-harcelé dans le *Mercure;* il crut tout simple de faire parler à son bon voisin de campagne, M. de Latouche, pour lui demander une trêve ou la paix. Les conditions en furent convenues et signées, comme on signait alors ces sortes de paix, moyennant article de finance. Tant de facilité cachait un piége. M. de Latouche, dans ses idées d'honnête homme, crut avoir tout sauvé, avoir concilié la probité avec la malice, en donnant à la somme reçue une application patriotique et en publiant le lendemain que M. de La Rochefoucauld venait d'envoyer son offrande de souscription en faveur des Grecs. Il crut, la chose s'éclaircissant, que les rieurs seraient de son côté, et qu'il n'y aurait que des sifflets pour le Ministère *corrupteur*. Cette fois, ses amis même trouvèrent que le procédé passait les bornes du jeu et que la ruse n'était pas de bonne guerre.

Le vicomte de La Rochefoucauld, dans sa confiance, était incurable : après juillet 1830, il s'adressa encore à son voisin de campagne, au sujet d'une brochure politique dirigée contre Louis-Philippe, leur ennemi commun. On assure que M. de Latouche eut l'art d'ajouter à cette brochure de M. de La Rochefoucauld une page bien maligne, qui fit condamner celui-ci à plusieurs mois de prison. Il continua de rire et de se frotter les mains.

Autre tour malicieux et d'une combinaison plus machiavélique. Après les succès d'*Ourika* et d'*Édouard*, la

dote, et qui était également en position de bien savoir les choses, insiste sur quelques difficultés qu'offrirait la version précédente, et qui entraîneraient toute une discussion; cette personne (M. Bizet) ajoute positivement : « Ce que je sais, c'est que Latouche s'est plusieurs fois vanté devant moi d'avoir fait supprimer le journal, action qu'il considérait comme l'une des plus belles de sa vie. » Or, cette disposition est ici ce qui importe bien plus que le fait lui-même. Je cherche à noter chez M. de Latouche un trait de caractère, la malice et surtout la *prétention* à la malice. »

duchesse de Duras avait lu, à quelques personnes de sa société, une nouvelle intitulée *Olivier*, dont on parlait assez mystérieusement. Les personnes qui l'ont entendu savent que ce petit roman, qui n'a jamais été publié, était plein de pureté, de délicatesse; ce ne pouvait être autrement, puisqu'il venait de Mme de Duras. Le héros aimait une jeune femme, en était aimé, et il s'éloignait pourtant, bien qu'elle fût libre. D'où venait cet obstacle secret au bonheur d'Olivier, cette impossibilité d'union? L'explication finale qu'en donnait, à la dernière page du roman, Mme de Duras, était parfaitement simple, et selon les scrupules de la morale. Mais de loin les imaginations moqueuses se mirent en frais et en campagne. M. de Latouche fut des premiers; il fit plus, il composa en secret un petit roman qu'il fit paraître sous le titre d'*Olivier* (1826), sans nom d'auteur, et dans une forme d'impression exactement la même que celle des autres romans de Mme de Duras. Plus d'un lecteur y fut pris et se dit avec étonnement : « Mais est-il possible qu'une personne comme Mme de Duras, qu'une femme du monde et qu'une femme, soit allée choisir une pareille *donnée*? Mais c'est incroyable, c'est révoltant... » Cependant M. de Latouche riait encore et se frottait les mains.

Homme bizarre, il s'était attribué, sans en avertir, dans *Olivier Brusson* (1823), un conte allemand d'Hoffmann, et ici voilà qu'il attribuait son propre Olivier à Mme de Duras. Quel *chassé-croisé* de ruses!

Évidemment, ce tour, ce travers d'esprit, dont je pourrais encore multiplier des preuves (1), était chez M. de Latouche une vocation naturelle qu'il cultivait

(1) Dans *le National* des 28 et 29 avril 1831 on trouverait des lettres constatant une petite malice louche que M. de Latouche voulut faire à ses collaborateurs du *Figaro*, et que ceux-ci relevèrent.

avec un art infini. M. Jal, un de ses amis, lui disait souvent : « Vous êtes une incarnation du diable. » Cela le réjouissait. Il n'avait pas de plus grand plaisir, quand il écrivait dans un journal, que d'y faire passer de ces malices cachées, ce qu'on appelle des *couleuvres*, et dont on ne s'aperçoit qu'après la publication. Il n'écrivit qu'une seule fois au *Globe* doctrinaire, vers 1827, mais il s'arrangea si bien que ce seul petit article fit scandale; il y avait fourré toutes sortes d'ironies rentrées à propos du fameux cierge du maréchal Soult. Plusieurs des rédacteurs, jeunes gens de salons, qui connaissaient et rencontraient tous les soirs le maréchal, se récrièrent. Mais M. de Latouche avait obtenu ce qu'il voulait, et il riait de l'émoi où il les avait mis.

Je ne prétends ni atténuer ni exagérer les torts que put avoir M. de Latouche en s'accordant tous ces petits plaisirs. Je ne tirerai qu'une conséquence purement relative à la littérature et au goût. Soyez satirique si le cœur vous en dit, si vous vous en sentez la verve, si l'indignation vous transporte, mais soyez-le franchement. Percez et transpercez vos adversaires, à la bonne heure! je ne vois rien de mieux (littérairement parlant), si le talent, encore une fois, se met hautement de la partie et vous sert. Mais pourquoi toutes ces épigrammes qu'on lime à loisir, et qu'on recouvre, qu'on émousse ensuite en les écrivant? « Son esprit s'émoussait de ses propres finesses, » a dit de lui Janin. « Les tortures de son caractère passent dans son style, » me dit M. Deschamps. La plupart de ces petites méchancetés littéraires de M. de Latouche, quand il les racontait, semblaient charmantes, exquises, des *noirceurs adorables*; écrites, elles devenaient froides, alambiquées, obscures. Il n'osait pas lancer résolûment son dard ou son javelot; il n'osait point attaquer les gens face à face, et à peine si ceux qu'il visait en s'esquivant s'apercevaient que cela allait à leur adresse. Qu'on relise aujourd'hui le fameux article sur *la Camaraderie littéraire* (*Revue de Paris*, octobre 1829), et qu'on dise si ce qu'il pouvait y avoir de sensé dans l'idée générale n'est pas compromis et comme perdu dans un tissu d'allusions entre-croisées et de personnalités inextricables. Son talent, même quand il fait de l'épigramme, ne va qu'une lanterne sourde à la main.

Et il est résulté de cette habitude oblique, que, même hors de l'épigramme, il n'a jamais rien abordé de front et en face; il n'a jamais attaqué largement et dans le plein un sujet, pas plus les choses que les gens.

Ses amis, et il en eut, n'échappaient pas à ses humeurs, à ses finesses. Voici un trait qui le peint, et sous sa forme la plus innocente et la plus légère. A la tragédie de son ami Guiraud, *les Macchabées*, et à celle de son ami Soumet, *Cléopâtre* (deux succès), il y avait deux scènes où le parterre murmurait toujours, peut-être avec raison. M. de Latouche avait toujours soin d'entrer au balcon au moment de ces deux scènes, pour *déplorer* ces murmures, pour s'en étonner; puis il s'évanouissait avant le premier bravo qui n'allait pas tarder; de sorte que le lendemain, quand il revoyait son cher ami l'auteur, il avait droit de le désoler, tout en s'irritant devant lui de l'injustice de ce sot public. — Mme Sophie Gay, très-liée dans un temps avec M. de Latouche, ne le nommait jamais que *mon ennemi intime*.

Romancier, il a fait huit ou neuf romans, desquels on ne cite plus que *Fragoletta* (1829) et la *Correspondance de Clément XIV et de Carlin* (1827). *Fragoletta* est un livre impossible à analyser, c'est l'histoire d'un hermaphrodite. Un des amis de M. de Latouche, en causant, lui avait donné l'idée d'un roman psychologique sur ce sujet. M. de Latouche hésita, rejeta l'idée d'abord, et finit quelque temps après par la reprendre et par l'envelopper dans ce qu'il appelait une composition politique : « J'en ai mis quelque chose dans une composition politique, oui, politique! écrit-il à cet ami dans une lettre que j'ai sous les yeux, et je me réserve de vous en parler; car je sais que je fus désagréablement étonné quand je trouvai dans la préface de *Trilby* qu'on m'avait pris un sujet sans me le dire. Ici, ce n'est point le monstre tel qu'il se présentait à vous, et tel, je crois, qu'il ne faut pas le peindre. » Dans *Fragoletta*, en effet, l'auteur affecte d'étaler sur le premier plan les horreurs de la révolution de Naples en 1798, les cruautés et les réactions de la populace et de la Cour après l'évacuation de l'armée française; mais il se complaît beaucoup trop à décrire les royales délices qu'il prétend flétrir. Le roman de *Fragoletta* est traversé de scènes tortueuses, insidieuses, qui inquiètent l'imagination et surprennent les sens. Je ne puis indiquer qu'un endroit louable et véritablement touchant : c'est quand le major d'Hauteville, à son retour d'Italie, traverse sa contrée natale, le Berry, et reconnaît cette rivière de son pays, la *Creuse*, tant illustrée depuis par Mme Sand, et que M. de Latouche a le premier signalée à l'attention des paysagistes. Après avoir marqué les divers caractères des sites qu'elle parcourt, le romancier continue en exprimant une de ces pensées familières à tous, mais qu'on aime toujours à retrouver :

« Il est bien peu d'hommes qui puissent revoir sans émotion le lieu où ils ont commencé à vivre. Qui n'aime à errer, fût-ce déchu d'une meilleure fortune et tristement inconnu, autour de l'enclos dont on a été le jeune et orgueilleux possesseur? Et si personne ne l'habite, on y rattache plus librement ses souvenirs. *Telle croisée avec son contrevent brun, tel effet de soleil sur les tuiles luisantes après la pluie, un chemin où croissaient des joncs, un arbre ne vé-*

gétant plus que par les branches inférieures, sont autant d'objets d'émotions et de souvenirs. Et si c'est là qu'on a eu son premier ami, si deux cœurs de dix-sept ans s'y sont ouverts à la fois à la curiosité des voyages et au charme des anciennes histoires, durant les causeries sans lumière près d'un feu de sarment...! »

O poëte, que n'avez-vous continué plus longtemps dans cet ordre d'impressions naturelles ! Vous étiez là aux sources de l'inspiration, de la consolation véritable, de la poésie limpide et de la vie. Pourquoi fuir si vite ces choses simples que vous sentiez pourtant par éclairs, et vous aller embarrasser à plaisir dans les tortuosités de vos propres voies?

La *Correspondance de Clément XIV et de Carlin*, par M. de Latouche, est née d'une idée piquante de l'abbé Galiani. Ce spirituel Napolitain, si fertile en improvisations et en projets, écrivait un jour à Mme d'Épinay (15 février 1774) :

« Ce que vous me mandez de l'amitié ancienne de Carlin (l'acteur de la Comédie italienne) avec le pape, m'a fait rêver, et il me vient une idée sublime dans la tête qu'il faut absolument que vous communiquiez à Marmontel de ma part, pour tâcher de l'électriser. On pourrait, ce me semble, bâtir là-dessus le plus beau de tous les romans par lettres, et le plus sublime. On commencera par supposer que ces deux compagnons d'école, Carlin et Ganganelli, s'étant liés de la plus étroite amitié dans leur jeunesse, se sont promis de s'écrire au moins une fois tous les deux ans, et de se rendre compte de leur état. Ils tiennent leur parole, et s'écrivent des lettres pleines d'âme, de vérité, d'effusion de cœur, *sans sarcasmes*, sans mauvaises plaisanteries. Ces lettres présenteraient donc le contraste singulier de deux hommes, dont l'un a été toujours malheureux, et, parce qu'il a été malheureux, est devenu pape ; l'autre, toujours heureux, est resté Arlequin. Le plus plaisant serait qu'Arlequin offrirait toujours de l'argent à Ganganelli, qui serait un pauvre moine, ensuite un pauvre cardinal, enfin pape pas trop à son aise. Arlequin lui offrirait son crédit à la Cour pour la restitution d'Avignon, et le pape l'en remercierait. Ma tête est déjà si enflammée de cet ouvrage, que je le ferais ou le dicterais en quinze jours, si j'en avais la force. Je m'attacherais à la plus étroite vérité ou vraisemblance, *sans aucun épisode romanesque*... »

C'est là que M. de Latouche, sans le dire, a pris l'idée première de la Correspondance, qu'il a exécutée d'ailleurs dans un esprit un peu différent. Il n'a pas évité tout à fait les épisodes *romanesques*, car on ne saurait donner un autre nom à l'épisode de *Jenny*, cette jeune protestante qui meurt après s'être prise de passion pour le moine Ganganelli. Il ne s'est pas retranché non plus ses sarcasmes et ses railleries familières. Dans les lettres que Carlin écrit de Paris, c'est moins l'acteur de la Comédie italienne qui parle, que M. de Latouche lui-même jugeant et persiflant les coteries littéraires de 1826, se moquant de l'alexandrin consacré : « En France, écrit Carlin, ces longues choses à qui je ne sais quel *Alexandre* a donné son nom, sont toujours terminées par des rimes : cela tient lieu de pensées. » Toute cette partie du livre se ressent, à première vue, de la querelle classique et romantique, de même qu'une grande part aussi est faite aux préoccupations anti-jésuitiques du moment. Malgré tout, il y a des choses heureuses, véritablement italiennes; les coins de paysage sont bien touchés. Lorsque Ganganelli vient d'être élu pape, et que Carlin est allé à Rome, c'est un sentiment délicat que celui qui empêche le comédien d'oser se présenter familièrement à son ancien ami, malgré l'instance qui lui en est faite; car ce comédien est Italien, il est catholique et dévot; il révère, il adore presque dans cet ami, qu'il tutoyait la veille, le vicaire de Jésus-Christ sur la terre. Ganganelli le presse : « Je vais te faire, lui écrit-il, une prière que tu ne refuseras pas. Lundi, je suis obligé de me rendre avec pompe à Saint-Jean-de-Latran. Il s'agit d'une cérémonie qui n'admet aucun retard; et, malade ou non, à pied ou en litière, je paraîtrai à la procession. Je veux t'y voir. Place-toi à cette fenêtre, si connue de nous, dans l'ancienne maison Brunetti, à l'angle de la Via del

Corso. Là, en t'apercevant, je croirai retourner aux jours de ma jeunesse... » Le pauvre Carlin n'a garde de manquer au saint rendez-vous, et il ne sait comment exprimer dans sa lettre prochaine les divers sentiments qui se partageaient son âme à ce grand moment : « Quel a été mon trouble à la vue de cette majestueuse solennité ! Je n'imaginais point que tant de respect pût laisser place à tant d'affection; qu'on pût aimer le même homme et l'adorer. » Et, rappelant l'instant de cette bénédiction solennelle, il s'écrie dans sa pieuse extase :

« Étais-je encore sur cette terre quand vos regards ont rencontré les miens, quand vos mains se sont étendues vers moi ? Alors, sur cette terrasse où, si souvent appuyés l'un près de l'autre, nous avions vu passer d'autres fêtes, je me suis incliné tout en larmes. J'ai reçu à genoux votre bénédiction. Quand j'ai osé relever ma paupière, vos yeux étaient encore sur moi... et dans *tes* yeux j'ai vu briller une larme.

« Si j'avais pu la recueillir! si j'avais pu la déposer sur le front de mon plus jeune enfant! »

Ici l'auteur de circonstance, le romancier pamphlétaire a disparu, et le poëte est entré dans le vrai de son sujet. Son tort est de n'avoir pas su s'y tenir longtemps.

Le succès rapide et assez éphémère de ces *Lettres du Pape et de Carlin* excita l'auteur plus qu'il ne le satisfit. M. de Latouche, pendant toute la Restauration, chercha vainement ce grand succès littéraire, né du génie et de l'occasion, et qui fait tomber sur un front la couronne. Il remporta bien des avantages d'escarmouche, mais pas une victoire. Dans son *Épître à M. de Chateaubriand* (1824), il s'était intitulé *le Paysan de la Vallée-aux-Loups;* il jouait au *paysan* comme Paul-Louis Courier jouait au *vigneron*. On entrait dans ce jeu, et de près on l'applaudissait sous cette forme avec faveur; mais il avait trop d'esprit pour ne pas sentir que ce n'étaient là que des complaisances mêlées d'estime, et que tous ces éloges mis ensemble ne composaient pas une renommée. Il commençait à s'impatienter terriblement de n'avoir pas son tour. Lorsqu'il vit, vers 1829, de nouvelles générations arriver et prendre rang dans le camp des novateurs, à des postes plus avancés que n'était le sien, son impatience redoubla et ses colères devinrent plus fréquentes. Quand il causait de ces choses littéraires qui ne devraient engendrer que douceur, aménité et grâce, il lui arrivait d'éclater tout à coup et comme sans cause; il y avait des moments où son cœur se tordait sous la morsure. Mais sa violence permanente et fixe ne data que du jour où *la Reine d'Espagne*, comédie sur laquelle, par une étrange illusion, il fondait les plus grandes espérances, tomba au Théâtre-Français, le 5 novembre 1831. A dater de cette défaite, il sentit que sa partie d'artiste était perdue et qu'il n'aurait jamais son jour. Il en sortit implacable et définitivement ulcéré.

M. de Latouche ne s'est jamais plus trompé que lorsqu'il a cru que le public assemblé supporterait durant cinq actes une donnée érotique, servant de véhicule à une intention politique hostile. Au théâtre, quand le sujet est indécent, ce qui arrive quelquefois, il faut au moins que la façon soit vive et réjouissante. Ici tout était concerté, combiné, calculé et distillé, en un mot l'opposé du talent comique. L'auteur fit imprimer sa pièce avec une Préface, où il accentuait douloureusement son amertume. Il y faisait, du parterre et des loges, une peinture très-ironique en satirique pénétré. Puis, tout à coup, il y comparait orgueilleusement la chute de sa pièce à celle de Varsovie, et le procédé du public à celui de l'empereur Nicolas. Tout à côté il citait les billets de consolation qu'il avait reçus le matin. Pour se soulager, le patient appliquait tout ce qu'il pouvait sur sa blessure; il n'en devait pas guérir.

Où trouvera-t-il quelqu'un pour le plaindre, pour le comprendre, si ce n'est encore parmi ceux qui aiment passionnément les mêmes choses dont il a souffert et par où il a péri? Il avait l'amour des Lettres, de la poésie; lui qui a dit tant de mal des succès intimes et dont on jouit entre amis, il s'y était livré d'abord avec complaisance, avec prédilection : « Mais des succès d'amitié (il nous l'avoue quelque part en se confessant lui-même) vous font rêver la gloire, c'est-à-dire le suffrage des indifférents. C'est de toute ambition que naît le mal. Vous entrevoyez dans l'art, qui est un but, un moyen, un moyen de bruit, de publicité, j'allais dire de prostitution. Là, l'ingratitude commence; vous demandez à la poésie un salaire, autre chose que le bonheur qu'elle donne à la cultiver, vous méritez d'en être puni, et vous allez l'être. » Il fut puni, et son exemple est un des plus sensibles qu'on puisse alléguer de cette torture du Prométhée enchaîné, intelligent, impuissant dans l'ordre littéraire, — un Prométhée qui n'a pu transmettre l'étincelle et qui n'a rien créé.

Il avait quelque générosité, je l'ai dit, jusque dans ses haines. Au moment de ses plus grandes manœuvres contre ses *amis* de l'École romantique, vers la fin de 1829, la *Marion De Lorme* de M. Victor Hugo ayant été arrêtée par la Censure, M. de Latouche suspendit ses hostilités : « Ce que je voulais de vous hier, mon cher ami, écrivait-il à M. Jal, c'était vous montrer un article de la *Revue de Paris* que j'ai supprimé à cause de la position où se trouve *Marion De Lorme*. Je l'ai remplacé par une demi-colonne du *Constitutionnel* que vous pourrez lire ce matin. Je crois qu'il faut toujours s'unir contre la Censure et les sots ennemis de la poésie. Plus tard je reprendrai ma colère. »

Dans les journées de Juillet 1830, M. de Latouche se montra homme d'énergie et de cœur. Il arriva à temps de sa retraite d'Aulnay; le mercredi matin 28, il était auprès de M. Évariste Dumoulin (alors rédacteur en chef du *Constitutionnel*), suggérant et appuyant les résolutions les plus fermes, et il fut de ceux qui, en ces moments difficiles, ne se démentirent pas. Je tiens ce fait, qui l'honore, d'un témoin des mieux informés.

Après 1830, M. de Latouche ne sut point s'arrêter ni se modérer: la violence de son humeur et son irritabilité littéraire, transportée dans la politique, l'entraînèrent au delà, on peut l'affirmer, de ses opinions véritables. Il n'était au fond qu'un Girondin, mais qui, à l'exemple de tout Girondin, mesurait peu la portée de ses attaques. Rédacteur en chef du *Figaro* en 1831, il inventa mille épigrammes, des sobriquets de toute sorte qu'il serait hors de propos de répéter. Pour ne rien paraître lui ôter, je dirai seulement que ce fut lui qui mit en circulation alors le mot de *principicule*. Quel trophée! Il prit part sourdement par des romans politiques, par des préfaces ambiguës, et jusque dans des Élégies, à toutes les animosités des dix-huit années. Puis, comme tant d'autres, quand éclata Février 1848, son ébranlement fut grand; il se trouva muet, étonné et dépassé.

M. de Latouche avait des sentiments nationaux et patriotiques sincères; mais sur cet esprit de démocratie extrême où le jetèrent à la fin sa misanthropie littéraire et ses mécomptes d'auteur, je ne ferai plus qu'une seule question : Comment peut-on en venir à professer que le peuple est un sage, quand on croit être si sûr que le public est un sot?

Littérairement, il n'eut qu'une bonne fortune après

1830, une bonne fortune du genre de celle qu'il avait eue en 1819 lorsqu'il introduisit André Chénier. Un matin, il lui arriva du Berry une jeune compatriote, aux yeux noirs pleins de génie, au front éclatant; elle venait, une lettre de recommandation à la main, lui demander son appui : c'était Mme Sand qui n'avait rien écrit jusque-là, qui ne s'appelait point encore de ce nom de *Sand* inventé depuis, et qui s'ignorait naïvement. M. de Latouche eut l'honneur de la deviner tout d'abord, de lui indiquer sa vraie voie et de lui rendre les premiers pas plus faciles. Ce second titre de M. de Latouche lui doit être compté presque à l'égal du premier. Il lui était toujours réservé d'ouvrir aux autres la Terre Promise, sans y entrer lui-même (1).

Il eut un jour terrible et cruel en 1831 : ce fut celui où M. Gustave Planche publia dans la *Revue des Deux Mondes* (novembre) l'article *De la Haine littéraire* dont M. de Latouche était le sujet. Ce sanglant article acquittait d'un seul coup un long arriéré de représailles et de vengeances : c'était une exécution. Depuis ce jour, M. de Latouche se montra plus circonspect avec les nouveaux venus; il eut des avances toutes particulières pour les jeunes talents, pour Musset, pour Gautier, pour Hégésippe Moreau; il eut même des retours et des *repentirs* sur ses rancunes passées; mais il était trop

(1) Mme Sand a payé son tribut à la mémoire de M. de Latouche par trois charmants articles insérés dans le journal *le Siècle* (18, 19 et 20 juillet 1851). C'est ce qu'on pouvait écrire de plus favorable sur lui. Mme Sand cite quelques jolis extraits de ses lettres; mais elle n'en peut citer une seule tout entière. La manière, en effet, y revient vite et gâte tout. — M. de Latouche avait coutume de dire de Mme Sand par malice, et pour indiquer que son talent, comme celui de toutes les femmes, avait besoin, si grand qu'il fût, d'une initiative extérieure : « *C'est un écho qui double la voix.* » Il se flattait d'avoir été, à un moment, cette voix.

tard, sa réputation était faite et trop faite : l'écriteau lui resta.

J'ai touché plus de points qu'il n'en faut pour conclure. L'exemple de M. de Latouche nous fournit par contraste quelques enseignements qu'il n'est pas inutile de dégager. Il nous apprend ce qu'il y a de profitable et de salutaire à être parfaitement simple, à être parfaitement droit, à se contenter de la condition et de la proportion de talent qui nous est échue, à la compléter peu à peu, à la perfectionner tant que nous le pouvons, à l'appliquer, à remercier l'Auteur des dons naturels de ce qu'il nous a accordé de distingué, même quand ce distingué ne serait que secondaire. Il nous apprend à ne point accueillir, à ne point entretenir dans notre cœur ces passions amères qui, une fois qu'elles s'y sont logées, y deviennent maîtresses, y sévissent en furieuses et y corrompent ce qu'il y a de plus doux et de plus consolant au monde, et ce qui est recommandé par les sages comme le remède souverain des maux, je veux dire le sincère amour des Lettres et le charme innocent des Muses.

NOTE.

Avant d'écrire cet article sur M. de Latouche, je me suis adressé à plusieurs de ses anciens amis ou qui passaient pour tels, dans le désir qu'on me dît de lui plus de bien que je n'en savais, et j'ai dit, je l'avoue, tout ce que j'en ai su. Depuis que l'article a paru, j'ai reçu un témoignage tardif, mais d'une sympathie réelle et d'une émotion trop visible pour ne pas être touchante. J'en veux donner quelque chose ici. On sent d'abord que c'est une femme qui écrit :

« Je n'ai pas défini, je n'ai pas deviné, dit-elle, cette *Énigme obscure et brillante*, j'en ai subi l'éblouissement et la crainte. C'était tantôt sombre comme un feu de forge dans une forêt, tantôt léger, clair, comme un rayon au front d'un enfant. Un mot d'innocence, de candeur première, faisait éclater en lui le rire franc d'une joie retrouvée. La reconnaissance alors se peignait si vive dans ce regard-là, que toute idée de peur quittait les timides. C'était le bon esprit qui revivait dans son cœur tourmenté. Non, *ce n'était pas un méchant, mais un malade*... On l'a cru jaloux, littérairement parlant, il ne l'a jamais été; mais injuste, prévenu, oh! oui. Sa colère et son dédain étaient si grands quand il se détrompait d'un talent, d'une vertu, d'une beauté, dont la découverte et la croyance l'avaient rempli de tant de joie! Quelle ironie contre sa propre simplicité! comme il se punissait d'avoir été volé, disait-il, par lui-même! Il souffrait beaucoup, croyez-le, et ne l'oubliez jamais. Il s'attendrissait d'une fleur et la saluait d'un respect pieux. Puis il s'irritait d'oublier qu'elle est périssable. Il levait les épaules et la jetait dans le feu, c'est vrai... La patience minutieuse au travail était portée chez lui à un excès fatal à sa santé comme à ses succès. On eût dit alors, je le sais par d'autres que moi, que son cœur et sa tête s'emplissaient par degrés de fumée, — d'une fumée qui étouffait l'élan, l'abandon, le *fluide* de l'inspiration. C'était comme une lampe qui n'a pas d'air... Son enthousiasme pour la littérature allemande et pour la transformation de la nôtre l'a beaucoup subjugué : depuis j'ai osé m'étonner que sa poésie, bien qu'élégante, mais cérémonieuse toujours, se fût à peine dégagée de l'esclavage dont il avait horreur... Son esprit *parlé* était plus irrésistible quand il se croyait bien écouté et bien compris, et qu'il respirait de sa maladie noire. Seul, il songeait trop au public. L'épouvante du ridicule paralysait l'audace qu'il exigeait dans les autres. »

Ce témoignage indulgent d'une femme poëte (Mme Desbordes-Valmore) s'accorde bien avec celui de Mme Sand, même pour l'expression : « Cette âme, a dit Mme Sand, n'était ni faible, ni lâche, ni envieuse, *elle était navrée*, voilà tout. » Ces deux charités de femmes-poëtes se sont rencontrées dans une même explication adoucie : nous autres hommes, nous sommes plus durs et plus sévères. Même après avoir entendu Mme Valmore et Mme Sand, je ne retire rien de ce que j'ai dit. Et si l'on me pressait, j'aurais plutôt à y ajouter.

Lundi 24 mars 1871.

LA GRANDE MADEMOISELLE.

Une des figures les plus originales, les plus singulières et à la fois les plus naturelles du XVIIe siècle, est certainement la grande Mademoiselle, fille de Gaston, nièce de Louis XIII et cousine-germaine de Louis XIV. Il y a, dans chaque époque, un certain type à la mode, un certain fantôme romanesque qui occupe les imaginations et qui court, en quelque sorte, sur les nuages. A la fin de Louis XIII et au commencement de Louis XIV, ce type et ce modèle s'était principalement formé d'après les héros et les héroïnes de Corneille et aussi d'après ceux de Mlle de Scudéry. Mademoiselle, personne d'imagination, de fantaisie et d'humeur, mais de peu de jugement, réalisa beaucoup de ce type en elle : elle y ajouta tout ce qui était propre aux préjugés de sa race et aux superstitions de sa naissance. Cela fit un composé des plus bizarres, des plus glorieux, des moins raisonnables, et dont toute sa destinée se ressentit. Si elle tint quelque temps l'épée comme une guerrière, elle a beaucoup produit la plume à la main : non-seulement elle a laissé des Mémoires intéressants et très-véridiques, dont on a dit « qu'ils sont assez mal écrits pour que l'on puisse s'assurer qu'ils sont d'elle, » mais on a encore de sa façon de petits Romans, des Portraits, des Lettres. Enfin, Mademoiselle ne fut pas seulement une princesse très-extraordinaire, c'est un auteur. A ce titre, elle nous revient de droit, et il est juste de lui assigner la place et la date qu'elle doit occuper dans la série des modes et des variétés littéraires.

Elle naquit au Louvre, en mai 1627. Ayant perdu sa mère (duchesse de Montpensier) en bas âge, elle fut élevée par une gouvernante estimable et pieuse, mais avec tout le respect qu'inspirait une petite-fille d'Henri IV. Elle s'accoutuma naturellement à se considérer comme née d'un tout autre sang que le reste des hommes, même des gentilshommes, et comme n'allant de pair qu'avec les reines et les rois. Cette idée, qui fut pour elle une religion, lui dicte en toute occasion des paroles d'une vanité bien franche, bien naïve, et lui impose des sentiments qui visent à la grandeur et qui du moins ne dérogent pas à la dignité. Son père, Gaston, duc d'Orléans, doué de mille qualités de l'esprit, et de pas une de celles qui tiennent au cœur et au caractère, était l'âme de toutes les intrigues politiques dirigées contre Richelieu, et compromettait sans cesse des serviteurs et des amis, qu'ensuite il abandonnait. Mademoiselle, dès sa tendre enfance, témoignait plus de fierté et plus d'honneur. Ayant vu à Fontainebleau une cérémonie dans laquelle on dégrada deux chevaliers de l'Ordre (le duc d'Elbeuf et le marquis de La Vieuville), elle en demanda la raison : on lui dit que c'était à cause qu'ils avaient suivi le parti de Monsieur. Elle se mit aussitôt à pleurer et voulut se retirer, déclarant qu'elle ne pouvait voir cet acte avec *bienséance*. Dans un temps où Richelieu dominait et « où la tyrannie régnait si hautement, même sur les personnes royales, » elle garda en elle le culte intact et la haute idolâtrie de sa propre race. Son enfance, d'ailleurs, et sa première jeunesse se passèrent dans les frivolités, dans une vie toute de cérémonial et de divertissement, dans les bals, les comédies, les collations, sans que personne fût là pour l'avertir qu'il y avait au monde quelque chose de plus sérieux. Elle va un jour en visite à l'abbaye de Fontevrault, où elle avait une tante abbesse, fille naturelle d'Henri IV, et elle commence à s'y ennuyer dès le premier instant. Mais les filles de sa suite découvrent une folle enfermée dans un cachot : vite elles appellent Mademoiselle pour la divertir du spectacle de ses extravagances : « Je pris ma course vers ce cachot, dit-elle, et n'en sortis que pour souper. » Le second jour, l'abbesse, voyant qu'elle y avait pris goût, la *régala d'une seconde folle :* « Comme il n'y en avait plus pour un autre jour, ajoute-t-elle plaisamment, l'ennui me prit; je m'en allai malgré les instances de ma tante. » C'est de ce ton que les misères humaines sont traitées, et de la part de quelqu'un qui avait de la bonté au fond, mais personne, encore une fois, pour l'éclairer et l'avertir. Lorsque viendra la Fronde, ce sera de même. Mademoiselle n'y verra d'abord qu'un sujet de curiosité et de divertissement : « Toutes les nouveautés me réjouissaient... De quelque importance que pût être une affaire, pourvu qu'elle pût servir à mon divertissement, je ne songeais qu'à cela tout le soir. » Telle Mademoiselle était à dix ans, telle à vingt, telle à trente, telle elle sera toute sa vie, jusqu'à ce qu'une passion tardive lui eût appris à souffrir.

Les premières pages de ses Mémoires ne sont remplies que de détails extérieurs. Elle était des chasses de Louis XIII, au temps des amours de ce prince avec Mme de Hautefort. Énumérant toutes les jeunes personnes qu'elle-même avait à sa suite : « Nous étions toutes vêtues de couleur, dit-elle, sur de belles haquenées richement caparaçonnées; et, pour se garantir du soleil, chacune avait un chapeau garni de quantité de plumes. » Cela nous la peint déjà, fière et de haute mine, grande pour son âge, ayant gardé du panache de son aïeul Henri IV toutes les plumes. Qu'importe que Mademoiselle, à cette époque, n'eût que dix ans? son esprit, à bien des égards, en resta toujours à cet âge et ne mûrit pas. On lui parlait dès lors de l'établir, de la marier, soit avec le roi, soit avec le cardinal-infant, frère de la reine, soit avec le comte de Soissons; on l'en amusait. Pendant plus de trente ans encore on lui parlera de ces sortes de projets à l'infini; elle en parlera sans cesse elle-même, mais en enfant, sans jamais pouvoir se résoudre, et sans s'apercevoir à la fin que cette indécision éternelle devient une fable. Celle qui s'appelait *Mademoiselle* par excellence ne pouvait se décider à cesser de l'être, et cela dura jusqu'au moment où la nature tant ajournée reprit ses droits et parla une fois pour toutes à son cœur. Mais nous n'y sommes pas encore.

Cependant elle marquait de bonne heure le goût de l'esprit, du bel et fin esprit, de celui qui sert à la conversation; son père y excellait : elle raconte comment à Tours, chaque soir, elle aimait à entendre Monsieur l'entretenir de toutes ses aventures passées, « et cela fort agréablement, comme l'homme du monde qui avait le plus de grâce et de facilité naturelle à bien parler. » Il est rare de voir un enfant si sensible à ce genre d'agrément. Mademoiselle, dans des lettres adressées à Mme de Motteville en 1660, lui parle de la *conversation* comme étant, « à votre goût et au mien, dit-elle, le plus grand plaisir de la vie, et presque le seul à mon gré. » C'est même par là autant que par son bon air, c'est par l'agrément de sa conversation, que Lauzun s'insinua d'abord auprès d'elle : « Je lui trouvais des manières d'expressions que je ne voyais point dans les autres gens. »

Richelieu mort, Gaston, que les dernières intrigues avaient éloigné, fit son accommodement avec la Cour; il revint à Paris et descendit chez sa fille : « Il soupa chez moi où étaient les vingt-quatre violons, dit Mademoiselle; il y fut aussi gai que si MM. de Cinq-Mars et de Thou ne fussent pas demeurés par les chemins. J'avoue que je ne le pus voir sans penser à eux, et que, dans ma joie, je sentis que la sienne me donnait du chagrin. » Les bonnes qualités de Mademoiselle percent déjà : elle aura de l'humanité malgré ses préjugés de race, de la fidélité à ses amis dans leurs diverses fortunes, de la dignité. Son père, plus d'une fois, se moquera d'elle et de ses prétentions à la chevalerie et à l'héroïsme, mais elle vaudra mieux que lui.

Le temps qui s'écoula depuis la mort de Louis XIII jusqu'à la Fronde (1643-1648) fut un brillant moment pour Mademoiselle. Elle avait de seize ans à vingt, et brillait au premier rang de la Cour, dans tout l'orgueil des espérances. Il n'y avait point d'alliance qui ne parût digne d'elle. Nullement galante d'humeur, nullement coquette, d'une froideur qu'on a pu comparer longtemps à celle de la vierge *Pallas*, elle ne voyait dans le mariage que matière à un beau rôle et à des destinées glorieuses, et, romanesque comme elle était, elle aimait presque autant s'en bercer en idée que de l'accomplir. Serait-elle reine de France en épousant le jeune roi Louis XIV, de onze ans moins âgé qu'elle? deviendrait-elle reine d'Angleterre en épousant le prince de Galles, alors en exil, mais qui ne pouvait manquer d'être un jour restauré? ou bien serait-elle impératrice en épousant l'empereur d'Allemagne, qui était veuf depuis peu? Il semblait qu'elle n'eût qu'à choisir, et l'on ne peut montrer son travers altier avec plus de naïveté qu'elle ne le fait elle-même à propos d'une grande fête qui eut lieu au Palais-Royal sur la fin de l'hiver de 1646, et pour laquelle la reine-mère voulut la parer :

« L'on fut trois jours entiers à accommoder ma parure; ma robe était toute chamarrée de diamants avec des houppes incarnat, blanc et noir; j'avais sur moi toutes les pierreries de la Couronne et de la reine d'Angleterre, qui en avait encore en ce temps-là quelques-unes de reste. L'on ne peut rien voir de mieux ni de plus magnifiquement paré que je l'étais ce jour-là, et je ne manquai pas de trouver beaucoup de gens qui surent me dire assez à propos que ma belle taille, ma bonne mine, ma blancheur et l'éclat de mes cheveux blonds, ne me paraient pas moins que toutes les richesses qui brillaient sur ma personne. »

On dansa sur un grand théâtre éclairé; au milieu et au fond il y avait un trône élevé de trois marches et surmonté d'un dais :

« Le roi (Louis XIV) ni le prince de Galles (depuis Charles II) ne se voulurent point mettre sur ce trône; j'y demeurai seule, de sorte que je vis à mes pieds ces deux princes et ce qu'il y avait de princesses à la Cour. Je ne me sentis point gênée en cette place... Tout le monde ne manqua pas de me dire que je n'avais jamais paru moins contrainte que sur ce trône, et que, comme j'étais de race à l'occuper, lorsque je serais en possession d'un où j'aurais à demeurer plus longtemps qu'au bal, j'y serais encore avec plus de liberté qu'en celui-là. Pendant que j'y étais et que le prince était à mes pieds, *mon cœur le regardait du haut en bas* aussi bien que mes yeux; j'avais alors dans l'esprit d'épouser l'empereur... Je ne regardais plus le prince de Galles que comme un objet de pitié. »

Telle était cette princesse romanesque qui dit d'elle-même toute chose naturellement, sincèrement, avec une sorte de bravoure dans la sincérité, et avec une franchise qu'on dirait par moments cordiale jusque dans l'orgueil.

Cette beauté à laquelle elle est la première à rendre une si haute justice était réelle, en effet, à cet âge de première jeunesse. De l'éclat, une fraîcheur

Qui conservait des Lis la candide innocence,

disaient les poëtes, de beaux yeux, des cheveux blonds et *d'un beau cendré*, une belle taille, tout cela couvrait ce qui lui manquait du côté de la délicatesse et de la grâce; « elle avait tout à fait en elle l'air de la grande beauté, » reconnaît Mme de Motteville. Les dents pourtant, qui n'étaient pas belles, et le nez grand et aquilin, accusaient les défauts assez ordinaires à la race des Bourbons. Les années donnèrent à ses traits et à ses formes plus de roideur, sans lui ôter de cette promptitude et de cette pétulance qui ne lui permirent jamais la gravité.

Lorsque la Fronde éclata, et que le bon sens que renfermait chaque tête fut mis à la plus rude épreuve dans cette brusque tempête civile, Mademoiselle était déjà connue par des impétuosités et des fantaisies d'humeur qui traversaient et surmontaient parfois ses propres sentiments, au point de nuire à sa considération même et à sa fortune. Elle n'avait pu se décider encore pour le choix d'un mari, et, dans son désir d'une couronne, elle laissait échapper ce qui s'offrait et qui était sous sa main, pour se prendre à des impossibilités lointaines. Elle était particulièrement mal avec la reine et avec le cardinal Mazarin, et dès lors aussi peu disposée à être sage et sensée dans ces troubles naissants qu'aucune autre personne de la Cour.

La première Fronde, celle de 1648, ne lui fournit pas l'occasion de s'émanciper encore, et son esprit se borna à donner cours à ses préventions qu'elle ne prenait pas la peine de dissimuler : « Comme je n'étais pas fort satisfaite de la reine ni de Monsieur dans ce temps-là, ce m'était un grand plaisir, dit-elle, que de les voir embarrassés. » Lorsque la reine et la Cour, sur le conseil du cardinal, quittèrent Paris pour Saint-Germain dans la nuit du 6 janvier 1649, elle se fit un devoir de les accompagner, bien qu'elle fût loin de partager leurs pensées et leurs vues : « J'étais toute troublée de joie de voir qu'ils allaient faire une faute, et d'être spectatrice des misères qu'elle leur causerait : cela me vengeait un peu des persécutions que j'avais souffertes. » La légèreté, le désordre et la cohue de cette Cour de Saint-Germain sont peints à ravir par une personne aussi légère et frivole que pas une, mais qui est véridique et qui dit tout. Mademoiselle eut de grandes satisfactions d'amour-propre durant ce séjour : « Le peuple de Paris, dit-elle, m'a toujours beaucoup aimée, parce que j'y suis née et que j'y ai été nourrie : cela leur a donné un respect pour moi et une inclination plus grande que celle qu'ils ont ordinairement pour les personnes de *ma qualité*. » Il résultait de cette exception des Parisiens en sa faveur qu'on laissa partir ses équipages pour Saint-Germain, et que, tandis que la reine et le roi manquaient de tout, elle avait tout ce qui lui plaisait, et qu'elle ne manquait de rien. Tout cela n'était qu'un prélude pour le rôle qu'elle devait jouer dans la seconde Fronde : « Je ne prévoyais pas alors, dit-elle, que je me trouverais dans un parti considérable où je pourrais faire mon devoir et me venger en même temps ; cependant, en exerçant ces sortes de vengeances, l'on se venge bien contre soi-même. »

Ce petit mot de repentir final n'empêche pas Mademoiselle d'être très-fière et très-glorieuse de ce qu'elle fit en 1652, quand elle put à la fois obéir aux ordres de son père et se livrer à ses instincts d'aventure. Elle avait vingt-cinq ans à cette seconde époque, le bel âge pour une amazone. Cette idée de mariage, qui jouait toujours en perspective devant ses yeux, lui montrait alors une union possible, soit avec le prince de Condé dans le cas où il deviendrait veuf (elle ne répugnait point à ces sortes de suppositions), soit même avec le roi, si elle se rendait nécessaire et redoutable. En attendant elle obéissait sans beaucoup de suite à ses goûts romanesques et grandioses, et, passant de son ancienne aversion pour le prince de Condé à une amitié subite, elle brûlait de se signaler pour la cause commune par quelque service éclatant. Une occasion se présenta. Son père, Monsieur, était à Paris, d'où il croyait ne pouvoir s'éloigner sans de graves inconvénients. Il était de plus réclamé à Orléans, qui était de son apanage et où un parti assez considérable voulait ouvrir les portes à l'armée royale, qui s'avançait du côté de Blois. Il devenait de la plus haute importance que cette ville d'Orléans tînt bon pour la Fronde, sans quoi toute la ligne de la Loire était coupée, et le prince de Condé, qui arrivait de Guyenne, trouvait l'ennemi maître des positions. Mademoiselle s'offrit pour aller en personne à Orléans et pour maintenir la ville. Son père se défiait d'elle et de sa raison : « Cette chevalerie serait bien ridicule, disait-il le jour où elle partit, si le bon sens de Mmes de Fiesque et de Frontenac ne la soutenait. » C'étaient les deux dames qui accompagnaient Mademoiselle, et qu'on appela, moitié courtoisie et moitié raillerie, ses *maréchales de camp*. Mademoiselle partit donc, dans la joie de son cœur de se trouver enfin en passe de faire quelque action extraordinaire et de conquérir de la gloire. Un astrologue lui en avait prédit le matin du départ, et elle ne doutait pas qu'il n'eût raison. Dès qu'elle fut dans les plaines de Beauce, elle monta à cheval, elle se mit à la tête de l'armée de la Fronde qui était aux environs; on tint conseil de guerre devant elle, et il fut dit que rien ne se ferait plus que par ses ordres. La difficulté était d'entrer dans Orléans : car, pressés entre les sommations du garde des sceaux Molé pour le roi, et celles des Frondeurs, Messieurs de l'Hôtel-de-Ville avaient bonne envie de demeurer neutres. Impatiente des pourparlers qui se prolongeaient, Mademoiselle se promenait devant les remparts, excitant les gens du dedans par ses gestes et ses paroles; puis, voyant qu'il fallait plus compter sur le menu peuple que sur les gros bourgeois, elle se jeta dans une barque que des bateliers lui offraient, fit rompre une porte mal gardée qui donnait sur le quai, et par laquelle on ne l'attendait pas : quand il y eut deux planches rompues, on la passa par le trou, et la voilà introduite, de loin suivie par ses dames qui prirent le même chemin, portée en triomphe par le peuple, et en un clin-d'œil maîtresse de la place : « Car, lorsque des personnes de ma qualité sont dans un lieu, dit-elle au gouverneur et à l'échevinage un peu étonnés, elles y sont les maîtresses, et avec assez de justice : je la dois être en celui-ci, puisqu'il est à Monsieur. — Ils me firent leurs compliments, assez effrayés... Arrivée à mon logis, je reçus les harangues de tous les Corps et les honneurs qui m'étaient dus, comme en un autre temps. » Non contente d'être haranguée, elle improvise en plein Hôtel-de-Ville, et ne s'en tire pas plus mal que bien des orateurs et des tribuns en pareille crise.

Ces premiers jours furent les plus beaux. On ne manqua pas de comparer Mademoiselle à la Pucelle d'Orléans. La reine d'Angleterre, de qui elle avait éconduit le fils comme épouseur, dit ironiquement « que c'était bien juste qu'elle sauvât Orléans comme la Pucelle, ayant commencé par chasser les Anglais. » Le prince de Condé, parti d'Agen incognito et déguisé, arriva heureusement sur ces entrefaites à l'armée qui était près d'Orléans. Il adressa une lettre à Mademoiselle pour la remercier et la féliciter de sa prouesse : « C'est un coup qui n'appartient qu'à vous, lui écrivait-il, et qui est de la dernière importance. » Comme on lui rendait compte d'un Conseil de guerre auquel elle avait assisté et où elle avait donné son avis : « M. le Prince dit que les résolutions prises dans un Conseil *où j'avais bien voulu être* devaient être suivies, quand elles ne seraient pas bonnes, mais que celles que l'on avait prises étaient telles que le roi de Suède (Gustave-Adolphe !) n'eût pu mieux prendre son parti, et que pour lui il l'aurait fait quand je ne l'aurais pas ordonné. » Mademoiselle accepte et répète au sérieux tous ces éloges. Quand elle revint peu après à Paris, tout le peuple sortit à sa rencontre; elle était l'héroïne du moment. Le prince de Condé lui témoignait qu'il ne souhaitait rien avec tant de passion que de la voir reine de France, et qu'il ne se conclurait aucun accommodement qu'elle n'y fût comprise. Dans son exaltation crédule, elle était à l'heure la plus brillante de sa vie.

Les revers ne tardèrent pas, et elle en prit vaillamment sa part. Étrangère aux intrigues et incapable de politique, les choses de la Fronde étaient déjà en pleine dissolution et les négociations entamées de tous côtés, qu'elle ne s'en doutait pas. Le 2 juillet 1652, quand se livra le sanglant combat du faubourg Saint-Antoine, et que le prince de Condé, après des prodiges de valeur, allait être écrasé avec tous les siens par Turenne, si Paris n'ouvrait ses portes à son armée épuisée, ce fut Mademoiselle qui, arrachant le consentement de Monsieur, déjà traître à demi, se porta à l'Hôtel-de-Ville, y força le mauvais vouloir des indécis et des neutres. Elle dit au maréchal de L'Hôpital, qui résistait le plus qu'il pouvait, ces nobles paroles : « Songez, Monsieur, que, pendant que l'on s'amuse à disputer sur des choses inutiles, M. le Prince est en péril dans vos faubourgs. Quelle douleur et quelle honte serait-ce pour jamais à Paris, s'il y périssait faute de secours! Vous pouvez lui en donner, faites-le donc au plus tôt. » On ajoute qu'elle dit encore au maréchal que, s'il ne se hâtait, « elle lui arracherait la barbe et qu'il ne mourrait que de sa main. » Courant de là vers la Bastille avec de pleins pouvoirs, elle recueillit chemin faisant les blessés, presque tous gens de marque et qu'elle reconnaissait avec pitié. Elle nous peint en traits expressifs le moment où elle retrouve M. le Prince dans un des intervalles de l'action :

« Il était dans un état pitoyable, il avait deux doigts de poussière sur le visage, ses cheveux tout mêlés; son collet et sa chemise étaient pleins de sang, quoiqu'il n'eût pas été blessé; sa cuirasse était pleine de coups, et il tenait son épée nue à la main, ayant perdu le fourreau; il la donna à mon écuyer. Il me dit : « Vous voyez un homme au désespoir, j'ai perdu tous mes amis; Messieurs de Nemours, de La Rochefoucauld et Clinchamp, sont blessés à mort. » Je l'assurai qu'ils étaient en meilleur état qu'il ne les croyait... Cela le réjouit un peu, il était tout à fait affligé; lorsqu'il entra, il se jeta sur un siége, il pleurait et me disait : « Pardonnez à la douleur où je suis. » Après cela, que l'on dise qu'il n'aime rien; pour moi, je l'ai toujours connu tendre pour ses amis et pour ce qu'il aimait. »

Il est à remarquer, à ce propos, que Condé aimait et pleurait comme guerrier les amis qu'il eût vus mourir autrement sans les regretter peut-être. Un jour de combat, il retrouvait toutes ses qualités, son humanité, toutes ses vertus; il était dans son élément, et, comme tous les grands cœurs alors, il était bon.

Mademoiselle fit tirer ce jour-là quelques volées de canon de la Bastille qui achevèrent de manifester l'attitude de Paris, et de montrer aux troupes du roi que l'heure n'était pas venue encore d'y entrer. Mazarin dit que ces coups de canon tirés par ordre de Mademoiselle avaient *tué son mari,* donnant à entendre qu'elle ne pouvait plus désormais prétendre à épouser le roi. Il est douteux qu'elle l'eût jamais épousé. Pourtant, elle eut, à cette journée de la Bastille, la satisfaction d'avoir fait non pas comme à Orléans un coup de tête, mais un acte de courage et d'humanité. Elle rougit pour son père de l'indécision prolongée d'où il avait fallu l'arracher; elle chercha à l'excuser du mieux qu'elle put, et à le sauver de la honte de n'être pas monté à cheval aussitôt : elle avait eu du cœur pour tous deux.

Dans une troisième occasion elle le suppléa encore. Deux jours après (4 juillet), lors du massacre de l'Hôtel-de-Ville, par lequel le prince de Condé paya si tristement sa bienvenue aux Parisiens, et que Gaston, selon son habitude, favorisa au moins par son inaction, Mademoiselle s'offrit à aller sauver ceux qu'on massacrait et à mettre le holà parmi le peuple. Partie du Luxembourg, elle ne put pénétrer une première fois au delà de l'Hôtel-Dieu; elle fut plus heureuse à une seconde tentative, et put arriver à l'Hôtel-de-Ville bien tard, beaucoup trop tard, assez tôt pourtant pour faire encore quelque acte de protection et d'humanité.

La Fronde était à bout et chacun faisait sa paix. Le bruit courait que Gaston s'était accordé avec la Cour, en séparant ses intérêts de ceux du prince de Condé. Le président Viole en parla à Mademoiselle, qui fut réduite à lui dire : « *Vous le connaissez, je ne réponds rien de lui.* » Quand elle alla trouver ce lâche père pour savoir s'il avait ordre en effet de quitter le Luxembourg, et ce qu'elle avait à faire elle-même, il lui dit qu'il ne se mêlait point de ce qui la regardait, et il désavoua tout ce qu'elle avait fait en son nom : « Ne croyez-vous pas, Mademoiselle, reprit-il avec cette ironie méprisante et couarde qui lui était familière, que l'affaire de Saint-Antoine ne vous ait pas nui à la Cour? Vous avez été bien aise de faire l'héroïne, et que l'on vous ait dit que vous l'étiez de notre parti; que vous l'aviez sauvé deux fois. Quoi qu'il vous arrive, vous vous en consolerez, quand vous vous souviendrez des louanges que l'on vous a données. » Elle répondit avec fierté et dignité : « Je ne crois pas vous avoir plus mal servi à la porte Saint-Antoine qu'à Orléans. Ces deux actions si reprochables, je les ai faites par votre ordre; si elles étaient à recommencer, je les ferais encore, parce que mon devoir m'y obligerait... Il vaut mieux avoir fait ce que j'ai fait que de pâtir pour n'avoir rien fait. *Je ne sais ce que c'est que d'être héroïne : je suis d'une naissance à ne jamais rien faire que de grand et d'élevé. On appellera cela comme on voudra; pour moi, j'appelle cela suivre mon inclination et aller mon chemin; je suis née à n'en pas prendre d'autres.* »

Qu'il y ait dans ce propos de l'emphase et quelque jactance, on le sent aussitôt, mais il faut y reconnaître aussi comme un écho du *Cid* et quelques accents cornéliens. Mademoiselle, durant la Fronde, fut éprise d'une fausse grandeur, elle poursuivit une fausse gloire : elle resta désintéressée du moins, généreuse, et n'imprima aucune tache à son nom.

Dans les années qui suivirent, elle eut à se faire pardonner du roi, et à la longue elle y réussit. Pendant les séjours un peu forcés qu'elle fit dans les terres de ses apanages, elle prit goût aux Lettres et au bel esprit. Elle commença à écrire ses Mémoires. Elle avait pour l'un de ses gentilshommes et domestiques le poëte Segrais. Elle connut par lui Huet (le futur évêque), lequel, jeune alors, lui servait quelquefois de lecteur pendant sa toilette. C'étaient surtout les romans qu'elle aimait. Elle en composa un ou deux à cette époque (1658), ainsi que des Portraits de société, dont la mode venait de s'introduire. Elle en fit imprimer tout un volume à Caen (1659), par les soins de Huet, à un petit nombre d'exemplaires : la plupart de ces Portraits étaient d'elle. En un mot, elle fit de la littérature comme elle avait fait de la guerre civile et tranché de l'amazone, à l'aventure, à l'étourdie, haut la main, et non pas sans quelque esprit.

Nous la retrouvons au printemps de 1660, faisant partie de la Cour pendant les Conférences de la Paix des Pyrénées, et se livrant à son imagination encore, non plus sous la forme héroïque, mais sous la forme pastorale. Un jour qu'elle était à Saint-Jean-de-Luz dans la chambre du cardinal Mazarin, et que d'une fenêtre, avec Mme de Motteville, elle considérait la beauté du paysage, Mademoiselle se mit à imaginer un projet de retraite et de solitude, et à moraliser sur la vie heureuse qu'on y pourrait mener. Au sortir de là, toute remplie de son objet, elle écrivit une longue lettre à Mme de Motteville, qui lui répondit à son tour. Cette Correspondance assez agréable marque très-bien un moment dans la littérature française; elle représente et caractérise la nuance espagnole pastorale qui y régna depuis le roman de d'Urfé jusqu'à ceux de Mlle de Scudery, et à laquelle le bon sens de Louis XIV, aidé de Boileau, allait mettre bon ordre.

Mademoiselle imagine donc, en une prairie, près d'une forêt, en vue de la mer, une société des deux sexes, toute composée de gens aimables et parfaits, délicats et simples, qui gardent les moutons les jours de soleil et pour leur plaisir, qui se visitent le reste du temps d'un ermitage à l'autre, en chaise, en calèche, en carrosse; qui jouent du luth et du clavecin, lisent les vers et les ouvrages nouveaux; qui unissent les avantages de la vie civilisée et les facilités de la vie champêtre, sans oublier les vertus de la vie chrétienne; qui, tous célibataires ou veufs, polis sans galanterie ou du moins sans amour, vivent honnêtement entre eux, et n'ont nul besoin de recourir au remède vulgaire du mariage. Notez qu'un couvent de Carmélites est à deux pas dans la forêt, et que l'on ne manque pas d'aller s'y édifier quelquefois : car il faut, tout en menant douce vie, songer aussi au salut. Mme de Motteville, en répondant à Mademoiselle avec toutes sortes de compliments et en l'appelant tour à tour *illustre princesse* et *belle Amelinte,* la raille finement sur cet article d'interdiction matrimoniale qui était le grand point du nouveau Code de bergerie, et elle essaie d'insinuer un peu de réalité, un peu de bon sens, dans la peinture de cette république à la fois galante, platonique et chrétienne. Elle montre que, comme il est difficile de supprimer tout à fait la galanterie et l'amour, le mieux peut-être serait encore d'en revenir à *cette erreur si commune qu'une vieille coutume a rendue légitime, et qui s'appelle mariage.* On disserte des deux côtés là-dessus, et Mademoiselle, dans la discussion, fait preuve d'un esprit romanesque assez fin et distingué, élevé même par moments; mais en tout, ici comme dans la Fronde, c'est le sentiment de la réalité, c'est le bon sens et la justesse qui lui manquent.

Je ne la suivrai pas dans ses diverses compositions et rapsodies littéraires (Portraits, Romans de société), et j'arrive au grand événement de sa vie pour achever de la saisir. Mademoiselle avait quarante-deux ans; elle avait manqué tant et de si grands mariages, qu'elle semblait n'avoir plus qu'à demeurer dans cet état indépendant et libre de la plus riche princesse de France, lorsqu'elle commença (1669) à remarquer M. de Lauzun, favori du roi, et plus jeune qu'elle de plusieurs années. Restée froide et pure, et n'ayant jamais aimé jusqu'alors, elle ressentit pour la première fois l'amour avec une extrême jeunesse et, on peut dire, enfance de cœur; elle nous le décrit avec la naïveté d'une bergère. Elle s'aperçut donc un jour que ce petit homme, Capitaine des gardes, Gascon à la mine fière, au ton spirituel et ironique, avait un je ne sais quoi qu'elle n'avait encore remarqué dans personne. La première fois qu'il fit son service de Capitaine des gardes et qu'il *prit le bâton,* comme on disait, « il en fit les fonctions avec un air grand et aisé, plein de soins sans empressement. Lorsque je lui fis mon compliment, raconte-t-elle, il me dit qu'il était bien persuadé de l'honneur que je lui faisais de prendre part aux bontés que le roi avait pour lui. » Ce simple mot la transporte : « Je commençais dans ce temps-là à le regarder comme un homme *extraordinaire,* très-agréable en conversation, et je cherchais très-volontiers les occasions de lui parler. » Elle commençait à s'ennuyer vaguement dès qu'elle ne le voyait plus : « Cet hiver, dit-elle (1669), sans savoir quasi pourquoi, je ne pouvais souffrir Paris ni sortir de Saint-Germain. » Chaque jour elle lui trouvait plus d'esprit et d'agrément quand elle parvenait à l'entretenir dans quelque embrasure de croisée, ce qui n'était pas toujours facile à cause de l'étiquette et du rang. Quand elle le tenait une fois, elle s'y oubliait pendant des heures. Elle se plaisait à découvrir en lui toutes sortes de distinctions, une élévation d'âme au-dessus du commun, et un *million de singularités* qui la charmaient. Après avoir été quelque temps à rêver, elle ne tarda pas à se fixer résolûment, et, comme elle était très-honnête et très-imprévue, que l'idée qu'on pût aimer sans se marier ne lui entrait pas dans l'esprit, elle pensa qu'il n'y avait rien de plus court que de faire la grandeur de ce gentilhomme et de l'épouser. Le difficile était de le lui faire comprendre, car le respect dans lequel se retranchait Lauzun n'y laissait guère d'accès. On a remarqué « qu'en amitié ainsi qu'en amour, les princesses sont condamnées à faire tous les premiers frais, et que le respect qui les entoure oblige souvent la plus sage et la plus fière à des avances que d'autres femmes n'oseraient se permettre. » Mademoiselle ainsi fut obligée de faire tous les pas. La rouerie de Lauzun avec elle consista à augmenter, à élever encore ces barrières de respect déjà si hautes, à s'y retrancher, à s'y dérober avec ruse. C'étaient des révérences profondes, des assurances de soumission à n'en pas finir, mais il faisait la sourde oreille à toute parole tendre ; et non-seulement lui, mais Baraille, officier de sa compagnie, et qui était son homme de confiance, faisait de même : « Toutes les fois que je le rencontrais (Baraille), je le saluais, nous dit Mademoiselle, pour lui donner quelque envie de m'approcher; il faisait toujours semblant de croire que c'était à quelque autre personne que je m'adressais, et me faisait cependant de profondes révérences d'un côté, et se retirait de l'autre : dont j'étais au désespoir. » C'étaient le mot d'ordre et la tactique de M. de Lauzun. Si Mademoiselle n'avait pas eu l'idée de mariage, il l'y aurait amenée et contrainte par sa conduite, tant il était *soigneux* à ne se prêter à aucune ouverture simplement tendre ou galante. L'homme à bonnes fortunes était devenu tout d'un coup un homme à principes; il faisait le vertueux et le chaste pour se faire épouser. La pauvre Mademoiselle, novice comme une pensionnaire et sans confidente, ne savait qu'inventer pour apprendre à ce fat et à ce vaniteux ce qu'il voyait trop bien. Elle se faisait apporter et elle relisait les Œuvres de Corneille pour y voir des images de sa destinée et y prendre des leçons; elle comptait sur la secrète sympathie des âmes :

> Quand les ordres du Ciel nous ont faits l'un pour l'autre,
> Lise, c'est un accord bientôt fait que le nôtre...
> On s'estime, on se cherche, on s'aime en un moment;
> Tout ce qu'on s'entredit persuade aisément.

Cette persuasion était le point difficile avec Lauzun. Elle

faisait semblant de le consulter sur des mariages qu'on lui proposait, espérant toujours qu'il se déclarerait et qu'il lui fournirait occasion de lui répondre par son propre aveu. Mais Lauzun était strictement, cruellement respectueux; il l'était à outrance. Toujours des hommages, jamais un outrage. Elle l'avait établi, comme malgré lui, son conseiller, son confident : elle voulait se marier, lui disait-elle, se marier décidément en France, faire la fortune de quelqu'un qui le méritât, et vivre avec cet honnête homme et cet ami dans une estime parfaite, avec douceur et tranquillité. Il ne s'agissait plus que de trouver un sujet digne du choix. Lauzun en causait longuement avec elle; il balançait les avantages et les inconvénients de ce parti, se gardant bien de paraître deviner qu'il s'agissait de lui. Il y avait des jours pourtant où l'on aurait dit qu'il commençait à entendre; mais il s'échappait toujours à temps « par des manières respectueuses qui étaient pleines d'esprit, » et qui achevaient d'enflammer l'innocente princesse.

Elle brûlait comme Didon, comme Médée, comme Ariane, mais vingt ans trop tard. Elle faisait de ces choses qui eussent été charmantes de la part d'une toute jeune fille : pendant un voyage en Flandre où M. de Lauzun commandait comme général, un jour d'horrible pluie, comme il s'approchait souvent de la voiture du roi nu-tête et le chapeau à la main, Mademoiselle ne pouvait se contenir et disait au roi : « Faites-lui mettre son chapeau ! » A Saint-Germain, où était la Cour, comme elle était pour la centième fois sur le point de nommer à Lauzun cette personne qu'elle avait choisie pour la rendre heureuse, et sur laquelle elle le consultait sans cesse, elle n'avait pourtant pas la force de lui articuler le nom : « Si j'avais une écritoire et du papier, je vous l'écrirais, » lui disait-elle; et montrant une glace qui était à côté : « J'ai envie de souffler dessus, et j'y écrirai le nom en grosses lettres, afin que vous le puissiez bien lire. »

Ce qui est remarquable et ce qui fait le cachet du temps, c'est que l'idée du roi, le culte et l'idolâtrie officielle qu'on lui vouait, étaient en tiers dans tout cela. C'est au nom du roi, et comme sous son invocation, qu'on s'aime et qu'on ose à la fin se l'avouer. « Le roi a toujours été et est encore *ma première passion*, M. de Lauzun *la seconde*, » disait Mademoiselle; et M. de Lauzun, de son côté, ne se flattait d'avoir plu en définitive à Mademoiselle et de l'avoir touchée, qu'en raison du respect et de la véritable *tendresse* qu'il avait pour la personne du roi. Au moment où le mariage est décidé, on le voit surtout occupé à stipuler qu'il ne quittera pas le roi un seul instant, qu'il continuera de faire, comme auparavant, tous les devoirs de sa charge, le dernier au coucher et le premier au lever. Il entend bien ne pas cesser de coucher au Louvre. Le premier usage qu'il prétend faire des immenses richesses de Mademoiselle, c'est de mettre, comme Capitaine, toute sa compagnie à neuf, pour *en faire sa cour*. Cette idée lui est, à elle seule, toute sa *lune de miel*. Dans la lettre au roi où elle demande d'épouser Lauzun, Mademoiselle a soin de faire sonner bien haut cette chaîne de précieuse servitude et de domesticité, qui, selon elle, honore plus que tout, et dont elle réclame sa part : « Je dis tout ceci à Votre Majesté pour lui marquer que plus on a de grandeurs, *plus on est digne d'être vos domestiques.* » Il y avait quelque chose à quoi Lauzun tenait plus encore qu'à être le mari de Mademoiselle, le duc de Montpensier et le plus grand seigneur du royaume, c'était d'être du dernier bien avec son maître. — Je note expressément la forme régnante de platitude de ce temps-là : n'allons pas nous flatter de n'avoir point la nôtre.

On sait le reste. Louis XIV permit d'abord le mariage, mais on eut tort de ne pas profiter de la permission dans les vingt-quatre heures, et de lui donner le temps de la réflexion. Le mariage, décidé de la veille ou de l'avant-veille, fut déclaré le lundi 15 décembre (1670), et tint jusqu'au jeudi 18. Le roi retira brusquement sa permission. Mademoiselle fut dans l'état qu'on peut croire, mais sans oser encore blasphémer contre le roi. Lauzun reçut le coup en courtisan accompli et comme s'il eût dit : « Le roi me l'avait donnée, le roi me l'a ôtée, je n'ai qu'à le remercier et à le bénir. » Sa faveur parut même un moment sur le point de s'en accroître. Pourtant, par des raisons qui sont demeurées obscures, mais qui tenaient à cette grande affaire, il fut arrêté environ un an après (25 novembre 1671), et enfermé au château de Pignerol. Sa captivité ne dura pas moins de dix ans. Mademoiselle, pendant tout ce temps, n'eut de pensée qu'en vue de lui ; elle fit tout pour obtenir sa délivrance, et elle l'acheta au prix des biens immenses dont Mme de Montespan lui soutira la donation en faveur de son fils, le duc du Maine, bâtard du roi. Elle en passa par tout ce qu'on voulut pour revoir celui qu'elle aimait. Elle en fut mal récompensée. Quand Lauzun sortit de prison, ce n'était plus l'honnête homme, le galant homme et l'homme poli qui l'avait tant charmée : le courtisan seul avait survécu, courtisan acharné, et qui n'eut pas de cesse qu'il ne se retrouvât sur pied et dans un replâtrage de faveur auprès du maître ; d'ailleurs dur, intéressé ouvertement, cupide, osant reprocher à Mademoiselle les sacrifices mêmes qu'elle avait faits pour le délivrer. La prison avait fait sortir tous les défauts de caractère et de cœur qu'il avait su cacher dans ses beaux jours.

Le mariage aussi (car il paraît bien qu'il y eut alors un mariage secret) le dispensait désormais de se contraindre.

Mademoiselle connut tard la vie, elle finit pourtant par la connaître, et passa, elle aussi, par tous les degrés de l'épreuve; elle eut la lente souffrance qui use l'amour dans un cœur, le mépris et l'indignation qui le brisent, et elle arriva à l'indifférence finale qui n'a de remède et de consolation que du côté de Dieu. C'est un triste jour que celui où l'on découvre que ce quelqu'un qu'on s'était plu à parer de toutes les perfections et à combler de tous les dons n'était que *si peu de chose.* Elle eut des années à méditer sur cette amère découverte. Elle mourut en mars 1693, à l'âge de soixante-six ans.

Ses obsèques, célébrées avec magnificence, furent troublées elles-mêmes par un singulier accident. L'urne qui contenait ses entrailles embaumées, et mal embaumées, éclata en pleine cérémonie avec un bruit épouvantable, et fit sauver tous les assistants. Il était dit qu'un peu de ridicule se mêlerait à tout ce qui serait de Mademoiselle, même à l'article des funérailles.

Ce qui manque à sa vie, à son caractère comme à son esprit, c'est le goût, c'est la grâce, c'est la justesse, ce qui devait précisément marquer la belle époque de Louis XIV. Avec ses dix années de plus que le roi, Mademoiselle fut toujours un peu arriérée et de la vieille Cour. Elle appartient, par son tour d'imagination, à la littérature de la fin de Louis XIII et de la Régence, à la littérature de l'hôtel Rambouillet, et qui n'a pas subi la réforme de Boileau ni celle de Mme de La Fayette. Il y a du pêle-mêle dans ses admirations : elle prise fort Corneille, elle fait jouer chez elle *le Tartufe,* mais elle reçoit aussi l'abbé Cotin : « J'aime les vers, de quelque nature qu'ils soient, » dit-elle. Elle aime surtout la grandeur, elle aime la gloire; elle s'y méprit souvent; elle a toutefois des mouvements de fierté, d'honneur et de bonté, dignes de sa race. Les jours où elle est le mieux, elle se ressent du voisinage de Corneille. Sa conduite au combat de Saint-Antoine doit lui être comptée. Ses Mémoires aussi lui sont un titre des plus durables, Mémoires véridiques et fidèles, et dans lesquels elle dit tout sur elle-même ou sur les autres, naïvement, hautement, et selon qu'il lui vient à l'esprit. Les personnes de bon sens qui les lisent, et qui jouissent, comme d'une singularité perdue, de tant d'incroyables aveux et d'une façon de voir si *princière* en toutes choses, peuvent y mettre sans effort les réflexions et la moralité qu'elle n'y met pas (1).

(1) Depuis que ceci est écrit, il a paru une édition nouvelle, la première tout à fait exacte, des Mémoires de Mademoiselle (Charpentier, 1858), donnée par les soins de M. Chéruel d'après le manuscrit autographe de la Bibliothèque impériale. Les modernes éditeurs (Petitot, Michaud) avaient négligé de consulter ce manuscrit, et l'on continuait de réimprimer les anciennes éditions où le texte avait été retouché, et où il y avait des inexactitudes de noms propres et quelques omissions. Tout cela aujourd'hui est réparé.— L'abbé Terrasson disait d'une traduction janséniste de la Bible « qu'on y trouvait dans toute sa pureté le scandale du texte. » On peut dire également de la bonne édition des Mémoires de Mademoiselle que son style y est rendu dans toute la pureté de son incorrection naturelle.

Lundi 31 mars 1851.

M. THÉODORE LECLERCQ.

M. Théodore Leclercq est mort le 15 février dernier, et cette mort a aussitôt réveillé, chez ceux qui ne connaissaient ce spirituel auteur que par ses Œuvres, le vif souvenir de tout un piquant chapitre littéraire, de tout un chapitre de mœurs sous la Restauration. M. Théodore Leclercq a eu ce singulier bonheur pour un écrivain moraliste et dramatique, d'avoir rattaché son observation et sa fine moquerie à une époque distincte et à un moment de l'histoire : tellement que, pour faire bien comprendre ce que l'historien ne dit qu'en courant et ce qu'il ne peut que noter sans le peindre, il n'y a rien de mieux que de renvoyer à quelques-uns de ses jolis Proverbes comme pièces à l'appui. Ces Proverbes sans doute pourront eux-mêmes avoir besoin, sur quelques points, de commentaire, mais surtout ils seront eux-mêmes un commentaire vivant et une explication animée des prétentions et des travers d'une époque : c'est là ce que j'appelle les vignettes amusantes et vraies de l'histoire. Tâchons de bien définir ce moment auquel se rapportent les *Proverbes dramatiques* de M. Théodore Leclercq. — 1820-1830.

La Restauration s'était établie en 1814, et, quels que fussent les regrets légitimes et les douleurs brûlantes de ceux qui souffraient des revers de nos armes et de l'envahissement de la patrie, on ne peut nier que les choses en étaient venues au point que la Restauration, sans être désirée ni prévue de la France, fut acceptée d'un grand nombre, à cette première heure de 1814, comme un soulagement. Il ne s'agissait, pour la faire vivre, que de la bien engager dans sa voie et de la bien diriger. Mais les fautes commencèrent dès le premier jour, et l'inintelligence fut manifeste aux yeux de tous. 1815 et les Cent-Jours donnèrent à la fois l'avis et le châtiment. Dès lors, les passions civiles s'enflammèrent, et des deux parts une irritation incurable, en se déclarant, vint ajourner toute solution modérée, toute raison. La raison ne vient guère jamais aux nations et aux masses que par nécessité, par épuisement, quand, après avoir bien souffert, on sent qu'il n'est encore, pour en finir, que d'y mettre chacun du sien et de s'accorder. Cet épuisement de la nation était réel et sensible en 1814, épuisement physique plutôt encore que moral, et qui ne venait que d'une perte de sang trop abondante. Cela se répare vite en France. L'irritation et la fureur qu'excitèrent les événements de 1815 redonnèrent une fièvre qui fit oublier la fatigue et qui embrasa les cerveaux; les partis se retrouvèrent aux prises comme s'il n'y avait pas eu déjà tout un cercle accompli de révolutions. De bons esprits, qui étaient dignes de voir les choses avec justesse, se laissèrent entraîner, à la suite de 1815, à des opinions passionnées. Pendant près de cinq ans le Gouvernement lutta entre les deux partis extrêmes, et essaya avec plus ou moins d'habileté d'une voie moyenne qui n'aboutit point. Le parti *ultra* fit invasion dans le pouvoir en 1820, et dès lors ne lâcha plus pied qu'il ne fût le maître absolu. Ce parti, qui se composait du groupe politique et du groupe religieux, avait pour lui l'organisation, l'ensemble, et ne ménageait aucuns moyens.

En se dépouillant aujourd'hui, pour le juger, de toute prévention et comme de tout ressouvenir personnel, on ne peut au moins s'empêcher de voir qu'il méconnaissait sur des points essentiels le génie du temps, celui même de la nation, et qu'il blessait la fibre française. De là la guerre à mort qui s'engagea bientôt entre lui et tous les esprits sensés qu'un intérêt étroit et direct n'aveuglait pas. Bon nombre de ceux qui s'étaient laissé entraîner en 1815 revinrent alors et se sentirent poussés à des sentiments contraires. De 1821 à 1828, chacun, tôt ou tard, arrivait à son tour à l'opposition, et y faisait la guerre à son poste, à sa manière. Brochures, pamphlets, articles de journaux, chansons, graves histoires, scènes historiques (car la comédie, à ce moment, avait passé du théâtre dans les livres), allusions de toutes sortes, c'était à qui atteindrait et piquerait l'ennemi de dessous le réseau habile dont il cherchait à nous envelopper. M. Théodore Leclercq fut un de ceux qui le piquèrent le plus finement et avec le plus de bonheur dans ses *Proverbes dramatiques*.

Ce n'était pourtant pas jusqu'alors un politique que M. Théodore Leclercq, ce n'était pas même un auteur: homme d'esprit et de loisir, homme du monde et de société, il n'avait jamais visé à ce qu'on appelle un succès et encore moins à un résultat. Sa vie entière est courte à raconter. Le peu qu'on trouve à en dire ne sert que mieux à marquer la nature et l'originalité heureuse de son talent.

M. Mérimée a noté l'autre jour (*Revue des Deux Mondes* du 1er mars) le très-petit nombre d'anecdotes et de faits qui s'y rapportent. M. Théodore Leclercq naquit à Paris, en 1777, d'une bonne famille de la bourgeoisie parisienne. Son père, riche manufacturier, avait, si je ne me trompe, fondé dans le faubourg Saint-Antoine une fabrique de papiers peints dans laquelle il eut pour successeur Réveillon, celui même qui fut odieusement pillé dans les premiers troubles de 1789. La riche bourgeoisie parisienne a, de tout temps, produit des esprits fins, des railleurs distingués et libres, ayant le ton de la meilleure compagnie et parlant la plus pure des langues; au XVIIIe siècle, Mme Geoffrin, cette douairière de la bonne société, en était sortie. Le jeune Théodore Leclercq, en descendant de son faubourg Saint-Antoine, passait chaque fois auprès du jardin de Beaumarchais. Ses études furent interrompues par la Révolution. Après la Terreur, il se trouva naturellement de cette jeunesse royaliste, plus ou moins dorée et muscadine, qui luttait avec énergie et courage pour la vie élégante et civilisée. C'est là, c'est dans le club de Clichy, à cette époque de réaction et aux environs du 18 Fructidor, qu'il rencontra pour la première fois M. Fiévée, son aîné de quelques années, et que commença entre eux cette union durable qui subsista plus de quarante ans et que la mort seule a brisée. M. Fiévée était un des esprits les plus distingués de son temps, sensé jusque dans la passion, ferme jusque dans les versatilités, romancier fin, spirituel et presque délicat, publiciste clairvoyant, habile, et presque homme d'État : il touchait par son esprit à bien des choses élevées; il avait fait de bonne heure le tour de toutes les opinions. Il avait gardé quelque chose de tranchant, même avec un fond de doute et de désabusement. A côté d'un esprit aussi éminent et aussi prononcé, M. Théodore Leclercq n'avait qu'un parti à prendre, et il le prit sans avoir besoin d'y songer : c'était, tout en en ressentant l'influence et peut-être l'ascendant, de rester lui-même, et de ne pas lui ressembler. Je trouve, dès ce temps-là, un roman imprimé de M. Théodore Leclercq, *le Château de Duncam* ou *l'Homme invisible*, an VIII, 1800; l'auteur ne l'a signé que par ses initiales, ou plutôt il ne l'a pas signé du tout. Ce n'est qu'un livre de tout jeune homme, qui compose dans le goût du jour et qui n'y met encore rien du sien. L'esprit de M. Théodore Leclercq était dès lors mieux occupé en se tournant tout entier du côté de la société et des observations amusantes qu'elle offre à celui qui sait les saisir. Le goût de la comédie était très-répandu au XVIIIe siècle; le XIXe, dès qu'il se sentit un peu de stabilité, recommença par où le XVIIIe avait fini. Aux beaux jours du Consulat, Mme de Genlis, encore à la mode, un soir qu'elle devait recevoir beaucoup de monde, eut l'idée de jouer au coin de sa cheminée un Proverbe improvisé, avec M. Leclercq : c'était assurément lui reconnaître de l'esprit. Le sujet était un jeune poëte lisant sa première Élégie à une *femme de Lettres*. Ils devaient se lancer à corps perdu dans l'exagération et le ridicule. Il paraît que le succès fut grand, et peut-être ce premier essai donna-t-il à M. Leclercq l'idée d'écrire des Dialogues. Plus tard, à Hambourg (1810), il fit jouer des Proverbes *écrits*, par la société française qui s'y trouvait amenée à la suite des guerres de l'Empire. On raconte que c'est là qu'un général de notre connaissance s'avisa un jour qu'il avait trouvé un sujet unique pour le plus gai et le plus délicieux des Proverbes. Et quel est ce sujet? lui demanda-t-on de toutes parts. « C'est que, répondit-il, je ne sais pas trop comment vous expliquer cela; je voudrais vous faire voir l'ensemble tout d'un coup; voilà ce qui m'embarrasse; je vais pourtant essayer. D'abord... c'est un homme qui croit que *sa cuisinière le vole*. Je parie que cela vous paraît commun? Vous allez voir... Figurez-vous donc un homme, un Monsieur, un bourgeois, en robe de chambre de basin à côtes, le pantalon pareil... enfin en négligé, comme on est le matin chez soi quand on aime ses aises. Ce Monsieur entre dans son salon, comme on entre dans son salon. Quand il est entré, il s'assoit dans une bergère, et il n'est pas plus tôt assis, qu'il s'écrie : « *Ah! mon Dieu! je crois que ma cuisinière me vole!* » Remarquez-vous comme c'est simple ?... » Et tout ce que dit si bien Dormeuil dans le premier des Proverbes imprimés de M. Leclercq, *la Manie des Proverbes.*

Avant d'accompagner M. Fiévée à Hambourg, M. Théodore Leclercq l'avait accompagné en Angleterre en 1802; il l'accompagna également dans sa préfecture de la Nièvre (1813-1815); et partout, à l'étranger, en province, tandis qu'auprès de lui on faisait de l'observation politique et de l'administration, il s'amusa à observer la société et à la prendre dans le sens gai et facile, à y voir des sujets de Proverbes, et, dès qu'il y avait moyen, à en jouer. C'était multiplier les ridicules et s'en donner tout le plaisir que de les assembler autour de soi, de les mettre en jeu et aux prises sous ce point de vue particulier. Dans l'intervalle de l'un ou de l'autre de ces voyages, j'oubliais que M. Théodore Leclercq avait été nommé receveur principal des Droits réunis à Paris, place excellente et lucrative, mais à laquelle il ne put s'assujettir. Les ennuis de la comptabilité, l'inquiétude de la responsabilité surtout, la lui firent quitter après moins de deux ans. Il se dit à lui-même comme il fait dire sensément à l'un de ses personnages : « Jules sait fort bien occuper son temps; il a de la fortune, des talents : que ferait-il d'un emploi? — Cela lui donnerait de la considération. — Il a déjà celle d'un homme qui n'a besoin de rien : cela ne vaut-il pas mieux? » Le poëte, quelque part, appelle heureux à bon droit celui qui, sachant occuper et charmer son loisir,

> Ainsi que de talents a jadis hérité
> D'un bien modique et sûr qui fait la liberté.

Ce bien modique que souhaitait André Chénier, ce bien qui vient de famille et qu'on n'a pas eu à gagner à la sueur de son front, *res non parta labore, sed relicta,* est aussi l'un des vœux du poëte Martial. Le père de M. Théodore Leclercq lui avait laissé plus qu'un revenu modique, et mieux que de l'aisance. Il continua donc de vivre en regardant autour de soi et en s'en amusant.

Sociabilité, finesse et moquerie, tels étaient les principaux traits de ce charmant esprit, qui y mêlait, dans la pratique, de cette bonté facile et de cette indulgence assez ordinaire à ceux qui n'ont point placé trop haut l'idéal de la nature humaine. Il s'accommodait volontiers de tout ce qui passait devant lui dans le monde, parce qu'il y trouvait matière à sa raillerie et à son plaisir. Il laissait entrer jusqu'aux sots et aux impertinents, qui n'étaient point pour lui des importuns : son esprit fin les pénétrait et les perçait de toutes parts sans qu'ils s'en aperçussent, et il leur prenait, avec une sorte de bienveillance encore, de quoi s'amuser à leurs dépens, et souvent de quoi les amuser eux-mêmes. « Baste ! baste ! quand on sait s'occuper des affaires des autres, on ne s'ennuie jamais nulle part, » dit une femme de chambre dans un de ses Proverbes. Qu'est-ce donc quand on sait s'occuper de leurs ridicules, et ensuite les mettre doucement en action? Cette mise en action des ridicules de la société, c'était les Proverbes, et le plus curieux, là comme en tout, était la coulisse même où le fond de chaque vanité se voyait à nu. « J'adore les Proverbes, dit un des personnages de M. Leclercq : c'est la plus belle invention, c'est la source de mille tracasseries. Aussitôt qu'on les introduit dans une maison, on est assuré de jouir de toutes les divisions, de toutes les zizanies, de toutes les haines, les médisances, les calomnies, qui règnent ordinairement parmi les acteurs de profession : aussi je ne manque jamais de m'y fourrer. Les rôles ne font rien; je n'y mets pas le moindre amour-propre... Ce que j'aime, ce sont les confidences que cela m'attire. J'apprends là des choses que j'aurais ignorées toute ma vie. » Jamais on n'a mieux saisi que ne l'a fait M. Théodore Leclercq les tracasseries de la société, les gronderies, les taquineries, les câlineries du ménage, jamais mieux les commérages, les tatillonnages, les chiffonnages d'un intérieur, jamais mieux les babils, les curiosités, les malignités des coteries intimes. Un tel genre d'observation minutieuse et subtilement moqueuse semblait être réservé aux femmes; M. Leclercq leur a dérobé leur secret. Mme de Coulanges elle-même n'égratignait pas plus joliment et avec plus d'exquise malice. Il est de ceux à qui l'on est tenté de dire par moments : Avez-vous donc été femme, Monsieur, pour les si bien connaître? Le dialogue fourmille de choses fines, de traits qui entrent comme des aiguilles. Pour que cela prît du corps et de la portée, pour que l'aiguille devînt une flèche ou un aiguillon, il fallait pourtant qu'un peu de passion s'y mêlât, et elle vint précisément s'y mêler dès cette époque que j'ai notée et à partir de 1820, quand les excès du parti *ultra* et de la Congrégation piquèrent au jeu les esprits sensés et indépendants. M. Théodore Leclercq sentit alors en lui une étincelle de cet esprit d'opposition qui, de tout temps, a volontiers animé la bourgeoisie parisienne. Les traits où il se jouait, sans rester moins délicats, devinrent plus vifs, plus acérés; ils se trempèrent d'une légère amertume qui les rendit plus sensibles. C'est seulement à cette date que son talent, jusqu'alors borné au cercle du salon et de la société, put sortir au dehors et se donner un but, qu'il put véritablement entrer dans le public, et devenir à son moment, et sans se dénaturer, une des armes de la France.

Les deux premiers volumes de *Proverbes dramatiques* de M. Théodore Leclercq parurent en 1823, et les volumes suivants continuèrent de se publier jusqu'au nombre de neuf ou dix. Les sept premiers se rapportent surtout à l'époque que nous indiquons et qui, jusqu'en Juillet 1830, doit être regardée comme le moment de vogue de l'auteur. Il ne se peut de Préface plus modeste, et qui sente moins l'auteur en effet, que celle que M. Théodore Leclercq mit en tête de son premier volume en 1823 : « J'ai aimé, disait-il, à jouer des Proverbes, et j'en ai fait. C'est toujours une nécessité d'en faire, quand on aime à en jouer : car il faut, dans ce genre de plaisir, que les rôles s'arrangent selon les ressources qu'offrent les sociétés dans lesquelles on se trouve. Étranger, par ma position et mon caractère, aux grands événements qui ont agité le monde, mes amitiés et le désir de voir m'ont conduit dans divers pays, et, partout où je me suis trouvé, j'ai joué et fait jouer des Proverbes. Ils ont amusé... » Quelques années après, dans une réimpression et une édition nouvelle, cette Préface si simple, si bienveillante, s'est un peu corrigée, et M. Leclercq a cru devoir y ajouter un mot à l'adresse des nombreux arrangeurs, qui s'étaient emparés de l'idée de certains Proverbes pour les transporter au théâtre, sans lui demander son agrément : « Le fait, disait-il, s'est établi comme un droit, ainsi qu'il arrive pour des choses beaucoup plus importantes. Je suis resté étranger à ces arrangements. Les hommes d'esprit qui sont assez modestes pour s'aider du mien, ne m'ayant jamais consulté, m'ont épargné jusqu'à l'embarras des politesses et de la reconnaissance. Par réciprocité, il ne m'est pas arrivé une seule fois d'aller voir comment ils m'avaient arrangé pour la perspective théâtrale. » On ne peut certes se venger plus spirituellement et par une plaisanterie plus décente : mais c'est déjà se venger, et la première Préface n'avait rien de cette douce amertume de la seconde. Si peu auteur qu'on soit, on ne le devient jamais impunément.

Un des premiers Proverbes, *le Mariage manqué,* nous rend au naturel la méchanceté de petite ville, la rivalité de comptoir, les ridicules de province. La scène est dans la boutique d'une marchande de modes, et débute par un dialogue excellent. Sophie, la fille de boutique, prend un chapeau et le pose ridiculement sur sa tête :

« Madame, qui est-ce qui met son chapeau comme cela? vous ne devinez pas? Pardine! c'est Mme Darbaut.

Mme MAIRET.

« Mademoiselle, je vous ai défendu de parler politique.

SOPHIE.

« Mais, Madame, ce n'est pas parler politique que de parler de Mme Darbaut.

Mme MAIRET.

« Pardonnez-moi, Mademoiselle. Mme Darbaut est la femme du maire, et il ne faut jamais s'attaquer aux autorités tant qu'elles sont en place... »

Nous voilà en pleine comédie par le dialogue. Le caractère de M. Fillars, méchante gazette de l'endroit, homme envieux, « qui va tout doucement, et qui n'a pas de plus grand plaisir que quand il voit tomber ceux qui voulaient courir plus vite que lui; » qui est au courant de tout ce qui fait le mal d'autrui, et qui, s'il rencontre des gens heureux, se dit : *Je les attends*, ce caractère est parfaitement dessiné et mis en jeu. Des caractères, des dialogues, des scènes, M. Théodore Leclercq, dans ses Proverbes, a tout cela : il n'y manque, en général, qu'une action un peu nouée ou, ce qui y supplée, une charpente, ce qui est du métier, et qu'il a fallu y mettre pour les transporter au théâtre; mais ce qui n'était pas nécessaire entre deux paravents et pour l'horizon du salon.

Le Proverbe, d'ailleurs, est devenu entre ses mains aussi semblable qu'il peut l'être à une petite comédie. Représentons-nous bien ce qu'était le Proverbe dramatique à l'origine et dans le véritable esprit du genre. C'était une scène ou plusieurs scènes qu'on écrivait ou que souvent on improvisait entre soi sur un simple canevas, et qui renfermaient un petit secret. Ce secret était le mot même du Proverbe (par exemple, *Selon les gens l'encens*, ou bien *Il ne faut pas jeter le manche après la cognée,* ou bien *les Battus paient l'amende,* etc.), mot qui était enveloppé dans l'action, et qu'il s'agissait de deviner : « de manière, dit Carmontel (le grand créateur du genre), que si les spectateurs ne le devinent pas, il faut, lorsqu'on le leur dit, qu'ils s'écrient : *Ah! c'est vrai!* comme lorsqu'on dit le mot d'une énigme que l'on n'a pu trouver. » Ce mot du Proverbe, caché dans l'action, semblait d'abord assez important pour qu'on ne le dît pas, et Carmontel a soin de donner à chacun de ses Proverbes un autre titre, en en rejetant le mot tout à la fin du volume, pour que le lecteur puisse le deviner lui-même, s'il est habile. M. Leclercq ne prend plus tant de précautions. Le mot du Proverbe, qui est quelquefois déjà au titre, se trouve régulièrement au bout de chaque petite pièce, et en marque la fin; quand le mot est dit et que le proverbe est placé, on sait que la pièce est finie. Mais ce mot, chez lui, n'est le plus souvent qu'un prétexte aux jolies scènes, comme la moralité n'est guère qu'un prétexte à bien des fables de La Fontaine; on s'en passerait très-aisément. On voit par là que M. Théodore Leclercq a atteint les extrêmes limites du genre; il a poussé le Proverbe aussi loin qu'il est possible, à moins d'en faire décidément une comédie.

Un des plus jolis Proverbes de M. Leclercq, et qui nous donne le mieux la clef de son talent, est celui qui a pour titre : *Tous les comédiens ne sont pas au théâtre.* Un jeune homme, qui est allé étudier la médecine à Montpellier, s'est attiré la colère de son oncle, avocat de Paris et membre de l'Institut, et cela parce que cet oncle, M. Partout, a appris que son neveu avait souvent joué la comédie en société. Le jeune homme arrive à Paris avec son futur beau-père, celui même chez qui il s'est rendu coupable du méfait, et il trouve moyen, avant que son oncle se soit mis sur ses gardes, de lui prouver que lui, M. Partout, il ne fait autre chose que jouer des rôles avec des habits différents. M. Partout est pris sur le fait et convaincu d'avoir joué quatre rôles en un jour, en habit d'académicien, en simple habit d'oncle, en robe d'avocat et en capitaine de la garde nationale : « Vous qui êtes un homme du monde, dit le jeune homme à son oncle, vous appelez cela l'esprit du monde; moi qui suis un comédien, j'appelle cela de la comédie. C'est toujours la même chose, sous un nom différent. » Le talent et l'art de M. Théodore Leclercq est ainsi de saisir la comédie toute faite qui passe devant lui, de la décalquer et de l'encadrer dans des dialogues vrais, sans lui rien donner du grossissement et du relief propres au théâtre. Il aime que sa comédie soit de plain-pied en quelque sorte avec la société où il vit, et que l'une ne soit que l'autre, légèrement extraite et découpée, mise en regard et pourtant à peine séparée d'elle-même. Comme le salon et la scène sont de niveau, « la compagnie, a très-bien dit M. Patin, se mire dans ses peintures comme dans une glace. » Ce qu'on appelle *machine*, si petite qu'elle soit, n'est point de son fait; il a l'idée morale et comique, il néglige le ressort. On l'a beaucoup mis à contribution, on l'a beaucoup pillé; il a été pour les auteurs de profession une mine féconde. Soyons juste pour tous : en s'emparant de son idée même, il fallait, pour la dresser et la faire tenir à la scène et sur les planches, y ajouter quelque chose, et ce quelque chose était aussi une part d'invention. Qu'on me permette une image classique et consacrée : la Comédie au théâtre a besoin de chausser le *brodequin* pour se tenir; la Comédie de M. Théodore Leclercq, habituée à marcher sur des tapis, ne porte en quelque sorte que souliers plats, souliers de prunelle ou pantoufles fines.

Elle n'en est que plus agréable et plus chère aux gens d'esprit, à ceux qui aiment véritablement à jouir du spectacle dans leur fauteuil. Plus d'un Proverbe de M. Théodore Leclercq n'est qu'un Caractère à la La Bruyère développé, étendu, mis en action. *L'Humoriste*, par exemple, est un petit chef-d'œuvre de ce genre. Cet homme lunatique, qui commence sa matinée du dimanche par contrarier femme et domestique en tout point, par se refuser au dîner périodique de famille sous prétexte qu'on ne l'a pas invité par écrit, qui ne sait qu'imaginer pour contredire les autres et lui-même, qui n'a pas plus tôt exprimé un caprice, qu'il le regrette; que tout vient tenter et lutiner sans le fixer à un choix; qui passe de l'envie du tric-trac à celle de dîner tout seul, puis à l'idée de se purger, et qui finit, après avoir bien grondé, et sa lune déclinant vers le soir, par se laisser coiffer par sa belle-mère d'un bonnet de coton à longue mèche, et par se coucher docilement à jeun, comme un enfant honteux qui est puni d'avoir fait le malade;

tout ce portrait est délicieux, et si La Bruyère avait fait de son *Distrait* une petite comédie, c'est ainsi qu'il aurait voulu s'y prendre, qu'il aurait ménagé les scènes, en y semant les jolis mots. Quel trait plus vrai et plus naturel que celui du domestique François, qui a tant résisté à son maître sur le chapitre de la cuisine, qui a tant dit qu'il ne la savait pas faire, qui n'a entrepris l'omelette, l'immense omelette de *quinze œufs*, qu'à son corps défendant, et qui, dès qu'il en est venu à bout, est si fier, puis si mortifié quand son maître lui dit qu'il ne la mangera pas ! « Et ma belle omelette ? » s'écrie-t-il d'un ton peiné. C'est qu'à François aussi, en un clin d'œil, l'amour-propre d'auteur lui est venu.

Là même où il pourrait paraître quelque charge, comme dans le Proverbe de *Madame Sorbet*, la limonadière coquette et sentimentale, qui se pose en veuve désolée et qui ne pleure si haut son premier mari que pour en mieux attirer un second, que de traits pris sur la nature! « Aussitôt, dit l'intéressante veuve à celui qu'elle veut séduire, aussitôt qu'il me fut permis de disposer de la dépouille mortelle de ce pauvre M. Sorbet, je le fis transporter à ma maison de Belleville. Une petite maison charmante, demi-quart d'arpent de jardin tout au plus, mais si bien ménagé, si artistement arrangé, qu'on jurerait qu'il en a le double... » Sentez-vous comme elle profite de l'occasion pour étaler ses vertus, sa sensibilité, et aussi son petit bien ! « Là, dans un coin, continue-t-elle, près d'un saule, s'élève un tombeau, c'est celui de mon époux. De tristes cyprès l'ombragent à l'entour. Mais ce qu'il y a de vraiment curieux, ce sont les sculptures de ce tombeau. Mon Dieu ! Monsieur, qu'on a donc de goût aujourd'hui pour ces sortes de choses ! Ce sont de petits Génies pleurant tout bonnement sur leur torche renversée, mais si bien faits, d'un fini si précieux, qu'on pourrait les regarder à la loupe. J'ai eu cela pour rien, pour une bagatelle... » *Je l'ai eu pour rien,* voilà la marchande qui revient à travers la veuve sentimentale et la limonadière bel esprit. M. Théodore Leclercq est maître dans ces touches délicates et intimes de caractère.

Le Château de Cartes est un des plus gracieux Proverbes, des plus complets dans leur cadre, et des plus agréablement tournés à une douce moralité. Deux sœurs, Mme de Verna et Mme de Goury, très-différentes de caractère, ont épousé des hommes d'inclinations et de goûts également différents. Mme de Verna, mariée à un officier du génie, aime son intérieur, son mari, son enfant, et tous deux s'amusent, tout en causant, à faire à leur petit Gabriel un château de cartes, mais un château qui ne ressemble pas à un autre, et dont son père a dressé le plan en ingénieur consommé. Cependant M. de Goury, qui s'ennuie dans le tête-à-tête avec sa femme, et qui ne réussit pas moins à l'ennuyer, a l'idée d'obtenir une place; il vient en causer avec son beau-frère. « Comment se porte Mme de Goury? » lui demande d'abord M. de Verna. M. de Goury répond : « Un peu mieux depuis qu'elle a de l'inquiétude. » Cette inquiétude est celle qu'elle a pour la nomination de son mari, et qui la sauve de l'ennui et du désœuvrement. M. Théodore Leclercq est plein de ces mots fins. De même, dans la scène entre les deux sœurs, et dans laquelle Mme de Goury a tant de peine à comprendre le bonheur domestique de Mme de Verna et à y croire, elle revient sur cette idée d'une place qui est son unique but : « Vous voyez bien, dit-elle, qu'il faut nécessairement que M. de Goury ait une place. Ce qui me donne de l'espoir, c'est qu'il est propre à tout. On ne peut pas lui objecter, comme à tant d'autres, que telle ou telle partie ne lui convient pas : il n'a jamais rien fait... » *Il n'a jamais rien fait, il est propre à tout,* ce tour distingué, qui est proprement celui de la finesse, est familier à M. Théodore Leclercq, et il en a comme semé tous ses dialogues.

C'est ainsi encore qu'il fera dire à un solliciteur, dans *l'Intrigant malencontreux:* « Monsieur Mitis, *tâchez donc de placer mon fils dans un bureau;* vous me rendrez un grand service : *il n'est bon à rien du tout.* » Et ceci encore, dans le Proverbe de *Madame Sorbet,* à qui on propose de jouer la comédie : « La comédie, je crois que nous la jouerions fort mal tous les deux; *nous avons trop de franchise, trop de naturel pour faire jamais de bons acteurs.* » Marmontel, définissant un genre de finesse analogue à celui-ci, l'appelle une certaine *obliquité dans l'expression* qui donne à la pensée un air de fausseté au premier abord. Ici c'est plus encore que de l'obliquité, c'est une sorte de contradiction apparente entre ce qu'on dit et ce qu'on veut dire. On est tenté d'arrêter celui qui parle, et de lui demander : Est-ce bien là ce que vous entendez? Il faut y réfléchir pour s'apercevoir qu'en effet il n'a dit que ce qu'il pensait. Ce genre de tour plaît surtout aux gens d'esprit dans la conversation : mais, au théâtre, beaucoup de ces mots, qui sont comme des épigrammes, courraient risque de s'évanouir. Chez M. Leclercq, cette finesse si fréquente a le mérite d'être rapide, légère, naturelle; elle échappe et sort à ses personnages comme une naïveté.

Le Jour et le Lendemain, ou *la Nuit porte conseil,* est un des sujets les plus délicats qui se puissent traiter, et M. Théodore Leclercq l'a su faire avec un mélange de hardiesse et de discrétion qui laisse tout comprendre sans rien accuser trop fortement, et sans forcer le ton de la bonne compagnie. Une belle veuve, après quelques années de veuvage, s'est décidée à se remarier. Elle vient, le matin même, d'épouser M. de Gerfaut, un honnête homme, un homme sérieux, raisonnable, qui a plus lu que vécu, âgé de quarante ans, qui l'aime, mais sans empressement, sans fureur. La belle veuve, à le voir si tranquille en ce jour solennel, et si bien établi tout le soir dans le salon, en est piquée et presque irritée; elle va jusqu'à se repentir, et elle ne sait pas dissimuler devant ses bonnes amies, qui ne demandent pas mieux que de surprendre sa faiblesse; retirée chez elle, elle est près de se porter à quelque résolution extrême, et de vouloir continuer ses habitudes de veuve, lorsque pourtant, bien qu'un peu tard et fort tranquillement, M. de Gerfaut arrive. Ici le rideau se tire, et le second acte nous fait assister le matin à un lever d'une humeur bien différente. Chaque pensée, chaque parole de Mme de Gerfaut est pénétrée d'une tendresse qui ne se peut contenir et qui rayonne autour d'elle. Les effets et les reflets s'en répandent en mille détails d'intérieur tout à fait charmants. Alice, la femme-de-chambre, résume tout d'un seul mot, en disant: « Voilà quatre « ans que je sers Madame, je ne lui connaissais pas « encore la petite voix qu'elle a ce matin. » La nature est si bien prise sur le fait dans ce petit chef-d'œuvre, qu'on a pu l'appeler une *comédie physiologique*, sans qu'elle cesse d'être une lecture de bonne compagnie.

Je dis lecture, car je n'ose toutefois supposer que l'aimable troupe de société qui contribua si fort à mettre à la mode les Proverbes de M. Leclercq, ait jamais joué celui-là. Cette troupe, qui avait son théâtre dans le salon de M. Roger, de l'Académie, et secrétaire-général des postes, se composait de la jolie et piquante Mme Roger, de M. et Mme Mennechet, de M. et Mme Auger et de tout leur monde. Cependant les intentions politiques, qui commençaient à se mêler vers 1824 à presque tous les Proverbes de M. Théodore Leclercq, devaient quelquefois embarrasser ce monde gracieux, qui n'y cherchait avant tout que le délassement d'une soirée et qu'un plaisir de l'esprit.

On n'a que le choix dans les Proverbes qui ont ce caractère politique et qui méritent d'être cités. *Le Retour du Baron*, par exemple, est délicieux et d'une touche pas trop marquée encore. *Le Père Joseph*, *l'Intrigant malencontreux*, me semblent des plus énergiques, et ceux dans lesquels la pointe de passion se fait le plus vivement sentir. *Le Père Joseph* se compose de quatre dialogues dans lesquels le Père convertisseur et politique parle successivement à la vieille marquise, à sa fille la comtesse, et au fils de celle-ci, jeune officier, à trois générations, essayant auprès de chacune le langage qu'il croit le mieux lui convenir. Dans un quatrième dialogue, il se trouve face à face avec son propre frère, ancien Jacobin resté incorrigible, et il se révèle à nu. Il y aurait plus d'un passage énergique à citer, et qui portait en plein alors : mais à quoi bon raviver des haines? Dans *l'Intrigant malencontreux*, M. Mitis est un laïque, un écrivain qui a de certains emplois secrets peu honorables, et qui finissent par tourner contre lui-même : « Il y a dans ce moment-ci, dit-il à un ancien ami qu'il veut séduire, deux partis très-distincts dans le Gouvernement, le parti religieux qui mène, et le parti politique qui se lasse d'être mené. Je suis de tous les deux. Ne riez pas, c'est comme cela. » Et il engage cet ami Dalinville de faire comme lui, à se mettre de l'un au moins des deux bords : « Comme compatriote, comme ancien camarade d'études, je vous donne à choisir de vous mettre dans celui que vous voudrez ; vous serez accepté d'un côté comme de l'autre; j'en ai la certitude. Moi, je resterai dans celui que vous ne voudrez pas.

M. DALINVILLE, *gaiement.*

« De cette façon, nous pourrons toujours compter sur un protecteur dans le parti triomphant.

M. MITIS.

« C'est cela même... »

Et il continue d'exposer sa théorie crûment, cyniquement et non sans une verve d'éloquence. Pour s'en bien figurer l'effet, il faut relire ces scènes satiriques en se remettant dans la vraie situation du moment. Mais le dirai-je? quand je considère où nous en sommes venus à vingt-cinq ans de distance, quand je repense à cette vigueur de l'attaque et à cette confiance excessive avec laquelle on remettait alors à la bourgeoisie éclairée un rôle qu'elle n'a pas su tenir, la plume m'échappe des mains, et j'ai trois fois rejeté le livre au moment d'extraire ce que j'en voulais d'abord citer.

Qu'il nous suffise de constater que M. Théodore Leclercq a eu bonne part, à sa façon, dans cette guerre alerte, moqueuse, pénétrante, bien française et bien parisienne, qu'on a de tout temps déclarée chez nous aux hypocrites et aux faiseurs de grimaces, aux entrepreneurs de morale; il a sa place à la suite dans cette liste brillante qui, depuis et avant la *Satyre Ménippée,* se continue jusqu'à Beaumarchais et au delà. Il a été l'un des plus remarquables de cette élite d'archers et de frondeurs armés à la légère, devant qui se fondent les grosses armées, et d'autant plus remarquable en ceci, que, par nature, il était plus inoffensif et plus paresseux.

Nullement homme de parti d'ailleurs, se moquant des deux côtés, et sachant que l'espèce est partout la même. Dans un de ses meilleurs Proverbes, *le Jury*, il n'a pas craint de railler la nature humaine jusqu'au cœur d'une des institutions les plus chères à l'opinion libérale. Dans *le Duel*, il a exprimé sa doctrine d'expérience tolérante par la bouche de Mme Derville, une aimable grand'mère qui tâche de donner de la modération à son petit-fils. Ce petit-fils, comme beaucoup de jeunes gens, s'irrite et se cabre d'indignation contre ce qu'il voit : il croit que jamais forme d'hypocrisie humaine n'a été plus odieuse que celle dont il est témoin, et qu'il n'y a plus, si on ne peut la vaincre, qu'à se sauver, comme Alceste, dans les bois :

« Non, lui répond la spirituelle grand'mère, il ne faut que faire le raisonnement que je me suis fait quand j'avais encore besoin de raisonner. La société, me disais-je, n'est composée que de mendiants. En veut-on aux mendiants que l'on trouve dans les places publiques, de toutes les ruses qu'ils emploient pour attirer l'attention des passants ? Est-il jamais venu à l'idée de personne de leur reprocher les emplâtres dont ils se couvrent, ou les jambes de bois dont ils feignent d'avoir besoin ? Eh bien ! en regardant de même d'autres mendiants qu'on rencontre dans le monde, au lieu de se laisser suffoquer à la vue des stratagèmes qu'ils inventent pour attirer aussi l'attention sur eux, il faut se dire tout simplement : *C'est leur emplâtre ou leur jambe de bois.* »

Dans une de ses dernières préfaces (1833), M. Théodore Leclercq a très-bien peint sa douce paresse et son humeur peu ambitieuse, qui laissait à son observation tout son jeu et toute sa lucidité : « Assez bon observateur, dit-il, positivement parce que je reste en dehors des prétentions actives, je regarde faire, et j'écris sans remonter plus haut que le ridicule, qui est mon domaine, laissant des plumes plus fortes que la mienne combattre ce qui est odieux. » Là où il est le plus charmant et le plus naturellement dans son domaine, c'est quand il peint les légers ridicules dont il ne s'irrite point, mais dont il sourit et dont il jouit, les ridicules des gens qu'on voit et qu'on aime à voir, avec qui l'on joue la comédie sans qu'ils se doutent qu'ils la jouent doublement eux-mêmes. Personne plus que M. Théodore Leclercq n'a eu le sentiment vif et la science de la vie privée, de la vie de société, en un mot du *salon* et de tout ce qu'on y surprend en un clin-d'œil de commérage piquant, de babil aiguisé, de luttes, de tracasseries, d'hostilités courtoises et élégantes. Il a rendu et comme enlevé tout cela dans ses rapides esquisses avec la distinction et le bon goût de la meilleure compagnie, et de manière à plaire à ceux mêmes qu'il vient de saisir et à les provoquer à se jouer.

Esprit délicat, il avait besoin, même pour railler, de sentir autour de lui l'air tiède de la faveur et de l'indulgence : elle ne lui a jamais manqué. Homme heureux, après tout, qui a trouvé son moment sans l'attendre ni le chercher, qui a joui de son esprit et développé son talent en ne recueillant que son plaisir. Cette quantité d'idées comiques et de germes qu'il a mis en circulation ne lui ont jamais coûté que la douceur de les produire. Il a eu toutes les joies de la fertilité sans les travaux pénibles de l'achèvement. Il n'a jamais connu cet effort combiné qui consiste à *monter* une pièce, à la construire, à la faire sortir plus ou moins sauve de toutes les embûches des coulisses, à la faire marcher droit et haut devant la rampe redoutable; il n'a jamais eu à consommer, comme dit Voltaire, cette *œuvre du démon*. Quand il faisait répéter un de ses Proverbes à sa troupe élégante et qu'il la trouvait ce jour-là trop capricieuse, c'était pour lui le sujet d'un Proverbe nouveau.

Après la Révolution de juillet 1830, M. Théodore Leclercq continua de produire encore et de publier le recueil de ses volumes : pourtant, si sa réputation était dès lors tout à fait établie, le grand moment de vogue et d'attention était passé. M. Théodore Leclercq rentra doucement dans cette *demi-ombre* qui déplaisait si peu à sa modestie. Il perdit des amis dont il ne s'était jamais séparé un seul jour; il était devenu vieillard, lui qu'on ne s'habituait guère à se figurer que sous la forme de la gentillesse et de la jeunesse de l'esprit. Les dernières années de sa vie, entourées et consolées d'ailleurs des soins de la plus aimable et affectueuse famille, s'écoulèrent dans des infirmités cruelles, qui ne lui arrachèrent pas une plainte. Trois années de paralysie ne lassèrent point sa patience et sa résignation. Il sentait, après tout, qu'il avait été heureux.

Il vivra dans la série de nos comiques, comme l'expression fidèle des mœurs et de la société d'un moment; plus près, je le crois, de Picard que de Carmontel, et donnant encore mieux l'idée d'un La Bruyère, mais d'un La Bruyère féminin et adouci, lequel, assis dans son fauteuil, se serait amusé, sans tant d'application et de peine, à détendre ses savants portraits, à mettre de côté son chevalet et ses pinceaux, et à laisser courir ses observations faciles en scènes de babil déliées et légères.

FIN DU TOME TROISIÈME.

TABLE DES MATIÈRES.

FIN DE LA TABLE.

Paris. — Imp. E. Capiomont et Cie, rue des Poitevins, 6.

www.ingramcontent.com/pod-product-compliance
Lightning Source LLC
Chambersburg PA
CBHW070839230426
43667CB00011B/1859
* 9 7 8 2 0 1 2 5 2 9 0 6 9 *